이 책을 펴고 있는 그대를 환영합니다.

똑. 똑. 똑

호기심과 질문으로
지식의 문을 힘차게 두드리기를

쿵. 쿵. 쿵

알아가는 즐거움으로
심장이 벅차게 뛰기를

이 책을 펴고 있는 그대를 응원합니다.

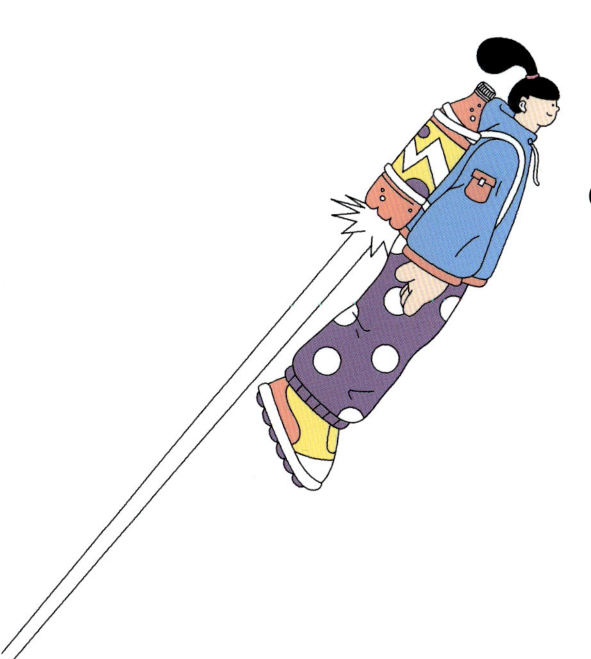

BETTER CONTENT BETTER LIFE

중등 국어 1-1

WRITERS

강영미 신상중 교사
안순숙 금옥중 교사
이정민 금옥중 교사
이미선 태랑중 교사

COPYRIGHT

인쇄일 2025년 11월 3일(1판4쇄)
발행일 2024년 11월 11일

펴낸이 신광수
펴낸곳 ㈜미래엔
등록번호 제16-67호

중고등개발본부장 하남규
개발책임 이수경
개발 전미, 장혜연, 김수진, 황혜린, 조소은, 정미연

디자인실장 손현지
디자인책임 김기욱
디자인 디자인 모티프, 스튜디오 에딩크

CS본부장 장명진

ISBN 979-11-7311-126-6

중학교 첫날,

교실로 향하는 발걸음에는
새 친구들을 만날 설렘 한 걸음,
새로운 공부에 대한 걱정 한 걸음,
여러 감정의 걸음걸음이 뒤섞여 있어요.

이제 모퉁이를 돌아 새 교실에 발을 디디면
또 어떤 일이 우리를 기다리고 있을지 알 수 없어요.
새롭다는 것,
그 속에는 불확실성이 숨어 있거든요.
불확실성은 우리를 두렵게도 만들고 설레게도 만들어요.

하지만 우리가 마음먹고 목표를 정하는 순간,
불확실성의 장막은 사라지고 밝게 빛나는 가능성이 펼쳐져요.
여러분이 언제나 가능성의 빛으로 가득하도록
그 곁에 항상 **올리드**가 함께할게요. 

⊗ 학습 목표에 따른 개념 학습
⊗ 소단원 핵심 내용 꼼꼼 정리

⊗ 교과서 학습 활동 분석
⊗ 시험에 꼭 나오는 학습 활동 정리

⊗ 기본 문제로 구성된 '소단원 다잡기'
⊗ 학교 시험 빈출 문제로 구성된 '대단원 문제'

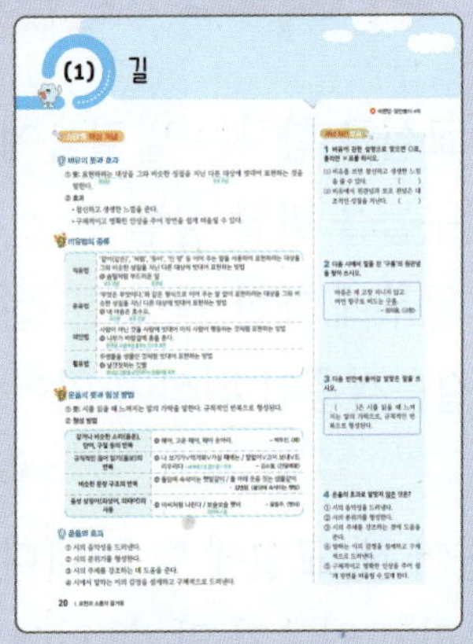

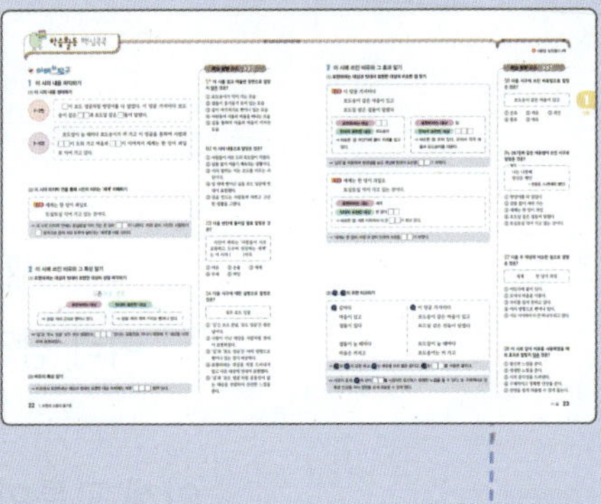

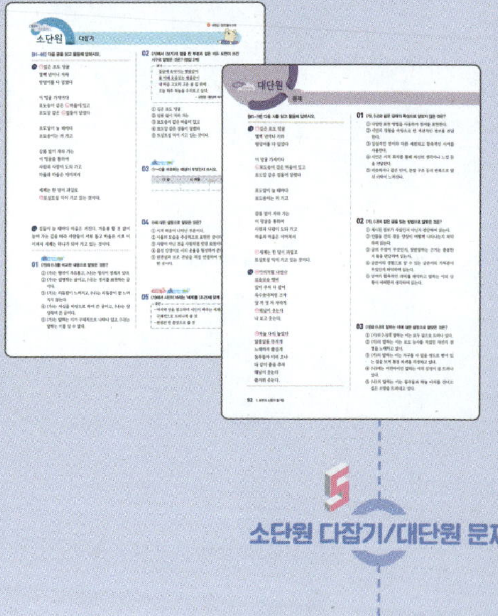

1 소단원 핵심 개념

3 학습 활동 핵심 콕콕

5 소단원 다잡기/대단원 문제

2 교과서 본문 학습

4 만점 노트

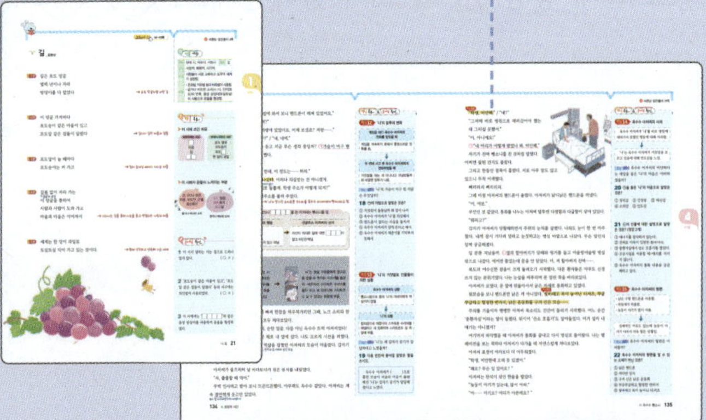

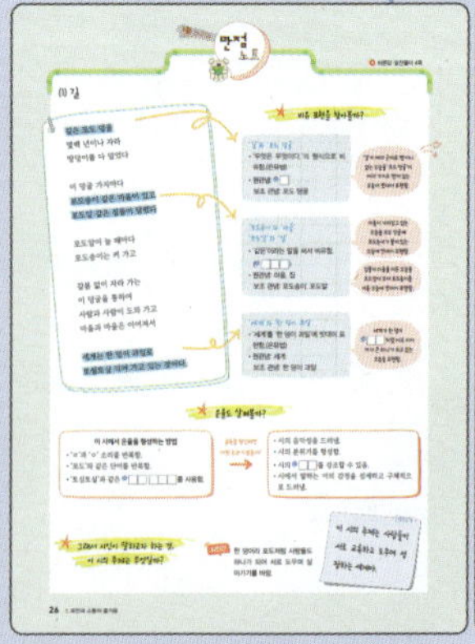

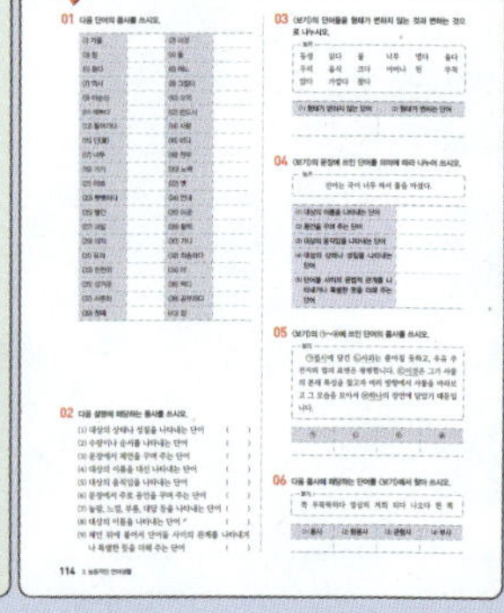

⊗ 교과서 전체 지문 꼼꼼 정리
⊗ 본문 분석과 핵심 내용 정리

⊗ 시험에 꼭 나오는 소단원 핵심 내용 정리
➕ 문법 단원은 '집중 연습하기'로 반복 학습

시험에 잘 나오는 빈출 지문을 통째로 정리

내공을 쌓기 위한 학교 시험 빈출 유형 문제 풀이

고난도 문제로 구성된 만점 올리드

모의평가 결과를 스스로 점검

학습 개선점 진단

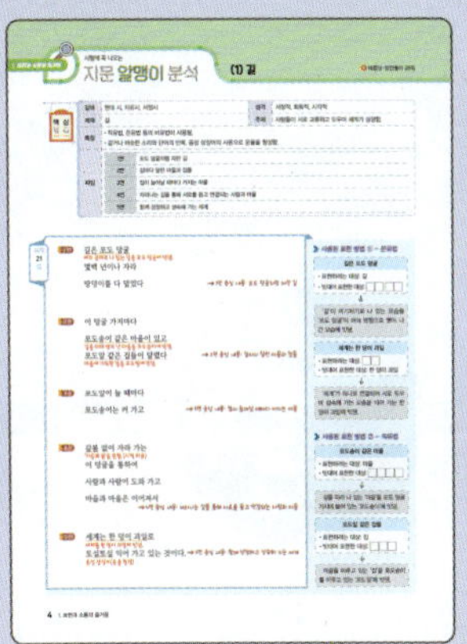

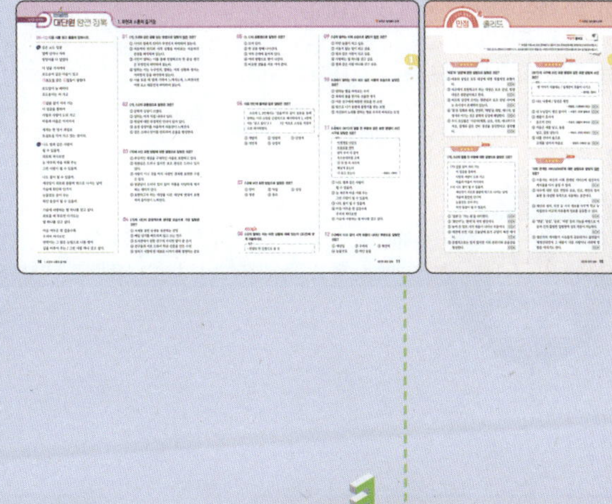

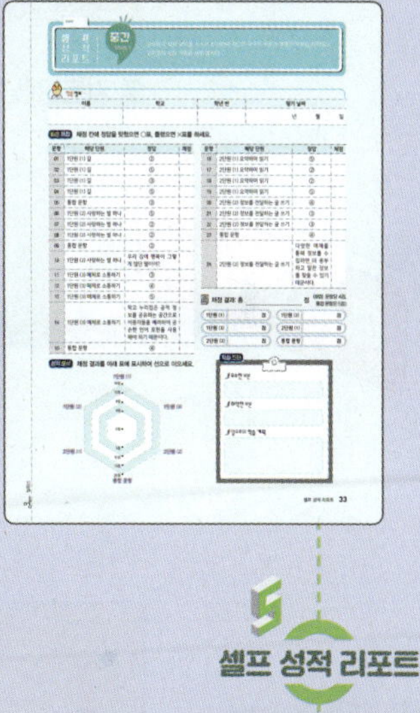

시험 대비편

1 지문 알맹이 분석

3 대단원 완전 정복 + 만점 올리드

5 셀프 성적 리포트

2 소단원 완전 정복

4 중간/기말 모의평가

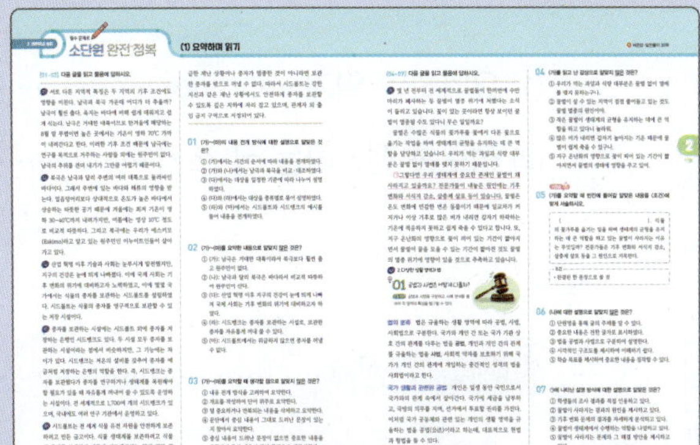

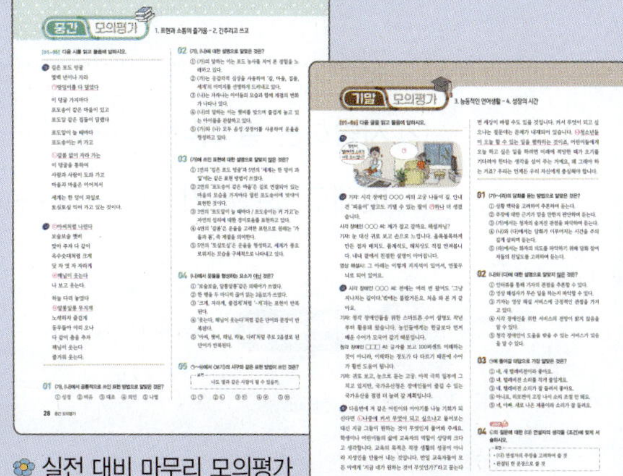

소단원 빈출 지문, 빈출 유형을 빠짐없이 문제 풀이

실전 대비 마무리 모의평가

Contents
차례

01 표현과 소통의 즐거움

02 간추리고 쓰고

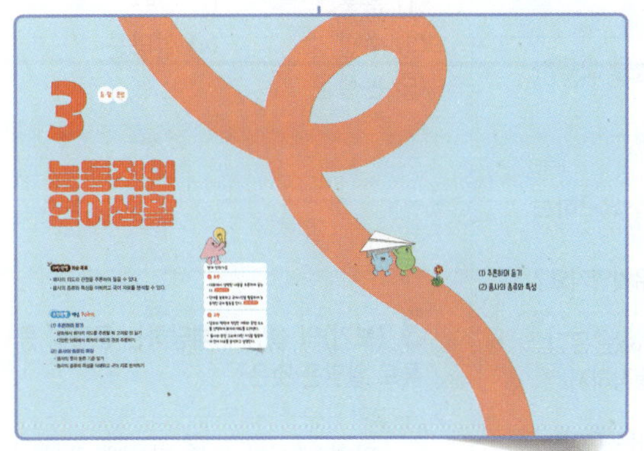

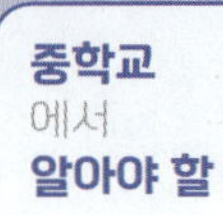

핵심 용어

01. 글의 종류

초등	중등	뜻
노래글	운문	시의 형식으로 지어서 운율이 드러나는 글
줄글	산문	운율이 드러나지 않는 자유로운 문장으로 쓴 글
설명하는 글	설명문	어떤 대상에 대한 정보를 독자들이 이해하기 쉽도록 알기 쉽게 풀어 쓴 글
주장하는 글	논설문	읽는 이를 설득할 목적으로 자신의 주장이나 의견을 논리적으로 쓴 글
생활문	수필	일상생활에서 겪은 일이나 느낌을 형식에 얽매이지 않고 쓴 글

02. 문장의 종류

초등	중등	뜻
시키는 문장	명령문	말하는 이가 듣는 이에게 무엇을 시키거나 행동을 요구하는 문장 예 약속한 것은 꼭 지켜라. / 창문을 활짝 열어라.
묻는 문장	의문문	말하는 이가 듣는 이에게 질문을 하여 그 해답을 요구하는 문장 예 무엇을 먹고 싶으세요? / 가장 중요한 문제가 무엇인가요?
권유하는 문장	청유문	말하는 이가 듣는 이에게 같이 행동할 것을 요청하는 문장 예 나와 함께 길을 걷자. / 에너지 절약 운동에 동참하자.
풀이하는 문장	평서문	말하는 이가 어떠한 사실을 객관적으로 이야기하는 문장 예 오늘은 입학식이 있는 날이다. / 다이아몬드는 탄소로 이루어져 있다.
감탄을 나타내는 문장	감탄문	말하는 이가 자신의 느낌을 표현하는 문장 예 아, 그 사실은 정말 놀랍구나! / 이야, 국어 시험 100점 맞았다.

03. 문법 용어

초등	중등	뜻
낱자	음운	말의 뜻을 구별하여 주는 소리의 가장 작은 단위 예 '밤'과 '봄'이 다른 뜻의 말이 되게 하는 'ㅏ'와 'ㅗ', '물'과 '불'이 다른 뜻의 말이 되게 하는 'ㅁ'과 'ㅂ'이 각각 음운이다.

---

1 다음 중 운문에 해당하는 것은?

① 시
② 소설
③ 수필
④ 설명문
⑤ 논설문

2 〈보기〉의 빈칸에 들어갈 말로 알맞은 것은?

> 보기
>
> (   )은 어떤 대상에 대한 정보를 전달하기 위해 쓰는 글로 독자들이 이해하기 쉽도록 알기 쉽게 풀어 쓴다.

① 운문
② 산문
③ 수필
④ 설명문
⑤ 논설문

3 〈보기〉의 설명에 해당하는 문장의 종류로 알맞은 것은?

> 보기
>
> 말하는 이가 듣는 이에게 같이 행동할 것을 요청하는 문장이다.

① 명령문
② 의문문
③ 청유문
④ 평서문
⑤ 감탄문

4 다음 중 명령문에 해당하는 것은?

① 내일 꼭 만나자.
② 앗, 깜짝 놀랐잖아!
③ 내일은 일찍 일어나라.
④ 나는 중학생이 되었다.
⑤ 좋아하는 음식이 무엇이니?

소리마디	음절	하나의 종합된 음의 느낌을 주는 말소리의 단위 ⑩ '봄바람'의 '봄', '바', '람'이 각각 음절이다.
낱말	단어	뜻을 지니고 홀로 쓰일 수 있는 말의 단위(단, 조사는 홀로 쓰일 수 없지만 단어로 인정함.) ⑩ '봄바람'은 '봄철에 불어오는 바람'이라는 뜻을 지니고 홀로 쓰일 수 있는 단어이다.
말마디	어절	문장을 구성하고 있는 각각의 마디 ⑩ '봄바람이 살랑살랑 분다.'의 '봄바람이', '살랑살랑', '분다'가 각각 어절이다.
소리 흉내말	의성어	소리를 흉내 낸 말 ⑩ 멍멍, 우당탕, 흑흑
모양 흉내말	의태어	모양을 흉내 낸 말 ⑩ 아장아장, 엉금엉금, 뒤뚱뒤뚱
이어 주는 말	접속어	단어와 단어, 구절과 구절, 문장과 문장을 이어 주는 구실을 하는 문장 성분 ⑩ 그리고, 그러나, 그래서, 따라서, 또는, 더구나, 결국, 예컨대
지시하는 말	지시어	앞에서 말한 내용을 다시 말할 때, 불필요한 반복을 피하기 위해서 대신 사용하는 말 ⑩ 이, 그, 저 / 이것, 그것, 저것 / 이렇게, 그렇게, 저렇게 / 이러하다, 그러하다, 저러하다
으뜸꼴	기본형	활용하는 단어의 기본 형태로, '─다'가 붙은 형태 ⑩ '먹고, 먹어서' 등의 기본형은 '먹다'이다.
어울림	호응	앞에 어떤 말이 오면 거기에 응하는 말이 따라오는 것 ⑩ '그것은 결코 우연한 일이 아니다.'에서 '결코'와 '아니다'가 호응한다.

04. 글의 구성과 관련된 용어

갈래	글의 종류를 가리키는 말
문체	글에 나타난 글쓴이의 개성적인 글투나 표현
구성	주제를 표현하기 위해 여러 요소들을 선택하여 배열하는 일
주제	글쓴이가 나타내고자 하는 중심 생각
소재	글의 내용이 되는 재료
제재	가장 중심이 되는 소재
핵심어	글의 중심 내용을 압축적으로 담고 있는 말
형상화	형체로는 분명히 나타나 있지 않은 것을 언어를 통해 구체적이고 명확한 형상으로 나타내는 것

5 〈보기〉의 빈칸에 들어갈 말로 알맞은 것은?

> ─ 보기 ─
> (   )은 말의 뜻을 구별하여 주는 소리의 가장 작은 단위이다.

① 음운　　　　② 음절
③ 단어　　　　④ 어절
⑤ 문장

6 〈보기〉의 빈칸에 들어갈 숫자로 알맞은 것은?

> ─ 보기 ─
> '아침에 돌개바람이 거세게 불었다.'는 문장은 (   )어절로 이루어져 있다.

① 3　　　② 4　　　③ 5
④ 7　　　⑤ 8

7 〈보기〉의 밑줄 친 말을 가리키는 용어로 알맞은 것은?

> ─ 보기 ─
> 아장아장 걷던 아기가 넘어졌다. <u>그래서</u> 아기는 엉엉 울었다.

① 의성어　② 의태어　③ 접속어
④ 지시어　⑤ 유의어

8 다음 용어의 뜻에 알맞게 연결하시오.

(1) 구성 •　• ㉠ 글쓴이가 나타내고자 하는 중심 생각

(2) 문체 •　• ㉡ 글에 나타난 글쓴이의 개성적인 글투나 표현

(3) 주제 •　• ㉢ 주제를 표현하기 위해 여러 요소들을 선택하여 배열하는 일

05. 글의 성격과 관련된 표현

서정적	글쓴이의 감정이 잘 드러나는 (것)
낭만적	현실적이 아니고 환상적이며 공상적인 (것)
상징적	눈에 보이지 않는 추상적인 개념이나 사물을 구체적인 사물로 나타내는 (것)
함축적	말이나 글이 어떤 뜻을 속에 담고 있는 (것)
예찬적	훌륭한 것이나 아름다운 것을 존경하고 찬양하는 (것)
객관적	자기와의 관계에서 벗어나 제삼자의 입장에서 사물을 보거나 생각하는 (것)
주관적	자기의 견해나 관점을 바탕으로 사물을 보거나 생각하는 (것)
의지적	어떠한 일을 이루고자 하는 마음이 강하게 나타나는 (것)
비극적	몹시 슬퍼서 마음이 아프거나 괴롭고 불행한 상태에 처한 (것)
궁극적	일정한 과정을 거쳐 결국 마지막에 도달하는 (것)
이질적	다른 대상과 성질이 다른 (것)
실용적	실제 생활에서 유용하게 쓰기에 알맞은 (것)
해학적	익살스럽고도 품위가 있는 말이나 행동이 있는 (것)
회상적	지난 일을 돌이켜 생각하는 (것)

06. 문체의 종류

운문체	운율이 겉으로 드러나는 문체
산문체	일정한 운율이 나타나지 않고 자유롭게 쓴 문체
문어체	일상적인 대화에서 쓰는 말이 아닌, 문장에서만 쓰는 말을 이용하여 쓴 문체
구어체	문장에서만 쓰는 말이 아닌, 일상적인 대화에서 사용하는 말을 이용하여 쓴 문체
만연체	많은 어구를 이용하여 반복, 수식, 설명함으로써 문장을 길게 표현하는 문체
건조체	꾸미는 표현이 없거나 적고, 내용을 충실하게 전달하는 것을 목적으로 하는 문체

07. 그 밖에 자주 쓰이는 표현

어조	말하는 방식이나 억양, 말투, 말의 가락
정서	사람의 마음에 일어나는 여러 가지 감정, 또는 감정을 불러일으키는 기분이나 분위기
내면세계	겉으로 드러나지 않는 마음속의 감정이나 심리
관점	사물이나 현상을 보고 생각하는 태도나 방향 또는 처지

맛보기 문제

9 〈보기〉의 빈칸에 들어갈 말로 알맞은 것은?

> ─ 보기 ─
> 비둘기는 '평화'라는 (   ) 의미를 지닌 동물이다.

① 서정적　　② 상징적
③ 함축적　　④ 예찬적
⑤ 실용적

10 〈보기〉의 빈칸에 들어갈 말로 알맞은 것은?

> ─ 보기 ─
> 논설문은 글쓴이의 주장이나 의견이 드러나므로 (   )인 성격을 지닌다.

① 낭만적　　② 예찬적
③ 객관적　　④ 주관적
⑤ 궁극적

11 〈보기〉의 설명에 해당하는 문체로 알맞은 것은?

> ─ 보기 ─
> 일상적인 대화에서 사용하는 말을 이용하여 쓴 문체

① 운문체　　② 문어체
③ 구어체　　④ 만연체
⑤ 건조체

12 〈보기〉의 설명에 해당하는 용어로 알맞은 것은?

> ─ 보기 ─
> 사물이나 현상을 보고 생각하는 태도나 방향 또는 처지

① 관점　　② 정서
③ 어조　　④ 형상화
⑤ 내면세계

08. 문제에서 자주 쓰이는 표현

1  **이와 같은 글**의 특성으로 알맞은 것은?

① 대사와 지시문으로 이루어진다.
② 읽는 이를 설득할 목적으로 쓴다.
③ 글쓴이의 개성적인 생각을 드러낸다.
④ 운율이 있는 함축적 언어로 표현한다.
⑤ 인물 간의 갈등을 중심으로 사건을 전개한다.

이와 같은 글: 지문으로 제시된 글과 같은 종류, 즉 같은 갈래에 속한 글을 의미한다. 주로 갈래의 특성을 묻는 문제에 사용되는 표현이다.

이 글: '이 글의 특성으로 알맞은 것은?'이라고 묻는다면 주어진 글에 한정하여 묻는 것이다. 문제를 풀 때 '이 글'과 '이와 같은 글'을 구분하여 보도록 한다.

2  이 글에서 글쓴이의 별명에 해당하는 말을 **3음절 / 3어절**로 쓰시오.

3음절 / 3어절: 음절은 글자 하나하나에 해당하며, 어절은 띄어쓰기의 단위가 되는 문장의 마디이다. 예를 들어, '호랑이', '오뚝이' 등은 3음절로 이루어진 말이고, '책 읽는 고양이', '인도 카레 박사' 등은 3어절로 이루어진 말이다.

3  (가)에 나타난 **전개 방식**으로 알맞은 것은?

① 구분 ② 대조 ③ 비교 ④ 열거 ⑤ 정의

전개 방식: 주로 비문학에서 글이 어떤 방식으로 펼쳐지는지 묻는 것이다. 예를 들어 설명문에서 설명하는 두 대상의 공통점을 중심으로 내용이 제시되어 있다면 전개 방식은 '비교'이다. 이외에도 정의, 대조, 구분, 열거 등의 전개 방식이 있다.

4  이 글에서 글쓴이가 주장하는 바를 **찾아 쓰시오.**

찾아 쓰시오: 지문에서 답에 해당하는 내용을 찾아 그대로 쓰라는 의미이다.

5  ㉠~㉤ 중 **나머지와 성격이 다른 하나는?**

① ㉠ ② ㉡ ③ ㉢ ④ ㉣ ⑤ ㉤

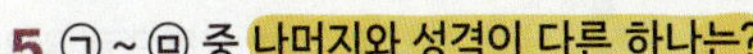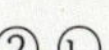

나머지와 성격이 다른 하나는?: 제시된 다섯 가지의 대상 중 나머지 네 가지와 성격이 다른 것을 찾으라는 의미이다. 예를 들어, 글쓴이가 좋아하는 대상 네 가지와 그렇지 않은 대상 하나를 제시한 경우나, 네 가지가 모두 '한복'을 의미하는데 하나만 한복이 아닌 것을 의미할 경우, 나머지 넷과 성격이 다른 대상 하나가 정답이 된다.

01. 시의 뜻

마음속에 떠오르는 생각이나 느낌을 운율이 있는 말로 압축해서 표현한 글이다.

02. 시의 특성

- 말의 가락(운율)이 느껴진다.
- 마음속에 다양한 심상이 떠오른다.
- 행과 연이라는 압축된 형식을 통해 의미를 전달한다.
- 일상적인 언어와 다른 세련되고 함축적인 시어를 사용하여 정서를 표현한다.

03. 시의 형식적 요소

시어	시에 쓰인 언어
행	시의 한 줄 한 줄을 이르는 말
연	하나 이상의 행이 모여 이루어진 덩어리
음보	시를 읽을 때 비슷한 길이로 끊어 읽게 되는 말의 도막

그립다 → 행   그냥 갈까∨
말을 할까   그래도∨
하니 그리워 ( ): 연   다시 더 한 번∨ → 3음보

– 김소월, 〈가는 길〉

04. 시의 내용적 요소

주제	시에 담긴 글쓴이의 중심 생각이나 느낌
소재	주제를 나타내기 위하여 사용한 글감
심상(이미지)	어떤 대상과 관련하여 떠올리게 되는 마음속의 모습이나 느낌

05. 시적 화자

- 시 속에서 말하는 이를 의미한다. 시인이 자신의 생각과 느낌을 효과적으로 나타내기 위해서 창조해 낸 허구적 인물이다.
- 시적 화자는 표면에 드러나는 경우가 있고, 그렇지 않은 경우가 있다.

죽는 날까지 하늘을 우러러
한 점 부끄럼이 없기를,
잎새에 이는 바람에도
나는 괴로워했다.
→ '나'는 이 시의 시적 화자로, 시적 화자가 표면에 드러난 경우이다.

– 윤동주, 〈서시〉

---

1 시에 대한 설명으로 맞으면 ○표, 틀리면 ×표를 하시오.

(1) 시는 새로운 정보를 재미있게 전달하는 것을 주된 목적으로 한다. ( )

(2) 시의 운율을 형성하는 단위로서 자연스럽게 끊어 읽게 되는 말의 도막을 음보라고 한다. ( )

2 〈보기〉의 빈칸에 들어갈 알맞은 말을 쓰시오.

보기

시를 읽으며 어떤 대상과 관련하여 떠올리게 되는 마음속의 모습을 ( )이라고 한다.

3 시를 감상하는 일반적인 방법으로 알맞지 <u>않은</u> 것은?

① 운율을 느끼며 읽는다.
② 시어의 함축적 의미를 파악한다.
③ 생략된 부분을 추측하며 읽는다.
④ 시의 전체적인 분위기를 파악한다.
⑤ 정해진 구성에 맞게 썼는지 판단한다.

4 시적 화자에 대한 설명으로 알맞지 <u>않은</u> 것은?

① 허구적인 인물이다.
② 시 속의 말하는 이다.
③ 글쓴이 자신에 해당한다.
④ 시 속에 '나'로 등장하기도 한다.
⑤ 글쓴이의 생각과 느낌을 대변한다.

06. 시적 대상

- 시의 화자가 바라보는 대상, 즉 시의 소재나 제재를 의미한다.
- 시의 소재는 매우 다양하므로, 시적 대상은 구체적인 사물일 수도 있고 추상적인 생각(관념)일 수도 있다.

07. 시의 갈래

형식에 따라	정형시	시의 구조나 시구, 글자 수, 운율 등이 일정한 규칙에 따라 고정되어 있는 시 예 시조
	자유시	어떤 형식의 제약을 받지 않고 자유롭게 쓴 시
	산문시	행의 구분 없이 줄글(산문)처럼 쓴 시
내용에 따라	서정시	개인적인 감정이나 정서를 내용으로 하는 시
	서사시	줄거리를 가진 이야기를 길게 서술한 시
	극시	극의 형식을 빌리거나 극적인 수법을 사용하여 시상을 전개하는 시

08. 시의 운율

외형률	시의 표면에 뚜렷하게 드러나는 규칙적인 운율. 정형시인 시조에 나타남. 예 뫼버들∨가려 꺾어∨보내노라∨님에게 자시는∨창밖에∨심어 두고∨보소서. 밤비에 새잎 나거든∨날인가도∨여기소서. →4음보　　　－ 홍랑의 시조
내재율	일정한 규칙 없이 시의 내면에 자유롭게 흐르는 운율. 자유시에 나타남. 예 바람은 넘실 천 이랑 만 이랑 이랑 이랑 햇빛이 갈라지고 →'이랑'의 반복　　　－ 김영랑, 〈오월〉

09. 시의 심상

시를 읽을 때에 마음속에 떠올리게 되는 모습이나 느낌을 의미한다.

시각적 심상	색채, 모양, 움직임 등 눈을 통해 떠올리는 이미지 예 달빛이 푸르다.
청각적 심상	소리의 감각을 이용한 이미지 예 우르르 비 오는 소리
후각적 심상	냄새의 감각을 이용한 이미지 예 사월이면 진달래 향기
미각적 심상	맛의 감각을 이용한 이미지 예 메마른 입술에 쓰디쓰다.
촉각적 심상	감촉을 피부로 느낄 수 있는 이미지 예 아버지의 서느런 옷자락
공감각적 심상	하나의 감각을 다른 감각으로 바꾸어 표현하여 둘 이상의 감각을 동시에 떠오르게 하는 이미지 예 푸른 휘파람 소리(청각의 시각화)

5 〈보기〉에 해당하는 시의 갈래로 알맞은 것은?

> **보기**
>
> 　동짓(冬至)달 기나긴 밤을 한 허리를 베어 내어
> 　춘풍(春風) 이불 아래 서리서리 넣었다가
> 　정든 임 오신 밤이여든 구비구비 펴리라
>
> 　　　　　　　－ 황진이의 시조

① 정형시, 극시
② 정형시, 서정시
③ 자유시, 서정시
④ 자유시, 서사시
⑤ 산문시, 서사시

6 시의 운율에 대한 설명으로 알맞지 않은 것은?

① 정형시는 외형률을 가진다.
② 현대 시는 주로 내재율이 나타난다.
③ 시의 표면에 뚜렷이 드러나야 한다.
④ 내재율은 겉으로 잘 느껴지지 않는다.
⑤ 일정한 규칙이 없어도 운율을 느낄 수 있다.

7 〈보기〉의 빈칸에 들어갈 알맞은 말을 쓰시오.

> **보기**
>
> 　'간간하고 짭조름한 미역'에서는 (　　　) 심상을 사용하여 미역의 맛을 표현하였다.

8 다음 중 후각적 심상을 사용한 표현에 해당하는 것은?

① 새들의 노래
② 시리도록 파란 하늘
③ 연분홍 살구꽃이 피어
④ 그 집에서 밥 짓는 냄새나면
⑤ 솜사탕처럼 부드러운 고양이의 털

갈래 학습 02 소설

01. 소설의 뜻

현실 세계에 있음 직한 일을 글쓴이가 상상력을 동원하여 꾸며 낸 이야기이다.

02. 소설의 특성

허구성	소설은 현실에서 소재를 가져와 내용을 꾸민 것으로, 글쓴이가 상상력을 동원하여 만들어 낸 이야기임.
개연성	소설은 상상을 통해 꾸며 낸 이야기이긴 하지만, 현실에서 실제로 일어날 수 있을 만한 이야기를 다룸.
진실성	소설은 인생의 참된 모습과 진실을 표현하고자 하며, 삶의 진실과 바람직한 인간상을 추구함.
산문성	소설은 운율이 없는 줄글 형식으로 내용을 표현함.
서사성	소설은 인물, 사건, 배경을 갖추고 일정한 줄거리를 가지고 사건을 전개함.
예술성	소설은 예술의 한 형식으로 이야기를 통해 아름다움과 감동을 느낄 수 있음.

03. 소설의 3요소

주제	글쓴이가 전달하고자 하는 중심 생각
구성	글쓴이의 의도에 맞게 사건을 배열하는 것
문체	글에 나타난 글쓴이의 개성적인 글투나 표현

04. 소설 구성의 3요소

인물	소설 속에 등장하여 사건을 이끌어 가는 사람
사건	소설 속에서 인물들이 겪거나 일으키는 일
배경	이야기의 무대로서 사건이 일어나는 시간과 공간

05. 소설의 갈등

한 인물의 여러 심리가 대립하거나 한 인물과 다른 대상이 서로 부딪치는 것으로 인물의 성격과 작품의 주제를 드러내고 소설의 내용을 전개하는 역할을 한다.

내적 갈등		한 인물의 마음속에서 일어나는 갈등
외적 갈등	인물과 인물의 갈등	인물 간의 성격이나 가치관이 대립하여 일어나는 갈등
	인물과 사회의 갈등	사회 제도나 윤리로 인해 인물이 겪는 갈등
	인물과 자연의 갈등	인물이 자연과 부딪쳐 싸우면서 겪는 갈등
	인물과 운명의 갈등	인물이 자신이 타고난 운명에 의해 겪는 갈등

---

1 소설의 일반적인 특징으로 알맞지 <u>않은</u> 것은?

① 글쓴이의 상상으로 만들어진다.
② 인물, 사건, 배경이 반드시 들어간다.
③ 운율을 통해 글쓴이의 개성을 표현한다.
④ 이야기를 통해 아름다움을 느낄 수 있다.
⑤ 현실에 있음 직한 이야기를 소재로 다룬다.

2 소설의 특성과 설명을 알맞게 연결하시오.

(1) 허구성 • ・㉠ 현실의 소재를 가공한 이야기

(2) 산문성 • ・㉡ 줄거리를 가지고 사건 전개

(3) 서사성 • ・㉢ 줄글 형식으로 표현

3 〈보기〉의 빈칸에 들어갈 알맞은 말을 쓰시오.

> 보기
>
> 글에 사용된 독특한 (   )를 통해 글쓴이의 개성을 알 수 있다.

4 〈보기〉의 상황에 해당하는 갈등을 쓰시오.

> 보기
>
> 자신의 오해 때문에 친구와 싸운 후 사과를 할지 말지 혼자서 고민하는 경우

06. 소설의 인물 유형

역할에 따라	주동 인물	소설의 주인공으로서 사건을 이끌어 가는 인물
	반동 인물	주동 인물과 대립하면서 갈등을 일으키는 인물
중요도에 따라	주요 인물	주인공이나 그에 버금가는 비중을 지닌 인물
	주변 인물	주인공을 돕거나 주인공을 돋보이게 하는 인물
특성에 따라	전형적 인물	특정한 사회 계층이나 세대, 직업을 대표하는 성격을 지닌 인물
	개성적 인물	자기만의 뚜렷한 개성을 지닌 인물
성격 변화 양상에 따라	평면적 인물	처음부터 끝까지 성격이 변하지 않는 인물
	입체적 인물	사건이 전개됨에 따라 성격이 변하는 인물

07. 소설의 인물 제시 방법

직접적 제시	서술자가 인물의 성격이나 특성, 심리 등을 직접적으로 설명하는 방법 예 나는 누워서 자는 체했지만 마음이 불안해서 오래도록 깨어 있었다. – 오승희, 〈할머니를 따라간 메주〉
간접적 제시	인물의 말이나 행동을 통해 인물의 성격이나 특성, 심리를 간접적으로 보여 주는 방법 예 중구 영감은 용숙의 말허리를 꺾어 버린다. 용숙의 얼굴이 벌개진다. 눈에 오기가 발끈 솟는다. – 박경리, 〈김 약국의 딸들〉

08. 소설의 서술자

- 소설 속에서 이야기를 전달하는 이로, 시의 '화자'와 같은 존재이다.
- 서술자는 작가가 창조한 가상의 인물로, 이야기 속에 등장하거나 이야기 밖에 존재한다.

09. 소설의 시점

소설의 인물 및 사건을 바라보는 서술자의 관점을 의미한다.

1인칭	주인공 시점	주인공인 '나'가 '나'의 이야기를 하는 시점
	관찰자 시점	주변 인물인 '나'가 주인공을 관찰하며 이야기하는 시점
3인칭	전지적 작가 시점	서술자가 마치 신(神)처럼 인물의 심리나 행동을 알고 구체적으로 이야기하는 시점
	관찰자 시점	서술자가 겉으로 보이는 인물의 행동을 관찰하여 이야기하는 시점

5 〈홍길동전〉의 '홍길동'에 해당하는 인물 유형을 알맞게 묶은 것은?

① 주동 인물, 반동 인물
② 주동 인물, 주요 인물
③ 주요 인물, 반동 인물
④ 주변 인물, 평면적 인물
⑤ 주변 인물, 입체적 인물

6 소설의 인물에 대한 설명으로 알맞지 않은 것은?

① 주동 인물과 반동 인물은 서로 대립한다.
② 중요도에 따라 주요 인물과 주변 인물로 나눌 수 있다.
③ 개성적 인물은 소설의 전개 과정에서 성격이 변한다.
④ 인물의 성격과 특성을 서술자가 직접 제시할 수 있다.
⑤ 인물의 성격을 말과 행동을 통해 드러내는 것을 간접 제시라고 한다.

7 다음 설명에 해당하는 시점을 쓰시오.

> 이야기 밖의 존재가 다른 사람의 이야기를 관찰하여 독자에게 전달한다.

8 〈보기〉에 대한 설명으로 알맞은 것은?

> ─ 보기 ─
> 소녀는 소년이 개울둑에 앉아 있는 걸 아는지 모르는지, 그냥 날쌔게 물만 움켜 낸다.
> – 황순원, 〈소나기〉

① 서술자가 작품 속에 등장한다.
② 주인공이 자신의 이야기를 한다.
③ 서술자가 인물의 심리를 분석한다.
④ 서술자가 인물의 행동을 관찰한다.
⑤ 주변 인물이 주인공을 관찰하며 이야기한다.

01. 수필의 뜻

인생과 사물에 대한 글쓴이의 생각과 느낌을 일정한 형식에 얽매이지 않고 자유롭게 표현한 산문 문학이다. 예 일기, 편지, 자서전, 기행문 등

02. 수필의 특성

자기 고백적인 글	형식이 자유로운 글
자신의 경험, 생각, 느낌 등을 고백하듯 솔직하게 드러냄.	정해진 틀이 없으므로 쓰고 싶은 대로 자유롭게 쓸 수 있음.
개성이 드러나는 글	**깨달음을 주는 글**
글의 내용과 표현 방식에서 글쓴이의 개성이 드러남.	글쓴이의 깊은 생각이 드러나 삶에 대한 깨달음과 감동을 줌.
비전문적인 글	**소재가 다양한 글**
전문적으로 글을 쓰는 사람이 아니어도 누구나 쉽게 쓸 수 있음.	일상생활에서 마주치는 모든 것이 소재가 될 수 있음.

03. 수필의 종류

	경수필	중수필
뜻	생활 주변에서 일어나는 사소한 일을 소재로 가볍게 쓴 수필	사회적인 문제 등 무거운 내용을 담고 있는 논리적이고 객관적인 수필
특징	• 가벼운 느낌을 주는 문장을 사용함. • '나'가 겉으로 드러남. • 개인적인 정서를 주로 표현함. • 일상생활에서 일어나는 일을 소재로 함.	• 무거운 느낌을 주는 문장을 사용함. • '나'가 겉으로 드러나지 않음. • 보편적인 논리를 주로 표현함. • 사회 문제나 공적인 문제를 소재로 함.

04. 수필과 소설의 차이점

	수필	소설
성격	사실적임.	허구적임.
서술자 '나'	글 속의 '나'는 글쓴이 자신임.	글 속의 '나'는 글쓴이가 꾸며 낸 인물임.
글쓴이의 생각	직접적으로 드러남.	등장인물의 말과 행동을 통해 간접적으로 드러남.

---

1 수필의 일반적인 특징으로 알맞지 <u>않은</u> 것은?

① 개성적인 문학이다.
② 자유로운 형식의 글이다.
③ 글쓴이의 체험을 바탕으로 한다.
④ 전문적인 작가가 아니어도 누구나 창작할 수 있다.
⑤ 글쓴이가 내세운 인물의 말과 행동을 통해 주제를 전달한다.

2 수필의 예에 해당하지 <u>않는</u> 것은?

① 일기　　　② 편지
③ 건의문　　④ 기행문
⑤ 자서전

3 〈보기〉의 빈칸에 들어갈 알맞은 말을 쓰시오.

> ─ 보기 ─
> 수필은 누구나 쉽게 쓸 수 있는 (　　　)인 글이다.

4 소설과 수필의 차이점으로 알맞은 것은?

① 소설은 운문이고, 수필은 산문이다.
② 소설은 형식이 자유롭고, 수필은 형식에 제한이 있다.
③ 소설은 상상하여 쓴 글이고, 수필은 체험과 사실을 쓴 글이다.
④ 소설은 글쓴이의 생각을, 수필은 글쓴이의 정서를 표현한 것이다.
⑤ 소설은 사전적 표현을 주로 사용하고, 수필은 상징적 표현을 주로 사용한다.

갈래 학습 · 04 희곡

바른답·알찬풀이 3쪽

01. 희곡의 뜻

무대에서 연극을 상연하는 목적으로 쓴 대본이다.

02. 희곡의 특성

무대 상연의 문학
무대 상연을 목적으로 하기 때문에 시간과 공간의 제약을 받음.

대사의 문학
인물의 대사와 행동을 통해 이야기를 전개하고 주제를 표현함.

갈등의 문학
인물과 인물 사이의 갈등을 주된 내용으로 함.

현재 진행형의 문학
배우의 행동을 통해 모든 사건을 지금 눈앞에서 일어나는 사건으로 현재화하여 표현함.

03. 희곡의 구성 요소

구분			내용
형식적 요소	해설		극의 도입 부분에서 등장인물, 배경, 무대 장치 등을 설명하는 부분
	대사	대화	인물들끼리 주고받는 말
		독백	인물이 상대역 없이 혼자 하는 말
		방백	관객에게는 들리나 다른 등장인물에게는 들리지 않는 것으로 약속하고 하는 말
	지문	행동 지시문	인물의 동작, 표정, 말투, 심리 등을 지시하는 부분
		무대 지시문	작품의 배경, 무대 장치, 조명, 음향 효과 등을 지시하는 부분
내용적 요소	인물		극에 등장하여 갈등을 빚는 주체
	사건		인물들이 벌이거나 겪는 일
	배경		사건이 일어나는 때와 장소

04. 희곡과 시나리오의 비교

구분	희곡	시나리오
공통점	• 상연이나 상영을 전제로 한 대본 • 행동과 대사가 중요시됨. • 대립과 갈등의 문학 • 길이에 제한이 있음.	
차이점	연극의 대본	영화의 대본
	막과 장을 단위로 함.	신(scene)과 시퀀스(sequence)를 단위로 함.
	무대적 효과를 이용함.	기계적 효과를 이용함.
	시간과 공간의 제한을 받음.	시간과 공간의 제한을 덜 받음.
	등장인물의 수가 제한됨.	등장인물의 수에 제한이 없음.

1 희곡에 대한 설명으로 맞으면 O표, 틀리면 ×표를 하시오.

(1) 사건을 현재화하여 표현한다.

( )

(2) 인물의 대사와 행동을 중심으로 이야기를 전달한다. ( )

2 〈보기〉에서 대사와 행동 지시문에 해당하는 부분의 기호를 각각 쓰시오.

> 보기
>
> ㉠이윽고 종소리 그친다. 도념, 고깔을 쓰고 바랑을 걸머쥐고, 깡매기를 들고 나온다.
> **주지:** ㉡(지게를 지고 일어서며) 지금 그 종 네가 쳤니?
> **도념:** ㉢그럼은요. 언젠 내가 안 치구 다른 이가 쳤나요?
>
> – 함세덕, 〈동승〉

(1) 대사: ( )
(2) 행동 지시문: ( )
(3) 무대 지시문: ( )

3 〈보기〉의 빈칸에 들어갈 알맞은 말을 쓰시오.

> 보기
>
> 상대방이 자신의 말을 듣지 못하는 것으로 여기고 관객을 향해서 하는 말을 ( )이라고 한다.

4 희곡과 시나리오를 비교한 내용으로 알맞지 <u>않은</u> 것은?

① 모두 문학 작품이다.
② 모두 무대를 통해 상연된다.
③ 희곡은 시나리오와 달리 등장인물의 수가 제한된다.
④ 시나리오는 희곡과 달리 기계적인 효과를 중요시한다.
⑤ 희곡과 시나리오는 모두 행동을 통해 인물의 심리와 성격을 드러낸다.

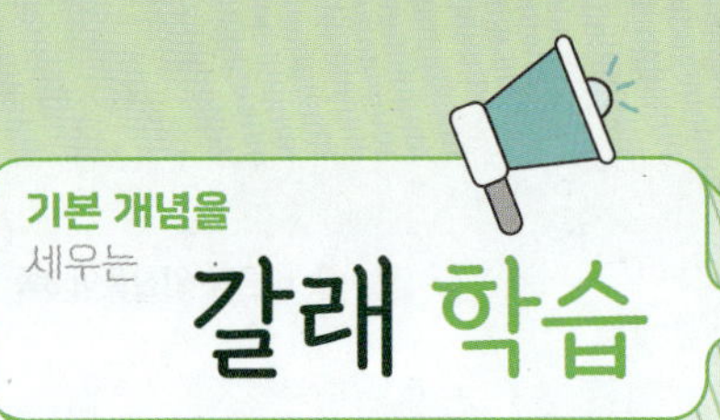

01. 설명문의 뜻

어떤 사물의 이치나 현상, 지식 등에 대해 읽는 이가 쉽게 이해할 수 있도록 풀이하여 정보를 전달하는 글이다.

02. 설명문의 특성

객관성	글쓴이의 주관적인 생각이나 느낌을 드러내지 않고 객관적인 입장에서 있는 그대로 설명함.
사실성	정확한 사실에 근거하여 설명함.
평이성	이해를 돕기 위해 쉬운 표현을 사용함.
명료성	뜻이 분명하게 전달되도록 정확한 문장으로 설명함.
체계성	짜임새 있게 체계적으로 내용을 전달함.

03. 설명문의 구성 단계

처음(머리말)	• 읽는 이의 관심을 유도함. • 글을 쓰게 된 동기를 제시함. • 설명 대상을 소개함.
⇩	
중간(본문)	• 설명 대상에 대해 쉽고 자세하게 설명함.
⇩	
끝	• 설명한 내용을 간략하게 요약하고 정리함. • 설명한 내용 중 핵심적인 사항을 강조함. • 앞으로의 과제나 읽는 이에 대한 당부를 제시함.

04. 설명문을 읽는 방법

• 설명하고 있는 대상이 무엇인지 파악한다.
• 글의 구성과 내용 전개 방식을 파악한다.
• 각 문단의 중심 내용과 전체 주제를 파악한다.
• 알게 된 내용이나 더 알고 싶은 내용을 메모한다.
• 정보의 정확성과 글쓴이의 태도의 객관성을 판단한다.

맛보기 문제

1 설명문의 일반적인 특징으로 알맞지 않은 것은?

① 객관적인 정보를 제공한다.
② 내용을 짜임새 있게 전개한다.
③ 자신의 경험을 중심으로 내용을 전개한다.
④ 뜻이 분명하게 전달되도록 정확한 용어를 사용한다.
⑤ 읽는 이가 쉽게 이해할 수 있도록 쉬운 표현을 사용한다.

2 〈보기〉의 빈칸에 들어갈 알맞은 말을 쓰시오.

> ┌ 보기 ┐
> 설명문에서 글을 쓰게 된 동기를 제시하고 독자의 흥미를 유발하는 부분은 (   )이다.

3 〈보기〉에 대한 설명으로 알맞은 것은?

> ┌ 보기 ┐
> 앞에서 살펴본 한글의 특성을 잘 이해하고 한글에 대한 관심을 갖는다면 앞으로 한글은 세계적인 문자로 도약할 수 있을 것이다.

① 설명 대상에 대해 소개하고 있다.
② 읽는 이의 관심을 유도하고 있다.
③ 글을 쓰게 된 동기를 밝히고 있다.
④ 본문의 내용을 정리하고 글쓴이의 당부를 제시하고 있다.
⑤ 다양한 설명 방법을 사용하여 한글의 가치를 알리고 있다.

4 설명문을 읽을 때 유의할 사항으로 맞으면 ○표, 틀리면 ×표를 하시오.

(1) 글쓴이의 주장이 무엇인지 파악해야 한다. (   )
(2) 글쓴이가 정확한 사실을 말하고 있는지 판단해야 한다. (   )

바른답·알찬풀이 3쪽

01. 논설문의 뜻

어떤 문제에 대한 자신의 주장이나 의견을 논리적으로 펼쳐 읽는 이를 설득하는 글이다.

02. 논설문의 특성

설득적	독자를 설득하는 것을 목적으로 함.
논리적	주장에 대한 근거가 타당하고 논리적임.
체계적	논리 전개가 '서론 – 본론 – 결론'에 따라 짜임새 있게 이루어짐.
주관적	글쓴이의 가치관이 담긴 생각과 주장이 뚜렷하게 드러남.

03. 논설문의 구성 단계

서론	• 글을 쓰는 목적과 동기를 제시함. • 해결하고자 하는 문제를 밝힘. • 독자의 흥미를 유도함.

⇩

본론	• 주장이나 의견을 본격적으로 펼침. • 주장을 뒷받침하는 근거를 제시함. • 문제에 대한 해결 방안을 제시함.

⇩

결론	• 주장한 내용을 요약함. • 앞으로의 전망을 제시함. • 독자들의 실천을 촉구하고 당부의 말을 덧붙임.

04. 논설문을 읽는 방법

• 글의 내용을 사실과 의견으로 구분하여 글쓴이의 의도를 파악한다.
• 주장에 대한 근거가 어떤 방법으로 제시되었는지 파악한다.
• 글쓴이의 주장을 뒷받침하는 근거가 타당한지 판단한다.
• 글쓴이의 주장이 현실에 비추어 실현 가능한지 검토한다.
• 글이 논리적으로 짜임새 있게 전개되고 있는지 판단한다.

맛보기 문제

1 논설문의 일반적인 특징으로 알맞지 <u>않은</u> 것은?

① 글쓴이의 주장이 논리적이다.
② 애매한 표현을 사용하지 않는다.
③ 말하고자 하는 바가 체계적으로 전개된다.
④ 주장을 뒷받침하는 근거나 이유가 타당하다.
⑤ 주관적인 의견을 개입시키지 않고 객관적인 태도를 지닌다.

2 〈보기〉의 빈칸에 들어갈 알맞은 말을 쓰시오.

> 보기
>
> 논설문은 (   )인 글로 글쓴이의 가치관이 담긴 생각과 주장이 뚜렷하게 드러난다.

3 논설문의 구성 단계에 대한 설명으로 알맞지 <u>않은</u> 것은?

① 서론 – 다루고자 하는 문제를 소개한다.
② 서론 – 독자의 흥미를 불러일으키는 내용을 제시한다.
③ 본론 – 주장하는 바를 본격적으로 제시한다.
④ 본론 – 주장을 뒷받침하는 타당한 근거를 제시한다.
⑤ 결론 – 글쓴이의 의견을 구체적으로 펼친다.

4 논설문을 읽을 때 유의할 사항으로 맞으면 ○표, 틀리면 ×표를 하시오.

(1) 글의 내용을 사실과 의견으로 구분해야 한다. (   )
(2) 글쓴이의 주장이 실현 가능한지 살펴야 한다. (   )

1 표현과 소통의 즐거움

📢 **대단원별** 학습 목표

• 운율, 비유, 상징의 특성과 효과에 유의하며 작품을 감상하고 창작할 수 있다.
• 소통 맥락과 수용자 참여 양상을 고려하여 상호 작용적 매체를 분석할 수 있다.

소단원별 핵심 Point

(1) 길
• 비유의 특성과 효과 알기
• 운율의 특성과 효과 알기
• 비유와 운율을 활용하여 시 창작하기

(2) 사랑하는 별 하나
• 상징의 특성과 효과 알기
• 상징을 활용하여 시 창작하기

(3) 매체로 소통하기
• 상호 작용적 매체의 특징과 소통 방식 알기
• 상호 작용적 매체 이용의 적절성 점검하기

연계 성취기준

✔ **초등**
• 비유적 표현의 효과에 유의하여 작품을 감상한다. `5~6학년`
• 자신의 매체 이용 양상에 대해 성찰한다. `5~6학년`

✔ **고등**
• 갈래에 따른 형상화 방법의 특성을 고려하며 작품을 수용한다.
• 매체의 변화가 소통 문화에 끼치는 영향을 탐구한다.

(1) 길

바른답·알찬풀이 4쪽

소단원 핵심 개념

1 비유의 뜻과 효과

① 뜻: 표현하려는 대상을 그와 비슷한 성질을 지닌 다른 대상에 빗대어 표현하는 것을 말한다.
（원관념）（보조 관념）

② 효과
- 참신하고 생생한 느낌을 준다.
- 구체적이고 명확한 인상을 주어 장면을 쉽게 떠올릴 수 있다.

2 비유법의 종류

직유법	'같이(같은)', '처럼', '듯이', '인 양' 등 이어 주는 말을 사용하여 표현하려는 대상을 그와 비슷한 성질을 지닌 다른 대상에 직접 빗대어 표현하는 방법 예 솜털처럼 부드러운 잎 　（보조 관념）　　（원관념）
은유법	'무엇은 무엇이다.'와 같은 형식으로 이어 주는 말 없이 표현하려는 대상을 그와 비슷한 성질을 지닌 다른 대상에 빗대어 표현하는 방법 예 내 마음은 호수요. 　（원관념）（보조 관념）
의인법	사람이 아닌 것을 사람에 빗대어 마치 사람이 행동하는 것처럼 표현하는 방법 예 나무가 바람결에 춤을 춘다. 　（원관념, 사람처럼 춤추는 것으로 표현）
활유법	무생물을 생물인 것처럼 빗대어 표현하는 방법 예 날갯짓하는 깃발 　（원관념, 깃발을 날갯짓하는 생물처럼 표현）

3 운율의 뜻과 형성 방법

① 뜻: 시를 읽을 때 느껴지는 말의 가락을 말한다. 규칙적인 반복으로 형성된다.

② 형성 방법

같거나 비슷한 소리(음운), 단어, 구절 등의 반복	예 해야, 고운 해야, 해야 솟아라. 　　－ 박두진, 〈해〉
규칙적인 끊어 읽기(음보)의 반복	예 나 보기가∨역겨워∨가실 때에는 / 말없이∨고이 보내∨드리우리다 → 세 부분으로 끊어 읽기 반복 　－ 김소월, 〈진달래꽃〉
같거나 비슷한 문장 구조의 반복	예 돌담에 속삭이는 햇발같이 / 풀 아래 웃음 짓는 샘물같이 　－ 김영랑, 〈돌담에 속삭이는 햇발〉
음성 상징어(의성어, 의태어)의 사용	예 아씨처럼 나린다 / 보슬보슬 햇비 　　－ 윤동주, 〈햇비〉 　（의태어 사용）

4 운율의 효과

① 시의 음악성을 드러낸다.

② 시의 분위기를 형성한다.

③ 시의 주제를 강조하는 데 도움을 준다.

④ 시에서 말하는 이의 감정을 섬세하고 구체적으로 드러낸다.

개념 확인 문제

1 비유에 관한 설명으로 맞으면 ○표, 틀리면 ×표를 하시오.

(1) 비유를 쓰면 참신하고 생생한 느낌을 줄 수 있다. （　　）

(2) 비유에서 원관념과 보조 관념은 대조적인 성질을 지닌다. （　　）

2 다음 시에서 밑줄 친 '구름'의 원관념을 찾아 쓰시오.

> 마음은 제 고향 지니지 않고
> 머언 항구로 떠도는 구름.
> 　　　　　－ 정지용, 〈고향〉

3 다음 빈칸에 들어갈 알맞은 말을 쓰시오.

> （　　　）은 시를 읽을 때 느껴지는 말의 가락으로, 규칙적인 반복으로 형성된다.

4 운율의 효과로 알맞지 <u>않은</u> 것은?

① 시의 음악성을 드러낸다.

② 시의 분위기를 형성한다.

③ 시의 주제를 강조하는 것에 도움을 준다.

④ 말하는 이의 감정을 섬세하고 구체적으로 드러낸다.

⑤ 구체적이고 명확한 인상을 주어 쉽게 장면을 떠올릴 수 있게 한다.

길 _김종상

1연
길은 포도 덩굴
몇백 년이나 자라
땅덩이를 다 덮었다 → 포도 덩굴처럼 자란 길

2연
이 덩굴 가지마다
포도송이 같은 마을이 있고
포도알 같은 집들이 달렸다 → 길마다 달린 마을과 집들

3연
포도알이 늘 때마다
포도송이는 커 가고 → 집이 늘어날 때마다 커지는 마을

4연
갈봄 없이 자라 가는
가을봄의 준말
이 덩굴을 통하여
사람과 사람이 도와 가고
마을과 마을은 이어져서 → 자라나는 길을 통해 서로를 돕고 연결되는 사람과 마을

5연
세계는 한 덩이 과일로
토실토실 익어 가고 있는 것이다. → 함께 성장하고 성숙해 가는 세계

작품 개관

갈래	현대 시, 자유시, 서정시	제재	길
성격	서정적, 회화적, 시각적		
주제	사람들이 서로 교류하고 도우며 세계가 성장함.		
특징	• 은유법, 직유법 등의 비유법이 사용됨. • 같거나 비슷한 소리(ㄹ, ㅇ), 단어(포도)의 반복, 음성 상징어(토실토실)의 사용으로 운율을 형성함.		

1 단원

핵심 콕콕

이 시에 쓰인 비유

표현하려는 대상	빗대어 표현한 대상
☐ 마을 ☐☐ 집	포도 덩굴 포도송이 포도 ☐ 한 덩이 과일

이 시에서 운율이 느껴지는 부분

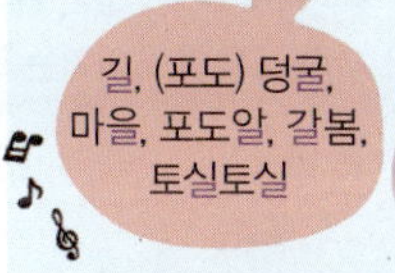

문제로 확인

1 이 시의 말하는 이는 겉으로 드러나 있지 않다. (○ , ×)

2 '포도송이 같은 마을이 있고', '포도알 같은 집들이 달렸다' 등의 시구에는 의인법이 사용되었다. (○ , ×)

3 이 시에서는 '☐☐☐☐'과 같은 음성 상징어를 사용하여 운율을 형성하였다.

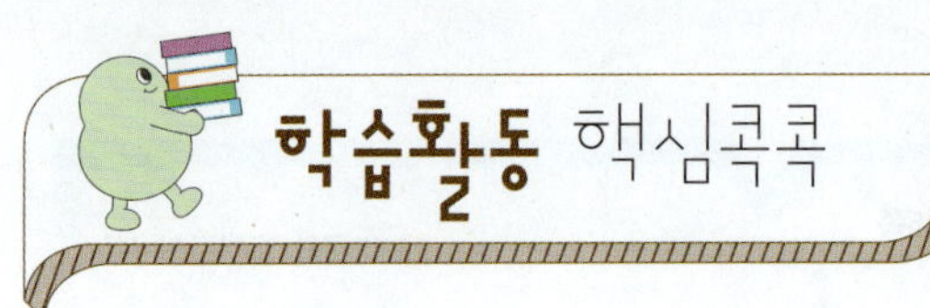

학습활동 핵심콕콕

이해와 탐구

1 이 시의 내용 파악하기

(1) 이 시의 내용 정리하기

1~2연 — □이 포도 덩굴처럼 땅덩이를 다 덮었다. 이 덩굴 가지마다 포도송이 같은 □□과 포도알 같은 □들이 달렸다.

3~5연 — 포도알이 늘 때마다 포도송이가 커 가고 이 덩굴을 통하여 사람과 □□이 도와 가고 마을과 □□이 이어져서 세계는 한 덩이 과일로 익어 가고 있다.

(2) 이 시의 마지막 연을 통해 시인이 바라는 '세계' 이해하기

5연 세계는 한 덩이 과일로

토실토실 익어 가고 있는 것이다.

→ 이 시의 마지막 연에는 토실토실 익어 가는 한 덩이 □□이 나온다. 이와 같이 시인은 사람들이 □ 덩어리로 뭉쳐 서로 도우며 살아가는 '세계'를 바랄 것이다.

2 이 시에 쓰인 비유와 그 특성 알기

(1) 표현하려는 대상과 빗대어 표현한 대상의 성질 파악하기

길은 **포도 덩굴**

표현하려는 대상	빗대어 표현한 대상
→ 성질: 여러 군데로 뻗어 나 있다.	→ 성질: 여러 개의 가지로 뻗어 나 있다.

→ '길'과 '포도 덩굴' 모두 여러 방향으로 □□ □ 있다는 공통점을 지니기 때문에 두 대상을 비유하여 표현하였다.

(2) 비유의 특성 알기

→ 비유에서 표현하려는 대상과 빗대어 표현한 대상 사이에는 서로 □□□ 점이 있다.

01 이 시를 읽고 떠올린 장면으로 알맞지 <u>않은</u> 것은?

① 포도송이가 익어 가는 모습
② 집들이 옹기종기 모여 있는 모습
③ 길이 여기저기로 뻗어 나 있는 모습
④ 사람들이 서둘러 마을을 떠나는 모습
⑤ 길을 통하여 마을과 마을이 이어진 모습

02 이 시의 내용으로 알맞은 것은?

① 사람들이 서로 도와 포도알이 커졌다.
② 갈봄 없이 여름이 계속되는 상황이다.
③ 시의 말하는 이는 포도를 키우는 사람이다.
④ 땅 위에 뻗어 난 길을 포도 덩굴에 빗대어 표현했다.
⑤ 길을 만드는 사람들의 바쁘고 고단한 생활을 그렸다.

03 다음 빈칸에 들어갈 말로 알맞은 것은?

> 시인이 바라는 '사람들이 서로 교류하고 도우며 성장하는 세계'는 이 시의 (　　　)이다.

① 비유　　② 운율　　③ 제재
④ 주제　　⑤ 짜임

04 다음 시구에 대한 설명으로 알맞은 것은?

> 길은 포도 덩굴

① '길'은 보조 관념, '포도 덩굴'은 원관념이다.
② 표현하려는 대상을 겉으로 드러내지 않았다.
③ 사람이 아닌 대상을 사람처럼 빗대어 표현하였다.
④ '길'과 '포도 덩굴'은 여러 방향으로 뻗어 나 있는 점이 비슷하다.
⑤ '길'과 '포도 덩굴'처럼 공통점이 없는 대상을 연결하여 신선한 느낌을 준다.

3 이 시에 쓰인 비유와 그 효과 알기

(1) 표현하려는 대상과 빗대어 표현한 대상의 비슷한 점 찾기

> **2연** 이 덩굴 가지마다
>
> 포도송이 같은 마을이 있고
> 포도알 같은 집들이 달렸다
>
> | 표현하려는 대상 | □□ |
> | 빗대어 표현한 대상 | 포도송이 |
>
> → 비슷한 점: 어딘가에 붙어 자리를 잡고 있다.
>
> | 표현하려는 대상 | 집 |
> | 빗대어 표현한 대상 | □□□ |
>
> → 비슷한 점: 모여 있다. 모여서 각각 마을과 포도송이를 이룬다.

→ '같은'을 사용하여 원관념을 보조 관념에 빗대어 표현한 □□가 쓰였다.

> **5연** 세계는 한 덩이 과일로
>
> 토실토실 익어 가고 있는 것이다.
>
> | 표현하려는 대상 | 세계 |
> | 빗대어 표현한 대상 | 한 덩이 □□ |
>
> → 비슷한 점: 서로 이어져서 더 큰 □□가 되고 있다.

→ '세계는 한 덩이 과일'과 같이 빗대어 표현한 □□가 쓰였다.

(2) 가, 나의 표현 비교하기

가 길마다	**나** 이 덩굴 가지마다
마을이 있고	포도송이 같은 마을이 있고
집들이 있다	포도알 같은 집들이 달렸다
집들이 늘 때마다	포도알이 늘 때마다
마을은 커지고	포도송이는 커 가고

→ **가**와 **나**의 표현 비교: **가**는 비유를 쓰지 않은 글이고, **나**는 □□를 사용한 글이다.

→ 비유의 효과: **나**와 같이 □□를 사용하면 참신하고 생생한 느낌을 줄 수 있다. 또 구체적이고 명확한 인상을 주어 장면을 쉽게 떠올릴 수 있게 한다.

---

1 단원

05 다음 시구에 쓰인 비유법으로 알맞은 것은?

> 포도송이 같은 마을이 있고

① 은유   ② 직유   ③ 의인
④ 활유   ⑤ 대유

06 〈보기〉와 같은 비유법이 쓰인 시구로 알맞은 것은?

> **보기**
> 나는 나룻배
> 당신은 행인
> – 한용운, 〈나룻배와 행인〉

① 땅덩이를 다 덮었다
② 갈봄 없이 자라 가는
③ 세계는 한 덩이 과일
④ 포도알 같은 집들이 달렸다
⑤ 토실토실 익어 가고 있는 것이다.

07 다음 두 대상의 비슷한 점으로 알맞은 것은?

> 세계   한 덩이 과일

① 어딘가에 붙어 있다.
② 모여서 마을을 이룬다.
③ 자리를 잡지 못하고 있다.
④ 여러 방향으로 뻗어 나 있다.
⑤ 서로 이어져서 더 큰 하나가 되고 있다.

08 이 시와 같이 비유를 사용하였을 때의 효과로 알맞지 <u>않은</u> 것은?

① 참신한 느낌을 준다.
② 생생한 느낌을 준다.
③ 시의 음악성을 드러낸다.
④ 구체적이고 명확한 인상을 준다.
⑤ 장면을 쉽게 떠올릴 수 있게 돕는다.

4 이 시에 쓰인 운율의 특성과 그 효과 알기

(1) **가**, **나**를 소리 내어 읽고 그 느낌이 다른 까닭 정리하기

> **가** 집들이 늘 때마다 마을은 커진다. 가을봄 할 것 없이 늘어 가는 길을 따라 사람들이 서로 돕고 마을은 서로 이어져서 세계는 하나가 되어 가고 있는 것이다.

> **나** 길은 포도 덩굴
> 몇백 년이나 자라
> 땅덩이를 다 덮었다
>
> 이 덩굴 가지마다
> 포도송이 같은 마을이 있고
> 포도알 같은 집들이 달렸다
>
> 포도알이 늘 때마다
> 포도송이는 커 가고
>
> 갈봄 없이 자라 가는
> 이 덩굴을 통하여
> 사람과 사람이 도와 가고
> 마을과 마을은 이어져서
>
> 세계는 한 덩이 과일로
> 토실토실 익어 가고 있는 것이다.

↓

→ **가**에 비해 **나**를 읽을 때 같거나 비슷한 소리와 단어가 반복되기 때문에 ☐☐☐ 이 느껴진다.

→ **나**에서 반복되는 소리와 단어

같거나 비슷한 소리
길, (포도) 덩굴, 마을, 포도알, 갈봄, 토실토실

같거나 비슷한 단어
포도 덩굴, 포도송이, 포도알

→ 이외에도 '땅덩이', '덩굴', '포도송이'에서 'ㅇ' 소리가 반복되고, '☐☐☐☐'이라는 음성 상징어(의태어)가 사용되어 운율이 만들어진다.

(2) 운율의 특성 알기

→ 운율은 같거나 비슷한 소리나 단어 등의 ☐☐으로 만들어진다.

개념콕콕 ─ 〈길〉에 나타난 운율의 효과

- 시의 ☐☐☐를 부드럽고 밝게 만든다.
- 시의 주제가 더욱 잘 드러나게 한다.
- 시의 ☐☐성을 드러내며, 말하는 이의 감정을 섬세하고 구체적으로 드러낸다.

---

09 다음 빈칸에 들어갈 말로 알맞은 것은? (정답 2개)

> 이 시를 소리 내어서 읽어 보면
> (　　　　)이 느껴진다.

① 운율　　　② 색채감
③ 리듬감　　④ 개연성
⑤ 허구성

10 이 시에서 운율을 형성한 방법으로 알맞지 **않은** 것은?

① '포도'라는 단어를 반복하였다.
② 세 부분으로 끊어 읽기를 반복하였다.
③ '토실토실'과 같은 음성 상징어를 사용하였다.
④ '길, 덩굴, 마을' 등에서 'ㄹ' 소리를 반복하였다.
⑤ '땅덩이, 포도송이' 등에서 'ㅇ' 소리를 반복하였다.

11 이 시에 나타난 운율의 효과로 알맞지 **않은** 것은?

① 밝은 분위기를 만든다.
② 시의 음악성을 드러낸다.
③ 주제를 강조하는 효과가 있다.
④ 시의 분위기를 부드럽게 한다.
⑤ 시적 대상을 다른 대상에 빗대어 나타낸다.

12 이 시에 대한 감상으로 알맞은 것은?

① 봄이라는 계절의 아름다움을 그렸다.
② 의성어를 사용하여 생생하게 표현하였다.
③ 읽을 때 노래를 부르는 듯한 느낌이 든다.
④ 의인법을 사용하여 포도알을 사람처럼 표현하였다.
⑤ 서로 다른 두 대상을 상징으로 나타내어 표현하였다.

🐛 문제해결과 적용

1 비유와 운율의 특성과 효과를 생각하며 시 〈햇비〉 감상하기

1연 아씨처럼 나린다

보슬보슬 햇비
볕이 나 있는 날 잠깐 오다가 그치는 비인 여우비로 가리킴.
맞아 주자 다 같이

옥수숫대처럼 크게

닷 자 엿 자 자라게
길이의 단위(약 30.3cm)
해님이 웃는다

나 보고 웃는다.

2연 하늘 다리 놓였다

알롱알롱 무지개

노래하자 즐겁게

동무들아 이리 오나

다 같이 춤을 추자

해님이 웃는다

즐거워 웃는다.

– 윤동주, 〈햇비〉

(1) 1연에서 사람이 아닌 것을 사람에 빗대어 표현한 부분 찾기

> 해님이 웃는다 / 나 보고 웃는다.
>
> → '해님이 웃는다 / 나 보고 웃는다.'는 해가 ☐☐ 떠 있다는 의미로 해를 사람처럼 웃는다고 표현하였다.

(2) 이 시에서 비유가 쓰인 부분 찾기

직유가 쓰인 부분
- 아씨처럼 나린다 / 보슬보슬 햇비
- 옥수숫대처럼 크게

은유가 쓰인 부분
하늘 다리 놓였다
알롱알롱 무지개

(3) 이 시에서 운율을 만드는 방법 알기

- '해님이 웃는다', '웃는다'와 같은 구절의 반복
- '–게'의 반복
- '보슬보슬', '알롱알롱'과 같은 ☐☐☐☐☐의 사용
- 한 행을 ☐ 마디씩 끊어 읽기

(4) 이 시에 관한 감상 정리하기

> → 이 시는 비유와 운율을 사용하여 ☐☐를 맞으며 자라는 아이들의 모습을 효과적으로 전달하고 있다.

13 이 시에 대한 설명으로 알맞지 <u>않은</u> 것은?

① 순우리말로 표현하였다.
② 다양한 비유 표현을 썼다.
③ '햇비'를 소재로 쓴 시이다.
④ 고요하고 애처로운 분위기이다.
⑤ 한 행을 두 마디씩 끊어 읽을 수 있다.

14 다음 시구에 사용된 표현 방법으로 알맞은 것은? (정답 2개)

> 아씨처럼 나린다
> 보슬보슬 햇비

① 은유법이 쓰였다.
② 음성 상징어를 사용하였다.
③ 시에서 말하는 이는 아씨이다.
④ 원관념은 '햇비', 보조 관념은 '아씨'이다.
⑤ 사람이 아닌 것을 사람에 빗대어 표현했다.

15 다음 시구와 같은 비유법이 쓰인 것은?

> 하늘 다리 놓였다
> 알롱알롱 무지개

① 별빛이 입을 맞추어 가고
② 해야 솟아라, 해야 솟아라
③ 나는 찬밥처럼 구석에 앉아
④ 빗소리 같은 발소리 들려온다
⑤ 겨울은 강철로 된 무지갠가 보다

16 이 시에 쓰인 운율을 만드는 방법으로 알맞지 <u>않은</u> 것은?

① '–게'가 반복된다.
② '웃는다'가 반복된다.
③ 음성 상징어를 사용하였다.
④ 한 행을 두 마디씩 끊어 읽는다.
⑤ 각 행에 사용된 글자 수가 동일하다.

바른답·알찬풀이 5쪽

(1) 길

길은 포도 덩굴
몇백 년이나 자라
땅덩이를 다 덮었다

이 덩굴 가지마다
포도송이 같은 마을이 있고
포도알 같은 집들이 달렸다

포도알이 늘 때마다
포도송이는 커 가고

갈봄 없이 자라 가는
이 덩굴을 통하여
사람과 사람이 도와 가고
마을과 마을은 이어져서

세계는 한 덩이 과일로
토실토실 익어 가고 있는 것이다.

비유 표현을 찾아볼까?

'길'과 '포도 덩굴'
- '무엇은 무엇이다.'의 형식으로 비유함.(은유법)
- 원관념: ❶ ☐
  보조 관념: 포도 덩굴

'길'이 여러 군데로 벋어 나 있는 모습을 '포도 덩굴'이 여러 가지로 벋어 있는 모습에 빗대어 표현함.

'포도송이'와 '마을'
'포도알'과 '집'
- '같은'이라는 말을 써서 비유함.
  (❷ ☐☐☐)
- 원관념: 마을, 집
  보조 관념: 포도송이, 포도알

마을이 자리 잡고 있는 모습을 포도 덩굴에 포도송이가 붙어 있는 모습에 빗대어 표현함.

집들이 마을을 이룬 모습을 포도알이 모여 포도송이를 이룬 모습에 빗대어 표현함.

'세계'와 '한 덩이 과일'
- '세계'를 '한 덩이 과일'에 빗대어 표현함.(은유법)
- 원관념: 세계
  보조 관념: 한 덩이 과일

세계가 한 덩이 ❸ ☐☐ 처럼 서로 이어져 더 큰 하나가 되고 있는 모습을 표현함.

운율도 살펴볼까?

이 시에서 운율을 형성하는 방법
- 'ㄹ'과 'ㅇ' 소리를 반복함.
- '포도'와 같은 단어를 반복함.
- '토실토실'과 같은 ❹ ☐☐ ☐☐☐를 사용함.

운율을 형성하면 어떤 효과가 있을까?

→

- 시의 음악성을 드러냄.
- 시의 분위기를 형성함.
- 시의 ❺ ☐☐를 강조할 수 있음.
- 시에서 말하는 이의 감정을 섬세하고 구체적으로 드러냄.

그래서 시인이 말하고자 하는 것, 이 시의 주제는 무엇일까?

시인은  한 덩어리 포도처럼 사람들도 하나가 되어 서로 도우며 살아가기를 바람.

이 시의 주제는 사람들이 서로 교류하고 도우며 성장하는 세계야.

[01~05] 다음 글을 읽고 물음에 답하시오.

가 ㉠길은 포도 덩굴
몇백 년이나 자라
땅덩이를 다 덮었다

이 덩굴 가지마다
포도송이 같은 ㉡마을이 있고
포도알 같은 ㉢집들이 달렸다

포도알이 늘 때마다
포도송이는 커 가고

갈봄 없이 자라 가는
이 덩굴을 통하여
사람과 사람이 도와 가고
마을과 마을은 이어져서

세계는 한 덩이 과일로
㉮토실토실 익어 가고 있는 것이다.

나 집들이 늘 때마다 마을은 커진다. 가을봄 할 것 없이 늘어 가는 길을 따라 사람들이 서로 돕고 마을은 서로 이어져서 세계는 하나가 되어 가고 있는 것이다.

학습 활동 쏙쏙

01 (가)와 (나)를 비교한 내용으로 알맞은 것은?

① (가)는 형식이 자유롭고, (나)는 형식이 정해져 있다.
② (가)는 설명하는 글이고, (나)는 정서를 표현하는 글이다.
③ (가)는 리듬감이 느껴지고, (나)는 리듬감이 잘 느껴지지 않는다.
④ (가)는 사실을 바탕으로 하여 쓴 글이고, (나)는 상상하여 쓴 글이다.
⑤ (가)는 말하는 이가 구체적으로 나타나 있고, (나)는 말하는 이를 알 수 없다.

02 (가)에서 〈보기〉의 밑줄 친 부분과 같은 비유 표현이 쓰인 시구로 알맞은 것은? (정답 2개)

> **보기**
>
> 돌담에 속삭이는 <u>햇발같이</u>
> 풀 아래 웃음짓는 <u>샘물같이</u>
> 내 마음 고요히 고운 봄 길 위에
> 오늘 하루 하늘을 우러르고 싶다.
>
> – 김영랑, 〈돌담에 속삭이는 햇발〉

① 길은 포도 덩굴
② 갈봄 없이 자라 가는
③ 포도송이 같은 마을이 있고
④ 포도알 같은 집들이 달렸다
⑤ 토실토실 익어 가고 있는 것이다.

학습 활동 쏙쏙

03 ㉠~㉢을 비유하는 대상이 무엇인지 쓰시오.

㉠ 길	㉡ 마을	㉢ 집

04 ㉮에 대한 설명으로 알맞은 것은?

① 시적 허용이 나타난 부분이다.
② 사물의 모습을 추상적으로 표현한 것이다.
③ 사람이 아닌 것을 사람처럼 빗댄 표현이다.
④ 음성 상징어로 시의 운율을 형성하여 준다.
⑤ 원관념과 보조 관념을 직접 연결하여 빗대어 표현한 것이다.

서술형 **학습 활동 쏙쏙**

05 (가)에서 시인이 바라는 '세계'를 〈조건〉에 맞게 서술하시오.

> **조건**
>
> • 마지막 연을 참고하여 시인이 바라는 세계의 모습이 구체적으로 드러나게 쓸 것
> • 완결된 한 문장으로 쓸 것

[06~16] 다음 시를 읽고 물음에 답하시오.

가 ㉠길은 포도 덩굴
몇백 년이나 자라
땅덩이를 다 덮었다

이 덩굴 가지마다
포도송이 같은 마을이 있고
포도알 같은 집들이 달렸다

포도알이 늘 때마다
포도송이는 커 가고

갈봄 없이 자라 가는
이 덩굴을 통하여
사람과 사람이 도와 가고
마을과 마을은 이어져서

㉡세계는 한 덩이 과일로
토실토실 익어 가고 있는 것이다.

나 ㉢아씨처럼 나린다
보슬보슬 햇비
맞아 주자 다 같이
옥수숫대처럼 크게
닷 자 엿 자 자라게
해님이 웃는다
나 보고 웃는다.

하늘 다리 놓였다
알롱알롱 무지개
노래하자 즐겁게
동무들아 이리 오나
다 같이 춤을 추자
해님이 웃는다
즐거워 웃는다.

06 (가)와 (나)에 대한 설명으로 알맞은 것은?

① (가)와 (나)에는 인공물이 소재로 사용되었다.
② (가)와 (나)는 말하는 이가 직접적으로 드러나 있다.
③ (가)와 (나)에는 직유법, 은유법이 모두 사용되었다.
④ (가)에는 길을 넓히고자 자연을 함부로 훼손하는 인간들에 대한 비판이 담겨 있다.
⑤ (나)에는 소나기가 그친 후 밖에 나와 즐겁게 노는 아이들의 모습이 잘 나타나 있다.

07 (가)에 나타난 표현 방법으로 알맞은 것은?

① 다양한 상징적 표현을 사용하였다.
② 사람이 아닌 것을 사람처럼 표현하였다.
③ '가는 봄'을 줄여 '갈봄'이라고 표현하였다.
④ 서로 다른 두 대상을 대조하여 표현하였다.
⑤ 음성 상징어를 사용하여 대상의 모습을 구체적으로 표현하였다.

서술형 학습 활동

08 ㉠에서 '길'을 '포도 덩굴'에 비유한 까닭을 〈조건〉에 맞게 서술하시오.

조건
• '길'과 '포도 덩굴'의 공통점이 드러나게 쓸 것
• '~기 때문이다.' 형식의 한 문장으로 쓸 것

09 ㉡에 쓰인 비유 표현에 대한 설명으로 알맞은 것은?

① 표현하려는 대상이 생략되어 있다.
② 이어 주는 말을 사용하여 비유하였다.
③ '무엇은 무엇이다.'와 같은 형식으로 비유하였다.
④ 원관념은 한 덩이 과일이고, 보조 관념은 세계이다.
⑤ 하나의 표현으로 두 가지 이상의 원관념을 표현하였다.

10 (나)의 말하는 이에 대한 설명으로 알맞은 것은?

① 어른이 된 시인이다.
② 보슬보슬 내리는 햇비이다.
③ 하늘에 뜬 무지개를 가리킨다.
④ 아이들을 보고 웃는 해님이다.
⑤ 비를 맞으며 즐거워하는 아이이다.

11 (나)에서 비유한 대상들의 원관념과 보조 관념이 알맞게 짝지어진 것은?

	원관념	보조 관념
①	햇비	아씨
②	해님	옥수숫대
③	동무들	하늘 다리
④	옥수숫대	무지개
⑤	하늘 다리	아이들

 학습 활동 꼼꼼

12 (나)에서 의인법이 쓰인 시구로 알맞은 것은?

① 해님이 웃는다
② 아씨처럼 나린다
③ 알롱알롱 무지개
④ 하늘 다리 놓였다
⑤ 동무들아 이리 오나

 학습 활동 꼼꼼

13 다음 빈칸에 들어갈 말로 알맞지 <u>않은</u> 것은?

> (가), (나)와 같이 비유 표현을 사용하여 시를 쓰면
> (   ) 수 있다.

① 참신한 느낌을 줄
② 생생한 느낌을 줄
③ 음악성을 드러낼
④ 장면을 쉽게 떠올릴
⑤ 구체적이고 명확한 인상을 줄

14 (나)에서 운율을 형성한 방법으로 알맞지 <u>않은</u> 것은?

① '-게'의 반복
② '웃는다'의 반복
③ 규칙적인 끊어 읽기
④ 음성 상징어의 사용
⑤ 일정한 글자 수의 반복

15 (나)에 대한 감상으로 알맞지 <u>않은</u> 것은?

① 읽을 때 운율이 느껴진다.
② 대조적 시어를 사용하여 주제를 강조하였다.
③ 의태어를 사용하여 밝고 경쾌한 분위기가 느껴진다.
④ 비유 표현을 사용하여 생생하고 참신하게 느껴진다.
⑤ 햇비를 맞으며 밝게 자라는 아이들의 모습을 표현하였다.

16 ⓒ과 같은 비유 표현이 사용된 것은?

① 나는 나룻배
  당신은 행인   – 한용운, 〈나룻배와 행인〉
② 새악시 볼에 떠오르는 부끄럼같이
  시의 가슴에 살포시 젖는 물결같이
                    – 김영랑, 〈돌담에 속삭이는 햇발〉
③ 나 보기가 역겨워
  가실 때에는
  말없이 고이 보내 드리우리다.   – 김소월, 〈진달래꽃〉
④ 모든 산맥들이
  바다를 연모해 휘달릴 때도
  차마 이 곳을 범하던 못하였으리라   – 이육사, 〈광야〉
⑤ 입술을 다문 하늘아, 들아,
  내 맘에는 나 혼자 온 것 같지를 않구나.
  네가 끌었느냐, 누가 부르더냐, 답답워라, 말을 해
  다오.   –이상화, 〈빼앗긴 들에도 봄은 오는가〉

(2) 사랑하는 별 하나

소단원 핵심 개념

중요 1 상징의 뜻과 특성

① **뜻**: 인간의 내적 경험이나 감정, 사상과 같은 추상적 개념을 구체적 대상으로 나타내는 것을 말한다.

> 어떤 사물이 직접 경험하거나 지각할 수 있는
> 일정한 형태와 성질을 갖추고 있지 않은

② **특성**
- 표현하려는 추상적 개념이 겉으로 드러나지 않고 이를 표현하기 위한 구체적 대상만 드러난다.

> 사물이 직접 경험하거나 지각할 수 있도록
> 일정한 형태와 성질을 갖추고 있는

- 구체적 대상의 의미를 다양하게 해석할 수 있다.
  - **예** 해야 솟아라. 해야 솟아라. 말갛게 씻은 얼굴 고운 해야 솟아라.   – 박두진, 〈해〉
  - → '해'는 '광명', '희망', '정의', '새로운 세상' 등 다양한 상징적인 의미를 지닌다.

2 상징의 종류

관습적 상징	오랫동안 특수한 문화적 배경 아래에서 관습화되어 형성된 상징 **예** 비둘기: 평화를 상징 / 사군자: 지조, 절개를 상징
원형적 상징	인류의 잠재의식 속에 공통적으로 내재해 있는 상징 **예** 불: 수직적, 인간의 생명, 사랑, 소명 등을 상징 물: 수평적, 정화와 재생, 시간의 흐름 등을 상징
문학적 (개인적) 상징	작가가 문학 작품 등에서 사용하는 독창적인 상징 **예** 김유정의 〈동백꽃〉에서 '동백꽃'은 향토성, 순수성, 사춘기의 순수한 사랑 등을 상징

중요 3 상징의 효과

① 독자는 머릿속에서 추상적인 개념을 구체적으로 그릴 수 있다.
② 독자는 겉으로 드러나지 않은 의미를 다양하게 생각해 봄으로써 작품을 깊이 있게 감상할 수 있다.
③ 작가는 작품의 주제를 더욱 효과적이고 인상 깊게 드러낼 수 있다.
④ 작가는 구체적 대상이 지닌 본래의 의미에 새로운 의미를 부여할 수 있어서 작품의 의미가 더욱 다양하고 풍부해진다.

4 비유와 상징의 비교

① 비유는 원관념과 보조 관념이 드러나지만, 상징은 표현하려는 대상이 겉으로 드러나지 않은 채 이를 표현하기 위한 구체적 대상만 드러난다.
② 비유를 하기 위해서는 원관념과 보조 관념 사이에 유사성이 필요하지만, 상징은 표현하려는 대상과 이를 표현하기 위한 구체적 대상 사이에 유사성이 필요하지 않다.

개념 확인 문제

1 상징에 관한 설명으로 맞으면 ○표, 틀리면 ×표를 하시오.

(1) 상징에서 구체적 대상의 의미를 다양하게 해석할 수 있다.　(　　　)
(2) 상징은 비유와 달리 보조 관념 없이 원관념만 겉으로 드러낸다.(　　　)
(3) 추상적인 개념을 구체적 대상으로 나타내는 것을 상징이라고 한다.
　(　　　)

2 문학적 상징의 예로 알맞은 것은?

① '비둘기'는 평화를 상징한다.
② '물'은 정화와 재생을 상징한다.
③ '십자가'는 고통, 속죄를 상징한다.
④ '사군자'는 지조, 절개를 상징한다.
⑤ 김유정의 〈동백꽃〉에서 '동백꽃'은 사춘기의 순수한 사랑을 상징한다.

3 상징의 효과로 알맞지 않은 것은?

① 주제를 인상 깊게 드러낼 수 있다.
② 작품의 의미가 다양하고 풍부해진다.
③ 추상적인 개념을 구체적으로 그릴 수 있다.
④ 구체적 대상의 의미를 다양하게 생각해 보며 작품을 깊이 있게 감상할 수 있다.
⑤ 전달하고자 하는 의미가 그대로 드러나 작품을 구체적이고 명확하게 이해할 수 있다.

4 다음 빈칸에 들어갈 알맞은 말을 쓰시오.

> 비유는 원관념과 보조 관념이 모두 직접 드러나는 반면, 상징은 (　　　) 대상만 겉으로 드러난다.

사랑하는 별 하나 _이성선

1연
나도 별과 같은 사람이
될 수 있을까.
외로워 쳐다보면
눈 마주쳐 마음 비춰 주는
그런 사람이 될 수 있을까.

→ 별과 같은 사람이 되고 싶은 소망

2연
나도 꽃이 될 수 있을까.
세상일이 괴로워 쓸쓸히 밖으로 나서는 날에
가슴에 화안히 안기어
빛이 비치어 맑고 밝게. '환히'의 시적 허용
눈물짓듯 웃어 주는
하얀 들꽃이 될 수 있을까.

→ 하얀 들꽃이 되고 싶은 소망

3연
가슴에 사랑하는 별 하나를 갖고 싶다.
외로울 때 부르면 다가오는
별 하나를 갖고 싶다.

→ 사랑하는 별 하나를 갖고 싶은 소망

4연

마음 어두운 밤 깊을수록
우러러 쳐다보면
반짝이는 그 맑은 눈빛으로 나를 씻어
길을 비추어 주는
그런 사람 하나 갖고 싶다.

→ 별과 같은 사람 하나를 갖고 싶은 소망

작품 개관

갈래	현대 시, 자유시, 서정시
제재	별, 꽃, 사람
성격	소망적, 고백적, 상징적
주제	외로움을 달래 줄 수 있는 존재에 대한 소망
특징	• '별'과 '꽃'을 통해 주제를 상징적으로 표현함. • '있을까', '갖고 싶다'의 반복을 통해 운율감을 형성하고 말하는 이의 소망을 강조함. • 말하는 이의 소망이 시의 전반부에서는 간접적으로, 후반부에서는 직접적으로 제시됨.

핵심 콕콕

> **'나'가 처한 상황**

시구
• 외로워 쳐다보면
• 세상일이 괴로워 쓸쓸히 밖으로 나서는 날에
• 외로울 때 부르면 다가오는
• 마음 어두운 밤 깊을수록

⊙ '나'는 외롭고 ☐☐하며 힘든 상황에 처해 있다.

> **시어의 상징적 의미**

별　　　꽃

⊙ 이 시에서 '별', '꽃'은 외롭고 힘든 마음을 ☐☐해 줄 수 있는 따뜻하고 순수한 존재를 상징한다.

문제로 확인

1 이 시는 상징을 사용하여 주제를 형상화하고 있다. (○, ×)

2 '있을까', '갖고 싶다'를 반복하며 소망을 강조하고 있다. (○, ×)

3 이 시에서 말하는 이는 하얀 ☐☐이 되고 싶고, 사랑하는 ☐ 하나를 갖고 싶은 소망을 드러내었다.

1
단원

학습활동 핵심콕콕

이해와 탐구

1 이 시의 내용 파악하기

(1) '나'가 처한 상황 이해하기

시구
- 외로워 쳐다보면
- 세상일이 괴로워 쓸쓸히 밖으로 나서는 날에
- 외로울 때 부르면 다가오는
- 마음 어두운 밤 깊을수록

→ • '나'가 처한 상황: ☐☐☐ 쓸쓸하며 힘든 상황에 처해 있다.

(2) 각 연의 내용 정리하기

- **1연** : '☐과 같은 사람', '그런 사람'이 되고 싶은 소망
- **2연** : '꽃', '하얀 들꽃'이 되고 싶은 소망
- **3연** : '사랑하는 별 하나'를 갖고 싶은 소망
- **4연** : '마음 어두운 밤', '길을 비추어 주는', '그런 사람 ☐☐'를 갖고 싶은 소망

(3) 이 시의 '나'가 소망하는 것 알기

→ 이 시의 '나'는 외로운 상황 속에서 별과 같은 사람과 하얀 들꽃이 되고 싶고, 사랑하는 별 하나와 마음 어두운 밤 길을 비추어 주는 사람 하나를 갖고 싶은 ☐☐을 드러내고 있다.

2 이 시에 쓰인 상징과 그 특성 알기

(1) '별'과 '꽃'의 성격을 알 수 있는 부분 찾기

1연 나도 별과 같은 사람이
될 수 있을까.
<u>외로워 쳐다보면</u>
<u>눈 마주쳐 마음 비춰 주는</u> →별의 성격을 알 수 있는 부분
그런 사람이 될 수 있을까.

---

01 이 시에서 '나'가 처한 상황이 나타난 시구로 알맞지 <u>않은</u> 것은?

① 외로워 쳐다보면
② 가슴에 화안히 안기어
③ 마음 어두운 밤 깊을수록
④ 외로울 때 부르면 다가오는
⑤ 세상일이 괴로워 쓸쓸히 밖으로 나서는 날에

02 이 시에 드러나는 '나'의 소망으로 알맞지 <u>않은</u> 것은?

① 하얀 들꽃이 되고 싶은 소망
② 별과 같은 사람이 되고 싶은 소망
③ 사랑하는 별 하나를 갖고 싶은 소망
④ 세상일이 괴로워 밖으로 나서고 싶은 소망
⑤ 마음 어두운 밤 길을 비추어 주는 그런 사람 하나를 갖고 싶은 소망

03 다음 밑줄 친 '그런 사람'의 의미로 알맞은 것은?

나도 별과 같은 사람이
될 수 있을까.
외로워 쳐다보면
눈 마주쳐 마음 비춰 주는
<u>그런 사람</u>이 될 수 있을까.

① 언제나 환하게 나를 보며 웃고 있는 사람
② 멀리 떨어져 있어서 항상 보고 싶은 사람
③ 높은 곳에서 나를 내려다보고 있는 사람
④ 힘들 때 내 마음을 위로해 줄 수 있는 사람
⑤ 순수해서 많은 사람들에게 사랑을 받고 있는 사람

2연 나도 꽃이 될 수 있을까.

세상일이 괴로워 쓸쓸히 밖으로 나서는 날에

가슴에 화안히 안기어

눈물짓듯 웃어 주는 →'꽃'의 성격을 알 수 있는 부분

하얀 들꽃이 될 수 있을까.

---

(2) '별'과 '꽃'이 상징하는 의미 파악하기

별, 꽃 ｜ 외롭고 힘든 마음을 위로해 줄 수 있는 □□하고 순수한 존재

개념 콕콕 — 상징의 특성

상징은 표현하려는 추상적 개념이 겉으로 드러나지 않고 이를 표현하려고 사용한 □□□ 대상만 드러난다. 그렇기 때문에 구체적 대상의 의미를 □□하게 해석할 수 있다.

---

3 이 시에 쓰인 상징과 그 효과 알기

(1) 가, 나의 표현을 비교하여 상징의 효과 이해하기

> **가** 마음을 위로해 주는 사람을 만나고 싶다.
>   외로움을 달래 주는 사람을 만나고 싶다.

> **나** 가슴에 사랑하는 별 하나를 갖고 싶다.
>   외로울 때 부르면 다가오는 별 하나를 갖고 싶다.

↓ **가, 나**의 표현 비교 ↓

가는 문장의 의미가 □□□ 전해진다.

나는 독자가 그 의미를 다양하게 해석할 수 있다.

↓

→ 상징을 사용하면 시어가 다양한 의미로 해석되기 때문에 독자는 시어의 의미를 다양하게 생각해 보면서 작품을 □□ 있게 감상할 수 있다.

→ 작가는 자신이 표현하고자 하는 바를 더욱 □□□으로 전달할 수 있다.

---

04 다음 빈칸에 들어갈 알맞은 말을 쓰시오.

> 이 시에서 (   )과 (   )은 '나'의 외롭고 힘든 마음을 위로해 줄 수 있는 따뜻하고 순수한 존재를 상징한다.

05 이 시에 사용된 표현 방법에 대한 설명으로 알맞은 것은?

① 추상적 개념을 구체적 대상으로 표현하였다.
② 모순된 표현을 사용하여 주제를 강조하였다.
③ 음성 상징어를 사용하여 생생하게 표현하였다.
④ 같은 글자 수를 반복하여 리듬감을 형성하였다.
⑤ 표현하고자 하는 의미와 반대되는 표현을 사용하였다.

06 상징의 특성으로 알맞은 것은?

① 독자에게 문장 그대로 의미를 전달한다.
② 표현하려는 추상적 개념이 겉으로 드러난다.
③ 시어가 상징하는 의미가 다양하게 해석된다.
④ 원관념과 보조 관념 사이에 유사성이 반드시 필요하다.
⑤ 관습적으로 형성된 것으로 개인이 독창적으로 만들 수 없다.

07 다음 빈칸에 들어갈 알맞은 말을 쓰시오.

> 상징을 사용하면 (   )는 자신이 표현하고자 하는 바를 더욱 인상적으로 전달할 수 있다. 또 상징을 활용한 작품을 읽으면 (   )도 시어의 의미를 다양하게 해석하며 작품을 깊이 있게 감상할 수 있다.

문제해결과 적용

1 상징의 특성과 효과를 생각하며 작품 감상하기

앞부분의 줄거리

크리스마스 전날 밤, 풍요로운 이웃을 보며 부러워하는 틸틸과 미틸 남매 앞에 요술쟁이 할머니가 나타나 자신의 아픈 딸을 위해 파랑새를 찾아달라고 부탁한다. 남매는 할머니가 준 요술 모자를 쓰고 꿈속으로 요정과 함께 파랑새를 찾아 떠난다. 그들은 추억의 나라, 밤의 궁전, 숲을 차례로 들르지만 파랑새를 찾지 못한다.

틸틸과 미틸은 ㉠행복의 나라에 도착했어요.

한 무리의 아이들이 빙글빙글 돌며 춤을 추었어요.

"안녕! 우리들은 너희 집에 사는 행복들이야. 나는 건강의 행복!"

아이들 가운데 하나가 입을 열자, 모두가 조잘대기 시작했어요.
　　　　　　　　　　조금 낮은 목소리로 빠르게 말을 계속하기

"나는 맑은 공기의 행복!"

"나는 부모님을 사랑하는 행복!"

"나는 봄의 행복!"

아이들의 말을 듣고, 틸틸이 깜짝 놀라 물었어요.

"우리 집에 행복이 그렇게 많단 말이야?"

"그럼! 우리들은 늘 사람들 곁에 있어. 사람들이 그걸 모를 뿐이지."

그때, 엄마를 닮은 아름다운 부인이 틸틸과 미틸을 부르며 달려왔어요.

"난 '엄마의 행복'이란다. 모든 행복 중에서 가장 큰 행복이지. 그래서 난 늙지 않고 항상 고운 모습을 하고 있는 거란다."

틸틸과 미틸은 '엄마의 행복'에 안겨 물었어요.

"여기에 파랑새가 있나요?"

"여기는 행복이 넘쳐나는 곳이라서 파랑새가 필요 없단다." (중략)

틸틸은 엄마가 깨우는 소리에 벌떡 일어났어요. 어찌 된 일인지 빛의 요정도, 모자도 보이지 않았어요.

바로 그때, 방문을 열고 한 할머니가 들어왔어요. 파랑새를 부탁한 요술쟁이 할머니와 너무나 닮았지요.

"나는 이웃집에 사는데, 새를 빌리러 왔단다. 앓아누운 내 딸이 새를 갖고 싶어 하거든."
　　　　　　　　　　병에 걸려 고통을 겪어서 자리에 누운

틸틸은 새장을 바라보고 깜짝 놀랐어요.

"아, 파랑새다! 그렇게 찾았는데. 파랑새가 우리 집에 있었어!"

틸틸은 파랑새를 할머니에게 주었어요.

다음날, 이웃집 할머니를 따라 여자아이가 찾아왔어요.

"고마워. 파랑새를 보고 아픈 게 다 나았어."

빛의 요정을 꼭 닮은 여자아이가 파랑새를 안고 말했어요.

---

08 ㉠에 대한 설명으로 알맞지 <u>않은</u> 것은?

① 틸틸과 미틸이 꿈속에서 간 나라이다.

② 이곳에서 가장 큰 행복은 엄마의 행복이다.

③ 틸틸과 미틸은 이곳에서 파랑새를 발견한다.

④ 틸틸과 미틸의 집에 사는 행복들이 모여 있는 곳이다.

⑤ 비현실적인 공간으로 틸틸과 미틸은 이곳에서 행복에 대해 새로운 사실들을 알게 된다.

09 아이들의 말을 듣고, 틸틸이 놀란 이유로 알맞은 것은?

① 행복에 대해 생각해 본 적이 없어서

② '봄의 행복'이 있다는 말은 처음 들어서

③ 행복의 나라에는 파랑새가 없다는 말을 들어서

④ 행복의 나라에 생각보다 많은 아이들이 있어서

⑤ 자신의 집에 행복이 많을 것이라고는 생각하지 못해서

10 다음 빈칸에 들어갈 알맞은 말을 쓰시오.

> 이 글은 행복이라는 추상적인 개념을 (　　　)라는 구체적인 대상으로 표현하여 주제를 나타내고 있다.

11 이 글의 주제로 알맞은 것은?

① 행복은 우리 가까이에 있다.

② 행복해지려면 파랑새를 키워야 한다.

③ 행복에 대한 조건은 사람마다 다르다.

④ 쉽게 얻은 행복은 쉽게 사라질 수 있다.

⑤ 다른 사람의 행복을 위해 희생하는 것은 가치 있는 일이다.

미틸은 파랑새를 쓰다듬어 주려고 다가갔어요.

그 순간, 파랑새는 그만 <u>포르르</u> 날아가 버렸지요.
작은 새 따위가 갑자기 날아갈 때 나는 소리. 또는 그 모양

여자아이가 울음을 터뜨리자, 틸틸이 달래

주었어요.

"괜찮아. 내가 또 파랑새를 찾아 줄게. 파랑

새는 우리 가까이에 있으니까."

– 모리스 마테를링크, 〈파랑새〉

(1) '파랑새'를 찾는 과정 정리하기

> 남매가 요술쟁이 할머니의 부탁으로 ☐에서 여러 나라를 여행하며 파랑새를 찾지만, 파랑새를 찾지 못함.

↓

> 남매는 ☐☐의 나라에 도착하여 파랑새를 찾지만, 그곳에서도 파랑새를 찾지 못함.

↓

> 잠에서 깬 남매는 자신의 ☐에서 파랑새를 발견함.

(2) 등장인물의 말을 참고하여 이 작품에서 '파랑새'가 상징하는 의미 파악하기

- "우리 집에 행복이 그렇게 많단 말이야?"
  "그럼! 우리들은 늘 사람들 곁에 있어. 사람들이 그걸 모를 뿐이지."
- "아, 파랑새다! 그렇게 찾았는데. 파랑새가 우리 집에 있었어!"
- "괜찮아. 내가 또 파랑새를 찾아 줄게. 파랑새는 우리 가까이에 있으니까."

➜ 이 작품에서 '☐☐☐'는 우리 곁에 있으나 쉽게 알아차리지 못하는 행복을 상징한다.

(3) 이 작품의 작가가 전하고자 하는 것 파악하기

➜ 이 작품의 작가는 ☐☐을 활용하여 '행복은 멀리 있는 것이 아니라 가까이에 있다.', '행복은 거창한 것도, 멀리 있는 것도 아니며 우리 주변의 모든 사물이나 상황에서 느낄 수 있다.' 등의 주제를 전달하고 있다.

개념콕콕 〈파랑새〉에 쓰인 문학적(개인적) 상징

문학적(개인적) 상징은 작가가 문학 작품 등에서 사용하는 독창적인 상징을 말한다. 〈파랑새〉에서 작가는 ☐☐의 상징으로 '파랑새'를 제시하였다. 틸틸과 미틸 남매가 파랑새를 찾아가는 여정을 통해 독자는 '행복'의 의미를 생각해 볼 수 있다.

1단원

12 다음 사건들이 일어난 차례대로 기호를 쓰시오.

> ㉠ 잠에서 깬 남매는 집에서 파랑새를 발견하였다.
> ㉡ 남매는 파랑새를 찾으러 행복의 나라에 도착하였다.
> ㉢ 이웃집 할머니가 파랑새를 빌려 갔다.
> ㉣ 요술쟁이 할머니가 남매를 찾아와 파랑새를 찾아 달라고 하였다.
> ㉤ 몸이 나은 이웃집 아이는 파랑새를 돌려주러 남매의 집을 찾아왔다.

( ) → ( ) → ( ) → ( ) → ( )

13 '파랑새'가 상징하는 의미로 알맞은 것은?

① 누구나 누릴 수 없는 행복
② 언젠가 행복해질 것이라는 믿음
③ 나보다 다른 사람을 먼저 생각하는 희생정신
④ 우리가 매순간 노력하여야 얻을 수 있는 행복
⑤ 우리 곁에 있으나 쉽게 알아차리지 못하는 행복

14 다음 빈칸에 들어갈 말로 알맞은 것은? (정답 2개)

> 이 글에서 작가는 파랑새에 (   ) 상징을 사용하여 독자에게 행복의 의미를 다양하게 생각해 볼 수 있게 하였다.

① 개인적
② 관습적
③ 문학적
④ 원형적
⑤ 비유적

⚙ 바른답·알찬풀이 6쪽

(2) 사랑하는 별 하나

나도 별과 같은 사람이
될 수 있을까.
외로워 쳐다보면
눈 마주쳐 마음 비춰 주는
그런 사람이 될 수 있을까.

나도 꽃이 될 수 있을까.
세상일이 괴로워 쓸쓸히 밖으로 나서는
날에
가슴에 화안히 안기어
눈물짓듯 웃어 주는
하얀 들꽃이 될 수 있을까.

가슴에 사랑하는 별 하나를 갖고 싶다.
외로울 때 부르면 다가오는
별 하나를 갖고 싶다.

마음 어두운 밤 깊을수록
우러러 쳐다보면
반짝이는 그 맑은 눈빛으로 나를 씻어
길을 비추어 주는
그런 사람 하나 갖고 싶다.

★ 시어의 상징적 의미를 살펴볼까?

별
외로워 쳐다보면 눈 마주쳐 마음을 비춰 줌.

꽃
가슴에 환히 안기어 눈물짓듯 웃어 줌.

'외롭고 힘든 마음을 ❶ ☐☐ 해 줄 수 있는 따뜻하고 순수한 존재'를 상징함.

★ '나'가 처한 상황과 소망을 살펴볼까?

상황
외롭고 ❷ ☐☐ 하며 힘든 상황에 처해 있음.

그래서 '나'는~

소망
• 다른 사람이 외롭고 괴로울 때 위로해 주는 존재가 되고 싶음.
• 내가 외롭고 괴로울 때 찾아와 위로해 주는 존재를 ❸ ☐☐ 싶음.

★ 이 시의 특징을 더 알아볼까?

• '별'과 '꽃'을 통해 주제를 상징적으로 표현함.
• '있을까', '갖고 싶다'의 반복을 통해 ❹ ☐☐ 을 형성하고 소망을 강조함.
• '있을까'라고 질문하는 것에서 '갖고 싶다'라고 단정적인 어조로 소망을 드러내며 시상을 전개함.

★ 그래서 시인이 말하고자 하는 것, 즉 주제가 뭔데?

이 시의 주제는 '❺ ☐☐☐ 을 위로해 줄 수 있는 사람에 대한 소망'이라고 볼 수 있음.

[01~06] 다음 시를 읽고 물음에 답하시오.

나도 ㉠별과 같은 사람이

될 수 있을까.

외로워 쳐다보면

눈 마주쳐 마음 비춰 주는

㉡그런 사람이 될 수 있을까.

나도 꽃이 될 수 있을까.

세상일이 괴로워 쓸쓸히 밖으로 나서는 날에

가슴에 ㉢화안히 안기어

눈물짓듯 웃어 주는

하얀 들꽃이 될 수 있을까.

가슴에 ㉮사랑하는 별 하나를 갖고 싶다.

외로울 때 부르면 다가오는

㉣별 하나를 갖고 싶다.

㉤마음 어두운 밤 깊을수록

우러러 쳐다보면

반짝이는 그 맑은 눈빛으로 나를 씻어

길을 비추어 주는

그런 사람 하나 갖고 싶다.

01 이와 같은 글에 대한 설명으로 알맞지 <u>않은</u> 것은?

① 말의 가락이 느껴진다.

② 공연을 하기 위해 쓴다.

③ 말하는 이를 내세워 주제를 전달한다.

④ 비유, 상징과 같은 다양한 표현 방법을 사용한다.

⑤ 인간의 생각과 감정을 함축적인 언어로 표현한다.

02 이 시에서 상징하는 의미가 같은 시어끼리 묶인 것은?

① 길 - 별

② 별 - 꽃

③ 길 - 그런 사람

④ 가슴 - 하얀 들꽃

⑤ 마음 어두운 밤 - 맑은 눈빛

03 이 시의 말하는 이에 대한 설명으로 알맞은 것은?

① 이 시의 말하는 이는 직접 드러나 있지 않다.

② 말하는 이는 별과 꽃을 마주보며 행복한 상황이다.

③ 말하는 이는 주변 사람들이 기쁠 때 다가가 꽃 한 송이를 주는 사람이다.

④ 말하는 이는 자신이 외로울 때 찾아와 위로해 주는 존재를 갖고 싶어 한다.

⑤ 말하는 이는 혼자 어두운 밤길을 걷는 사람과 기꺼이 함께 걸을 준비가 되어 있지 않다.

04 이 시에서 인상적으로 주제를 전달하기 위해 사용한 표현 방법으로 알맞은 것은?

① 말하려는 바를 직접 제시하였다.

② 보조 관념은 숨기고 원관념만 제시하였다.

③ 추상적인 의미를 구체적 대상으로 표현하였다.

④ 시어를 하나의 의미로만 해석되도록 표현하였다.

⑤ 서로 다른 대상들을 비교하여 그 유사성을 표현하였다.

05 ㉠~㉤에 대한 설명으로 알맞지 <u>않은</u> 것은?

① ㉠: 직유 표현이 나타난다.

② ㉡: 다른 사람의 외로움을 위로해 주는 사람이 되고 싶다는 소망이 나타난다.

③ ㉢: '환히'의 시적 허용이 나타난다.

④ ㉣: 단정적 어조를 사용하여 말하는 이의 소망이 확실히 나타난다.

⑤ ㉤: 이 시의 시간적 배경이 나타난다.

06 ㉮의 의미를 〈조건〉에 맞게 서술하시오.

> **조건**
> • '나'가 처한 상황과 관련 지어 쓸 것
> • 완결된 한 문장으로 쓸 것

[07~10] 다음 글을 읽고 물음에 답하시오.

가 틸틸과 미틸은 ⓐ행복의 나라에 도착했어요.

한 무리의 아이들이 빙글빙글 돌며 춤을 추었어요.

"안녕! 우리들은 너희 집에 사는 행복들이야. 나는 건강의 행복!"

아이들 가운데 하나가 입을 열자, 모두가 조잘대기 시작했어요.

"나는 맑은 공기의 행복!"

"나는 부모님을 사랑하는 행복!" / "나는 봄의 행복!"

ⓑ아이들의 말을 듣고, 틸틸이 깜짝 놀라 물었어요.

"우리 집에 행복이 그렇게 많단 말이야?"

"그럼! 우리들은 늘 사람들 곁에 있어. 사람들이 ⓒ그걸 모를 뿐이지."

그때, 엄마를 닮은 아름다운 부인이 틸틸과 미틸을 부르며 달려왔어요.

"난 '엄마의 행복'이란다. 모든 행복 중에서 가장 큰 행복이지. 그래서 난 늙지 않고 항상 고운 모습을 하고 있는 거란다."

틸틸과 미틸은 '엄마의 행복'에게 안겨 물었어요.

"여기에 ⓓ파랑새가 있나요?"

"여기는 행복이 넘쳐 나는 곳이라서 파랑새가 필요 없단다."

나 틸틸은 엄마가 깨우는 소리에 벌떡 일어났어요. 어찌 된 일인지 빛의 요정도, 모자도 보이지 않았어요.

바로 그때, 방문을 열고 한 할머니가 들어왔어요. 파랑새를 부탁한 요술쟁이 할머니와 너무나 닮았지요.

"나는 이웃집에 사는데, 새를 빌리러 왔단다. 앓아누운 내 딸이 새를 갖고 싶어 하거든."

틸틸은 새장을 바라보고 깜짝 놀랐어요.

"아, 파랑새다! 그렇게 찾았는데. 파랑새가 우리 집에 있었어!"

틸틸은 파랑새를 할머니에게 주었어요.

다음날, 이웃집 할머니를 따라 ⓔ여자아이가 찾아왔어요.

"고마워. 파랑새를 보고 아픈 게 다 나았어." / 빛의 요정을 꼭 닮은 여자아이가 파랑새를 안고 말했어요.

미틸은 파랑새를 쓰다듬어 주려고 다가갔어요.

그 순간, 파랑새는 그만 포르르 날아가 버렸지요.

여자아이가 울음을 터뜨리자, 틸틸이 달래 주었어요.

"괜찮아. 내가 또 파랑새를 찾아 줄게.　　㉮　　"

07 이와 같은 글의 특성으로 알맞은 것은?

① 글쓴이가 상상한 내용을 감동적으로 그려 낸다.
② 글쓴이의 경험을 진술하게 표현하여 깨달음을 준다.
③ 글쓴이가 여행지에서 겪은 일을 사실적으로 표현한다.
④ 글쓴이가 존경하는 위인의 생애를 객관적으로 전달한다.
⑤ 글쓴이의 개성이 드러나게 자유로운 형식으로 표현한다.

08 이 글의 내용과 일치하지 <u>않는</u> 것은?

① 틸틸과 미틸은 파랑새를 찾았다.
② 틸틸과 미틸의 집에서 가장 큰 행복은 '엄마의 행복'이다.
③ 틸틸과 미틸은 행복의 나라에 가기 전에 행복이 가까이 있다는 것을 깨닫지 못하였다.
④ 틸틸과 미틸이 행복의 나라에 도착했을 때는 이미 다른 사람이 파랑새를 찾아 간 후였다.
⑤ 틸틸과 미틸이 빌려 준 파랑새를 보고 아픈 게 나은 이웃집 여자아이는 고맙다는 인사를 하였다.

09 ⓐ~ⓔ에 대한 설명으로 알맞지 <u>않은</u> 것은?

① ⓐ: 꿈속의 공간이다.
② ⓑ: 틸틸과 미틸의 집에 사는 행복들을 가리킨다.
③ ⓒ: 행복이 사람들 곁에 가까이 있다는 사실을 가리킨다.
④ ⓓ: 엄마의 사랑을 상징한다.
⑤ ⓔ: 이웃집 할머니의 딸이다.

서술형
10 ㉮에 들어갈 말을 〈조건〉에 맞게 서술하시오.

조건
• 틸틸이 말하듯이 쓸 것
• 앞에 한 말에 대한 이유가 드러나도록 쓸 것

[11~14] 다음 글을 읽고 물음에 답하시오.

가 나도 별과 같은 사람이
　　되 수 있을까.
　　외로워 쳐다보면
　　눈 마주쳐 마음 비춰 주는
　　그런 사람이 될 수 있을까.

　　나도 꽃이 될 수 있을까.
　　세상일이 괴로워 쓸쓸히 밖으로 나서는 날에
　　가슴에 화안히 안기어
　　눈물짓듯 웃어 주는
　　하얀 들꽃이 될 수 있을까.

　　가슴에 사랑하는 별 하나를 갖고 싶다.
　　외로울 때 부르면 다가오는
　　별 하나를 갖고 싶다.

　　마음 어두운 밤 깊을수록
　　우러러 쳐다보면
　　반짝이는 그 맑은 눈빛으로 나를 씻어
　　길을 비추어 주는
　　그런 사람 하나 갖고 싶다.

나 틸틸은 엄마가 깨우는 소리에 벌떡 일어났어요. 어찌된 일인지 빛의 요정도, 모자도 보이지 않았어요.

　바로 그때, 방문을 열고 한 할머니가 들어왔어요. 파랑새를 부탁한 요술쟁이 할머니와 너무나 닮았지요.

　"나는 이웃집에 사는데, 새를 빌리러 왔단다. 앓아누운 내 딸이 새를 갖고 싶어 하거든."

　틸틸은 새장을 바라보고 깜짝 놀랐어요.

　㉠"아, 파랑새다! 그렇게 찾았는데. 파랑새가 우리 집에 있었어!"

　틸틸은 파랑새를 할머니에게 주었어요.

　다음날, 이웃집 할머니를 따라 여자아이가 찾아왔어요.

　"고마워. 파랑새를 보고 아픈 게 다 나았어."

　빛의 요정을 꼭 닮은 여자아이가 파랑새를 안고 말했어요.

　미틸은 파랑새를 쓰다듬어 주려고 다가갔어요.

　그 순간, 파랑새는 그만 포르르 날아가 버렸지요.

　여자아이가 울음을 터뜨리자, 틸틸이 달래 주었어요.

11 **(가)와 (나)의 표현상의 공통점으로 알맞은 것은?**

① 구체적인 대상을 추상화하여 표현하였다.
② 문학적 상징을 활용하여 주제를 강조하였다.
③ 음악적인 요소를 살려 읽는 재미를 더하였다.
④ 등장인물의 말과 행동으로 사건을 전개하였다.
⑤ 색채어를 사용하여 글의 분위기를 환기하였다.

학습 활동 꼼꼼

12 **(가)에서 '나'가 처한 상황으로 알맞은 것은?**

① 외롭고 쓸쓸하며 힘든 상황
② 세상일에 적극적으로 나서는 상황
③ 사랑하는 이들에게 안겨 있는 상황
④ 별빛이 길을 환히 비추고 있는 상황
⑤ 어두운 밤 집 안에 웅크리고 있는 상황

13 **(나)에서 일어난 사건으로 알맞지 않은 것은?**

① 틸틸은 집에 파랑새를 키우고 있었다.
② 이웃집 할머니가 파랑새를 빌려 갔다.
③ 틸틸과 미틸이 행복의 나라를 여행하였다.
④ 미틸이 다가간 순간 파랑새가 날아가 버렸다.
⑤ 파랑새를 보고 이웃집 여자아이의 몸이 나았다.

학습 활동 꼼꼼

14 **㉠을 통해 작가가 전하고자 하는 바로 알맞은 것은?**

① 건강한 삶이 가장 큰 행복이다.
② 파랑새를 자유롭게 풀어 주어야 한다.
③ 마음이 행복하면 몸도 치유될 수 있다.
④ 행복은 멀리 있는 것이 아니라 가까이에 있다.
⑤ 다른 사람을 위해 행복을 양보할 줄 알아야 한다.

(3) 매체로 소통하기

소단원 핵심 개념

1 매체, 매체 자료, 매체 이용자

① **매체**: 의사소통할 수 있도록 어떤 정보를 전달하는 수단 혹은 경로로, 사람들이 생각이나 정서, 다양한 정보와 지식 등을 전달하고 공유할 수 있게 해 주는 것들을 아울러 가리키는 말이다.

② **매체 자료**: 매체로 전달되는 정보의 구체적 형태를 말한다.

　　예 신문 기사, 텔레비전 프로그램, 라디오 프로그램, 광고, 뉴스 등

③ **매체 이용자**: 매체를 이용하여 의사소통에 참여하는 사람들을 말한다.

매체 생산자	매체 수용자
매체에 의미나 내용 등을 실어 다른 사람에게 전달하거나 매체 자료를 만드는 사람	매체 생산자가 만든 것을 받아들이는 사람

2 매체를 이용한 소통 방식의 변화

① 일방향이었던 소통이 쌍방향으로 이루어지고 있다.

② 매체나 매체 자료를 만드는 사람과 이를 받아들이고 사용하는 사람 사이의 경계가 허물어지고 있다.

③ 매체로 소통하는 사람들 간의 상호 작용이 점점 더 활발해지고 있다.

— 일방향 소통 매체 예 책, 신문 등의 인쇄 매체와 라디오, 텔레비전 등의 방송 매체

3 상호 작용적 매체의 뜻과 특성

① **뜻**: 주로 온라인상에서 정보나 의견을 공유하거나 관계를 맺으며 쌍방향으로 상호 작용 할 수 있는 매체를 말한다. 예 이메일(전자 우편), 블로그(blog), 누리집, 사회 관계망 서비스(SNS) 등
　　　특정한 관심이나 활동을 공유하는 사람들 사이의 관계를 만들어 주는 온라인 서비스

② **특성**

• 주로 온라인상에서 정보나 의견을 공유하거나 관계를 맺으며 상호 작용 할 수 있다.

• 상호 작용적 매체 가운데 학교 누리집은 주로 공적 정보를 공유하는 공간이고, 개인 블로그나 사회 관계망 서비스는 주로 자신의 생각이나 의견, 관점 등을 비교적 자유롭게 공유할 수 있는 개방적 공간이다.

4 상호 작용적 매체를 사용할 때 유의할 점

① 공유하려는 내용이 다른 사람에게 끼칠 영향력을 생각하여 책임감 있게 행동해야 한다.

② 매체 이용자를 고려하여 존중하고 배려하는 태도로 언어 표현을 사용해야 한다.

③ 공유하려는 정보가 개인 정보는 아닌지, 자신이 공유한 정보를 누가 볼 것인지 등을 생각해야 한다.
　　자신의 얼굴이 담긴 초상을 자신의 허락 없이 다른 사람이 사용할 수 없게 하는 권리

④ 저작권, 초상권 등 다른 사람의 권리를 침해하는 정보나 가짜 뉴스와 같은 거짓 정보는 아닌지 살펴보아야 한다.
　　창작물에 관해 저작자나 그 권리를 이어받은 사람이 가지는 권리

개념 확인 문제

1 매체에 관한 설명으로 맞으면 ○표, 틀리면 ✕표를 하시오.

(1) 매체는 다양한 정보와 지식 등을 전달하고 공유할 수 있게 해 준다.

　　　　　　　(　　)

(2) 매체 이용자란 매체나 매체 자료를 직접 만든 사람을 의미한다.

　　　　　　　(　　)

2 일방향의 소통이 이루어지는 매체로 알맞은 것은? (정답 2개)

① 책　　　　② 컴퓨터
③ 태블릿　　④ 텔레비전
⑤ 스마트폰

3 다음 빈칸에 들어갈 알맞은 말을 쓰시오.

> 　(　　) 매체는 주로 온라인상에서 매체를 사용하여 소통할 때, 매체 이용자들 간에 쌍방향으로 상호 작용이 일어나는 매체를 말한다.

4 상호 작용적 매체를 사용할 때 유의할 점으로 알맞지 <u>않은</u> 것은?

① 공유하려는 정보가 개인 정보는 아닌지 살펴본다.

② 매체 생산자와 수용자를 엄격히 구분하여 소통한다.

③ 공유하려는 내용이 다른 사람에게 끼칠 영향력을 생각한다.

④ 공유하는 정보가 가짜 뉴스와 같은 거짓 정보는 아닌지 살펴본다.

⑤ 매체 이용자를 고려하여 존중하고 배려하는 태도로 언어 표현을 사용한다.

🔴 바른답·알찬풀이 7쪽

이해와 탐구

🌐 매체를 이용한 소통 방식의 변화

예전에, 이집트에서 파피루스 풀 줄기의 섬유로 만든 종이

가 책, 신문의 등장

아주 옛날 사람들은 점토판이나 <u>파피루스</u> 등에 직접 문자를 적어 소통하였어요. 시간이 지나 금속 활자의 발명으로 대량 인쇄가 가능해졌고, 책, 신문 등이 나타났어요. 사람들은 이러한 인쇄 매체에서 일방향으로 정보를 전달받았어요.

→ 인쇄 매체가 만들어져 여러 사람에게 일방향으로 정보를 전달함.

나 라디오, 텔레비전의 등장

전기·전자 기술의 발달로 라디오, 텔레비전과 같은 방송 매체가 등장하였어요. 이러한 매체는 많은 정보를 여러 사람에게 전달하였고, 사람들은 이러한 정보를 일방향으로 받아들였어요.

→ 방송 매체가 만들어져 여러 사람에게 일방향으로 대량의 정보를 전달함.

다 컴퓨터, 인터넷의 등장

컴퓨터와 인터넷의 발명은 소통 방식에 큰 변화를 가져왔어요. 여러 사람이 온라인상에서 쌍방향으로 상호 작용 하며 정보와 의견을 주고받을 수 있게 되었기 때문이에요. 사람들은 매체나 매체 자료에 관하여 의견을 표현할 뿐만 아니라, 직접 정보를 만들어서 또 다른 사람에게 공유하기 시작했어요.

→ 컴퓨터, 인터넷이 만들어져 여러 사람이 쌍방향으로 정보를 전달하며 상호 작용 함.

라 스마트폰의 등장

이동 통신 기술이 발달하면서 스마트폰, 태블릿 등 이동하며 이용할 수 있는 이동 통신 기기가 등장하였어요. 이로 인해 매체 이용자는 온라인상에서 정보나 의견을 공유하며 소통할 뿐만 아니라, 서로 관계를 맺거나 인간관계를 넓히는 등 상호 작용이 더욱 활발하게 나타났어요. 이동 통신 기기를 사용하면 언제 어디서나 편하게 소통할 수 있기 때문이에요.

→ 이동 통신 기기가 만들어져 매체 이용자 간의 쌍방향 소통이 이어지며 상호 작용이 더욱 활발해짐.

---

01 다음 빈칸에 들어갈 알맞은 말을 쓰시오.

> (　　　)란 의사소통할 수 있도록 어떤 정보를 전달하는 수단 혹은 경로를 말한다.

1 단원

02 다음 중 가장 나중에 등장한 것은?

① 책　　　　② 신문
③ 라디오　　④ 컴퓨터
⑤ 스마트폰

03 방송 매체에 대한 설명으로 알맞은 것은?

① 라디오, 텔레비전 등이 있다.
② 금속 활자의 발명으로 생겨났다.
③ 대량 인쇄가 가능해져서 나타난 매체이다.
④ 매체 생산자와 수용자 간의 쌍방향 소통이 활발하다.
⑤ 매체 이용자는 주로 온라인상에서 정보를 전달하고 공유한다.

04 **라**에 나타난 소통 방식의 변화로 알맞은 것은?

① 직접 문자를 적어 소통하게 되었다.
② 일방향으로 받아들이는 정보가 많아졌다.
③ 매체 이용자들 간의 상호 작용이 줄어들었다.
④ 언제 어디서나 편하게 소통할 수 있게 되었다.
⑤ 최초로 인터넷을 이용하여 온라인상에서 소통할 수 있게 되었다.

1 매체를 이용한 소통 방식의 변화 알기

(1) 가~라의 소통 방식 정리하기

가, 나 ─ 매체나 매체 자료를 만들어 내는 이들을 중심으로 하여 □□□ 으로 소통이 이루어짐.

↓ 컴퓨터, 인터넷 등장

다 ─ 여러 사람이 정보를 주고받으면서 매체 이용자들이 □□□ 소통을 함.

↓ 스마트폰 등장

라 ─ 매체 이용자들의 상호 작용이 더욱 활발히 일어나면서 □□□ 소통이 강화됨.

(2) (1)을 바탕으로 매체를 이용한 소통 방식의 변화 알기

→ 매체로 소통하는 사람들 간의 상호 작용이 점점 더 □□해지고 있다.
→ 일방향이었던 소통이 쌍방향으로 변화하고 있다.
→ 매체나 매체 자료를 만드는 사람과 이를 받아들이고 사용하는 사람 사이의 경계가 허물어지고 있다.

2 상호 작용적 매체의 의미 알기

→ 상호 작용적 매체란 주로 온라인상에서 정보나 의견을 공유하거나 관계를 맺으며 쌍방향으로 상호 작용 할 수 있는 매체를 말한다.
→ 매체를 사용하는 이들이 □□적으로 참여할 수 있다.

개념콕콕 ─ 가~라의 내용 정리하기

	과학 기술의 발전	소통 방식의 변화
가	금속 활자의 발명으로 인쇄 매체(책, 신문 등)가 만들어짐.	인쇄 매체를 활용하여 여러 사람에게 일방향으로 정보를 전달함.
나	전기·전자 기술의 발달로 라디오, 텔레비전 같은 □□ 매체가 만들어짐.	여러 사람에게 일방향으로 많은 정보를 전달함.
다	컴퓨터와 인터넷이 발명됨.	여러 사람이 온라인상에서 □□□으로 상호 작용 하여 정보를 주고 받음.
라	이동 통신 기술 발달로 스마트폰, 태블릿 등이 만들어짐.	매체 이용자 간의 쌍방향 소통이 이어지며 상호 작용이 더욱 활발해짐.

05 가~라를 통해 알 수 있는 소통 방식의 변화로 알맞은 것은?

① 일방향 소통 방식이 더욱 늘어났다.
② 일방향으로 소통하는 매체는 더 이상 존재하지 않게 되었다.
③ 매체의 발달로 매체 이용자들의 경계는 더욱 분명해지고 있다.
④ 일방향으로만 이루어지던 소통 방식이 쌍방향 소통으로 발전하였다.
⑤ 매체 자료들이 점차 전문화되고 세분화되었으나 전체적인 양은 줄었다.

06 다에서 쌍방향 소통이 이루어진 배경으로 알맞은 것은?

① 책의 등장
② 신문의 등장
③ 방송 매체의 등장
④ 컴퓨터, 인터넷의 등장
⑤ 전기·전자 기술의 발달

07 다음 빈칸에 들어갈 말로 알맞은 것은? (정답 2개)

> (　　　)을/를 이용하여 언제 어디서나 편하게 온라인상에서 쌍방향으로 소통할 수 있게 되었다.

① 신문 　　　② 라디오
③ 태블릿 　　④ 텔레비전
⑤ 스마트폰

08 상호 작용적 매체에서 일어나는 소통에 대한 설명으로 알맞은 것은?

① 매체 이용자들이 주로 직접 만나서 소통한다.
② 매체 이용자들이 능동적으로 참여하여 소통할 수 있다.
③ 매체를 생산하는 사람과 이를 수용하는 사람 간의 경계가 명확하다.
④ 정보를 대량으로 전달하기는 쉬우나 이용자 간에 관계 형성은 어렵다.
⑤ 매체 생산자가 제한되어 있어서 비교적 정확한 자료를 얻을 수 있다.

3 학교 누리집에서 매체 이용자가 소통하는 방식 알기

주연이는 반 친구들과 모여 학교 누리집을 둘러보다가 새 게시물이 올라온 것을 보았다.

번호	제목	작성자	조회 수
342	제△회 청소년 독후감 쓰기 대회 안내	이**	34
341	20△△학년도 학교 도서관 운영 계획	송**	60
340	현장 체험 학습 안내	김**	80
339	신간 도서 구입 예정 목록	이**	72

마음중학교

- 알림 마당
- 공지 사항
- 학사 일정
- 각종 양식
- 소통 게시판
- 학교 평가

제목	제△회 청소년 독후감 쓰기 대회 안내
내용	제△회 청소년 독후감 쓰기 대회에 관해 안내하오니 관심 있는 학생들의 참여를 바랍니다. 가. 제목: 제△회 청소년 독후감 쓰기 대회 나. 대상: 전국 초중고생 및 같은 연령대 청소년 다. 접수 기간: 20△△년 △월 △일(월)~20△△년 △월 △일(일)
첨부 1	(붙임 1) 제△회 청소년 독후감 쓰기 대회 안내.hwp 미리 보기

(1) 이 학교 누리집에 나타난 소통 목적 파악하기

→ 학교에서 학생이나 학부모에게 주로 학교생활에 관한 ☐☐를 전달하려고 학교 누리집을 이용한다.

(2) 이 학교 누리집에서 공유하는 정보를 바탕으로 소통 공간의 특성 알기

→ 주연이네 학교 누리집에 올라온 게시물로 보아, 학교 누리집은 매체 이용자가 주로 학교생활에 관한 ☐☐ 정보를 공유하는 공간이다.

개념콕콕 ― 주연이네 학교 누리집의 게시물 목록에서 알 수 있는 학교 누리집의 특성

주연이네 학교 누리집의 게시물 목록		학교 누리집의 특성
'독후감 쓰기 대회 안내', '학교 도서관 운영 계획', '현장 체험 학습 안내', '신간 도서 구입 예정 목록' 등 학교에 관한 ☐☐	→	• 주로 학교와 관련된 공적 정보를 다룸. • 학생이나 학부모 등 수용자에게 학교에 관한 정보 전달 및 공유를 목적으로 하는 공간임.

학습 활동 응용 >>>

1 단원

09 다음 빈칸에 들어갈 알맞은 말을 쓰시오.

> 학교 누리집은 (   ) 매체의 한 종류로, 온라인상에서 매체 이용자들 간의 상호 작용이 쌍방향으로 일어나게 한다.

10 주연이네 학교 누리집의 매체 이용자로 알맞지 <u>않은</u> 것은? (정답 2개)

① 학생
② 교사
③ 학부모
④ 인근 주민
⑤ 구립 도서관 운영진

11 주연이네 학교 누리집의 소통 목적으로 맞으면 ○표, 틀리면 ×표를 하시오.

(1) 매체 이용자 간의 친밀감 형성 (   )
(2) 학생이나 학부모에게 학교생활에 관한 정보 공유 (   )

12 주연이네 학교 누리집에 대한 설명으로 알맞은 것은? (정답 2개)

① 게시물마다 조회 수를 확인할 수 있다.
② 새 게시물은 학생들만 열람할 수 있다.
③ 공지 사항은 누리집 관리자만 올릴 수 있다.
④ 필요한 경우 생산자는 게시물에 파일을 첨부할 수 있다.
⑤ 정보 수용자가 글을 쓸 수 있는 공간은 마련되어 있지 않다.

(3) 학교 누리집에 게시할 적절한 정보 고르기

㉠ 승아의 독서 계획 → 적절하지 않은 정보

㉡ 주연이가 좋아하는 영화 → 적절하지 않은 정보

㉢ 20△△학년도 교육 과정 설명회 안내 자료 → 적절한 정보

→ 학교 누리집은 주로 학교에서 학생이나 학부모에게 공적 정보를 전달하고 이를 공유하는 공간이다. 따라서 교육 과정 설명회와 같은 공적 정보를 전달하는 ㉢은 학교 누리집에 게시할 정보로 적절하다. 그러나 ㉠, ㉡은 각각 승아와 주연이에 관한 [ ][ ] 정보에 해당하므로 학교 누리집에 게시할 정보로 적절하지 않다.

(4) '승아'의 댓글에서 문제점을 찾고 상호 작용적 매체에서 소통할 때 유의할 점 알기

→ '승아'가 쓴 댓글의 문제점: 학교 누리집은 주로 공적 정보를 주고받으며 또래 친구뿐만 아니라 선생님, 학부모 등이 함께 소통하는 공간이다. 그런데 승아는 학교 누리집의 게시물과 관련한 댓글에 [ ][ ]을 사용하여 공손하지 못한 태도를 보이고 있다.

→ 상호 작용적 매체에서 소통할 때 유의할 점: 공적 정보를 주고받는 상호 작용적 매체에서 소통할 때는 공손하고 서로를 존중하는 태도로 언어 표현을 사용해야 한다.

개념 콕콕 — 상호 작용적 매체의 소통 맥락

- 소통하려는 [ ][ ], 소통이 일어나는 공간의 특성 등을 말한다.
- 소통 맥락을 고려하여 이에 맞는 언어 표현을 사용해야 한다.

더 알아보기

주연이네 학교 누리집 게시물의 특성

- 학생이나 학부모와 같은 수용자를 고려하여 공손한 언어 표현을 사용해야 한다.
- 필요한 경우 생산자는 게시물에 파일을 첨부할 수 있다.
- 수용자는 게시물에 댓글을 남기는 방식으로 상호 작용 할 수 있다.

13 학교 누리집에 게시할 정보로 알맞지 <u>않은</u> 것은? (정답 2개)

① 체육 대회 안내
② 승아의 독서 계획
③ 교내 글짓기 대회 안내
④ 주연이가 좋아하는 영화
⑤ 교육 과정 설명회 안내 자료

14 승아의 댓글에 나타난 문제점으로 알맞은 것은?

① 앞의 댓글과 관련 없는 내용을 썼다.
② 실수로 자신의 개인 정보를 유출하였다.
③ 대회에 참여하고자 하는 목적이 나타나지 않았다.
④ 자신의 계획을 소개하는 첨부 파일을 넣지 않았다.
⑤ 친구 사이에서나 주고받을 수 있는 반말을 사용하였다.

15 학교 누리집에서 소통할 때 유의할 점으로 알맞은 것은?

① 익명으로 소통해야 한다.
② 길고 자세하게 표현해야 한다.
③ 공손한 언어 표현을 사용해야 한다.
④ 중의적인 언어 표현을 사용해야 한다.
⑤ 서로 호칭은 생략하고 소통해야 한다.

16 다음 빈칸에 공통적으로 들어갈 알맞은 말을 쓰시오.

> 상호 작용적 매체를 이용하여 소통하려는 목적, 소통이 일어나는 공간의 특성 등을 상호 작용적 매체의 (   )이라고 한다. 이러한 (   )은 소통 방식에 영향을 미친다.

ㄴ 개인 블로그에서 매체 이용자가 소통하는 방식 알기

독후감 쓰기 대회에 참가하기로 한 주연이는 고민 끝에 마음에 드는 책을 발견하였다. 그리고 그 과정을 글로 써서 자신의 블로그에 올렸다.

주연이의 블로그   🔍 ☰

[일상 기록]
드디어 독후감을 쓸 작품을 고르다!

 나는_주연이   20○○.○○.○○. 18:30   ⋮

독후감 쓰기 대회에 참가하려고 마음은 먹었는데,
무엇을 읽어야 할지 생각이 떠오르지 않았다.

그래서 인터넷 검색도 해 보고, 친구들에게도 물어보고,
매일 학교 도서관에도 들렀다.

해시태그(#)란 특정 핵심어나 문구 앞에 '#' 기호를 붙여 써서 다른 것과의 구별을 쉽게 하는 표시 방법, 또는 그 기호를 말함.

우리 학교 도서관. 이곳에서 많은 책을 살펴보았다.

그렇게 며칠을 고민한 결과,
내가 읽기로 한 작품은 바로 생텍쥐페리의 《어린 왕자》이다.
마음에 드는 책을 찾아서 무척 기쁘다.
지금부터 《어린 왕자》를 열심히 읽어야겠다.

#청소년_독후감_쓰기_대회 #달빛동_마음중학교_1학년_3반_김주연

❤️ 공감 27   💬 댓글 5   ✈️ 공유 🔖 저장

---

(1) 이 개인 블로그에 나타난 소통 목적 파악하기

→ 주연이는 자신의 생각과 느낌을 표현하려고 블로그를 이용하였다.
→ 주연이는 필요한 책을 고른 소식을 친구들에게 ☐☐ 하려고 블로그를 이용하였다.

(2) 이 개인 블로그에서 공유하는 정보를 바탕으로 소통 공간의 특성 알기

→ 주연이가 공유한 글 내용과 사진으로 보아, 개인 블로그는 매체 이용자가 주로 자신의 생각이나 의견, 관점 등을 비교적 자유롭게 공유할 수 있는 ☐☐☐ 공간이다.

학습 활동 응용 ⟫⟫⟫

17 주연이의 개인 블로그에 담긴 내용이 **아닌** 것은?

① 읽을 책을 고르기 위해 한 일
② 블로그에 글을 올린 날짜와 시간
③ 독후감을 쓰기 위해 고른 책 제목
④ 마음에 드는 책을 찾았을 때의 심정
⑤ 독후감 쓰기 대회에 참가하게 된 계기

18 주연이가 블로그에 글을 올린 목적으로 알맞은 것은? (정답 2개)

① 자신의 생각과 느낌을 표현하려고
② 독후감 쓰기의 중요성을 친구들에게 알려 주려고
③ 필요한 책을 고른 사실을 친구들에게 알려 주려고
④ 학교 도서관에 다양한 책이 있다는 것을 홍보하려고
⑤ 독후감 쓰기 대회에 대해 잘 모르는 친구들에게 필요한 정보를 제공하려고

19 개인 블로그에 대한 설명으로 알맞지 **않은** 것은?

① 공적인 정보를 주고받는 공간이다.
② 게시물을 공유하거나 저장할 수 있다.
③ 글이나 사진, 그림 등을 게시할 수 있다.
④ 수용자는 생산자가 남긴 글에 공감을 표현할 수 있다.
⑤ 자신의 생각이나 의견, 관점 등을 비교적 자유롭게 공유할 수 있는 개방적인 공간이다.

20 다음 빈칸에 들어갈 알맞은 말은?

> ( )은/는 특정 핵심어나 문구 앞에 '#' 기호를 붙여 써서 다른 것과의 구별을 쉽게 하는 표시 방법 또는 그 기호를 말한다. 사회 관계망 서비스에서 이러한 기호를 단어나 문구 앞에 붙이면 그 말을 쉽게 검색할 수 있다.

① 공유   ② 저장   ③ 블로그
④ 북마크   ⑤ 해시태그

(3) 다음 댓글을 바탕으로 개인 블로그에서 소통하는 방식 알기

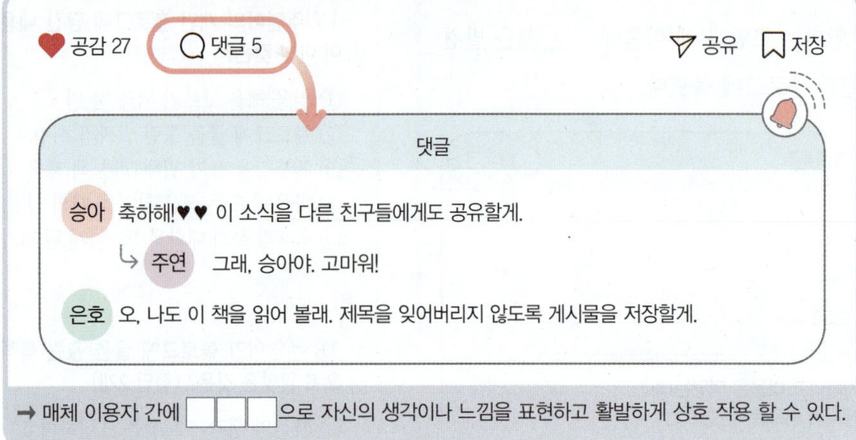

➡ 매체 이용자 간에 □□□으로 자신의 생각이나 느낌을 표현하고 활발하게 상호 작용 할 수 있다.

(4) 블로그에 공유한 정보 가운데 적절하지 않은 것을 찾고, 상호 작용적 매체에서 정보를 공유할 때 유의할 점 알기

> 　개인 블로그로 소통하는 과정에서 자칫하면 자신의 개인 정보가 새어 나갈 수 있다. 이러한 개인 정보 <u>유출</u>은 심각한 사생활 <u>침해</u> 문제로 이어질 수 있다.
> 　　　귀중한 물품이나 정보 따위가 불법적으로 나라나　　　침범하여 해를 끼침.
> 　　　조직의 밖으로 나가버림. 또는 그것을 내보냄.

➡ 적절하지 않은 정보: #달빛동_마음중학교_1학년_3반_김주연
➡ 유의할 점: 개인 블로그와 같이 개인의 생각, 의견, 관점을 자유롭게 공유할 수 있는 개방적인 성격의 상호 작용적 매체를 이용할 때는 자신이 공유한 정보를 누가 볼 수 있는지, 공유하려는 정보가 자신의 □□□□는 아닌지 등을 생각해 보아야 한다.

개념콕콕 — 개인 정보

- 이름, 주민 등록 번호, 직업, 주소, 전화번호 등 □□에 관한 자료를 통틀어 이르는 말이다.
- 매체를 이용할 때는 자신과 타인의 개인 정보가 유출되지 않도록 주의해야 한다.

✚ 더 알아보기

개인 블로그의 특성
- 개인의 생각, 의견 등 사적 정보를 다루며, 학교 누리집보다 비교적 자유롭게 정보를 공유할 수 있는 개방적 공간이다.
- 다수에 대한 정보 전달 및 공유, 친교, 개인의 정서 표현 등 다양한 목적으로 사용하는 공간이다.
- 매체 이용자가 좀 더 쉽게 접근할 수 있도록 게시물에 해시태그를 사용하기도 한다.
- 게시물에 댓글을 남길 수 있을 뿐만 아니라 내용에 관한 공감 표현, 게시물의 저장이나 공유 등이 가능하다.
- 매체 이용자 간의 상호 작용이 학교 누리집보다 비교적 활발하게 일어난다.

---

21 개인 블로그에서 매체 수용자가 소통하는 방식으로 알맞은 것은? (정답 2개)

① 댓글을 남긴다.
② '공감'을 표현한다.
③ 작성자가 쓴 게시물 내용을 편집한다.
④ '저장'을 눌러 자신의 게시물로 만든다.
⑤ 작성자의 허락 없이 '공유'를 눌러 게시물을 배포한다.

22 개인 블로그의 '댓글'에 대한 설명으로 알맞지 <u>않은</u> 것은?

① 댓글에 대한 댓글을 남길 수 있다.
② 매체 생산자와 수용자 모두 댓글을 남길 수 있다.
③ 개인 블로그의 일방향 소통 방식을 보여 주는 장치이다.
④ 댓글을 통해 게시된 글에 대한 매체 수용자들의 생각을 알 수 있다.
⑤ 매체 이용자 간에 적극적이고 활발한 상호 작용이 일어나게 한다.

23 주연이가 작성한 게시물의 내용 중, 개인 블로그에 공유하기에 알맞지 <u>않은</u> 것은?

① [일상 기록]
② 학교 도서관 사진
③ 20○○.○○.○○. 18:30
④ 마음에 드는 책을 찾아서 무척 기쁘다.
⑤ #달빛동 _ 마음중학교_1학년_3반_김주연

24 개인 정보에 해당하는 내용이 <u>아닌</u> 것은?

① 주소
② 닉네임
③ 전화번호
④ 주민 등록 번호
⑤ 학교와 학년, 반

5 사회 관계망 서비스(SNS)에서 매체 이용자가 소통하는 방식 알기

가 은호는 주연이가 블로그에 소개한 《어린 왕자》를 읽고, 작품에서 가장 마음에 들었던 구절을 자신이 이용하는 사회 관계망 서비스에 올렸다.

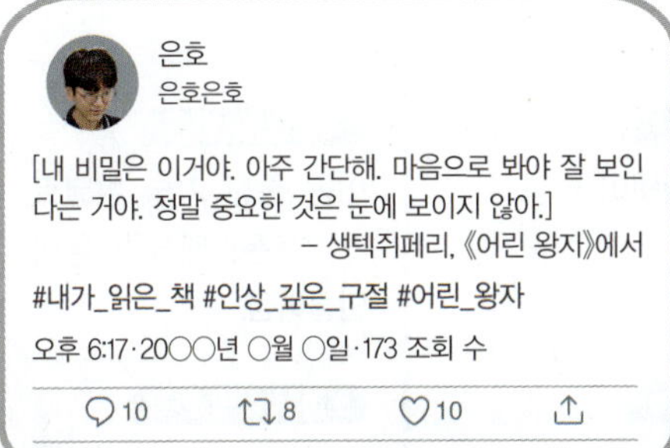

나
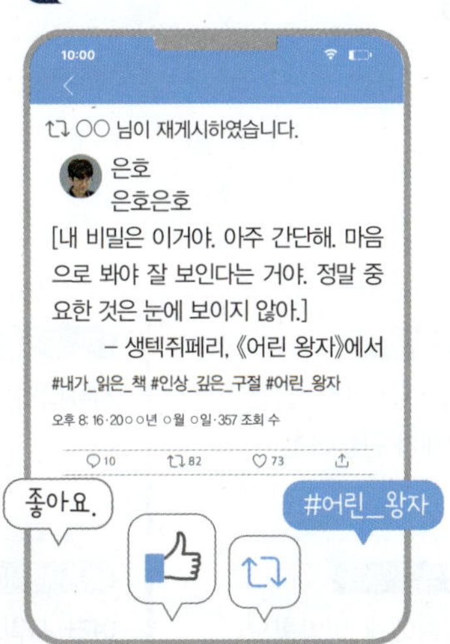

다
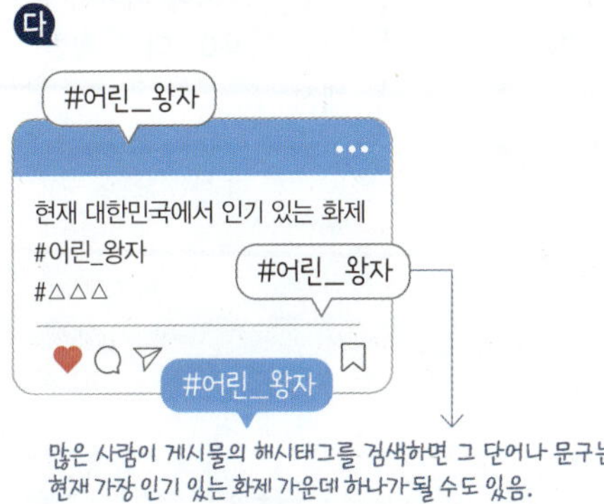

많은 사람이 게시물의 해시태그를 검색하면 그 단어나 문구는 현재 가장 인기 있는 화제 가운데 하나가 될 수도 있음.

라

(1) 사회 관계망 서비스에서 소통하는 방식 정리하기

➜ 사회 관계망 서비스에서는 정보를 자유롭게 공유하고 끊임없이 재생산하며 매체 이용자 간의 소통이 활발하게 일어난다. 따라서 이러한 소통 방식이 다른 사람이나 □□에까지 영향을 미치기도 한다.

(2) 사회 관계망 서비스로 소통할 때 일어날 수 있는 문제 파악하기

➜ 사회 관계망 서비스에서는 매체 이용자가 정보를 자유롭게 공유할 수 있고 끊임없이 재공유, 재생산, 재전송 등을 할 수 있어서 그 과정에서 다른 사람의 저작권이나 초상권을 침해할 수 있고, 가짜 뉴스와 같은 □□ 정보가 사실 확인 과정 없이 널리 퍼질 수도 있다.

(3) 사회 관계망 서비스에서 정보를 주고받을 때 유의할 점 알기

➜ 자신이 공유하는 정보가 많은 사람에게 영향을 미칠 수 있다는 사실을 알고 □□□ 있게 행동한다.
➜ 자신이 공유하는 정보가 저작권이나 초상권 등 다른 사람의 권리를 침해하지 않았는지 살펴본다.
➜ 자신 또는 다른 사람이 공유하는 정보가 거짓 정보는 아닌지 살펴본다.

---

1 단원

25 **가**~**라**에서 가장 먼저 일어난 일로 알맞은 것은?

① 친구들이 은호의 글을 재게시하였다.
② 친구들이 은호의 글에 '좋아요'를 눌렀다.
③ 《어린 왕자》가 ○○문고 인기 도서로 선정되었다.
④ '#어린_왕자' 해시태그가 사람들에게 인기 있는 화제가 되었다.
⑤ 은호가 《어린 왕자》를 읽고 사회 관계망 서비스에 게시물을 올렸다.

26 사회 관계망 서비스에서 소통할 때 유의할 점으로 알맞지 <u>않은</u> 것은?

① 자신 또는 다른 사람이 공유한 정보가 거짓 정보는 아닌지 살펴본다.
② 자신이 공유한 정보로 인하여 피해를 보는 사람은 없는지 확인한다.
③ 여러 사람의 관심을 얻기 위하여 관련성이 적은 해시태그라도 많이 단다.
④ 자신이 공유하는 정보가 많은 사람들에게 영향을 미칠 수 있음을 인식한다.
⑤ 자신이 공유하는 정보가 다른 사람의 권리를 침해하지 않았는지 살펴본다.

27 다음 빈칸에 들어갈 알맞은 말을 쓰시오.

> (　　　)은 자신의 얼굴이 담긴 초상을 자신의 허락 없이 다른 사람이 사용할 수 없게 하는 권리를 말한다.

(3) 매체로 소통하기

⭐ 매체를 이용한 소통 방식의 변화를 알아볼까?

일방향 소통　　　　　　　쌍방향 소통

과학 기술 발전
금속 활자의 발명으로 ❶ ☐☐ 매체(책, 신문 등)가 만들어짐.

소통 방식의 변화
인쇄 매체를 활용하여 여러 사람에게 일방향으로 정보를 전달함.

과학 기술 발전
라디오, 텔레비전 같은 방송 매체가 만들어짐.

소통 방식의 변화
여러 사람에게 일방향으로 많은 정보를 전달함.

과학 기술 발전
컴퓨터와 인터넷이 발명됨.

소통 방식의 변화
여러 사람이 온라인상에서 쌍방향으로 상호 작용하며 정보를 주고받음.

과학 기술 발전
이동 통신 기술 발달로 스마트폰, 태블릿 등이 만들어짐.

소통 방식의 변화
매체 이용자 간의 ❷ ☐☐☐ 소통이 이어지며 상호 작용이 더욱 활발해짐.

⭐ 상호 작용적 매체의 종류와 특성을 알아볼까?

학교 누리집

- 주로 학교와 관련된 ❸ ☐☐ 정보를 다룸.
- 학생이나 학부모 등 수용자에게 학교에 관한 정보 전달 및 공유를 목적으로 하는 공간임.

개인 블로그

- 개인의 생각, 의견 등 ❹ ☐☐ 정보를 다루며, 비교적 자유롭게 정보를 공유할 수 있는 개방적 공간임.
- 다수에 대한 정보 전달 및 공유, 친교, 개인의 정서 표현 등 다양한 목적으로 사용하는 공간임.
- 매체 이용자가 좀 더 쉽게 접근할 수 있도록 해시태그를 사용하기도 함.
- 게시물에 댓글을 남길 수 있을 뿐만 아니라 내용에 관한 공감 표현, 게시물의 저장이나 공유 등이 가능함.

사회 관계망 서비스

- 개인의 생각, 의견 등 사적 정보를 다루며, 비교적 자유롭게 정보를 공유할 수 있는 개방적 공간임.
- 다수에 대한 정보 전달과 공유, 친교, 개인의 정서 표현 등 다양한 목적으로 사용하는 공간으로 해시태그를 쓸 수 있음.
- 게시물에 댓글을 남길 수 있을 뿐만 아니라 내용에 관한 공감 표현, 게시물의 저장이나 공유 등이 가능함.
- 게시물의 재생산, 재공유, 재전송이 활발하게 일어나고, 이러한 과정이 다른 사람이나 사회에 ❺ ☐☐을 미치기도 함.

[01~05] 다음 글을 읽고 물음에 답하시오.

가 책, 신문의 등장

아주 옛날 사람들은 점토판이나 파피루스 등에 직접 문자를 적어 소통하였어요. 시간이 지나 금속 활자의 발명으로 대량 인쇄가 가능해졌고, 책, 신문 등이 나타났어요. 사람들은 이러한 ⓐ ㉠ 에서 일방향으로 정보를 전달받았어요.

나 라디오, 텔레비전의 등장

전기·전자 기술의 발달로 라디오, 텔레비전과 같은 ㉡ 가 등장하였어요. 이러한 매체는 많은 정보를 여러 사람에게 전달하였고, 사람들은 이러한 정보를 일방향으로 받아들였어요.

다 컴퓨터, 인터넷의 등장

컴퓨터와 인터넷의 발명은 ㉢소통 방식에 큰 변화를 가져왔어요. 여러 사람이 온라인상에서 쌍방향으로 상호 작용 하며 정보와 의견을 주고받을 수 있게 되었기 때문이에요. 사람들은 매체나 매체 자료에 관하여 의견을 표현할 뿐만 아니라, 직접 정보를 만들어서 또 다른 사람에게 공유하기 시작했어요.

라 스마트폰의 등장

이동 통신 기술이 발달하면서 스마트폰, 태블릿 등 이동하며 이용할 수 있는 이동 통신 기기가 등장하였어요. 이로 인해 매체 이용자는 온라인상에서 정보나 의견을 공유하며 소통할 뿐만 아니라, 서로 관계를 맺거나 인간관계를 넓히는 등 상호 작용이 더욱 활발하게 나타났어요. 이동 통신 기기를 사용하면 ㉣ .

01 이 글의 내용과 일치하는 것은?

① 책, 신문 등은 방송 매체에 해당한다.
② 이동 통신 기술의 발달은 신문의 등장을 앞당기게 했다.
③ 라디오와 신문은 수용자들의 의견을 즉각 반영할 수 있다.
④ 매체가 발달하면서 소통 방식은 쌍방향에서 일방향으로 변화되었다.
⑤ 인터넷이 발달하면서 사람들은 쌍방향으로 상호 작용을 할 수 있게 되었다.

02 (가)~(라)에 나타난 소통 방식을 구분하여 기호를 쓰시오.

(1) 일방향적 소통	(2) 쌍방향적 소통

03 ㉠, ㉡에 들어갈 말끼리 알맞게 묶인 것은?

	㉠	㉡
①	인쇄 매체	방송 매체
②	광고 매체	신문 매체
③	통신 매체	인쇄 매체
④	방송 매체	디지털 매체
⑤	대중 매체	상호 작용적 매체

04 ㉢의 예로 알맞지 <u>않은</u> 것은?

① 승아는 영화를 보고 느낀 점을 자신의 블로그에 올렸다.
② 호진이는 인터넷 중고 장터에 잘 입지 않는 옷들을 올렸다.
③ 수진이는 다양한 여행 책자를 살펴보고 가족 여행을 계획하였다.
④ 경수는 '책 사랑' 인터넷 카페에 가입하여 사람들과 온라인 독서 토론을 하였다.
⑤ 지아는 사회 관계망 서비스에 올라온 후기를 살펴보고 음식점을 예약하였다.

05 ㉣에 들어갈 내용을 <조건>을 참고하여 서술하시오.

> **조건**
> • 앞의 문장에 대한 원인이 드러나게 쓸 것
> • '~ 때문이에요.'의 형식으로 쓸 것

[06~09] 다음 글을 읽고 물음에 답하시오.

가

번호	제목	작성자	조회 수
342	제△회 청소년 독후감 쓰기 대회 안내	이**	34
341	20△△학년도 학교 도서관 운영 계획	송**	60
340	현장 체험 학습 안내	김**	80
339	신간 도서 구입 예정 목록	이**	72

↓

제목	제△회 청소년 독후감 쓰기 대회 안내
내용	제△회 청소년 독후감 쓰기 대회에 관해 안내하오니 관심 있는 학생들의 참여를 바랍니다. 가. 제목: 제△회 청소년 독후감 쓰기 대회 나. 대상: 전국 초중고생 및 같은 연령대 청소년 다. 접수 기간: 20△△년 △월 △일(월)~20△△년 △월 △일(일)
첨부 1	(붙임 1) 제△회 청소년 독후감 쓰기 대회 안내.hwp 미리 보기

나

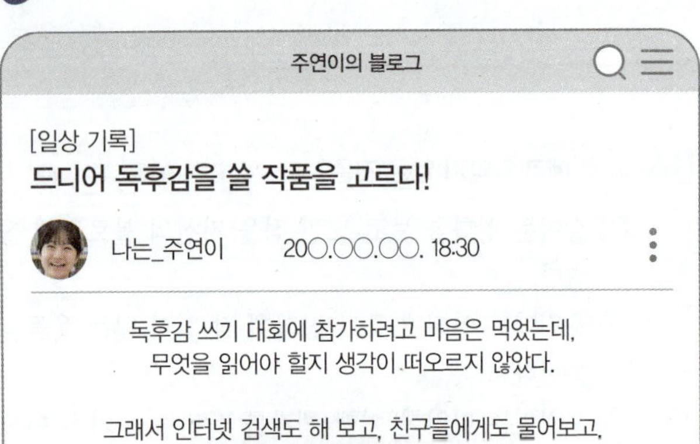

---

06 (가)와 (나)에 제시된 매체의 공통점으로 알맞은 것은?

① 매체 생산자와 수용자의 경계가 분명하다.
② 매체 이용자 간의 일방향 소통만 가능하다.
③ 금속 활자의 발명을 계기로 등장하게 되었다.
④ 사적 정보보다는 공적 정보가 주로 생산된다.
⑤ 온라인상에서 정보나 의견을 공유하며 소통이 이루어진다.

학습 활동 공통

07 다음은 (가)의 게시물에 달린 댓글이다. 이 댓글에 대한 생각으로 알맞지 <u>않은</u> 것은?

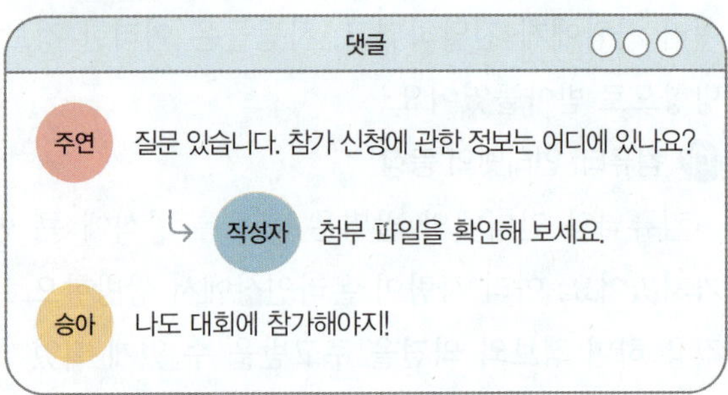

① 성준: 댓글에 대한 댓글을 달 수 있구나.
② 미소: 작성자는 본인의 게시물에 댓글을 달 수 없어.
③ 소희: 댓글을 통해 매체 이용자 간에 쌍방향 소통을 할 수 있구나.
④ 민수: 학교 누리집에 댓글을 달 때에는 공손하게 예의를 갖추어야 해.
⑤ 현주: 학교 누리집은 공적인 성격이 강한데 승아는 이를 잘 이해하지 못한 것 같아.

08 (나)에 나타난 소통 방식으로 알맞지 <u>않은</u> 것은?

① 사진, 그림 등의 이미지는 첨부 파일로만 올릴 수 있다.
② 개인적인 의견이나 느낌 등 사적인 정보도 공유할 수 있다.
③ 해시태그를 써서 매체 이용자들이 관련 정보를 검색할 수 있다.
④ '공감'을 표시하거나 '댓글'을 남김으로써 적극적으로 자신의 의견을 표현할 수 있다.
⑤ 게시물을 '저장'하거나 '공유'하며 매체 이용자들 사이에서 활발한 상호 작용을 할 수 있다.

09 주연이가 ㉠을 삭제하였다면 그 까닭은 무엇일지 〈조건〉에 맞게 서술하시오.

┌─ 조건 ─────────────────────────┐
· 완결된 한 문장으로 쓸 것
└──────────────────────────────┘

[10~12] 다음 글을 읽고 물음에 답하시오.

가 은호는 주연이가 블로그에 소개한 《어린 왕자》를 읽고, 작품에서 가장 마음에 들었던 구절을 자신이 이용하는 ㉠사회 관계망 서비스에 올렸다.

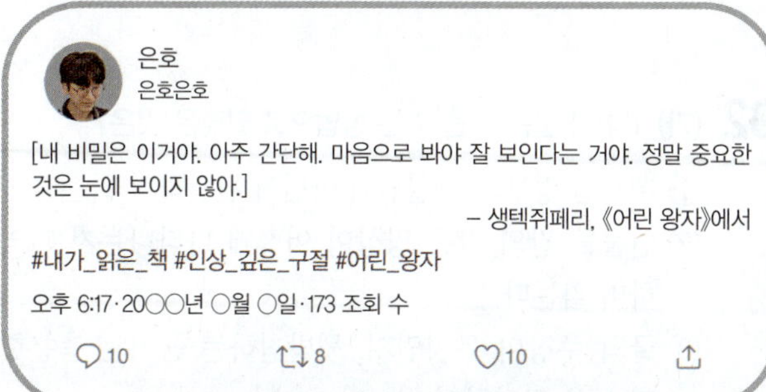

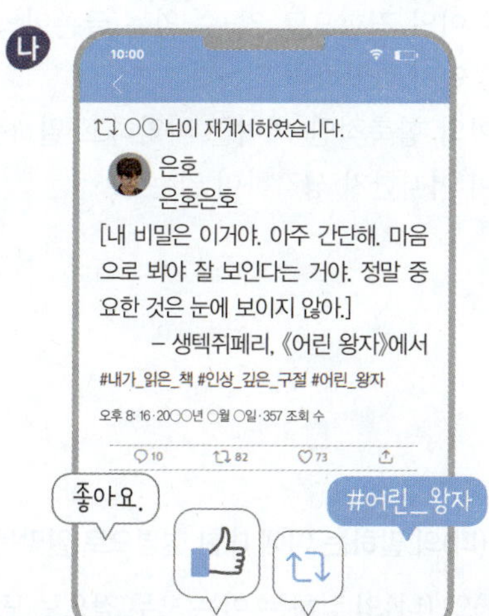

10 은호가 게시물을 올리고 일어난 일이 <u>아닌</u> 것은?

① 은호의 게시물이 재게시되었다.
② 주연이가 《어린 왕자》를 블로그에 소개했다.
③ 《어린 왕자》가 ○○문고 인기 도서로 선정되었다.
④ 사람들이 은호의 게시물에 댓글을 달고 '공감'을 표현했다.
⑤ '#어린_왕자' 해시태그가 대한민국에서 인기 있는 화제가 되었다.

11 (가)~(라)를 통해 알 수 있는 ㉠의 특성으로 알맞지 <u>않은</u> 것은?

① 출처를 생략할 수 있어 정보를 빠르게 공유할 수 있다.
② 개인의 생각, 의견 등을 자유롭게 공유할 수 있는 공간이다.
③ 해시태그를 바탕으로 가장 인기 있는 화제가 무엇인지 파악할 수 있다.
④ 매체 생산자와 수용자 간의 경계가 허물어져 더욱 활발한 상호 작용이 일어난다.
⑤ 생산자의 게시물이 끊임없이 재생산되면서 그 내용이 사회에 영향을 미칠 수도 있다.

12 ㉠을 이용할 때 유의할 점으로 가장 거리가 <u>먼</u> 것은?

① 모든 사람이 관심을 가질 만한 공적 정보를 담고 있는가?
② 공유하려는 정보가 가짜 뉴스와 같은 거짓 정보는 아닌가?
③ 공유하려는 정보가 다른 사람의 권리를 침해하지 않았는가?
④ 공유하려는 정보가 다른 사람에게 끼칠 영향력을 고려하였는가?
⑤ 매체 이용자를 고려하여 존중하고 배려하는 태도로 언어 표현을 사용하였는가?

13 다음 빈칸에 들어갈 상호 작용적 매체의 예로 알맞지 <u>않은</u> 것은?

┌──────────────────────────────┐
상호 작용적 매체는 주로 온라인상에서 매체를 사용하여 소통할 때 매체 이용자들이 능동적으로 참여하며 상호 작용이 일어나는 매체로 (   ) 등이 있다.
└──────────────────────────────┘

① 이메일　　② 누리집　　③ 블로그
④ 전자 사전　⑤ 사회 관계망 서비스

[01~10] 다음 시를 읽고 물음에 답하시오.

가 ㉠길은 포도 덩굴
몇백 년이나 자라
땅덩이를 다 덮었다

이 덩굴 가지마다
㉡포도송이 같은 마을이 있고
포도알 같은 집들이 달렸다

포도알이 늘 때마다
포도송이는 커 가고

갈봄 없이 자라 가는
이 덩굴을 통하여
사람과 사람이 도와 가고
마을과 마을은 이어져서

㉢세계는 한 덩이 과일로
토실토실 익어 가고 있는 것이다.

나 ㉣아씨처럼 나린다
보슬보슬 햇비
맞아 주자 다 같이
옥수숫대처럼 크게
닷 자 엿 자 자라게
㉤해님이 웃는다
나 보고 웃는다.

㉯하늘 다리 놓였다
알롱알롱 무지개
노래하자 즐겁게
동무들아 이리 오나
다 같이 춤을 추자
해님이 웃는다
즐거워 웃는다.

01 (가), (나)와 같은 갈래의 특성으로 알맞지 <u>않은</u> 것은?

① 다양한 표현 방법을 사용하여 정서를 표현한다.
② 시인의 경험을 바탕으로 한 객관적인 정보를 전달한다.
③ 일상적인 언어와 다른 세련되고 함축적인 시어를 사용한다.
④ 시인은 시적 화자를 통해 자신의 생각이나 느낌 등을 전달한다.
⑤ 비슷하거나 같은 단어, 문장 구조 등의 반복으로 말의 가락이 느껴진다.

02 (가), (나)와 같은 글을 읽는 방법으로 알맞은 것은?

① 제시된 정보가 사실인지 아닌지 판단하며 읽는다.
② 인물들 간의 갈등 양상이 어떻게 나타나는지 파악하며 읽는다.
③ 글의 주장이 무엇인지, 뒷받침하는 근거는 충분한지 등을 판단하며 읽는다.
④ 글쓴이의 경험으로 알 수 있는 글쓴이의 가치관이 무엇인지 파악하며 읽는다.
⑤ 단어의 함축적인 의미를 파악하고 말하는 이의 상황이 어떠한지 생각하며 읽는다.

03 (가)와 (나)의 말하는 이에 대한 설명으로 알맞은 것은?

① (가)와 (나)의 말하는 이는 모두 겉으로 드러나 있다.
② (가)의 말하는 이는 포도 농사를 지었던 자신의 경험을 노래하고 있다.
③ (가)의 말하는 이는 지구를 다 덮을 정도로 뻗어 있는 길을 보며 환경 파괴를 걱정하고 있다.
④ (나)에는 어린아이인 말하는 이의 심정이 잘 드러나 있다.
⑤ (나)의 말하는 이는 동무들과 하늘 다리를 건너고 싶은 소망을 드러내고 있다.

04 (가)와 (나)에 쓰인 비유 표현에 대한 설명으로 알맞지 <u>않은</u> 것은?

① 원관념과 보조 관념이 모두 드러나 있다.
② (가), (나)에 모두 은유법, 직유법이 쓰였다.
③ 원관념과 보조 관념 사이에는 유사성이 있다.
④ (나)에는 사람이 아닌 것을 사람에 빗대어 표현한 부분이 있다.
⑤ 보조 관념이 다양한 의미로 해석되어 작품을 깊이 있게 감상할 수 있다.

05 (가), (나)에 사용된 운율 형성 방법으로 알맞지 <u>않은</u> 것은?

① 동일한 소리를 반복한다.
② 음성 상징어를 사용한다.
③ 일정한 글자 수를 반복한다.
④ 동일한 시어나 시구를 반복한다.
⑤ 일정한 단위로 끊어 읽기를 반복한다.

06 (가)에서 표현하려는 대상과 빗대어 표현한 대상을 짝지은 것으로 알맞지 <u>않은</u> 것은?

	표현하려는 대상		빗대어 표현한 대상
①	길	–	포도 덩굴
②	마을	–	포도송이
③	집	–	포도알
④	갈봄	–	덩굴 가지
⑤	세계	–	한 덩이 과일

07 (나)에서 드러나는 시인의 바람을 〈조건〉에 맞게 서술하시오.

> **조건**
> • '아이들이 ~을/를 바란다.' 형식의 한 문장으로 쓸 것

08 (나)를 읽고 떠올린 장면으로 알맞지 <u>않은</u> 것은?

① 여우비가 보슬보슬 내리는 장면
② 비가 그친 후 하늘에 무지개가 뜬 장면
③ 햇비가 내리고 하늘에 해가 반짝 뜬 장면
④ 해가 뜨자 갓 시집 온 아씨가 밖에 나와 아이들과 놀고 있는 장면
⑤ 햇비가 내리는 것을 본 '나'가 함께 놀 동무들을 불러 모으고 있는 장면

09 ㉠~㉤ 중, 〈보기〉와 같은 비유 표현이 쓰인 것은?

> **보기**
> 샘물이 맑은 소리로 웃는다.

① ㉠   ② ㉡   ③ ㉢
④ ㉣   ⑤ ㉤

10 ㉮에 대한 설명으로 알맞은 것은?

① 직유법이 나타난다.
② 의인법이 나타난다.
③ 음성 상징어를 사용하였다.
④ '하늘 다리'를 '무지개'에 빗대어 표현했다.
⑤ '하늘 다리'와 '무지개'는 아이들의 꿈을 상징한다.

[11~15] 다음 시를 읽고 물음에 답하시오.

나도 별과 같은 사람이
될 수 있을까.
외로워 쳐다보면
눈 마주쳐 마음 비춰 주는
그런 사람이 될 수 있을까.

나도 꽃이 될 수 있을까.
세상일이 괴로워 쓸쓸히 밖으로 나서는 날에
가슴에 화안히 안기어
눈물짓듯 웃어 주는
하얀 들꽃이 될 수 있을까.

가슴에 사랑하는 별 하나를 갖고 싶다.
외로울 때 부르면 다가오는
별 하나를 갖고 싶다.

마음 어두운 밤 깊을수록
우러러 쳐다보면
반짝이는 그 맑은 눈빛으로 나를 씻어
길을 비추어 주는
㉠그런 사람 하나 갖고 싶다.

11 이 시에 사용된 상징에 대한 설명으로 알맞은 것은?

① 원관념과 보조 관념을 모두 드러내고 있다.
② 추상적인 개념을 구체적 대상으로 나타내고 있다.
③ 원형적 상징을 사용하여서 주제를 표현하고 있다.
④ 관습적으로 굳어진 상징을 사용하여서 표현하고 있다.
⑤ 표현하려는 대상을 다른 대상에 직접 빗대어 나타냈다.

12 이 시를 읽고 느낀 점으로 알맞은 것은?

① 계절의 변화를 깨닫고 사는 것이 중요하군.
② 삶은 누구에게나 외로운 것이니 너무 외로워할 필요가 없겠어.
③ 힘들 때에도 하늘의 별을 바라보는 여유를 가지는 것이 필요하군.
④ 언제든지 '별'과 '꽃'을 볼 수 있도록 환경을 깨끗하게 가꾸어야겠어.
⑤ 주변 사람들에게 관심을 갖고 도움이 필요한 사람이 있다면 도와 주며 살아야지.

13 이 시에서 운율을 형성한 방법으로 알맞은 것은?

① 의성어의 사용
② 'ㄱ', 'ㅂ' 음의 반복
③ 동일한 글자 수의 반복
④ 규칙적인 끊어 읽기의 반복
⑤ '될 수 있을까'라는 비슷한 구절의 반복

14 이 시에서 〈보기〉의 상징적 의미를 가지는 시어들끼리 알맞게 묶인 것은?

> **보기**
>
> 외롭고 쓸쓸한 사람들을 따뜻하게 위로하고 그들에게 희망이 되는 존재

① 길, 꽃 　　　② 별, 꽃
③ 마음, 눈빛 　　④ 마음, 눈물
⑤ 세상일, 어두운 밤

15 ㉠이 의미하는 사람의 모습과 가장 비슷한 것은?

① 화초 가꾸기가 취미인 사람
② 반짝이는 맑은 눈빛을 가진 사람
③ 밤하늘에 별 하나를 지켜보는 사람
④ 사랑하는 사람들과 행복하게 지내는 사람
⑤ 외로운 친구에게 다가가 먼저 위로해 주는 사람

[16~19] 다음 글을 읽고 물음에 답하시오.

가 틸틸과 미틸은 행복의 나라에 도착했어요.

한 무리의 아이들이 빙글빙글 돌며 춤을 추었어요.

"안녕! 우리들은 너희 집에 사는 행복들이야. 나는 건강의 행복!"

아이들 가운데 하나가 입을 열자, 모두가 조잘대기 시작했어요.

"나는 맑은 공기의 행복!"

"나는 부모님을 사랑하는 행복!" / "나는 봄의 행복!"

아이들의 말을 듣고, 틸틸이 깜짝 놀라 물었어요.

"우리 집에 행복이 그렇게 많단 말이야?"

"그럼! 우리들은 늘 사람들 곁에 있어. 사람들이 그걸 모를 뿐이지."

그때, 엄마를 닮은 아름다운 부인이 틸틸과 미틸을 부르며 달려왔어요.

"난 '엄마의 행복'이란다. 모든 행복 중에서 가장 큰 행복이지. 그래서 난 늙지 않고 항상 고운 모습을 하고 있는 거란다."

틸틸과 미틸은 '엄마의 행복'에게 안겨 물었어요.

"여기에 파랑새가 있나요?"

"여기는 행복이 넘쳐 나는 곳이라서 파랑새가 필요 없단다."

나 틸틸은 엄마가 깨우는 소리에 벌떡 일어났어요. 어찌 된 일인지 빛의 요정도, 모자도 보이지 않았어요.

바로 그때, 방문을 열고 한 할머니가 들어왔어요. 파랑새를 부탁한 요술쟁이 할머니와 너무나 닮았지요.

"나는 이웃집에 사는데, 새를 빌리러 왔단다. 앓아누운 내 딸이 새를 갖고 싶어 하거든."

틸틸은 새장을 바라보고 깜짝 놀랐어요.

"아, 파랑새다! 그렇게 찾았는데. 파랑새가 우리 집에 있었어!"

틸틸은 파랑새를 할머니에게 주었어요.

다음날, 이웃집 할머니를 따라 여자아이가 찾아왔어요.

"고마워. 파랑새를 보고 아픈 게 다 나았어."

빛의 요정을 꼭 닮은 여자아이가 파랑새를 안고 말했어요.

16 이와 같은 글을 읽는 방법으로 알맞은 것은?

① 글에 제시된 정보가 사실인지 아닌지 파악하며 읽는다.

② 인물의 성격이나 사건의 전개 과정을 파악하며 읽는다.

③ 글쓴이의 경험, 생각, 의견이 무엇인지 파악하며 읽는다.

④ 인물의 행적을 살피며 본받아야 할 점은 무엇인지 파악하며 읽는다.

⑤ 글에 제시된 글쓴이의 주장이 논리적인지, 뒷받침하는 근거는 충분한지 파악하며 읽는다.

17 이 글의 내용과 일치하는 것은?

① 틸틸과 미틸은 행복의 나라에서 엄마를 만났다.

② 틸틸과 미틸은 행복의 나라에서 파랑새를 찾았다.

③ 틸틸과 미틸은 파랑새가 집에 있다는 것을 몰랐다.

④ 행복의 나라는 계속 행복해야 하기에 파랑새가 필요하다.

⑤ 틸틸과 미틸의 집에 있던 파랑새는 새장의 문이 열리자마자 날아가 버렸다.

18 이 글을 통해 작가가 전하고자 한 내용으로 알맞은 것은?

① 행복과 불행은 종이 한 장 차이이다.

② 행복해지려면 멀리 여행을 떠나야 한다.

③ 행복은 금방 사라질 수 있으니 주의해야 한다.

④ 행복은 멀리 있는 것이 아니라 우리 가까이에 있다.

⑤ 행복한 사람은 계속 행복하고, 불행한 사람은 계속 불행하다.

서술형

19 이 글에서 '파랑새'가 상징하는 의미를 〈조건〉에 맞게 서술하시오.

┌ **조건** ┐
• 완결된 한 문장으로 쓸 것

[20~23] 다음 글을 읽고 물음에 답하시오.

가 컴퓨터, 인터넷의 등장

컴퓨터와 인터넷의 발명은 소통 방식에 큰 변화를 가져왔어요. 여러 사람이 온라인상에서 쌍방향으로 상호 작용 하며 정보와 의견을 주고받을 수 있게 되었기 때문이에요. 사람들은 매체나 매체 자료에 관하여 의견을 표현할 뿐만 아니라, 직접 정보를 만들어서 또 다른 사람에게 공유하기 시작했어요.

나 라디오, 텔레비전의 등장

전기·전자 기술의 발달로 라디오, 텔레비전과 같은 방송 매체가 등장하였어요. 이러한 매체는 많은 정보를 여러 사람에게 전달하였고, 사람들은 이러한 정보를 일방향으로 받아들였어요.

다 책, 신문의 등장

아주 옛날 사람들은 점토판이나 파피루스 등에 직접 문자를 적어 소통하였어요. 시간이 지나 금속 활자의 발명으로 대량 인쇄가 가능해졌고, 책, 신문 등이 나타났어요. 사람들은 이러한 인쇄 매체에서 일방향으로 정보를 전달받았어요.

라 스마트폰의 등장

이동 통신 기술이 발달하면서 스마트폰, 태블릿 등 이동하며 이용할 수 있는 이동 통신 기기가 등장하였어요. 이로 인해 ㉠매체 이용자는 온라인상에서 정보나 의견을 공유하며 소통할 뿐만 아니라, 서로 관계를 맺거나 인간관계를 넓히는 등 상호 작용이 더욱 활발하게 나타났어요. 이동 통신 기기를 사용하면 언제 어디서나 편하게 소통할 수 있기 때문이에요.

20 (가)~(라)에 나타난 소통 방식을 알맞게 구분한 것은?

	일방향 소통	쌍방향 소통
①	(가)	(나), (다), (라)
②	(가), (나)	(다), (라)
③	(나), (다)	(가), (라)
④	(가), (라)	(나), (다)
⑤	(가), (나), (다)	(라)

21 (가)~(라)에 대한 설명으로 알맞지 **않은** 것은?

① (가): 컴퓨터와 인터넷의 발명으로 온라인상에서 소통할 수 있게 되었다.
② (나): 전기·전자 기술의 발달로 방송 매체가 등장하였다.
③ (다): 인쇄 매체가 등장한 배경은 금속 활자의 발명이다.
④ (라): 대량 인쇄 기술이 발달로 사람들은 직접 정보를 만들어서 서로 공유할 수 있게 되었다.
⑤ (가)~(라) 모두 기술의 발달로 변화한 소통 방식에 대해 설명한 글이다.

22 (가)~(라)를 등장한 순서에 알맞게 나열한 것은?

① (가) → (나) → (다) → (라)
② (나) → (다) → (가) → (라)
③ (나) → (다) → (라) → (가)
④ (다) → (나) → (가) → (라)
⑤ (라) → (가) → (다) → (나)

23 ㉠에 대한 설명으로 알맞지 **않은** 것은?

① 매체에서 정보를 받아들이는 매체 수용자가 있다.
② 매체를 이용하여 의사소통에 참여하는 이들을 말한다.
③ 상호 작용적 매체의 이용자들은 누구나 생산자와 수용자가 될 수 있다.
④ 매체 이용자들이 온라인상에서 소통하면서 인쇄 매체와 대중 매체의 가치가 소멸하였다.
⑤ 매체에 의미나 내용 등을 실어 다른 사람에게 전달하거나 매체 자료를 만드는 매체 생산자가 있다.

[24~26] 다음 글을 읽고 물음에 답하시오.

가 마음중학교 누리집

제목	제△회 청소년 독후감 쓰기 대회 안내
내용	제△회 청소년 독후감 쓰기 대회에 관해 안내하오니 관심 있는 학생들의 참여를 바랍니다. 가. 제목: 제△회 청소년 독후감 쓰기 대회 나. 대상: 전국 초중고생 및 같은 연령대 청소년 다. 접수 기간: 20△△년 △월 △일(월)~20△△년 △월 △일(일)
첨부 1	㉠(붙임 1) 제△회 청소년 독후감 쓰기 대회 안내.hwp 미리 보기

나 주연이의 블로그

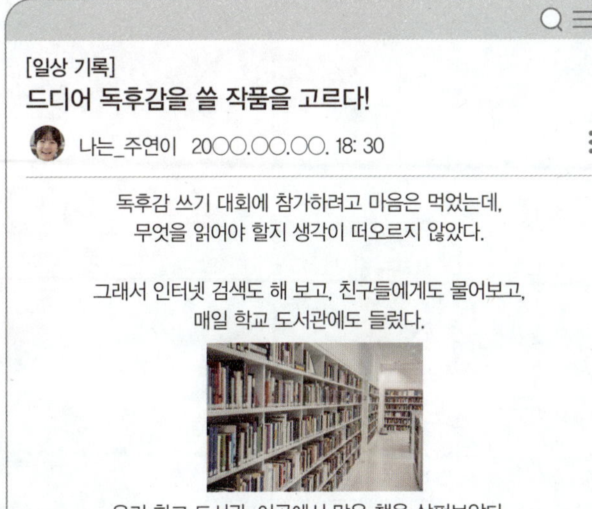

다 은호가 이용하는 사회 관계망 서비스

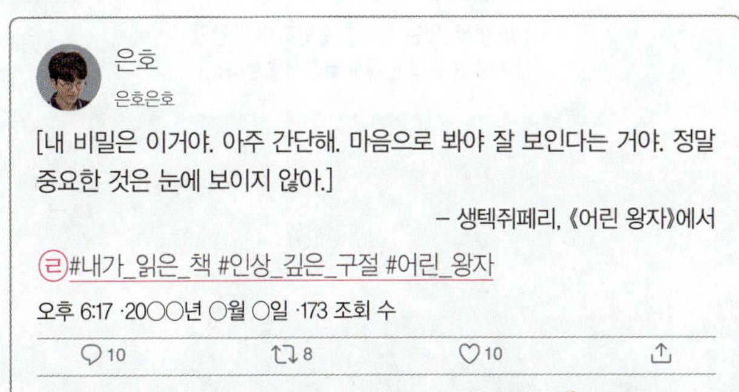

---

24 (가)~(다) 중, 〈보기〉의 특징을 지닌 매체로 알맞은 것은?

> **─ 보기 ─**
> • 주로 공적 정보를 공유하는 공간이다.
> • 소통 맥락을 고려하여 예의 있는 표현을 써야 한다.

① (가)
② (나)
③ (다)
④ (가), (나)
⑤ (가), (나), (다)

25 (가)~(다)의 매체가 가진 공통점으로 알맞지 **않은** 것은?

① 모두 온라인상에서 활발하게 정보 교류를 할 수 있는 상호 작용적 매체들이다.
② 매체를 이용할 때는 자신이 공유하는 정보가 거짓 정보는 아닌지 살펴야 하는 매체들이다.
③ 매체 이용자들의 쌍방향 소통 방식을 기본으로 하며 이러한 소통은 사회 전반에 영향을 미치기도 하는 매체들이다.
④ 매체 이용자를 고려해 존중하고 배려하는 언어 표현을 사용해야 하고, 지나치게 공격적인 표현이나 악성 댓글은 자제해야 하는 매체들이다.
⑤ 개인 간의 사적인 정보보다는 사회에 영향을 미칠 수 있는 공적인 정보가 더 많이 공유되기에 정보의 출처를 반드시 밝혀야 하는 매체들이다.

서술형

26 ㉠~㉣ 중 매체에 공유하기에 적절하지 않은 것의 기호를 쓰고, 그 까닭을 〈조건〉에 맞게 서술하시오.

> **─ 조건 ─**
> • '~은 ~이기 때문에 공유하기에 적절하지 않다.'는 형식의 한 문장으로 쓸 것

2

간추리고 쓰고

대단원별 학습 목표

• 읽기 목적과 글의 구조를 고려하여 글을 효과적으로 요약할 수 있다.
• 여러 자료를 활용하여 다양한 형식으로 정보를 전달하는 글을 쓸 수 있다.

소단원별 핵심 Point

(1) 요약하며 읽기
• 글을 효과적으로 요약하는 방법 알기
• 읽기 목적과 글의 구조를 고려하며 요약하기

(2) 정보를 전달하는 글 쓰기
• 여러 자료를 활용해 정보를 전달하는 글을 쓰는 과정 알기
• 정보를 전달하는 글을 쓸 때 유의할 점 알기

⊙ 초등
• 글의 구조를 고려하며 주제나 주장을 파악하고 글 내용을 요약한다. 5~6학년
• 알맞은 내용을 선정하여 대상의 특성이 나타나게 설명하는 글을 쓴다. 5~6학년

⊙ 고등
• 자신의 진로나 관심 분야와 관련한 다양한 글이나 자료를 찾아 주제 통합적으로 읽고 읽은 결과를 공유한다.
• 신뢰할 수 있는 정보를 종합하여 복합양식 자료가 포함된 공동 보고서를 쓴다.

(1) 요약하며 읽기

🔧 바른답·알찬풀이 10쪽

소단원 핵심 개념

1 요약의 뜻과 방법

① **뜻**: 글의 중심 내용을 간추려 정리하는 활동을 말한다.

② **방법**
- 자신의 읽기 목적을 고려하여 글에서 필요한 정보를 확인한 후 이에 맞는 중심 내용을 찾아 요약한다.
- 글의 구조를 시각화한 구조도를 활용하여 요약하면 효과적이다.

2 요약의 규칙

① 중심 내용이 그대로 드러난 문장을 선택한다.
② 덜 중요하거나 반복되는 내용을 삭제한다.
③ 구체적 개념이나 세부 정보를 나타내는 단어가 여러 개라면, 그 단어를 묶어 주는 말로 일반화한다. 예 상추, 오이, 고추, 깻잎 → 각종 채소
④ 중심 내용이 드러난 문장이 없으면 중요한 내용을 종합하여 중심 내용이 담긴 문장으로 재구성한다.

3 요약할 때 고려할 점

① 읽기 목적과 글의 구조
② 글의 내용 전개 방식

예시	대상과 연관된 구체적이고 친근한 예를 제시함. 예 우리 조상들은 설날에 윷놀이, 연날리기 등 다양한 놀이를 즐겼다.
비교·대조	둘 이상의 대상을 견주어 서로 간의 공통점과 차이점을 밝힘. 예 축구와 농구는 모두 구기 종목이지만 경기의 규칙에 차이가 있다.
분류·구분	대상을 일정한 기준에 따라 나누거나 종류별로 묶어 설명함. 예 악기는 소리 내는 방법에 따라 현악기, 관악기, 타악기 등으로 나눌 수 있다.
인과	대상을 원인과 결과의 관계를 중심으로 설명함. 예 지구의 기온이 점차 상승하면서 남극과 북극의 빙하가 녹고 있다. 　　　　　원인　　　　　　　　　　결과

4 요약문 쓰기

읽기 목적 세우기	→	중심 내용 찾으며 글 읽기	→	글의 구조에 따라 내용 정리하기	→	요약문 쓰기

요약한 내용을 바탕으로 하여 요약문을 쓸 때는 문단별 중심 내용을 그대로 가져다 쓰는 것이 아니라 '그래서, 그리고, 이처럼' 등과 같은 말을 활용하여 자연스럽게 이어 써야 한다.

개념 확인 문제

1 〈보기〉에 나타난 요약의 규칙으로 알맞은 것은?

> **보기**
> 나의 취미는 독서이다. 그리고 또 다른 취미는 음악 듣기이다.
> → 나의 취미는 독서와 음악 듣기이다.

① 중심 내용이 드러난 문장을 선택한다.
② 덜 중요하거나 반복되는 내용은 삭제한다.
③ 글의 구조를 시각화한 구조도를 활용한다.
④ 여러 개의 단어를 묶어 주는 말로 일반화한다.
⑤ 세부 내용을 종합하여 중심 내용을 담은 문장을 찾는다.

2 〈보기〉에 나타난 글의 내용 전개 방식으로 알맞은 것은?

> **보기**
> 환절기에는 우리 몸의 면역력이 떨어지기 때문에 감기에 걸리기 쉽다.

① 예시　　　　② 인과
③ 비교　　　　④ 대조
⑤ 분류

3 다음 빈칸에 들어갈 알맞은 말을 쓰시오.

> 글을 효과적으로 요약하기 위해서는 '읽기 (　　　) 세우기 → 중심 내용 찾으며 글 읽기 → 글의 구조에 따라 내용 정리하기 → (　　　) 쓰기'의 순서로 요약할 수 있다.

⚙ 바른답·알찬풀이 10쪽

이해와 탐구

🌐 은지가 읽은 글 요약하기

은지는 남극과 북극의 차이를 알아보려고 다음 글을 읽었다. 은지가 읽기 목적과 글의 구조를 고려하여 글을 요약하는 과정을 살펴보며 요약의 방법을 알아보자.

> 은지: 나는 이 글을 읽을 때 나의 읽기 목적을 고려해서 남극과 북극의 특성이 드러난 부분을 중심으로 읽었어.

[은지가 읽은 글] 지구에서 따뜻한 태양 에너지를 넉넉하게 받지 못하는 땅이 바로 남극과 북극이다. 이 두 지역은 겉으로는 비슷해 보이지만 서로 전혀 다른 특징을 갖고 있다. …… (중심 내용)

서로 다른 지역적 특징은 두 지역의 기후 조건에도 영향을 미친다. 남극과 북극 가운데 어디가 더 추울까? 남극이 훨씬 춥다. 육지는 바다에 비해 쉽게 데워지고 쉽게 식는다. 남극은 거대한 대륙이므로 한겨울에 해당하는 8월 말 무렵이면 높은 곳에서는 기온이 영하 70℃ 가까이 내려간다고 한다. 이러한 기후 조건 때문에 남극에는 연구를 목적으로 거주하는 사람들 외에는 원주민이 없다. 남극의 추위를 견뎌 내기가 그만큼 어렵기 때문이다. (중요한 내용)

북극은 남극과 달리 주변의 여러 대륙으로 둘러싸인 바다이다. 그래서 주변에 있는 바다와 해류의 영향을 받는다. 얼음덩어리보다 상대적으로 온도가 높은 바다에서 상승하는 따뜻한 공기 때문에 겨울에는 최저 기온이 영하 30~40℃까지 내려가지만, 여름에는 영상 10℃ 정도로 비교적 따뜻하다. 그리고 북극에는 우리가 에스키모(Eskimo)라고 알고 있는 원주민인 이누이트인들이 살아가고 있다. …… (중요한 내용)

보통 100m 두께의 얼음이 만들어지려면, 1,000년이 걸리므로 오늘날 남극과 북극의 얼음이 되기까지는 오랜 세월이 걸렸을 것으로 보고 있다. 이처럼 두꺼운 얼음층은 지구 기록을 담은 냉동 창고의 역할을 하고 있다. (중심 내용)
　　　　　　　　　　　　　　　　　　　　　　　– 고현덕 외, 《살아 있는 과학 교과서 1》

[은지가 요약한 내용]

- 내용 정리 →정보를 전달하는 글은 글의 구조에 따라 '처음–중간–끝'으로 정리할 수 있음.

| 처음 | 남극과 북극은 겉으로는 비슷해 보이지만 서로 전혀 다른 특징을 갖고 있다. |

| 중간 | 남극
• 거대한 대륙이라서 북극보다 훨씬 춥다.
• 추워서 원주민이 없다. | 기후의 차이 ↔ | 북극
• 바다라서 비교적 따뜻하다.
• 따뜻해서 원주민이 산다. |

'비교·대조'나 '분류' 등과 같은 내용 전개 방식도 고려하여 요약해야 함.

| 끝 | 오늘날 남극과 북극의 두꺼운 얼음층은 지구 기록을 담은 냉동 창고 역할을 하고 있다. |

- 요약문: 남극과 북극의 기후는 겉으로는 비슷해 보이지만 서로 전혀 다른 특징을 갖고 있다. 기후 차이를 보면, 남극은 대륙이므로 북극보다 훨씬 춥고 원주민이 없다. 그러나 북극은 바다라서 비교적 따뜻하여 원주민이 산다. →요약문을 쓸 때는 읽기 목적에 따라, 앞서 정리한 중심 내용을 자신의 말로 자연스럽게 연결해야 함.

01 이 글의 내용으로 알맞지 <u>않은</u> 것은?

① 남극이 북극보다 훨씬 춥다.
② 남극은 거대한 대륙이므로 기온이 쉽게 내려간다.
③ 남극에는 에스키모로 알려진 원주민들이 살고 있다.
④ 남극과 북극의 서로 다른 지역적 특징 때문에 기후도 다르다.
⑤ 북극은 주변 바다의 따뜻한 공기 때문에 비교적 따뜻하다.

02 남극과 북극의 얼음층이 지구에서 하는 역할로 알맞은 것은?

① 에너지 자원의 보고
② 자연 생태계 연구 장소
③ 지구의 온도 조절 장치
④ 지구 기록을 담은 냉동 창고
⑤ 기후 위기에서 안전한 거주지

03 다음 빈칸에 들어갈 말로 알맞은 것은?

> 은지가 읽은 글이 정보를 전달하는 글이기 때문에 중심 내용을 '(　　　　)'의 구조로 정리하였다.

① 마인드맵
② 시간의 흐름
③ 문제 - 해결
④ 원인 - 결과
⑤ 처음 - 중간 - 끝

04 은지가 중간 부분의 내용 정리를 할 때 고려한 글의 전개 방식으로 알맞은 것은?

① 예시　　　　② 비유
③ 정의　　　　④ 묘사
⑤ 비교·대조

승민이가 읽은 글 요약하기

승민이는 멸종 위기에 놓인 식물의 종자를 보호하는 기관에 관한 글을 읽고, 식물 종자 보존의 중요성과 식물 종자 보존 기관에 관한 정보를 친구들에게 전달하려고 한다. 승민이가 요약하는 과정을 따라가면서 다음 글을 읽어 보자.

식물에서 나온 씨 또는 씨앗

식물의 미래를 지키는 시드볼트
종자를 뜻하는 시드(seed)와 금고를 뜻하는 볼트(vault)의 합성어로, '종자를 영구히 저장하는 시설'을 뜻함.

❶ 산업 혁명 이후 기술과 사회는 눈부시게 발전했지만, 지구의 건강은 눈에 띄게 나빠졌다. 이에 국제 사회는 기후 변화의 위기에 대비하고자 노력하였고, 이에 몇몇 국가에서는 식물의 종자를 보관하는 시드볼트를 설립하였다. *[중심 내용]* 시드볼트는 식물의 종자를 영구적으로 보관할 수 있는 저장 시설이다.
오래도록 변하지 아니하는 것

> 승민: 1문단에는 중심 내용이 그대로 드러난 문장이 있어.

> 1문단: 국제 사회는 기후 변화의 위기에 대비하고자 노력하였고, 이에 몇몇 국가에서는 식물의 종자를 보관하는 □□□□□를 설립함.

❷ 그렇다면 식물의 종자는 왜 보존해야 할까? 먼저, 종자를 활용하면 생태계의 균형을 유지할 수 있기 때문이다. *[중요한 내용]* 종자에는 식물의 유전 정보가 담겨 있으므로 식물의 종자를 확보해 놓으면 식물이 사라졌을 때 꺼내서 다시 생태계를 회복할 수 있다. 또 종자에는 미래 가치가 숨어 있다. *[중요한 내용]* 아직 어떠한 성분이 숨어 있을지 모르는 종자를 연구하여 새로운 약을 개발하는 등 다양하게 활용할 수 있다. 따라서 종자의 중요성을 인식한 많은 나라에서 앞다투어 더 많은 종자를 확보하려고 노력하고 있다.
위대의 생김새, 성격, 체질 등이 다음 세대에게 전해짐. 또는 그런 현상

> 승민: 여기에는 중심 내용이 그대로 드러난 문장이 없네. 그러면 중요한 내용을 바탕으로 하여 중심 내용이 담긴 문장을 만들어 볼래.

> 2문단: 식물의 종자를 활용하면 생태계의 균형을 유지할 수 있고, 종자에는 □□ □□가 숨어 있으므로 이를 잘 보존해야 함.

❸ 종자를 보관하는 시설에는 시드볼트 외에 종자를 저장하는 은행인 시드뱅크도 있다. 두 시설 모두 종자를 보관하는 시설이라는 점에서 비슷하지만, 그 기능에는 차이가 있다. *연구 및 식물 재배를 위하여 비교적 짧은 기간 동안 종자를 저장하는 시설* 시드뱅크는 저온의 설비를 갖추어 종자를 예금처럼 저장하는 은행의 역할을 한다. 즉, 시드뱅크는 종자를 보관했다가 종자의 를 연구하거나 생태계를 복원해야 할 필요가 있을 때 자유롭게 꺼내어 쓸 수 있도록 운영하는 시설이다. *[중심 내용]* 전 세계적으로 1,700여 개의 시드뱅크가 있으며, 국내에도 여러 연구 기관에서 운영하고 있다.

> 승민: 중심 내용을 정리할 때 덜 중요하거나 반복되는 내용은 ⑤ 해도 되겠지?

> 3문단: □□□□는 종자를 보관하는 시설로, 보관한 종자를 자유롭게 꺼내 쓸 수 있음.

❹ 시드볼트는 전 세계 식물 유전 자원을 안전하게 보존하려고 만든 금고이다. 식물 생태계를 보존하려고 식물의 종자를 보관하기 때문에 시드뱅크와는 달리 정말

---

05 다음 빈칸에 들어갈 말로 알맞은 것은?

> 승민이의 읽기 목적은 친구들에게 식물 종자 보존의 중요성과 식물 종자 보존 기관에 관한 ( ) 것이다.

① 주장을 펼치는
② 정보를 알리는
③ 문제를 제기하는
④ 의견을 제시하는
⑤ 정서를 표현하는

06 이 글의 내용으로 알맞지 <u>않은</u> 것은?

① 식물의 종자에는 유전 정보가 담겨 있어 생태계를 회복할 수 있다.
② 시드볼트는 식물의 종자를 영구적으로 보관할 수 있는 저장 시설이다.
③ 시드뱅크는 종자를 연구하기 위해 보관하는 시설로 전 세계에 단 두 곳이 있다.
④ 시드볼트에 보관한 종자는 정말 위급한 재난 상황이나 종자가 멸종했을 경우에만 꺼낼 수 있다.
⑤ 백두대간글로벌시드볼트는 식물의 다양성을 보존하려고 주로 야생 식물의 종자를 저장한다.

07 3문단과 4문단에 나타난 내용 전개 방식으로 알맞은 것은?

① 예시
② 열거
③ 정의
④ 비교·대조
⑤ 문제와 해결

08 ⑤에 들어갈 말로 알맞은 것은?

① 삭제
② 선택
③ 시각화
④ 일반화
⑤ 재구성

위급한 재난 상황이나 종자가 멸종한 것이 아니라면 보관한 종자를 밖으로 꺼낼 수 없다. 따라서 시드볼트는 강한 지진과 같은 재난 상황에서도 안전하게 종자를 보관할 수 있도록 깊은 지하에 자리 잡고 있으며, 관계자 외 출입 금지 구역으로 지정되어 있다.

4문단: ☐☐☐☐에 보관한 종자는 위급하지 않으면 꺼낼 수 없음.

시드볼트는 전 세계에 단 두 곳뿐으로, 우리나라와 북유럽 노르웨이에만 있다. 두 시드볼트는 각각 다른 목표를 가지고 있는데, 먼저 설립된 노르웨이 스발바르 지역의 시드볼트는 인류가 식량 위기를 겪게 될 것을 대비하여 밀, 벼, 옥수수, 감자, 콩 등 주로 작물 종자를 저장하고 있다. 그에 반해 우리나라 경상북도 봉화군에 있는 백두대간글로벌시드볼트는 식물의 다양성을 보존하려고 주로 야생 식물의 종자를 저장한다.

5문단: 시드볼트는 전 세계에 단 두 곳뿐으로 노르웨이 시드볼트는 ☐☐ 종자를 저장하고, 우리나라 시드볼트는 ☐☐ 식물의 종자를 저장함.

❻ 전 세계 국가 또는 기관에서 맡기거나 직접 수집하여 우리나라 시드볼트에 저장해 놓은 종자의 수가 5,424종 95,395점에 달한다. 이렇게 시드볼트에 저장된 종자는 어떤 과정을 거쳐 보관될까? 먼저 필요한 종자와 함께 섞여 있는 나뭇가지나 과육 등의 이물질을 제거한다. 이때 자연에서 수집한 종자에는 상한 종자가 섞여 있을 확률이 높아서 건강한 종자를 선별하는 작업을 함께 진행한다. 다음으로 종자를 저온에서 보관할 때 손상되지 않게 종자의 수분을 낮추는 작업을 거친다. 그리고 종자를 4℃ 정도의 저온에 적응하도록 처리하는 과정을 거치는데, 이는 종자가 갑자기 저온에 노출되었을 때 받을 수 있는 충격을 예방하는 것이다. 마지막으로 해당 종자의 소유자를 제외한 다른 사람이 시드볼트에 저장해 놓은 종자를 함부로 볼 수 없도록 특수하게 제작한 '블랙 박스'라는 상자에 종자를 밀봉하여 영하 20℃의 보관소에 저장한다. 이렇게 종자와 함께 저장되는 식물 정보는 식물 생태계를 보여 주는 귀중한 자료로 쓰인다.

6문단: ☐☐☐☐☐에 저장된 종자는 여러 과정을 거쳐 보관되고, 함께 저장되는 ☐☐☐☐☐는 귀중한 자료로 쓰임.

❼ 미국항공우주국(NASA)에서는 2050년이면 지구 온도가 지금보다 1.5℃ 이상 상승할 수 있다고 예측하였다. 그러면 또 많은 식물이 지구에서 사라질 것이고, 그것이 어떠한 결과를 가져올지 아무도 예측할 수 없다. 이러한 위기에 대비하고자 시드볼트는 종자를 보존하고 더 많은 종자를 확보하려고 계속해서 노력하고 있다. 아무쪼록 시드볼트에 저장된 종자가 밖으로 나와 꽃을 피우는 날이 없기를 바란다.

7문단: ☐☐☐☐는 앞으로의 위기에 대비하여 종자의 ☐☐과 확보를 위해 계속 노력하고 있음.

09 다음 빈칸에 들어갈 말로 알맞은 것은?

> 5문단에서는 노르웨이 시드볼트와 우리나라 시드볼트를 (　　　)하여 설명하고 있다.

① 인과
② 예시
③ 과정
④ 비교·대조
⑤ 분류·구분

10 시드볼트에 저장된 종자의 역할로 알맞은 것은?

① 종자가 부족한 국가에 지원된다.
② 종자를 연구하여 약이 개발된다.
③ 다양한 종자를 개량하기 위한 연구에 쓰인다.
④ 생태계 위기 상황에서 식물 자원을 복구한다.
⑤ 중요한 식량 자원이 되는 작물 종자를 전시한다.

11 이 글을 읽고 생각한 내용으로 알맞지 <u>않은</u> 것은?

① 식물 종자가 이렇게 중요한 것인지 몰랐어.
② 앞으로 시드볼트의 종자를 꺼낼 일이 없으면 좋겠다.
③ 우리나라의 시드볼트에 꼭 한번 방문해서 종자를 확인하고 싶어.
④ 시드볼트에 종자를 안전하게 저장하는 기술에 대해 더 알아보고 싶어.
⑤ 국제 사회가 함께 기후 위기에 대비하여 생태계 위기가 오지 않길 바라.

1 글의 구조를 고려하여 이 글의 중심 내용 정리하기

처음	1문단	국제 사회는 기후 변화의 위기에 대비하고자 노력하였고, 이에 몇몇 국가에서는 식물의 종자를 보관하는 시드볼트를 설립함.
중간	2문단	식물의 종자를 활용하면 생태계의 균형을 유지할 수 있고, 종자에는 미래 가치가 숨어 있으므로 이를 보존해야 함.
	3문단	㉠
	4문단	㉡
	5문단	㉢
	6문단	㉣
끝	7문단	㉤

2 이 글의 구조와 승민이의 읽기 목적을 고려하여 요약문 완성하기

읽기 목적 친구들에게 식물 종자 보존의 중요성과 식물 종자 보존 기관에 관한 정보를 알리려고

요약문 국제 사회는 기후 변화의 위기에 대비하고자 노력하였고, 이에 몇몇 국가에서는 식물의 종자를 보관하는 시드볼트를 설립하였다. 식물의 종자를 활용하면 생태계의 균형을 유지할 수 있고, 종자에는 미래 가치가 숨어 있으므로 이를 보존해야 한다. 이처럼 식물의 종자를 보존하는 기관에는 시드볼트 외에 시드뱅크도 있다. □□□□는 종자를 자유롭게 꺼낼 수 있는 반면, □□□□에 보관한 종자는 위급하지 않으면 밖으로 꺼낼 수 없다. 시드볼트는 전 세계에 단 두 곳뿐인데 노르웨이 시드볼트는 작물 종자를 저장하고, 우리나라 시드볼트는 야생 식물의 종자를 저장한다. 시드볼트의 종자는 여러 과정을 거쳐 보관되고 함께 저장되는 식물 정보는 귀중한 자료로 쓰인다. 시드볼트는 앞으로의 □□에 대비하여 종자의 보존과 확보를 위해 계속 노력하고 있다.

3 친구의 질문에 대한 승민이의 답변 정리하기

[질문] 시드볼트에서 종자를 보관할 때 어떤 과정을 거치는지 알고 싶어.

→ □문단에서 필요한 내용을 간추릴 수 있다.

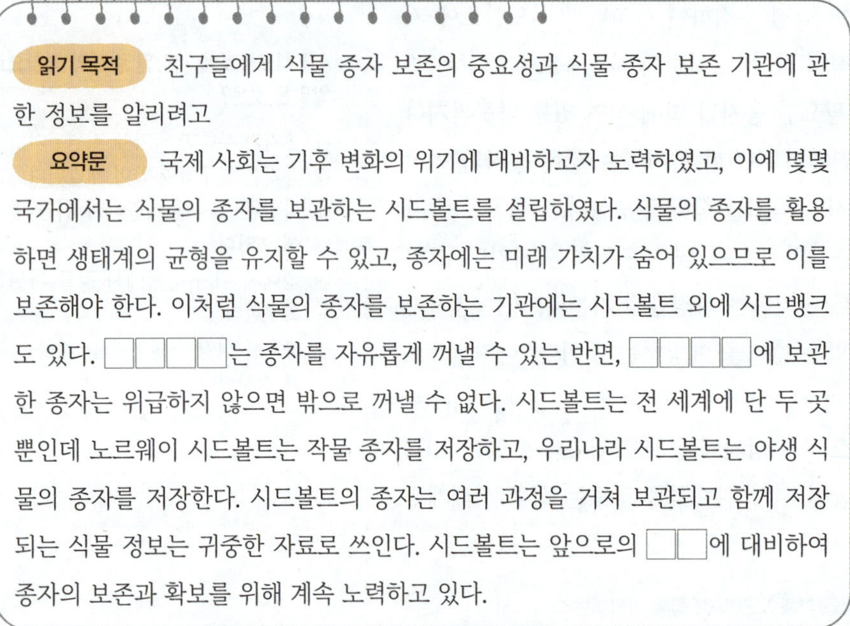

12 ㉠~㉤에 들어갈 내용으로 알맞은 것은?

① ㉠: 시드볼트는 종자를 보관하는 시설로, 보관한 종자를 자유롭게 꺼내 쓸 수 있음.
② ㉡: 시드뱅크에서는 위급하지 않으면 종자를 꺼낼 수 없음.
③ ㉢: 시드볼트는 전 세계에 단 두 곳뿐으로 노르웨이 시드볼트는 작물 종자를 저장하고, 우리나라 시드볼트는 야생 식물의 종자를 저장함.
④ ㉣: 시드뱅크에 저장된 종자는 여러 과정을 거쳐 보관되고 함께 저장되는 식물 정보는 귀중한 자료로 쓰임.
⑤ ㉤: 시드뱅크는 앞으로의 위기에 대비하여 종자의 개발과 확보를 위해 계속 노력하고 있음.

13 승민이가 요약문을 쓸 때 고려한 점으로 알맞은 것은? (정답 2개)

① 읽기 목적　　② 글의 구조
③ 글의 난이도　　④ 독자의 나이
⑤ 독자의 흥미

14 승민이의 요약문에 들어간 내용이 아닌 것은?

① 시드볼트를 설립한 까닭
② 시드볼트에 저장된 종자의 역할
③ 식물 종자를 보존해야 하는 까닭
④ 시드뱅크와 시드볼트의 공통점과 차이점
⑤ 시드볼트에서 종자를 보관할 때 거치는 과정

15 시드볼트에 종자를 보관할 때 가장 나중에 거치는 과정으로 알맞은 것은?

① 이물질을 제거한다.
② 종자의 수분을 낮춘다.
③ 건강한 종자를 선별한다.
④ 4℃ 정도의 저온에 적응하도록 처리한다.
⑤ 블랙 박스에 밀봉하여 영하 20℃의 보관소에 저장한다.

4 수지가 생태계 문제에 관심이 생겨 읽게 된 글의 내용 요약하기

꿀벌들은 다 어디로 사라졌을까?

수지: 사라져 가는 곤충에는 무엇이 있지? 이 문제는 어떻게 해결할 수 있을까?

❶ 몇 년 전부터 전 세계적으로 꿀벌들이 한꺼번에 수만 마리가 폐사하는 등 꿀벌이 멸종 위기에 처했다는 소식이 들리고 있습니다. 꽃이 있는 곳이라면 항상 보이던 꿀벌이 멸종될 수도 있다니 무슨 일일까요?
→ 서론: 멸종 위기에 처한 꿀벌

❷ 꿀벌은 수많은 식물의 꽃가루를 꽃에서 다른 꽃으로 옮기는 작업을 하며 생태계의 균형을 유지하는 데 큰 역할을 담당하고 있습니다. 우리가 먹는 과일과 식량 대부분은 꿀벌 없이 열매를 맺지 못하기 때문입니다.
→ 본론 1: 꿀벌의 중요성과 가치

❸ 그렇다면 우리 생태계에 중요한 존재인 꿀벌이 왜 사라지고 있을까요? 전문가들이 내놓은 원인에는 기후 변화와 서식지 감소, 살충제 살포 등이 있습니다. 꿀벌은 온도 변화에 민감한 동물이기 때문에 일교차가 커지거나 이상 기후로 많은 비가 내리면 갑자기 하락하는 기온에 적응하지 못하고 쉽게 죽을 수 있다고 합니다. 또, 지구 온난화의 영향으로 꽃이 피어 있는 기간이 짧아지면서 꿀벌이 꿀을 모을 수 있는 기간이 짧아진 것도 꿀벌의 멸종 위기에 영향이 있을 것으로 추측하고 있습니다.
→ 본론 2: 꿀벌이 사라지는 원인

❹ 꿀벌의 멸종 위기 소식에 많은 국가에서 꿀벌 살리기 운동을 시작했습니다. 유럽에서는 꿀벌의 신경계를 교란하는 농약 및 살충제 사용을 금지하였고, 지난 2017년에는 유엔 회원국의 만장일치로 매년 5월 20일을 '세계 꿀벌의 날'로 지정했습니다. '세계 꿀벌의 날'은 세계 야생 식물과 식량을 생산하는 데 필수 곤충인 꿀벌의 소중함을 알고 보호 대책을 세우는 것이 목표입니다.
→ 본론 3: 꿀벌의 멸종을 막기 위한 국가적 노력

❺ 전 세계에서 꿀벌을 살리기 위해 다양한 노력을 하고 있지만, 단순히 국가의 노력만으로는 멸종해 가는 꿀벌을 살리기 어렵습니다. 반드시 개개인도 꿀벌을 살리기 위한 노력을 해야 합니다. 대중교통 이용하기, 가까운 거리는 걷거나 자전거 타기, 일회용품 사용과 쓰레기 줄이기 등 기후 변화의 속도를 늦추려는 우리의 작은 실천으로 꿀벌의 멸종을 막을 수 있을 것입니다.
– 국가환경교육 통합 플랫폼 블로그
→ 결론: 꿀벌을 살리기 위한 개인적 노력 촉구

---

(1) 글의 구조를 고려하여 내용 정리하기

서론	꿀벌이 □□ 위기에 처했다.
본론	1. 꿀벌의 중요성과 가치 　– 꿀벌이 □□□를 유지하는 데 큰 역할을 담당하고 있다. 2. 꿀벌이 사라지는 원인 　– 기후 변화, 서식지 감소, 살충제 살포 등이 있다. 3. 꿀벌의 멸종을 막기 위한 □□적 노력 　– 꿀벌의 신경계를 교란하는 농약 및 살충제 사용을 금지하였다. 　– '세계 꿀벌의 날'을 지정하였다.
결론	꿀벌을 살리기 위해서는 국가의 노력뿐만 아니라 □□의 노력도 필요하다.

16 수지가 이 글을 읽은 목적으로 알맞은 것은?

① 꿀벌의 생김새를 알기 위해서
② 살충제의 부작용을 알아보기 위해서
③ 기후 변화의 원인에 대해 알아보기 위해서
④ 꿀벌의 중요성과 가치에 대해 알아보기 위해서
⑤ 사라져 가는 곤충에 무엇이 있고, 그 문제의 해결 방법이 무엇인지 알아보기 위해서

17 이 글에 대한 설명으로 알맞지 않은 것은?

① 주장하는 글로 '서론-본론-결론'의 구조를 갖고 있다.
② 서론에서는 꿀벌이 사라지는 문제 상황을 제시하였다.
③ 본론에서는 꿀벌의 멸종을 막기 위한 개인의 노력을 제시하고 있다.
④ 결론에서는 꿀벌 보호의 필요성을 강조하며 실천 방안을 제시하고 있다.
⑤ 주제는 꿀벌을 살리기 위해서는 국가와 개인이 모두 노력해야 한다는 것이다.

18 이 글에서 꿀벌이 사라지고 있는 원인으로 제시되지 않은 것은?

① 기후 변화
② 서식지 감소
③ 살충제 살포
④ 지구 온난화
⑤ 천적의 증가

19 다음 빈칸에 들어갈 알맞은 말을 쓰시오.

수지는 글의 (　　　)를 고려하여 '서론-본론-결론'으로 나누어 글의 내용을 요약하였다.

(2) 요약문 완성하기

> 몇 년 전부터 전 세계적으로 꿀벌이 ☐☐ 위기에 처했다는 소식이 들리고 있다. 식물의 꽃가루를 옮기는 일을 하며 생태계의 균형을 유지하는 데 큰 역할을 하고 있는 꿀벌이 사라지는 이유는 무엇일까? 전문가들은 기후 변화와 서식지 감소, 살충제 살포 등을 그 ☐☐으로 지목한다. 꿀벌의 멸종 위기 소식에 유럽에서는 꿀벌의 신경계를 교란하는 농약 및 살충제 사용을 금지하고, 유엔에서는 '세계 꿀벌의 날'을 지정하는 등 ☐☐적 노력이 이루어지고 있다. 하지만 국가뿐만 아니라 ☐☐도 기후 변화의 속도를 늦추기 위해 노력해야 한다.

(3) 요약문을 평가하는 기준 알기

> • 읽기 ☐☐을 고려하여 중심 내용을 요약하였는가?
> • 글의 ☐☐를 고려하여 적절하게 요약하였는가?
> • 요약한 내용이 자연스럽게 ☐☐되는가?

문제해결과 적용

1 중학교 사회 교과서 요약하기
학습을 위한 글

2. 다양한 생활 영역과 법

01 공법과 사법은 어떻게 다를까?

학습 목표 공법과 사법을 구분하고 사례 분석을 통하여 각 영역의 특징을 탐구할 수 있다.

법의 분류 법은 <u>규율하는</u> 생활 영역에 따라 공법, 사법, 사회법으로 구분한다. 국가와 개인 간 또는 국가 기관 상호 간의 관계를 다루는 법을 **공법**, 개인과 개인 간의 관계를 규율하는 법을 **사법**, 사회적 약자를 보호하기 위해 국가가 개인 간의 관계에 개입하는 중간적인 성격의 법을 사회법이라고 한다.
（질서나 제도를 좋아 다스리는）
➡ 규율하는 생활 영역에 따른 법의 분류

국가 생활과 관련된 공법 개인은 일생 동안 국민으로서 국가와의 관계 속에서 살아간다. 국가에 세금을 납부하고, 국방의 의무를 지며, 선거에서 투표할 권리를 가진다. 이처럼 국가 공동체와 관련 있는 개인의 생활 영역을 규율하는 법을 공법(公法)이라고 하는데, 대표적으로 헌법과 형법을 들 수 있다.

　㉠**헌법**은 국가의 최고법으로 국민의 권리와 의무, 국가의 통치 조직 및 국가의 운영 원리 등이 담겨 있다. ㉡**형법**은 범죄의 유형과 그에 관하여 어떠한 형벌을 부과할 것인지를 규정하고 있다. 이 밖에 공법에는 행정법, 각종 소송법 등이 있다.
➡ 공법의 정의와 분류

학습 활동 응용 >>>

20 요약문을 평가하는 기준으로 알맞은 것의 기호를 모두 쓰시오.

> ㄱ. 요약한 내용이 자연스럽게 연결되는가?
> ㄴ. 문단별 중심 내용을 그대로 가져다 썼는가?
> ㄷ. 글의 구조를 고려하여 적절하게 요약하였는가?
> ㄹ. 읽기 목적을 고려하여 중심 내용을 요약하였는가?

21 다음 빈칸에 들어갈 말로 알맞은 것은?

> 중학교 사회 교과서의 단원명과 학습 목표를 보니 여기서는 (　　　)을/를 알아야 한다.

① 법의 집행 과정
② 민법과 상법의 구분
③ 소송법의 정의와 분류
④ 행정법의 정의와 특징
⑤ 공법과 사법의 특징과 차이

22 ㉠, ㉡을 진한 글자로 표시한 까닭으로 알맞은 것은?

① 소단원 제목이기 때문에
② 어려운 단어이기 때문에
③ 중요한 내용이기 때문에
④ 사회법의 하위 개념이기 때문에
⑤ 학습 목표에 나오는 단어이기 때문에

23 공법에 대한 설명으로 알맞지 **않은** 것은?

① 헌법과 형법은 공법에 속한다.
② 개인의 재산권을 다루는 법이다.
③ 행정법, 각종 소송법은 공법에 해당한다.
④ 세금을 납부할 때 고려할 법은 공법이다.
⑤ 국가와 개인 간 또는 국가 기관 상호 간의 관계를 다루는 법이다.

개인 생활과 관련된 사법 사람은 태어나서 죽을 때까지 다른 사람과 다양한 관계를 맺으면서 살아간다. 결혼을 통해 가족을 이루기도 하고, 다른 사람에게 돈을 빌리기도 하며, 서로 물건을 사고팔기도 한다. 이러한 개인과 개인 사이의 사적인 생활 관계를 규율하는 법을 사법(私法)이라고 한다.

　민법은 개인의 가족 관계, 재산 관계에 관해 규율하는 대표적인 사법으로, 재산권과 계약, 혼인과 이혼, 상속, 유언 등을 다룬다. 민법은 가족생활을 유지하고 개인의 재산권을 보호하는 역할을 한다. 그 밖에도 상거래 활동을 규율하는 **상법** 등이 사법에 속한다.

상업상의 거래

→ *사법의 정의와 분류*

개념쏙쏙 — 교과서 요약하기의 방법

- 단원명과 ▢▢▢▢를 살펴보고 공부할 내용을 확인한다.
- 단원명과 학습 목표에 공통적으로 나오는 단어를 찾아 어떤 내용을 배우는지, 어떻게 전개될지도 예측해 본다.
- 대단원 제목과 소단원 제목, 그 안에 있는 작은 제목들을 확인하여 상위, 하위로 ▢▢를 파악한다.
- 진한 글자 등으로 눈에 잘 들어오도록 표시된 부분이 ▢▢한 내용임을 알고 살펴본다.
- 교과서 내용 특성에 맞게 ▢▢▢를 그려 학습 내용을 체계적으로 파악할 수 있다. 이때 문장보다 핵심 단어 위주로 요약해도 좋다.

24 사법이 다루는 영역이 <u>아닌</u> 것은?

① 상거래 활동
② 혼인과 이혼
③ 상속과 유언
④ 재산권과 계약
⑤ 사회적 약자 보호 활동

2
단원

25 민법의 역할로 알맞은 것은? (정답 2개)

① 형벌의 부과
② 가족생활 유지
③ 상거래 활동 규율
④ 공정한 세금 납부
⑤ 개인의 재산권 보호

26 다음 중 나머지와 성격이 <u>다른</u> 하나는?

① 헌법　　　　② 형법
③ 상법　　　　④ 행정법
⑤ 소송법

27 ⓐ에 대한 설명으로 알맞은 것은? (정답 2개)

① 요약문으로 정리하였다.
② 구조도를 그려 정리하였다.
③ 핵심 단어 위주로 요약하였다.
④ 문단별로 중심 내용을 정리하였다.
⑤ 이어 주는 말을 사용하여 자연스럽게 연결하여 요약하였다.

(1) 요약하며 읽기

은지가 읽은 글의 짜임을 살펴볼까?

처음

1문단: ❶ ☐☐☐과 북극은 겉으로는 비슷해 보이지만 서로 전혀 다른 특징을 가지고 있음.

중간

2문단: 남극은 거대한 대륙이라 북극보다 훨씬 춥고 원주민이 없음.

3문단: 북극은 바다라서 비교적 따뜻하고 원주민이 살고 있음.

> 2문단과 3문단에서 비교·대조의 내용 전개 방식이 나타남.

끝

4문단: 남극과 북극의 두꺼운 얼음층은 지구의 ❷ ☐☐을 담은 냉동 창고의 역할을 하고 있음.

〈식물의 미래를 지키는 시드볼트〉의 짜임도 살펴볼까?

처음

국제 사회는 기후 변화 위기에 대비하고자 노력하였고, 이에 몇몇 국가에서는 식물의 ❸ ☐☐를 보관하는 시드볼트를 설립함.

중간

식물의 종자는 생태계의 균형 유지에 필요하며 미래 가치를 담고 있어 많은 나라에서 더 많은 종자를 확보하고자 함. 종자 보관 시설 중 ❹ ☐☐☐☐는 보관한 종자를 자유롭게 꺼내 쓸 수 있는 반면, ❺ ☐☐☐☐는 위급하지 않으면 종자를 꺼낼 수 없음. 시드볼트는 노르웨이와 우리나라 단 두 곳에 존재하는데 각각 작물과 야생 식물의 종자를 저장함. 시드볼트에 저장되는 종자는 여러 과정을 거쳐 보관되고, 함께 저장되는 식물 정보는 귀중한 자료로 쓰임.

끝

시드볼트는 ❻ ☐☐의 보존과 확보를 위해 계속 노력하고 있음.

요약의 규칙을 알아볼까?

- 중심 내용이 그대로 드러난 문장을 ❼ ☐☐함.
- 덜 중요하거나 반복되는 내용을 삭제함.
- 구체적 개념이나 세부 정보를 나타내는 단어가 여러 개라면, 그 단어를 묶어 주는 말로 일반화함.
- 중심 내용이 드러난 문장이 없으면 중요한 내용을 종합하여 중심 내용이 담긴 문장으로 ❽ ☐☐☐함.

[01~04] 다음 글을 읽고 물음에 답하시오.

가 지구에서 따뜻한 태양 에너지를 넉넉하게 받지 못하는 땅이 바로 남극과 북극이다. 이 두 지역은 겉으로는 비슷해 보이지만 서로 전혀 다른 특징을 갖고 있다. ……

서로 다른 지역적 특징은 두 지역의 기후 조건에도 영향을 미친다. 남극과 북극 가운데 어디가 더 추울까? 남극이 훨씬 춥다. 육지는 바다에 비해 쉽게 데워지고 쉽게 식는다. 남극은 거대한 대륙이므로 한겨울에 해당하는 8월 말 무렵이면 높은 곳에서는 기온이 영하 70℃ 가까이 내려간다고 한다. 이러한 기후 조건 때문에 남극에는 연구를 목적으로 거주하는 사람들 외에는 원주민이 없다. 남극의 추위를 견뎌 내기가 그만큼 어렵기 때문이다.

북극은 남극과 달리 주변의 여러 대륙으로 둘러싸인 바다이다. 그래서 주변에 있는 바다와 해류의 영향을 받는다. 얼음덩어리보다 상대적으로 온도가 높은 바다에서 상승하는 따뜻한 공기 때문에 겨울에는 최저 기온이 영하 30~40℃까지 내려가지만, 여름에는 영상 10℃ 정도로 비교적 따뜻하다. 그리고 북극에는 우리가 에스키모(Eskimo)라고 알고 있는 원주민인 이누이트인들이 살아가고 있다. ……

보통 100m 두께의 얼음이 만들어지려면, 1,000년이 걸리므로 오늘날 남극과 북극의 얼음이 되기까지는 오랜 세월이 걸렸을 것으로 보고 있다. 이처럼 두꺼운 얼음층은 지구 기록을 담은 냉동 창고의 역할을 하고 있다.

나 내용 정리

처음	남극과 북극은 겉으로는 비슷해 보이지만 서로 전혀 다른 특징을 갖고 있다.
중간	㉠
끝	오늘날 남극과 북극의 두꺼운 얼음층은 지구 기록을 담은 냉동 창고 역할을 하고 있다.

다 요약문: 남극과 북극은 겉으로는 비슷해 보이지만 서로 전혀 다른 특징을 갖고 있다. 기후 차이를 보면, 남극은 대륙이므로 북극보다 훨씬 춥고 원주민이 없다. ㉡ 북극은 바다라서 비교적 따뜻하여 원주민이 산다.

01 이와 같은 글을 요약할 때 고려할 점으로 알맞지 <u>않은</u> 것은?

① 읽기 목적을 고려하여 중요한 내용을 파악한다.
② 글의 내용 전개 방식을 파악하고 이를 고려한다.
③ 주장하는 글이므로 '처음 – 중간 – 끝'의 구조로 내용을 정리한다.
④ 읽기 목적에 따라 정리한 중심 내용을 자신의 말로 자연스럽게 연결한다.
⑤ 문단의 중심 내용은 선택, 삭제, 일반화, 재구성과 같은 요약 규칙을 활용하여 요약한다.

02 (가)의 내용과 일치하지 <u>않는</u> 것은?

① 남극과 북극의 서로 다른 지역적 특징이 기후에 영향을 미친다.
② 남극과 북극은 겉으로는 비슷해 보이지만 전혀 다른 특징을 갖고 있다.
③ 남극은 한여름인 8월 말 무렵에도 기온이 영하 70℃ 가까이 내려간다.
④ 북극은 바다이기 때문에 비교적 따뜻하여 원주민인 이누이트인들이 살아가고 있다.
⑤ 남극과 북극의 두꺼운 얼음층은 지구의 기록을 담은 냉동 창고의 역할을 하고 있다.

서술형

03 ㉠에 들어갈 내용을 〈보기〉와 같이 정리할 때, 빈칸에 들어갈 내용을 한 문장으로 쓰시오.

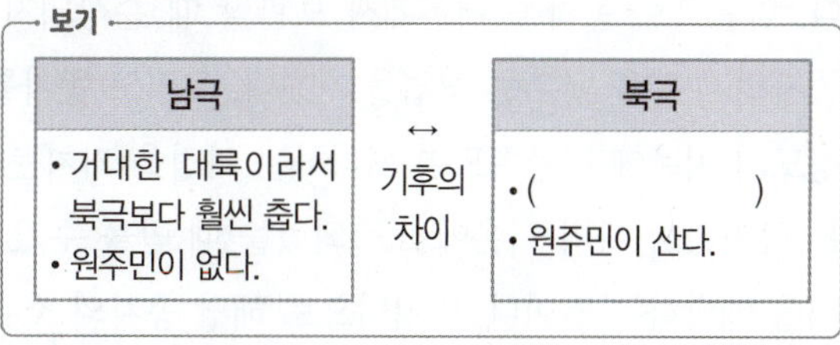

보기

남극		북극
• 거대한 대륙이라서 북극보다 훨씬 춥다. • 원주민이 없다.	기후의 차이 ↔	• (　　　　) • 원주민이 산다.

04 ㉡에 들어갈 말로 알맞은 것은?

① 그래서
② 이처럼
③ 그러나
④ 그러므로
⑤ 그럼에도 불구하고

[05~08] 다음 글을 읽고 물음에 답하시오.

가 종자를 보관하는 시설에는 시드볼트 외에 종자를 저장하는 은행인 시드뱅크도 있다. 두 시설 모두 종자를 보관하는 시설이라는 점에서 비슷하지만, 그 기능에는 차이가 있다. 시드뱅크는 ㉠저온의 설비를 갖추어 종자를 예금처럼 저장하는 은행의 역할을 한다. 즉, 시드뱅크는 종자를 보관했다가 종자를 연구하거나 생태계를 복원해야 할 필요가 있을 때 자유롭게 꺼내어 쓸 수 있도록 운영하는 시설이다.

나 시드볼트는 전 세계 식물 유전 자원을 안전하게 보존하려고 만든 금고이다. 식물 생태계를 ㉡보존하려고 식물의 종자를 보관하기 때문에 시드뱅크와는 달리 정말 위급한 재난 상황이나 종자가 멸종한 것이 아니라면 보관한 종자를 밖으로 꺼낼 수 없다. 따라서 시드볼트는 강한 지진과 같은 재난 상황에서도 안전하게 종자를 보관할 수 있도록 깊은 지하에 자리 잡고 있으며, 관계자 외 출입 금지 구역으로 지정되어 있다.

다 전 세계 국가 또는 기관에서 맡기거나 직접 수집하여 우리나라 시드볼트에 저장해 놓은 종자의 수가 5,424종 95,395점에 달한다. 이렇게 시드볼트에 저장된 종자는 어떤 과정을 거쳐 보관될까? 먼저 필요한 종자와 함께 섞여 있는 나뭇가지나 ㉢과육 등의 이물질을 제거한다. 이때 자연에서 수집한 종자에는 상한 종자가 섞여 있을 확률이 높아서 건강한 종자를 선별하는 작업을 함께 진행한다. 다음으로 종자를 저온에서 보관할 때 손상되지 않게 종자의 수분을 낮추는 작업을 거친다. 그리고 종자를 4℃ 정도의 저온에 적응하도록 처리하는 과정을 거치는데, 이는 종자가 갑자기 저온에 노출되었을 때 받을 수 있는 충격을 예방하는 것이다. 마지막으로 해당 종자의 소유자를 제외한 다른 사람이 시드볼트에 저장해 놓은 종자를 함부로 볼 수 없도록 특수하게 제작한 '블랙 박스'라는 상자에 종자를 ㉣밀봉하여 영하 20℃의 보관소에 저장한다.

라 미국항공우주국(NASA)에서는 2050년이면 지구 온도가 지금보다 1.5℃ 이상 상승할 수 있다고 예측하였다. 그러면 또 많은 식물이 지구에서 사라질 것이고, 그것이 어떠한 결과를 가져올지 아무도 예측할 수 없다. 이러한 위기에 대비하고자 시드볼트는 종자를 보존하고 더 많은 종자를 확보하려고 계속해서 노력하고 있다. ㉤아무쪼록 시드볼트에 저장된 종자가 밖으로 나와 꽃을 피우는 날이 없기를 바란다.

서술형

05 (가)의 중심 내용을 요약하여 〈조건〉에 맞게 서술하시오.

조건
• 완결된 한 문장으로 쓸 것

06 시드볼트와 시드뱅크에 대한 설명으로 알맞지 <u>않은</u> 것은?

① 시드볼트와 시드뱅크는 모두 식물의 종자를 보관하는 시설이다.
② 시드뱅크는 종자를 보관했다가 자유롭게 꺼내어 쓸 수 있는 시설이다.
③ 시드볼트는 '블랙 박스'라는 상자에 종자를 넣어 4℃ 정도의 저온에 보관한다.
④ 시드볼트는 강한 지진과 같은 상황에서도 안전하도록 깊은 지하에 자리 잡고 있다.
⑤ 시드볼트는 종자가 멸종했거나 정말 위급한 재난 상황에서만 종자를 꺼낼 수 있다.

학습 활동 쑥쑥

07 시드볼트에 종자를 저장할 때 가장 먼저 하는 일로 알맞은 것은?

① 이물질을 제거한다.
② 종자의 수분을 낮춘다.
③ 영하 20℃의 보관소에 넣는다.
④ 특수하게 제작된 상자에 밀봉한다.
⑤ 종자가 저온에 적응되도록 처리한다

08 ㉠~㉤의 뜻으로 알맞지 <u>않은</u> 것은?

① ㉠: 낮은 온도
② ㉡: 잘 보호하고 간수하여 남기려고
③ ㉢: 열매에서 씨를 둘러싸고 있는 살
④ ㉣: 은밀하게 봉하여
⑤ ㉤: 될 수 있는 대로

[09~11] 다음 글을 읽고 물음에 답하시오.

가 그렇다면 우리 생태계에 중요한 존재인 꿀벌이 왜 사라지고 있을까요? 전문가들이 내놓은 원인에는 기후 변화와 서식지 감소, 살충제 살포 등이 있습니다. 꿀벌은 온도 변화에 민감한 동물이기 때문에 일교차가 커지거나 이상 기후로 많은 비가 내리면 갑자기 하락하는 기온에 적응하지 못하고 쉽게 죽을 수 있다고 합니다. 또, 지구 온난화의 영향으로 꽃이 피어 있는 기간이 짧아지면서 꿀벌이 꿀을 모을 수 있는 기간이 짧아진 것도 꿀벌의 멸종 위기에 영향이 있을 것으로 추측하고 있습니다.

꿀벌의 멸종 위기 소식에 많은 국가에서 꿀벌 살리기 운동을 시작했습니다. 유럽에서는 꿀벌의 신경계를 교란하는 농약 및 살충제 사용을 금지하였고, 지난 2017년에는 유엔 회원국의 만장일치로 매년 5월 20일을 '세계 꿀벌의 날'로 지정했습니다. '세계 꿀벌의 날'은 세계 야생 식물과 식량을 생산하는 데 필수 곤충인 꿀벌의 소중함을 알고 보호 대책을 세우는 것이 목표입니다.

나 **국가 생활과 관련된 공법** 개인은 일생 동안 국민으로서 국가와의 관계 속에서 살아간다. 국가에 세금을 납부하고, 국방의 의무를 지며, 선거에서 투표할 권리를 가진다. 이처럼 국가 공동체와 관련 있는 개인의 생활 영역을 규율하는 법을 공법(公法)이라고 하는데, 대표적으로 헌법과 형법을 들 수 있다.

헌법은 국가의 최고법으로 국민의 권리와 의무, 국가의 통치 조직 및 국가의 운영 원리 등이 담겨 있다. **형법**은 범죄의 유형과 그에 관하여 어떠한 형벌을 부과할 것인지를 규정하고 있다. 이 밖에 공법에는 행정법, 각종 소송법 등이 있다.

개인 생활과 관련된 사법 사람은 태어나서 죽을 때까지 다른 사람과 다양한 관계를 맺으면서 살아간다. 결혼을 통해 가족을 이루기도 하고, 다른 사람에게 돈을 빌리기도 하며, 서로 물건을 사고팔기도 한다. 이러한 개인과 개인 사이의 사적인 생활 관계를 규율하는 법을 사법(私法)이라고 한다.

민법은 개인의 가족 관계, 재산 관계에 관해 규율하는 대표적인 사법으로, 재산권과 계약, 혼인과 이혼, 상속, 유언 등을 다룬다. 민법은 가족생활을 유지하고 개인의 재산권을 보호하는 역할을 한다. 그 밖에도 상거래 활동을 규율하는 **상법** 등이 사법에 속한다.

---

09 (가), (나)에 대한 설명으로 알맞지 <u>않은</u> 것은?

① (가)의 제재는 꿀벌의 실종이다.
② (가)의 내용 전개 방식은 '문제 제기-원인-해결 방안'이다.
③ (가)는 꿀벌 멸종 문제의 해결책으로 개인 차원의 대책을 제시하고 있다.
④ (나)는 공법과 사법에 해당하는 생활의 예시를 다양하게 들고 있다.
⑤ (나)는 법이 다루는 생활 영역에 따라 공법과 사법을 구분하여 설명하고 있다.

10 (가)에서 알 수 있는 꿀벌이 사라지는 원인으로 알맞지 <u>않은</u> 것은?

① 꿀벌의 신경계를 교란하는 농약이나 살충제가 사용되었다.
② 지구 온난화의 영향으로 꽃이 피어 있는 기간이 짧아졌다.
③ 이상 기후로 많은 비가 내리면서 갑자기 기온이 하락하였다.
④ 유엔 회원국은 매년 5월 20일을 '세계 꿀벌의 날'로 지정하였다.
⑤ 꿀벌은 온도 변화에 민감하기 때문에 기후 변화에 쉽게 영향을 받는다.

11 (나)와 같은 교과서를 읽고 요약할 때 고려할 점이 <u>아닌</u> 것은?

① 단원명과 학습 목표를 확인한다.
② 학습을 위한 목적을 고려하며 읽는다.
③ 중심 문장과 단어에 밑줄을 치며 읽는다.
④ 진한 글씨로 표시된 단어에 주목하며 읽는다.
⑤ 흥미로운 내용 중심으로 구조도를 그려 정리한다.

(2) 정보를 전달하는 글 쓰기

🔖 소단원 핵심 개념

1️⃣ 정보를 전달하는 글의 유형

설명문	어떤 지식이나 대상에 관한 정보를 독자에게 알려 주기 위하여 풀어 쓴 글
보고문	조사하거나 연구한 것의 내용이나 결과를 알리는 글
안내문	어떤 내용을 소개하여 알려 주는 글
기사문	보고 들은 사실이나 정보를 객관적으로 전달하는 글

중요 2️⃣ 정보를 전달하는 글을 쓸 때 유의할 점

① 설명 대상의 특성을 분석하여 내용을 구성하고 독자가 이해하기 쉽게 표현한다.
② 다양한 매체에서 자료를 찾아 그 안에 담고 있는 정보의 중요도를 분석하고, 수집한 정보의 내용을 통합하여 사용한다.
③ 자료의 출처를 정확하게 밝히고 사실에 근거하여 쓰는 등 쓰기 윤리를 지켜야 한다.

중요 3️⃣ 정보를 전달하는 글 쓰기의 과정

① **계획하기:** 글쓰기 계획을 세운다.
　└─ 글의 목적, 설명 대상, 글의 주제, 예상 독자, 글의 유형을 정리하여 계획함.
② **내용 생성하기**
　• 여러 자료에서 정보를 수집한다.
　　예 책, 텔레비전 뉴스, 인터넷 블로그, 신문 기사 등
　• 중요도를 분석하여 글에 활용할 정보를 선별한다.

선별 기준
• 주제를 뒷받침하는가?　→ 비슷한 정보를 담고 있는 자료가 여러 개 있다면 더 • 출처가 분명하고 믿을 만한가?　정확하고 상세한 것을 선택하거나, 각각의 자료에 • 독자가 이해하기 쉬운 내용인가?　서 사용할 정보를 골라 통합하여 활용할 수 있음.

③ **내용 조직하기**
　• 선별한 정보 가운데 어떤 것을 먼저 쓰고 나중에 쓸지 정하는 과정으로, 개요를 작성하며 내용을 조직할 수 있다.
　　　글을 쓰기 전에 글에 들어갈 내용을 간략하게 정리한 것
　• 조직한 내용이 글의 주제와 긴밀하게 연결되는지 점검한다.
④ **표현하기 및 고쳐쓰기:** 개요를 바탕으로 하여 글을 쓴 뒤 고쳐 쓰는 과정이다.

글을 고쳐 쓸 때의 평가 기준
• 전달하려는 정보가 분명하게 드러나는가? • 여러 자료에서 찾은 정보를 적절하게 선별하였는가? • 문자 언어, 그림, 사진 등을 활용하여 다양한 형식으로 글을 썼는가? • 문단 안의 각 문장이 중심 내용을 뒷받침하고 있는가? • 독자가 이해하기 쉽게 표현하였는가? • 자료의 출처를 정확하게 밝혔는가?

📝 개념 확인 문제

1 정보를 전달하는 글에 대한 설명으로 맞으면 ○표, 틀리면 ×표를 하시오.

(1) 어떤 지식이나 대상에 관한 정보를 독자에게 알려 주기 위하여 풀어 쓴 글을 논설문이라고 한다. (　　　)
(2) 정보를 전달하는 글을 쓸 때에는 설명 대상의 특성을 분석하여 내용을 구성하고 독자가 이해하기 쉽게 표현해야 한다. (　　　)

2 글쓰기 계획을 세울 때 정할 내용이 <u>아닌</u> 것은?

① 글의 목적　　② 글의 주제
③ 글의 유형　　④ 자료 출처
⑤ 예상 독자

3 글쓰기의 과정 중 '내용 생성하기' 단계에서 할 일로 알맞지 <u>않은</u> 것은?

① 다양한 매체에서 정보를 수집한다.
② 주제를 뒷받침하는 정보를 선별한다.
③ 출처가 분명하고 믿을 만한 정보를 선별한다.
④ 독자가 이해하기 쉬운 내용의 자료를 선별한다.
⑤ 비슷한 정보를 담고 있는 자료가 여러 개 있는 경우 더 복잡한 정보를 선택한다.

4 다음 빈칸에 들어갈 알맞은 말을 쓰시오.

> 글쓰기의 과정 중 (　　　)는 선별한 정보 가운데 어떤 것을 먼저 쓰고 나중에 쓸지 정하는 과정이다.

😊 이해와 탐구

🔵 정보를 전달하는 글 쓰기 과정

⊶ 계획하기

전통문화 동아리 친구들은 동아리 활동으로 온라인 학교 신문에 전통문화를 알리는 글을 게시하려고 한다.

> 예림: 우리나라 전통문화 가운데 어떤 걸 소개할까?
>
> 재우: 우리나라 탈춤이 유네스코 무형유산으로 등재되었다는 텔레비전 뉴스를 봤
>   _{국제 연합 전문 기관의 하나}   _{일정한 사항이 장부나 대장에 올려졌다는}
>   어. 탈춤을 알리는 글은 어때?
>
> 정윤: 좋아. 온라인 학교 신문 독자에게 세계에서 인정한 탈춤의 가치를 설명하면
>   보람 있을 거야.
>
> 민규: 그래. 우리 여러 자료를 활용하여 정보를 전달하는 글을 써 보자.

1 동아리 친구들이 세운 글쓰기 계획 정리하기

글의 목적	정보 전달
설명 대상	우리나라 ☐☐
글의 주제	우리나라 탈춤의 특징과 ☐☐
예상 독자	온라인 ☐☐ ☐☐ 독자(학교 친구들, 선생님, 부모님 등)
글의 유형	설명문

2 민규가 여러 자료를 활용하여 글을 쓰자고 한 까닭 파악하기

→ 내용이 알차고 풍부한 글을 쓰기 위해서이다.

→ 독자에게 도움을 줄 수 있는 ☐☐☐ 정보를 수집하기 위해서이다.

➕ 더 알아보기

목적에 따른 글의 유형

- **정보를 전달하는 글**: 독자에게 정보를 전달하기 위해 쓰는 글로 설명문, 보고문, 안내문, 기사문 등이 있다.
- **설득하는 글**: 자신의 주장을 이유를 들어 논리적으로 설득하는 글로 논설문, 건의문, 연설문 등이 있다.
- **정서를 표현하는 글**: 자신의 생각과 감정을 표현하는 글로 일기, 편지, 수필 등이 있다.

학습 활동 응용 >>>

01 동아리 친구들이 글을 쓰기 위해 계획한 내용으로 알맞지 <u>않은</u> 것은?

① 정보를 전달하는 글을 쓸 계획이다.

② 글의 주제는 유네스코 무형유산이다.

③ 예상 독자는 온라인 학교 신문 독자이다.

④ 우리나라 탈춤을 설명 대상으로 선정하였다.

⑤ 글의 목적은 탈춤에 대한 정보를 전달하는 것이다.

02 글쓰기를 계획할 때 고려할 점이 <u>아닌</u> 것은?

① 글의 목적

② 예상 독자

③ 글의 유형

④ 글의 주제

⑤ 부정확한 표현

03 민규가 여러 자료를 활용하여 글을 쓰자고 한 까닭으로 알맞은 것은? (정답 2개)

① 글의 분량을 늘리기 위해서

② 주장을 잘 뒷받침하기 위해서

③ 논리적으로 독자를 설득하기 위해서

④ 내용이 알차고 풍부한 글을 쓰기 위해서

⑤ 독자에게 도움을 줄 수 있는 다양한 정보를 수집하기 위해서

04 정보를 전달하는 글의 유형으로 알맞지 <u>않은</u> 것은?

① 건의문   ② 기사문

③ 보고문   ④ 설명문

⑤ 안내문

내용 생성하기 ① 정보 수집

동아리 친구들이 탈춤에 관한 글을 쓰기 위하여 여러 자료에서 정보를 수집하였다.

재우

우리나라 탈춤에 관한 정보를 전달하려면 먼저 탈춤이 무엇인지 설명해야겠지? 나는 책에서 탈춤의 뜻과 종류 등을 찾아봤어. 예전에 책에서 관련된 내용을 보았거든.

정윤

나는 방송사 누리집에서 재우가 봤다고 한 텔레비전 뉴스를 다시 보았고, 국가유산 관련 블로그도 찾아보았어. 그랬더니 탈춤의 가치를 알 수 있었어.

예림

나는 인터넷에서 탈춤을 어떤 방식으로 공연하는지 알아봤어. 또 우리는 학교 누리집에 글을 올릴 거니까 글과 함께 내가 찾은 탈춤 사진이나 공연 영상도 보여 주면 좋겠어.

민규

글을 읽고 탈춤에 관심이 생겨 공연을 보고 싶은 독자들도 있겠지? 그래서 나는 신문 기사에서 최근에 있었던 탈춤 공연이나 축제 소식을 찾았어. 이것도 글에 함께 제시하면 좋겠어.

1 동아리 친구들이 수집한 정보 정리하기

	수집한 정보의 내용	정보를 수집한 매체
재우	탈춤의 [ ]과 종류	책
정윤	탈춤의 가치	인터넷(방송사 누리집, 국가유산 관련 블로그)
예림	탈춤 공연 방식, 탈춤 사진, 공연 영상	인터넷
민규	최근의 탈춤 공연이나 축제 소식	[ ][ ]

개념 콕콕 ─ 다양한 매체에서 정보를 수집하는 이유

한 가지 매체에서만 정보를 수집하면 그 매체의 특성에 따라 편중된 정보만을 얻게 되거나 정보의 양이나 정확성이 부족할 수 있기 때문이다. 다양한 매체를 이용함으로써 더 [ ][ ]하고 풍부한 정보를 찾을 수 있다.

---

05 민규가 정보를 수집한 매체로 알맞은 것은?

① 책
② 인터넷
③ 라디오
④ 신문 기사
⑤ 학교 누리집

06 동아리 친구들이 수집한 정보의 내용이 <u>아닌</u> 것은?

① 탈춤의 가치
② 탈춤의 뜻과 종류
③ 탈춤의 공연 방식
④ 탈춤에 쓰이는 탈의 종류
⑤ 최근의 탈춤 공연이나 축제 소식

07 다음 빈칸에 들어갈 내용으로 알맞은 것은?

> 동아리 친구들은 (　　　)에 글을 올릴 것이기 때문에 탈춤 사진이나 공연 영상도 함께 보여 줄 수 있다.

① 책
② 지역 신문
③ 학교 누리집
④ 개인 블로그
⑤ 국가유산 관련 블로그

08 다음 빈칸에 들어갈 말로 알맞은 것은? (정답 2개)

> 글을 쓰기 위해 정보를 수집할 때에 한 가지 매체에서만 정보를 수집하면 (　　　).

① 통일된 정보를 얻을 수 있다
② 깊이 있게 정보를 찾을 수 있다
③ 편중된 정보만을 얻게 될 수 있다
④ 시간과 노력이 덜 들어 효율적이다
⑤ 정보의 양이나 정확성이 부족할 수 있다

⟨┅┅⟩ 내용 생성하기 ② 정보 선별

동아리 친구들이 다양한 매체에서 찾은 자료 가운데 무엇을 글에 활용할지 분석하여 정보를 선별하려고 한다.

가 `재우가 찾은 자료`   **지역마다 다른 탈춤의 이름**

일반적으로 탈을 쓰고 추는 춤을 탈춤이라고 합니다. 하지만 탈을 쓰고 춤을 춘다고 해서 무조건 탈춤이라고 부르는 것은 아닙니다. 각 지역마다 탈놀이의 내용과 특색에 맞는 이름이 따로 있지요. 좁은 의미로 탈춤은 황해도에서 추던 가면극을 뜻합니다. 서울특별시·경기도 지역에서는……

– 송인현, 《하늘을 가르고 땅을 두드리며 한판 놀아 보자 탈춤》

나 `정윤이가 찾은 자료`

'탈춤' 유네스코 무형유산 됐다

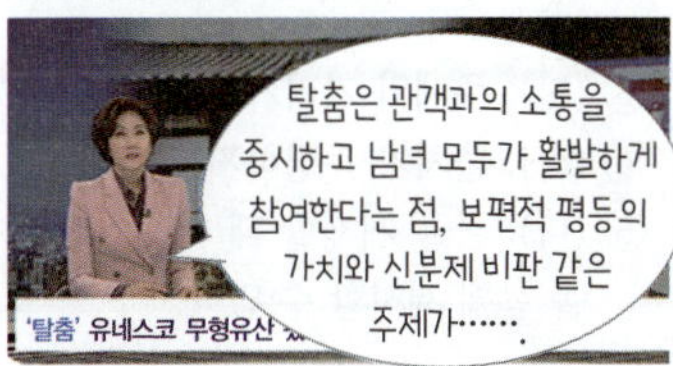

– '케이비에스(KBS) 뉴스'
2022년 11월 30일 자

다 `정윤이가 찾은 자료`

한국의 탈춤, 유네스코 무형유산 등재

유네스코 무형유산 위원회는 한국의 탈춤이 강조하는 보편적 평등의 가치와 사회 신분제에 관한 비판이 오늘날에도 여전히 의미가 있는 주제이며, 각 지역의 문화 정체성에 상징적 역할을 하고 있다는 점 등을 높이 평가하였습니다.   – '국가유산청' 블로그

라 `예림이가 찾은 자료`

안동 국제 탈춤 행사에서 본 탈춤의 공연 방식을 소개합니다

지난주 안동 국제 탈춤 행사장에 방문했어요. 제가 직접 체험해 본 봉산 탈춤의 공연 진행 방식을 소개할게요! 우선 봉산 탈춤은 전체 7과장으로 구성되며 본격적인 놀이가 시작되기 전에……

#안동_국제_탈춤_행사 #탈춤_공연
#볼거리_가득

마 `예림이가 찾은 자료`

◀ 탈춤 공연 사진
– '국립무형유산원' 블로그

바 `예림이가 찾은 자료`

◀ 탈춤 공연 영상
– '이비에스(EBS, 한국교육방송공사) 〈뭐든지 뮤직 박스〉 제37화', 2020년 2월 13일 자

사 `민규가 찾은 자료`   **이런 경험 없었다, 아름다움 그 자체 뉴욕 홀린 한국의 춤**

국가 무형유산 제1호인 '종묘제례악' 의식무를 현대적으로 재해석한 이 공연은……

– 《아시아경제》 2023년 7월 23일 자

학습 활동 응용 ⟫⟫⟫

09 재우가 찾은 자료에 대한 설명으로 알맞지 <u>않은</u> 것은?

① 출처가 분명하다.
② 책에서 찾은 자료이다.
③ 탈춤의 뜻과 종류를 알 수 있다.
④ 글과 영상이 함께 제시된 자료이다.
⑤ 글의 주제와 목적에 알맞은 자료이다.

2 단원

10 정윤이가 찾은 자료에서 알 수 있는 탈춤의 가치로 알맞지 <u>않은</u> 것은?

① 관객과의 소통을 중시하는 점
② 현대적으로 재해석한 공연이라는 점
③ 남녀 모두가 활발하게 참여한다는 점
④ 오늘날에도 여전히 의미 있는 주제를 다루는 점
⑤ 각 지역의 문화 정체성에 상징적 역할을 하고 있다는 점

11 가~사 중 탈춤의 생생한 모습을 시각적으로 보여 줄 수 있는 자료끼리 알맞게 묶인 것은?

① (가), (나)
② (다), (라)
③ (마), (바)
④ (가), (다), (라)
⑤ (가), (나), (사)

12 정보를 전달하는 글 쓰기의 과정 중 '내용 생성하기' 단계에서 할 일로 알맞은 것은? (정답 2개)

① 개요를 작성한다.
② 글쓰기 계획을 세운다.
③ 여러 자료에서 정보를 수집한다.
④ 적절성을 점검하며 글을 고쳐 쓴다.
⑤ 수집한 자료의 중요도를 분석하여 글에 활용할 정보를 선별한다.

1 동아리 친구들이 수집한 정보를 분석하여 선별하기

〈선별 기준〉　•□□를 뒷받침하는가?　•□□가 분명하고 믿을 만한가?
　　　　　　•독자가 이해하기 쉬운 내용인가?

활용하기 적절한 자료	적절하지 않은 자료
가, 나, 다, 마, 바	□ – 출처가 분명하지 않다. 사 – 주제와 거리가 멀다.

→ 나와 □는 유네스코에서 높게 평가받은 탈춤의 가치를 알 수 있는 자료로 비슷한 정보이다.
→ 비슷한 내용의 자료가 있으면 더 정확하고 상세한 내용의 자료 한 가지를 □□하거나, 각각의 자료에서 사용할 내용을 골라 □□하여 활용할 수 있다.

2 글쓰기에 활용하기 적절한 자료인지 판단하기

　탈춤은 춤, 노래, 연극을 아우르는 종합 예술이다. 탈을 쓴 연기자가 우스꽝스러운 행동과 대사를 사용하여 주제를 표현하고, 악기를 연주하는 6~10명의 사람들이 이들을 따른다. 탈춤 공연에는 정식 무대가 필요 없고……. 　– '외교부' 누리집

→ 출처는 '외교부'의 공식 누리집으로 공신력 있는 기관의 자료라 할 수 있고, 탈춤 공연 방식에 관해 말하고 있어 필요한 정보이므로 활용하기 적절하다.

☞ 내용 조직하기

동아리 친구들은 선별한 정보를 바탕으로 하여 다음과 같이 글의 개요를 작성하였다.

	글의 내용	활용할 자료
제목	세계가 인정한 우리의 탈춤	
처음	유네스코 무형유산에 등재된 우리나라 탈춤	나, 다
중간	1. 탈춤의 뜻과 종류 　(1) 뜻 　(2) 지역별 이름과 종류 　(3) ㉠탈춤의 공연 비용 → 삭제	가
	2. 탈춤 공연 방식과 특징 　(1) 공연 방식 　(2) 특징	마, 바
	3. 탈춤의 가치 　(1) 소통의 예술 　(2) 사회의식의 발전 　(3) 지역 문화 정체성 형성	나, 다
끝	우리 전통문화인 탈춤의 소중함.	

13 수집한 정보를 선별하는 기준으로 알맞지 <u>않은</u> 것은? (정답 2개)

① 주제를 뒷받침하는가?
② 출처가 분명하고 믿을 만한가?
③ 독자들이 알고 있는 내용인가?
④ 독자가 이해하기 쉬운 내용인가?
⑤ 조직한 정보들이 긴밀하게 연결되는가?

14 동아리 친구들이 수집한 자료를 분석한 내용으로 알맞은 것은?

① (가): 중학생 독자들이 쉽게 이해하기 어려운 내용이다.
② (나): 공신력 있는 기관의 자료가 아니다.
③ (다): 주제와 거리가 멀다.
④ (라): 출처가 분명하지 않다.
⑤ (마): 글을 게재할 때 사진이나 영상을 함께 제시할 수 없다.

15 글의 개요를 작성할 때 생각한 내용으로 알맞지 <u>않은</u> 것은?

① 처음 부분에서는 설명 대상과 관련된 소식을 전해서 독자의 관심을 끈다.
② 중간 부분에서는 주제를 뒷받침하는 세부 내용을 쓴다.
③ 끝부분에서는 주제를 강조하면서 글을 마무리한다.
④ 문단 안의 각 문장이 중심 내용을 뒷받침하도록 쓴다.
⑤ 글과 함께 다양한 형식의 자료를 제시하여 독자의 이해를 돕는다.

16 ㉠을 삭제한 까닭으로 알맞은 것은?

① 중복되는 내용이어서
② 주제와 어울리지 않아서
③ 끝부분에 들어가야 할 내용이어서
④ 독자가 이해하기 어려운 내용이어서
⑤ 설명 대상과 관련된 내용이 아니어서

■● 표현하기 및 고쳐쓰기

동아리 친구들은 개요를 바탕으로 하여 탈춤의 가치를 알리는 글을 함께 쓴 뒤, 고쳐 쓸 부분이 있는지 다시 살펴보았다.

세계가 인정한 우리의 탈춤

❶ 몇 해 전, 국내 유명 가수가 우리 전통문화인 '탈춤'으로 무대를 선보여 국내는 물론 전 세계 사람들에게 탈춤이 ㉠초미의 관심사였다. 이런 흐름 가운데 최근에
'뜨거운 관심을 받았다'로 고치자.
우리나라의 대표적 국가 무형유산이자 전통 공연 예술인 탈춤이 유네스코 무형유산 대표 목록에 등재되었다. 우리나라의 전통문화라고만 생각했던 탈춤이 어떻게 세계적으로 인정받을 수 있었는지 알아보자. →처음: 유네스코 무형유산에 등재된 우리나라 탈춤

❷ 탈춤은 일반적으로 탈을 쓰고 추는 춤을 말한다. 좁은 의미로는 황해도 지역에서 추던 가면극을 뜻하기도 하며, 탈놀이 또는 가면극 이라고도 불린다. 탈춤은 지역마다 내용과 특색이 다양하게 발달하여 각기 다른 이름을 가지는데, 최근 우리의 탈과 탈춤을 전 세계에
이 문장은 문단의 내용과 관련이 없으니 삭제하자.
알리려고 외국인을 위한 안내 책자를 만들기도 하였다. 대표적으로 서울특별시와 경기도 지역의 '산대놀이', 경상남도 서쪽의 '오광대', 경상남도 동쪽의 '야유(들놀음)', 경상북도 안동시의 '하회별신굿탈놀이' 등이 있다.
→중간 1: 탈춤의 뜻과 종류

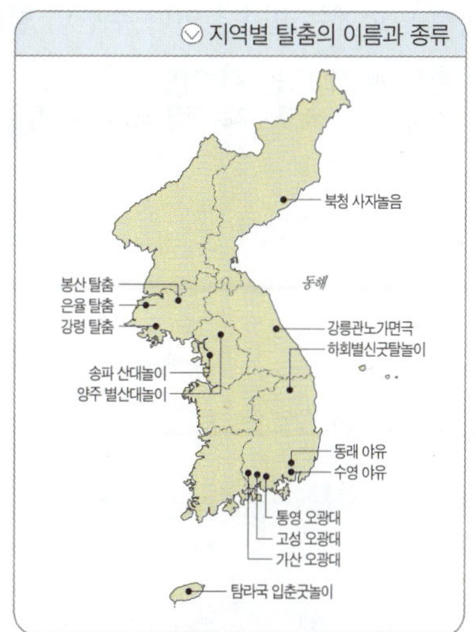

❸ 탈춤은 춤, 노래, 연극을 아우르는 종합 예술이다. 탈춤 공연 방식을 살펴보면, 먼저 탈을 쓴 연기자가 우스꽝스러운 행동과 대사로 연기를 펼친다. 여기에 악기로 음악을 연주하는 6~10명의 사람들이 이들을 따른다. 탈춤 공연은 주로

▲ 탈춤 공연 모습

야외에서 이루어지므로 공터나 들판만 있으면 얼마든지 탈춤을 출 수 있어서 정식 무대가 따로 없다. 따라서 관객들이 탈춤에 능동적으로 참여하는 것이 가능하다. 또 탈춤은 여러 개의 '과장' 또는 '마당'이라고 불리는 독립된 여러 내용이 모여 하나의 공연을 구성한다는 특징도 있다. 첨부한 다음 영상에서 우리나라의 대표적 탈춤인 봉산 탈춤의 공연 모습을 확인해 보자.

◀ 탈춤 공연 모습

→ 중간 2: 탈춤의 공연 방식과 특징

학습 활동 응용 >>>

17 ㉠을 고쳐 써야 하는 까닭으로 알맞은 것은?

① 인상적으로 표현하려고
② 과장된 표현을 없애려고
③ 중의적인 표현을 없애려고
④ 주어와 호응하는 표현으로 고치려고
⑤ 학교 신문 독자들이 이해하기 쉽게 하려고

18 탈춤을 부르는 다른 이름으로 알맞은 것은? (정답 2개)

① 과장　　　　② 마당
③ 가면극　　　④ 별신굿
⑤ 탈놀이

19 탈춤에 대한 설명으로 알맞지 <u>않은</u> 것은?

① 탈춤은 탈을 쓴 연기자와 6~10명의 연주자가 함께 공연한다.
② 독립된 여러 개의 '과장' 또는 '마당'이 모여 하나의 공연을 구성한다.
③ 탈춤은 야외에서 공터나 들판만 있으면 어디든지 공연할 수 있다.
④ 탈춤은 지역마다 내용과 특색이 다양하게 발달하여 이름도 각기 다르다.
⑤ 탈춤은 춤과 노래, 연극을 모두 아우르는 종합 예술로서 전문 예술인만이 참여할 수 있다.

20 글을 고쳐 쓸 때 점검할 내용으로 알맞지 <u>않은</u> 것은?

① 독자가 이해하기 쉽게 표현하였는가?
② 전달하려는 정보가 분명하게 드러나는가?
③ 수식어를 활용하여 문장을 화려하게 표현하였는가?
④ 문단 안의 각 문장이 중심 내용을 뒷받침하고 있는가?
⑤ 문자 언어, 그림, 사진 등을 활용하여 다양한 형식으로 글을 썼는가?

바른답·알찬풀이 12쪽

❹ 그렇다면 탈춤이 어떠한 가치가 있어서 세계적으로 인정받게 되었을까? 첫째, 탈춤은 관객과 소통하며 완성되는 소통의 예술이라는 점이다. 관객들은 탈춤 공연에서 한바탕 흥을 즐기고 억눌렸던 감정을 풀어 삶에 활력을 찾았다. 둘째, 오늘날에 비추어 봤을 때도 의미 있는 주제를 다룬다는 점이다. 탈춤은 조선 후기 사회에서 문제가 되던 ㉠남녀평등, 신분제 등의 여러 부조리를 풍자하면서 사회의식을 발전시켰다. 마지막으로 탈춤은 지역마다 조금씩 다른 탈춤 문화를 가진다는 점에서 지역의 문화적 정체성을 강화하는 역할을 하여 그 가치를 인정받을 수 있었다. 탈춤에서는 가면이 필수이므로, 지역의 탈춤마다 제각기 다른 표정의 탈을 사용하여 그 수가 매우 많다.

→ 중간 3: 탈춤의 가치

❺ 춤과 노래, 연극을 한데 모아 관객과 어우러져 흥겨운 공연을 펼치는 탈춤은 우리 고유의 소중한 전통 국가유산이다. 이번 방학에는 민속촌이나 주변의 탈춤 공연장을 찾아 세계가 인정한 우리의 탈춤에 한번 빠져 보는 건 어떨까?

→ 끝: 우리 전통 국가유산인 탈춤의 소중함.

출처
• 참고 자료
– 송인현, 《하늘을 가르고 땅을 두드리며 한판 놀아 보자 탈춤》
– '케이비에스(KBS) 뉴스' 2022년 11월 30일 자
– '국가유산청' 블로그
– '국립무형유산원' 블로그
– '이비에스(EBS, 한국교육방송공사) 〈뭐든지 뮤직 박스〉 제37화', 2020년 2월 13일 자
– '외교부' 누리집

1 평가 기준에 따라 글을 점검해 보고, 고쳐 쓸 부분 찾기

〈평가 기준〉

• 전달하려는 정보가 분명하게 드러나는가?

• 여러 자료에서 찾은 정보를 적절하게 선별하였는가?

• 문자 언어, 그림, 사진 등을 활용하여 다양한 형식으로 글을 썼는가?

• 문단 안의 각 문장이 [ ] 내용을 뒷받침하고 있는가?

• 독자가 이해하기 쉽게 표현하였는가?

• 자료의 [ ]를 정확하게 밝혔는가?

→ 고쳐 쓸 부분: [ ] 문단의 마지막 문장은 탈춤의 가치와는 거리가 먼 문장이므로 삭제한다.

2 정보를 전달하는 글을 쓸 때 유의할 점 이야기하기

→ 다양한 자료에서 내용을 마련해 정보를 분석하고 [ ]해야 한다.

→ 독자가 이해하기 쉽게 표현해야 한다.

→ 자료의 출처를 밝히는 등 쓰기 [ ]를 지켜야 한다.

---

21 4문단의 주요 내용과 거리가 멀어 삭제해야 할 문장으로 알맞은 것은?

① 그렇다면 탈춤이 어떠한 가치가 있어서 세계적으로 인정받게 되었을까?

② 탈춤은 관객과 소통하며 완성되는 소통의 예술이라는 점이다.

③ 관객들은 탈춤 공연에서 한바탕 흥을 즐기고 억눌렸던 감정을 풀어 삶에 활력을 찾았다.

④ 오늘날에 비추어 봤을 때도 의미 있는 주제를 다룬다는 점이다.

⑤ 탈춤에서는 가면이 필수이므로, 지역의 탈춤마다 제각기 다른 표정의 탈을 사용하여 그 수가 매우 많다.

22 ㉠을 문맥에 맞게 고쳐 쓰시오.

23 정보를 전달하는 글을 쓰는 과정에 맞게 빈칸에 들어갈 알맞은 말을 쓰시오.

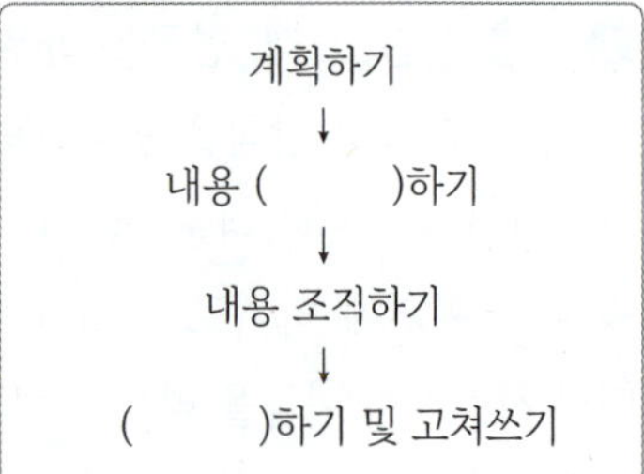

24 정보를 전달하는 글을 쓸 때 유의할 점으로 알맞지 않은 것은?

① 쓰기 윤리를 지켜야 한다.

② 독자가 이해하기 쉽게 표현해야 한다.

③ 자료의 출처를 정확하게 밝혀야 한다.

④ 수준 높은 전문 용어를 활용하여 글의 신뢰도를 높여야 한다.

⑤ 다양한 자료에서 내용을 마련해 정보를 분석하고 선별해야 한다.

(2) 정보를 전달하는 글 쓰기

★ 정보를 전달하는 글의 유형을 알아보자!

설명문	어떤 지식이나 대상에 관한 ❶ □□를 독자에게 알려 주기 위하여 풀어 쓴 글
보고문	조사하거나 연구한 것의 내용이나 결과를 알리는 글
안내문	어떤 내용을 ❷ □□하여 알려 주는 글
기사문	보고 들은 사실이나 정보를 객관적으로 전달하는 글

2 단원

★ 정보를 전달하는 글 쓰기 과정을 살펴볼까?

계획하기

• 글쓰기 ❸ □□을 세운다.
  - 글의 목적: 정보 전달
  - 글의 주제: 우리나라 탈춤의 특징과 가치
  - 예상 독자: 학교 신문 독자
  - 설명 대상: 우리나라 탈춤
  - 글의 유형: 설명문

↓

내용 생성하기

• 여러 매체와 다양한 형식의 자료에서 정보를 수집한다.

• 중요도를 분석하여 정보를 ❹ □□한다.
  (선별 기준) - 주장을 뒷받침하는가?
  - 출처가 분명하고 믿을 만한가?
  - 독자가 이해하기 쉬운 내용인가?

↓

내용 조직하기

선별한 정보 가운데 어떤 것을 먼저 쓰고 나중에 쓸지 정하는 과정으로, ❺ □□를 작성하며 내용을 조직할 수 있다.

⟨개요⟩ 제목: 세계가 인정한 우리의 탈춤
      처음 - 유네스코 무형유산에 등재된 우리나라 탈춤
      중간 - 1. 탈춤의 뜻과 종류: (1) 뜻, (2) 지역별 이름과 종류
            2. 탈춤 공연 방식과 특징: (1) 공연 방식, (2) 특징
            3. 탈춤의 가치: (1) 소통의 예술, (2) 사회의식의 발전, (3) 지역 문화 정체성
                형성
      끝 - 우리 전통문화인 탈춤의 소중함.

↓

표현하기 및 고쳐쓰기

개요를 토대로 글을 쓰고, 쓴 글을 점검하며 고쳐 쓴다.

[01~03] 다음 글을 읽고 물음에 답하시오.

가 예림: 우리나라 전통문화 가운데 어떤 걸 소개할까?

재우: 우리나라 탈춤이 유네스코 무형유산으로 등재되었다는 텔레비전 뉴스를 봤어. 탈춤을 알리는 글은 어때?

정윤: 좋아. 온라인 학교 신문 독자에게 세계에서 인정한 탈춤의 가치를 설명하면 보람 있을 거야.

민규: 그래. 우리 여러 자료를 활용하여 정보를 전달하는 글을 써 보자.

나
지역마다 다른 탈춤의 이름

일반적으로 탈을 쓰고 추는 춤을 탈춤이라고 합니다. 하지만 탈을 쓰고 춤을 춘다고 해서 무조건 탈춤이라고 부르는 것은 아닙니다. 각 지역마다 탈놀이의 내용과 특색에 맞는 이름이 따로 있지요. 좁은 의미로 탈춤은 황해도에서 추던 가면극을 뜻합니다. 서울특별시·경기도 지역에서는…….

– 송인현, 《하늘을 가르고 땅을 두드리며 한판 놀아 보자 탈춤》

다
한국의 탈춤, 유네스코 무형유산 등재

유네스코 무형유산 위원회는 한국의 탈춤이 강조하는 보편적 평등의 가치와 사회 신분제에 관한 비판이 오늘날에도 여전히 의미가 있는 주제이며, 각 지역의 문화 정체성에 상징적 역할을 하고 있다는 점 등을 높이 평가하였습니다.

– '국가유산청' 블로그

라
안동 국제 탈춤 행사에서 본
탈춤의 공연 방식을 소개합니다

지난주 안동 국제 탈춤 행사장에 방문했어요. 제가 직접 체험해 본 봉산 탈춤의 공연 진행 방식을 소개할게요! 우선 봉산 탈춤은 전체 7과장으로 구성되며 본격적인 놀이가 시작되기 전에…….

#안동_국제_탈춤_행사 #탈춤_공연 #볼거리_가득

마 그렇다면 탈춤이 어떠한 가치가 있어서 세계적으로 인정받게 되었을까? 첫째, 탈춤은 관객과 소통하며 완성되는 소통의 예술이라는 점이다. 관객들은 탈춤 공연에서 한바탕 흥을 즐기고 억눌렸던 감정을 풀어 삶에 활력을 찾았다. 둘째, 오늘날에 비추어 봤을 때도 의미 있는 주제를 다룬다는 점이다. 탈춤은 조선 후기 사회에서 문제가 되던 남녀평등, 신분제 등의 여러 부조리를 풍자하면서 사회의식을 발전시켰다. 마지막으로 탈춤은 지역마다 조금씩 다른 탈춤 문화를 가진다는 점에서 지역의 문화적 정체성을 강화하는 역할을 하여 그 가치를 인정받을 수 있었다. 탈춤에서는 가면이 필수이므로, 지역의 탈춤마다 제각기 다른 표정의 탈을 사용하여 그 수가 매우 많다.

학습 활동 꼼꼼

01 (가)의 친구들이 글을 쓰기 위해 계획한 내용으로 알맞지 <u>않은</u> 것은?

① 글의 주제는 우리나라 탈춤의 특징과 가치이다.

② 전통문화 가운데 탈춤에 대해 알리는 글을 쓴다.

③ 여러 자료를 활용하여 정보를 전달하는 글을 쓴다.

④ 온라인 학교 신문에 실리므로 탈춤에 대한 논설문을 작성한다.

⑤ 학교 신문의 독자들이 예상 독자이므로 학생들이 쉽게 이해할 수 있는 수준으로 설명한다.

02 (나)~(라)의 자료를 글에 활용할지 판단한 것으로 알맞지 <u>않은</u> 것은?

① 출처가 정확하고 믿을 만한지 확인한다.

② 독자가 이해하기 쉬운 내용인지 확인한다.

③ (라)는 글에 활용하기에 적절하지 않은 자료이다.

④ 탈춤의 가치라는 글의 주제와 관련 있는지 확인한다.

⑤ 탈춤의 뜻과 종류 등 불필요한 내용은 활용하지 않는다.

학습 활동 꼼꼼

03 (마)를 고쳐 쓸 계획으로 알맞은 것은? (정답 2개)

① 은하: 마지막 문장은 탈춤의 가치라는 문단의 중심 내용과 관련이 없으니 삭제해야 해.

② 샛별: 신분제 등의 부조리는 오늘날에는 존재하지 않으니 의미 있는 주제로 보기는 어려워.

③ 금별: 탈춤의 가치를 설명하는 데 관객과 소통하는 예술이라는 특징은 불필요한 내용이니 삭제하자.

④ 은별: '남녀평등'은 남자와 여자가 평등하다는 뜻으로 문맥에 맞지 않으니 '남녀 불평등'으로 고쳐야 해.

⑤ 우주: 지역의 문화적 정체성을 강화하기 위해 각 자치단체에서 시행하고 있는 정책을 찾아 보충해야 해.

[04~06] 다음 글을 읽고 물음에 답하시오.

가 몇 해 전, 국내 유명 가수가 우리 전통문화인 '탈춤'으로 무대를 선보여 국내는 물론 전 세계 사람들에게 탈춤이 ㉠초미의 관심사였다. 이런 흐름 가운데 최근에 우리나라의 대표적 국가 무형유산이자 전통 공연 예술인 탈춤이 유네스코 무형유산 대표 목록에 등재되었다.

나 탈춤은 일반적으로 탈을 쓰고 추는 춤을 말한다. 좁은 의미로는 황해도 지역에서 추던 가면극을 뜻하기도 하며, 탈놀이 또는 가면극이라고도 불린다. 탈춤은 지역마다 내용과 특색이 다양하게 발달하여 각기 다른 이름을 가지는데, 최근 우리의 탈과 탈춤을 전 세계에 알리려고 외국인을 위한 안내 책자를 만들기도 하였다. 대표적으로 서울특별시와 경기도 지역의 '산대놀이', 경상남도 서쪽의 '오광대', 경상남도 동쪽의 '야유(들놀음)', 경상북도 안동시의 '하회별신굿탈놀이' 등이 있다.

다 탈춤은 춤, 노래, 연극을 아우르는 종합 예술이다. 탈춤 공연 방식을 살펴보면, 먼저 탈을 쓴 연기자가 우스꽝스러운 행동과 대사로 연기를 펼친다. 여기에 악기로 음악을 연주하는 6~10명의 사람들이 이들을 따른다. 탈춤 공연은 주로 야외에서 이루어지므로 공터나 들판만 있으면 얼마든지 탈춤을 출 수 있어서 정식 무대가 따로 없다. 따라서 관객들이 탈춤에 능동적으로 참여하는 것이 가능하다. 또 탈춤은 여러 개의 '과장' 또는 '마당'이라고 불리는 독립된 여러 내용이 모여 하나의 공연을 구성한다는 특징도 있다.

라 그렇다면 탈춤이 어떠한 가치가 있어서 세계적으로 인정받게 되었을까? 첫째, 탈춤은 관객과 소통하며 완성되는 소통의 예술이라는 점이다. 관객들은 탈춤 공연에서 한바탕 흥을 즐기고 억눌렸던 감정을 풀어 삶에 활력을 찾았다. 둘째, 오늘날에 비추어 봤을 때도 의미 있는 주제를 다룬다는 점이다. 탈춤은 조선 후기 사회에서 문제가 되던 남녀평등, 신분제 등의 여러 부조리를 풍자하면서 사회의식을 발전시켰다. 마지막으로 탈춤은 지역마다 조금씩 다른 탈춤 문화를 가진다는 점에서 지역의 문화적 정체성을 강화하는 역할을 하여 그 가치를 인정받을 수 있었다.

마 이번 방학에는 민속촌이나 주변의 탈춤 공연장을 찾아 세계가 인정한 우리의 탈춤에 한 번 빠져 보는 건 어떨까?

04 (가)~(마)의 내용과 일치하지 **않는** 것은?

① 탈춤은 탈놀이 또는 가면극이라고도 불린다.
② 탈춤은 지역마다 내용과 특색이 다양하게 발달하였다.
③ 탈춤 공연은 일반적으로 하나의 '과장'으로 이루어진다.
④ 탈춤 공연에는 연기자와 연주자, 관객이 함께 참여한다.
⑤ 탈춤은 유네스코 무형유산 대표 목록에 등재될 만큼 세계적으로 인정받고 있다.

서술형

05 다음 빈칸에 들어갈 내용을 〈조건〉에 맞게 서술하시오.

> (1) (나)의 중심 내용: (   )
> (2) (나)에서 삭제해야 할 부분: (   )

> ┌ **조건** ┐
> • (1)은 중심 내용을 요약하여 쓸 것
> • (2)는 (나)에서 찾아 그대로 쓸 것

06 ㉠을 〈보기〉와 같이 고쳐 쓸 때 고려한 점으로 알맞은 것은?

> ┌ **보기** ┐
> 뜨거운 관심을 받았다.

① 자료의 출처를 정확하게 밝혔는가?
② 여러 자료에서 찾은 정보를 적절하게 선별하였는가?
③ 독자의 수준을 고려하여 이해하기 쉽게 표현하였는가?
④ 문단 안의 각 문장이 중심 내용을 뒷받침하고 있는가?
⑤ 문자 언어, 그림, 사진 등 다양한 형식의 자료를 활용하였는가?

[01~04] 다음 글을 읽고 물음에 답하시오.

가 산업 혁명 이후 기술과 사회는 눈부시게 발전했지만, 지구의 건강은 눈에 띄게 나빠졌다. 이에 국제 사회는 기후 변화의 위기에 대비하고자 노력하였고, 이에 몇몇 국가에서는 식물의 종자를 보관하는 시드볼트를 설립하였다. 시드볼트는 식물의 종자를 영구적으로 보관할 수 있는 저장 시설이다.

나 그렇다면 식물의 종자는 왜 보존해야 할까? 먼저, 종자를 활용하면 생태계의 균형을 유지할 수 있기 때문이다. 종자에는 식물의 유전 정보가 담겨 있으므로 식물의 종자를 확보해 놓으면 식물이 사라졌을 때 꺼내서 다시 생태계를 회복할 수 있다. 또 종자에는 미래 가치가 숨어 있다. 아직 어떠한 성분이 숨어 있을지 모르는 종자를 연구하여 새로운 약을 개발하는 등 다양하게 활용할 수 있다. 따라서 종자의 중요성을 인식한 많은 나라에서 앞다투어 더 많은 종자를 확보하려고 노력하고 있다.

다 종자를 보관하는 시설에는 시드볼트 외에 종자를 저장하는 은행인 시드뱅크도 있다. 두 시설 모두 종자를 보관하는 시설이라는 점에서 비슷하지만, 그 기능에는 차이가 있다. 시드뱅크는 저온의 설비를 갖추어 종자를 예금처럼 저장하는 은행의 역할을 한다. 즉, 시드뱅크는 종자를 보관했다가 종자를 연구하거나 생태계를 복원해야 할 필요가 있을 때 자유롭게 꺼내어 쓸 수 있도록 운영하는 시설이다. 전 세계적으로 1,700여 개의 시드뱅크가 있으며, 국내에도 여러 연구 기관에서 운영하고 있다.

라 시드볼트는 전 세계 식물 유전 자원을 안전하게 보존하려고 만든 금고이다. 식물 생태계를 보존하려고 식물의 종자를 보관하기 때문에 시드뱅크와는 달리 정말 위급한 재난 상황이나 종자가 멸종한 것이 아니라면 보관한 종자를 밖으로 꺼낼 수 없다. 따라서 시드볼트는 강한 지진과 같은 재난 상황에서도 안전하게 종자를 보관할 수 있도록 깊은 지하에 자리 잡고 있으며, 관계자 외 출입 금지 구역으로 지정되어 있다.

01 이 글에서 시드볼트와 시드뱅크를 비교·대조한 내용으로 알맞지 **않은** 것은?

① 시드볼트와 시드뱅크는 모두 종자를 보관하는 시설이다.
② 시드뱅크는 종자를 자유롭게 꺼낼 수 있지만, 시드볼트는 그렇지 않다.
③ 시드볼트는 종자를 짧은 기간 보관하지만, 시드뱅크는 반영구적으로 보관한다.
④ 시드볼트의 설립 목적은 식물 유전 자원 보전이고, 시드뱅크는 연구나 생태계 복원이다.
⑤ 시드볼트는 종자를 보존하는 금고이고, 시드뱅크는 종자를 예금처럼 저장하는 은행과 같다.

학습 활동 쏭쏭

02 (가)를 〈보기〉와 같이 요약할 때 적용한 요약 규칙으로 알맞은 것은?

보기
　　국제 사회는 기후 변화의 위기에 대비하고자 노력하였고, 이에 몇몇 국가에서는 식물의 종자를 보관하는 시드볼트를 설립하였다.

① 구조도를 활용하여 요약한다.
② 반복되는 내용에 밑줄을 긋는다.
③ 중요한 내용을 종합하여 재구성한다.
④ 여러 단어를 묶어 일반화하는 말을 찾는다.
⑤ 중심 내용이 그대로 드러난 문장을 선택한다.

실력 UP 고난도

03 (다)에 사용된 내용 설명 방식을 활용하여 대상을 설명한 것은?

① 곤충의 몸은 머리, 가슴, 배로 이루어진다.
② 시, 소설, 수필, 희곡은 모두 문학에 속한다.
③ 열매를 맺는 채소에는 고추, 오이, 가지 등이 있다.
④ 호랑이는 단독 생활을 하지만 사자는 무리 생활을 한다.
⑤ 철학은 인간과 세계에 대한 근본 원리와 삶의 본질 따위를 연구하는 학문이다.

서술형

04 (라)의 내용을 요약하여 〈조건〉에 맞게 서술하시오.

조건
• 중요한 내용을 파악하여 재구성하여 요약할 것
• 완결된 한 문장으로 쓸 것

[05~08] 다음 글을 읽고 물음에 답하시오.

가 시드볼트는 전 세계에 단 두 곳뿐으로, 우리나라와 북유럽 노르웨이에만 있다. 두 시드볼트는 각각 다른 목표를 가지고 있는데, 먼저 설립된 노르웨이 스발바르 지역의 시드볼트는 인류가 식량 위기를 겪게 될 것을 대비하여 밀, 벼, 옥수수, 감자, 콩 등 주로 작물 종자를 저장하고 있다. 그에 반해 우리나라 경상북도 봉화군에 있는 백두대간글로벌시드볼트는 식물의 다양성을 보존하려고 주로 야생 식물의 종자를 저장한다.

나 전 세계 국가 또는 기관에서 맡기거나 직접 수집하여 우리나라 시드볼트에 저장해 놓은 종자의 수가 5,424종 95,395점에 달한다. 이렇게 시드볼트에 저장된 종자는 어떤 과정을 거쳐 보관될까? 먼저 필요한 종자와 함께 섞여 있는 나뭇가지나 과육 등의 이물질을 제거한다. 이때 자연에서 수집한 종자에는 상한 종자가 섞여 있을 확률이 높아서 건강한 종자를 선별하는 작업을 함께 진행한다. 다음으로 종자를 저온에서 보관할 때 손상되지 않게 종자의 수분을 낮추는 작업을 거친다. 그리고 종자를 4℃ 정도의 저온에 적응하도록 처리하는 과정을 거치는데, 이는 종자가 갑자기 저온에 노출되었을 때 받을 수 있는 충격을 예방하는 것이다. 마지막으로 해당 종자의 소유자를 제외한 다른 사람이 시드볼트에 저장해 놓은 종자를 함부로 볼 수 없도록 특수하게 제작한 '블랙 박스'라는 상자에 종자를 밀봉하여 영하 20℃의 보관소에 저장한다. 이렇게 종자와 함께 저장되는 식물 정보는 식물 생태계를 보여 주는 귀중한 자료로 쓰인다.

다 미국항공우주국(NASA)에서는 2050년이면 지구 온도가 지금보다 1.5℃ 이상 상승할 수 있다고 예측하였다. 그러면 또 많은 식물이 지구에서 사라질 것이고, 그것이 어떠한 결과를 가져올지 아무도 예측할 수 없다. 이러한 위기에 대비하고자 시드볼트는 종자를 보존하고 더 많은 종자를 확보하려고 계속해서 노력하고 있다. 아무쪼록 시드볼트에 저장된 종자가 밖으로 나와 꽃을 피우는 날이 없기를 바란다.

05 우리나라의 시드볼트에서 종자를 저장하는 식물로 알맞은 것은?

① 밀
② 콩
③ 감자
④ 옥수수
⑤ 가시연꽃

06 우리나라 시드볼트에 대한 설명으로 알맞지 <u>않은</u> 것은?

① 식량 위기에 대비한다.
② 경상북도 봉화군에 있다.
③ 야생 식물의 종자를 저장하고 있다.
④ '백두대간글로벌시드볼트'라고 불린다.
⑤ 식물의 다양성을 보존하는 것이 목표이다.

07 학습 활동 공통
시드볼트에 종자를 보관하는 과정에 맞게 〈보기〉의 ㉮~㉣를 순서대로 나열하시오.

> ── 보기 ──
> ㉮ 종자의 수분을 낮춤.
> ㉯ 4℃ 정도의 저온에 적응하도록 처리함.
> ㉰ 밀봉하여 영하 20℃ 보관소에 저장함.
> ㉱ 이물질을 제거하고 건강한 종자를 선별함.

08 이 글에 나타난 시드볼트의 역할로 알맞은 것은?

① 종자를 건강하게 개량한다.
② 은행처럼 종자를 보관한다.
③ 새로운 작물 종자를 개발한다.
④ 다양한 야생 식물을 연구한다.
⑤ 위기에 대비하고 식물 다양성을 보존한다.

[09~12] 다음 글을 읽고 물음에 답하시오.

가 몇 년 전부터 전 세계적으로 꿀벌들이 한꺼번에 수만 마리가 폐사하는 등 꿀벌이 멸종 위기에 처했다는 소식이 들리고 있습니다. 꽃이 있는 곳이라면 항상 보이던 꿀벌이 멸종될 수도 있다니 무슨 일일까요?

나 꿀벌은 수많은 식물의 꽃가루를 꽃에서 다른 꽃으로 옮기는 작업을 하며 생태계의 균형을 유지하는 데 큰 역할을 담당하고 있습니다. 우리가 먹는 과일과 식량 대부분은 꿀벌 없이 열매를 맺지 못하기 때문입니다.

다 그렇다면 우리 생태계에 중요한 존재인 꿀벌이 왜 사라지고 있을까요? 전문가들이 내놓은 원인에는 기후 변화와 서식지 감소, 살충제 살포 등이 있습니다. 꿀벌은 온도 변화에 민감한 동물이기 때문에 일교차가 커지거나 이상 기후로 많은 비가 내리면 갑자기 하락하는 기온에 적응하지 못하고 쉽게 죽을 수 있다고 합니다. 또, 지구 온난화의 영향으로 꽃이 피어 있는 기간이 짧아지면서 꿀벌이 꿀을 모을 수 있는 기간이 짧아진 것도 꿀벌의 멸종 위기에 영향이 있을 것으로 추측하고 있습니다.

라 꿀벌의 멸종 위기 소식에 많은 국가에서 꿀벌 살리기 운동을 시작했습니다. 유럽에서는 꿀벌의 신경계를 교란하는 농약 및 살충제 사용을 금지하였고, 지난 2017년에는 유엔 회원국의 만장일치로 매년 5월 20일을 '세계 꿀벌의 날'로 지정했습니다. '세계 꿀벌의 날'은 세계 야생 식물과 식량을 생산하는 데 필수 곤충인 꿀벌의 소중함을 알고 보호 대책을 세우는 것이 목표입니다.

마 전 세계에서 꿀벌을 살리기 위해 다양한 노력을 하고 있지만, 단순히 국가의 노력만으로는 멸종해 가는 꿀벌을 살리기 어렵습니다. 반드시 개개인도 꿀벌을 살리기 위한 노력을 해야 합니다. 대중교통 이용하기, 가까운 거리는 걷거나 자전거 타기, 일회용품 사용과 쓰레기 줄이기 등 기후 변화의 속도를 늦추려는 우리의 작은 실천으로 꿀벌의 멸종을 막을 수 있을 것입니다.

학습 활동 응용

09 〈보기〉의 읽기 목적을 고려하였을 때 요약할 내용으로 알맞은 것은?

> **보기**
>
> **수지**: 사라져 가는 곤충에는 무엇이 있을까? 그리고 이 문제는 어떻게 해결할 수 있을까?

① 꿀벌의 생김새와 몸의 구조
② 유엔의 역사와 국제 사회에서의 역할
③ 일회용품 사용이 환경 오염에 미치는 영향
④ 꿀벌이 멸종 위기에 처한 원인과 해결 방안
⑤ 지구촌 곳곳에서 발생하고 있는 이상 기후 현상

실력 UP 고난도

10 이 글의 내용을 정리한 것 중 알맞지 <u>않은</u> 것은?

> • 서론 - ① 멸종 위기에 처한 꿀벌
> • 본론
>   ② 꿀벌의 중요성과 가치
>   ③ 꿀벌이 사라지는 원인
>   ④ 꿀벌의 멸종을 막기 위한 국가적 노력
> • 결론 - ⑤ 꿀벌의 멸종을 막기 위한 전 세계의 정책

11 이 글의 내용과 일치하지 <u>않는</u> 것은?

① 식량을 생산하는 데 꿀벌은 필수적이다.
② 2017년 유엔 회원국의 만장일치로 매년 5월 20일을 '세계 꿀벌의 날'로 지정하였다.
③ 지구 온난화의 영향으로 꽃이 피어 있는 기간이 길어지면서 꿀벌이 꿀을 모을 수 있는 기간이 길어졌다.
④ 꿀벌은 수많은 식물의 꽃가루를 꽃에서 다른 꽃으로 옮기는 작업을 하며 생태계의 균형을 유지한다.
⑤ 꿀벌은 온도 변화에 민감한 동물이기 때문에 일교차가 커지면 기온에 적응하지 못하고 쉽게 죽을 수 있다.

12 이 글에 드러난 꿀벌 멸종을 막는 개인적 노력이 <u>아닌</u> 것은?

① 대중교통 이용하기
② 쓰레기 배출 줄이기
③ 일회용품 사용 줄이기
④ 농약 및 살충제 사용 금지하기
⑤ 가까운 거리는 걷거나 자전거 타기

[13~16] 다음 글을 읽고 물음에 답하시오.

가 지구에서 따뜻한 태양 에너지를 넉넉하게 받지 못하는 땅이 바로 남극과 북극이다. 이 두 지역은 겉으로는 비슷해 보이지만 서로 전혀 다른 특징을 갖고 있다. ……

　서로 다른 지역적 특징은 두 지역의 기후 조건에도 영향을 미친다. 남극과 북극 가운데 어디가 더 추울까? 남극이 훨씬 춥다. 육지는 바다에 비해 쉽게 데워지고 쉽게 식는다. 남극은 거대한 대륙이므로 한겨울에 해당하는 8월 말 무렵이면 높은 곳에서는 기온이 영하 70℃ 가까이 내려간다고 한다. 이러한 기후 조건 때문에 남극에는 연구를 목적으로 거주하는 사람들 외에는 원주민이 없다. 남극의 추위를 견뎌 내기가 그만큼 어렵기 때문이다.

　북극은 남극과 달리 주변의 여러 대륙으로 둘러싸인 바다이다. 그래서 주변에 있는 바다와 해류의 영향을 받는다. ㉠얼음덩어리보다 상대적으로 온도가 높은 바다에서 상승하는 따뜻한 공기 때문에 겨울에는 최저 기온이 영하 30~40℃까지 내려가지만, 여름에는 영상 10℃ 정도로 비교적 따뜻하다. 그리고 북극에는 우리가 에스키모(Eskimo)라고 알고 있는 원주민인 이누이트인들이 살아가고 있다. ……

　보통 100m 두께의 얼음이 만들어지려면, 1,000년이 걸리므로 오늘날 남극과 북극의 얼음이 되기까지는 오랜 세월이 걸렸을 것으로 보고 있다. 이처럼 두꺼운 얼음층은 지구 기록을 담은 냉동 창고의 역할을 하고 있다.

나 종자를 보관하는 시설에는 시드볼트 외에 종자를 저장하는 은행인 시드뱅크도 있다. 두 시설 모두 종자를 보관하는 시설이라는 점에서 비슷하지만, 그 기능에는 차이가 있다. 시드뱅크는 저온의 설비를 갖추어 종자를 예금처럼 저장하는 은행의 역할을 한다. 즉, 시드뱅크는 종자를 보관했다가 종자를 연구하거나 생태계를 복원해야 할 필요가 있을 때 자유롭게 꺼내어 쓸 수 있도록 운영하는 시설이다. 전 세계적으로 1,700여 개의 시드뱅크가 있으며, 국내에도 여러 연구 기관에서 운영하고 있다.

13 (가)를 읽고 할 수 있는 질문으로 적절하지 <u>않은</u> 것은?

① 남극 대륙의 넓이는 얼마나 될까?
② 북극은 어떤 대륙으로 둘러싸여 있을까?
③ 남극의 한여름은 기온이 몇 도까지 올라갈까?
④ 북극은 남극에 비하여 추운데 원주민이 어떻게 살 수 있을까?
⑤ 100미터 두께의 얼음이 만들어지려면 1,000년이 걸린다는데, 남극과 북극의 얼음 두께는 얼마나 될까?

14 ㉠과 같은 내용 전개 방식이 사용된 문장으로 알맞은 것은?

① 담배 가격이 10% 올라가자 흡연율이 낮아졌다.
② 뇌는 중추 신경 계통 가운데 머리뼈 안에 있는 부분이다.
③ 동물은 척추의 유무에 따라 척추동물과 무척추동물로 나뉜다.
④ 떡볶이에는 고춧가루, 떡, 물엿, 마늘, 대파, 간장 등이 들어간다.
⑤ 우리 조상들은 설날에 윷놀이, 연날리기 등 다양한 놀이를 즐겼다.

15 (가), (나)에 공통적으로 나타나는 내용 전개 방식으로 알맞은 것은?

① 분석　　　② 분류　　　③ 예시
④ 인과　　　⑤ 대조

서술형

16 (나)에서 알 수 있는 시드뱅크의 역할을 서술하시오.

　조건
　• 완결된 한 문장으로 쓸 것

[17~20] 다음 글을 읽고 물음에 답하시오.

(가) 2. 다양한 생활 영역과 법

01 공법과 사법은 어떻게 다를까?

학습 목표 공법과 사법을 구분하고 사례 분석을 통하여 각 영역의 특징을 탐구할 수 있다.

(나) **법의 분류** 법은 규율하는 생활 영역에 따라 공법, 사법, 사회법으로 구분한다. 국가와 개인 간 또는 국가 기관 상호 간의 관계를 다루는 법을 **공법**, 개인과 개인 간의 관계를 규율하는 법을 **사법**, 사회적 약자를 보호하기 위해 국가가 개인 간의 관계에 개입하는 중간적인 성격의 법을 사회법이라고 한다.

(다) **국가 생활과 관련된 공법** 개인은 일생 동안 국민으로서 국가와의 관계 속에서 살아간다. 국가에 세금을 납부하고, 국방의 의무를 지며, 선거에서 투표할 권리를 가진다. 이처럼 국가 공동체와 관련 있는 개인의 생활 영역을 규율하는 법을 공법(公法)이라고 하는데, 대표적으로 헌법과 형법을 들 수 있다.

　헌법은 국가의 최고법으로 국민의 권리와 의무, 국가의 통치 조직 및 국가의 운영 원리 등이 담겨 있다. **형법**은 범죄의 유형과 그에 관하여 어떠한 형벌을 부과할 것인지를 규정하고 있다. 이 밖에 공법에는 행정법, 각종 소송법 등이 있다.

(라) **개인 생활과 관련된 사법** 사람은 태어나서 죽을 때까지 다른 사람과 다양한 관계를 맺으면서 살아간다. 결혼을 통해 가족을 이루기도 하고, 다른 사람에게 돈을 빌리기도 하며, 서로 물건을 사고팔기도 한다. 이러한 개인과 개인 사이의 사적인 생활 관계를 규율하는 법을 사법(私法)이라고 한다.

　민법은 개인의 가족 관계, 재산 관계에 관해 규율하는 대표적인 사법으로, 재산권과 계약, 혼인과 이혼, 상속, 유언 등을 다룬다. 민법은 가족생활을 유지하고 개인의 재산권을 보호하는 역할을 한다. 그 밖에도 상거래 활동을 규율하는 **상법** 등이 사법에 속한다.

17 이 글에 대한 설명으로 알맞지 **않은** 것은?

① 글의 주제는 단원명에서 파악할 수 있다.
② 중요한 내용을 강조하기 위해 진한 글자로 표시하였다.
③ 객관적인 근거를 들어 주장을 논리적으로 설득하는 글이다.
④ 대상을 기준에 따라 나누는 구분의 내용 전개 방식이 사용되었다.
⑤ 학습 목표와 관련된 내용을 효과적으로 전달하고 이해시키기 위한 글이다.

18 이 글의 내용과 일치하지 **않는** 것은?

① 규율하는 생활 영역이 국가 생활과 관련된 법은 공법이다.
② 개인이 선거에서 투표하는 행위와 관련된 법은 사법이다.
③ 범죄의 유형과 그에 관한 형벌을 부과하는 법은 형법이다.
④ 개인 간에 물건을 사고 파는 행위와 관련된 법은 상법이다.
⑤ 민법은 가족생활을 유지하고 개인의 재산권을 보호하는 역할을 한다.

19 개인과 개인의 관계를 규율하는 법에 해당하는 것은?

① 헌법　　　　② 형법
③ 상법　　　　④ 행정법
⑤ 소송법

학습 활동

20 이와 같은 글을 읽을 때 고려할 점이 **아닌** 것은?

① 중요 내용을 확인하며 읽는다.
② 핵심 단어 위주로 요약하며 읽는다.
③ 내용의 특성에 맞게 구조도를 그려 본다.
④ 단원명과 학습 목표를 확인하고 내용을 예측한다.
⑤ 시간의 흐름에 따라 전개되는 사건의 흐름을 파악한다.

[21~24] 다음 글을 읽고 물음에 답하시오.

가 몇 해 전, 국내 유명 가수가 우리 전통문화인 '탈춤'으로 무대를 선보여 국내는 물론 전 세계 사람들에게 탈춤이 ㉠초미의 관심사였다. 이런 흐름 가운데 최근에 우리나라의 대표적 국가 무형유산이자 전통 공연 예술인 탈춤이 유네스코 무형유산 대표 목록에 등재되었다. 우리나라의 전통문화라고만 생각했던 탈춤이 어떻게 세계적으로 인정받을 수 있었는지 알아보자.

나 탈춤은 일반적으로 탈을 쓰고 추는 춤을 말한다. 좁은 의미로는 황해도 지역에서 추던 가면극을 뜻하기도 하며, 탈놀이 또는 가면극이라고도 불린다. 탈춤은 지역마다 내용과 특색이 다양하게 발달하여 각기 다른 이름을 가지는데, ㉡최근 우리의 탈과 탈춤을 전 세계에 알리려고 외국인을 위한 안내 책자를 만들기도 하였다. ㉢대표적으로 서울특별시와 경기도 지역의 '산대놀이', 경상남도 서쪽의 '오광대', 경상남도 동쪽의 '야유(들놀음)', 경상북도 안동시의 '하회별신굿탈놀이' 등이 있다.

다 탈춤은 춤, 노래, 연극을 아우르는 종합 예술이다. 탈춤 공연 방식을 살펴보면, 먼저 탈을 쓴 연기자가 우스꽝스러운 행동과 대사로 연기를 펼친다. 여기에 악기로 음악을 연주하는 6~10명의 사람들이 이들을 따른다. 탈춤 공연은 주로 야외에서 이루어지므로 공터나 들판만 있으면 얼마든지 탈춤을 출 수 있어서 정식 무대가 따로 없다. 따라서 관객들이 탈춤에 능동적으로 참여하는 것이 가능하다. 또 탈춤은 여러 개의 '과장' 또는 '마당'이라고 불리는 독립된 여러 내용이 모여 하나의 공연을 구성한다는 특징도 있다. ㉣첨부한 다음 영상에서 우리나라의 대표적 탈춤인 봉산 탈춤의 공연 모습을 확인해 보자.

라 춤과 노래, 연극을 한데 모아 관객과 어우러져 흥겨운 공연을 펼치는 탈춤은 우리 고유의 소중한 전통 국가유산이다. ㉤이번 방학에는 민속촌이나 주변의 탈춤 공연장을 찾아 세계가 인정한 우리의 탈춤에 한번 빠져 보는 건 어떨까?

21 이 글에 대한 설명으로 알맞지 <u>않은</u> 것은?

① '처음-중간-끝'의 구조를 갖는다.
② 우리나라 탈춤을 설명하는 글이다.
③ 다양한 형식의 자료를 활용하여 정보를 전달하고 있다.
④ 탈춤에 대한 개인적인 평가와 그 근거가 드러난 글이다.
⑤ 글의 시작 부분에서는 설명 대상과 관련한 소식을 제시하여 흥미를 유발한다.

🔵 **학습 활동 응용**

22 〈보기〉를 참고하여 ㉠~㉤을 고친 것으로 알맞은 것은?

┌ **보기** ┐
  이 글의 목적은 온라인 학교 신문에 우리나라 탈춤의 가치를 알리는 것이다.

① ㉠은 이해가 쉽도록 '뜨거운 관심을 받았다.'로 고친다.
② ㉡과 관련하여 안내 책자 자료를 추가한다.
③ ㉢은 불필요한 내용이므로 삭제한다.
④ ㉣의 영상은 지면에서 보여 줄 수 없으므로 삭제한다.
⑤ ㉤은 성인 독자에게 적절하지 않은 내용이므로 삭제한다.

23 (다)에서 알 수 있는 탈춤의 특징이 <u>아닌</u> 것은?

① 춤, 노래, 연극을 아우르는 종합 예술이다.
② 관객들이 공연에 능동적으로 참여할 수 있다.
③ 주로 야외에서 정식 무대 없이도 공연을 한다.
④ 여러 개의 독립된 내용이 모여 하나의 공연을 구성한다.
⑤ 탈을 쓴 연기자가 직접 악기를 연주하며 우스꽝스러운 춤을 춘다.

🔴 **서술형**

24 이와 같은 글을 쓸 때 다양한 매체에서 정보를 수집하는 이유를 서술하시오.

┌ **조건** ┐
• 한 가지 매체에서 정보를 수집할 때와의 차이점을 포함하여 쓸 것
• 완결된 한 문장으로 쓸 것

3

능동적인 언어생활

대단원별 학습 목표

- 화자의 의도와 관점을 추론하며 들을 수 있다.
- 품사의 종류와 특성을 이해하고 국어 자료를 분석할 수 있다.

소단원별 핵심 Point

(1) 추론하며 듣기
- 담화에서 화자의 의도를 추론할 때 고려할 점 알기
- 다양한 담화에서 화자의 의도와 관점 추론하기

(2) 품사의 종류와 특징
- 품사의 뜻과 분류 기준 알기
- 품사의 종류와 특성을 이해하고 국어 자료 분석하기

연계 성취기준

✅ 초등
- 대화에서 생략된 내용을 추론하며 듣는다. [5~6학년]
- 단어를 분류하고 국어사전을 활용하여 능동적인 국어 활동을 한다. [3~4학년]

✅ 고등
- 담화의 맥락에 적절한 어휘와 문법 요소를 선택하여 화자의 태도를 드러낸다.
- 품사와 문장 구조에 대한 지식을 활용하여 언어 자료를 분석하고 설명한다.

(1) 추론하며 듣기
(2) 품사의 종류와 특성

(1) 추론하며 듣기

바른답·알찬풀이 15쪽

소단원 핵심 개념

중요 1 추론하며 듣기의 뜻

담화에서 겉으로 드러나지 않는 숨겨진 내용을 미루어 짐작하며 듣는 것을 말한다.
예 대화, 발표, 토의, 연설 등

2 추론하며 들을 때 고려할 점

① **상황 맥락:** 담화가 이루어지는 시간이나 장소 등을 말한다. 화자, 청자, 전달 내용, 주제 등은 담화의 상황과 관련이 있으므로 상황 맥락에 포함된다.

② **화자가 사용한 표현:** 화자가 담화에서 사용한 언어적 표현, 준언어적 표현, 비언어적 표현을 모두 고려하여 화자의 의도를 추론할 수 있다.

언어적 표현	화자가 담화에서 사용한 단어나 문장과 같이 실제 언어로 표출된 표현
준언어적 표현	화자의 목소리 크기나 말투, 속도와 같이 언어적 표현에 수반되는 표현
비언어적 표현	화자의 동작이나 표정같이 말로 전하지 않지만 의사를 드러내는 표현

중요 3 추론하며 듣기의 효과

① 화자가 담화에서 전하려는 내용을 온전히 이해할 수 있다.

② 화자의 의도, 관점, 가치관 등을 파악하여 담화의 내용과 상황을 깊고 넓게 이해할 수 있다.
관점: 사물이나 현상을 관찰할 때, 그 사람이 보고 생각하는 태도나 방향 또는 처지
가치에 대한 관점

4 뉴스에서 화자의 의도와 관점을 추론하며 듣기

① 기자의 말, 인터뷰 내용, 자막 등을 바탕으로 하여 뉴스의 내용을 파악한다.

② 기자가 자신의 의도와 관점을 효과적으로 표현하기 위해 사용한 자료, 단어나 문장 등을 바탕으로 하여 기자의 의도와 관점을 추론할 수 있다.

5 연설에서 화자의 가치관과 의도를 추론하며 듣기

① 연설에서 화자가 사용한 표현을 고려하여 화자의 가치관을 추론할 수 있다.

② 연설의 상황 맥락과 화자가 사용한 표현 등을 고려하여 화자의 의도를 추론할 수 있다.

개념 확인 문제

1 추론하며 듣기에 대한 설명으로 맞으면 ○표, 틀리면 ×표를 하시오.

(1) 담화에서 겉으로 드러난 내용을 되새기는 것이다. (　　　)

(2) 뉴스를 들을 때에도 기자의 의도와 관점을 추론하며 들을 수 있다. (　　　)

(3) 추론하며 들을 때에는 상황 맥락과 화자가 사용한 표현을 모두 고려해야 한다. (　　　)

2 담화의 상황 맥락에 포함되지 않는 것은?

① 시간　　　② 장소
③ 가치관　　④ 전달 내용
⑤ 화자와 청자

3 다음 중 비언어적 표현에 해당하는 것은?

① 말투
② 표정
③ 말하는 속도
④ 목소리 크기
⑤ 담화에 사용한 단어

4 추론하며 듣기의 효과로 알맞은 것은? (정답 2개)

① 화자의 의도가 발화 그대로 드러날 수 있다.
② 담화에서 화자의 의도를 온전히 이해할 수 있다.
③ 청자가 화자의 의도를 왜곡하여 이해할 수 있다.
④ 하나의 발화는 어떤 상황에서건 하나의 의미로 이해할 수 있다.
⑤ 숨겨진 내용을 파악하여 담화의 내용과 상황을 깊고 넓게 이해할 수 있다.

🔧 바른답·알찬풀이 15쪽

이해와 탐구

1 가와 나에서 밑줄 친 말에 담긴 의도 파악하기

(1) 가와 나의 상황 맥락 정리하기

가 효진이가 □□에서 친구가 그린 그림을 보며 친구에게 말하고 있다.

나 효진이가 □에서 동생이 자신의 수첩에 그린 그림을 보며 동생에게 말하고 있다.

(2) 가와 나에서 "네가 그린 거니?"에 담긴 의도 파악하기

가 친구가 그림을 잘 그려서 □□□ 마음을 표현하고 □□하려는 의도이다.

나 자신의 수첩을 더럽힌 동생을 □□치려는 의도이다.

(3) 가와 나에서 같은 말에 담긴 의도가 서로 다르게 해석되는 까닭 이해하기

→ 대화하는 상황과 말을 듣는 사람. 즉 □□□□□이 서로 다르기 때문이다.

개념 콕콕 — 발화와 담화의 뜻

- **발화:** 머릿속의 생각이나 감정 등이 언어 표현으로 나타나는 것
- **담화:** 발화가 모여서 이루어진 것
  → 담화를 온전히 이해하려면 화자, 청자, 전달 내용, 주제, 담화가 이루어지는 시간이나 장소 등 □□□□□을 고려해야 함.

학습 활동 응용 >>>

01 가와 나 상황에 대한 설명으로 알맞지 **않은** 것은?

① 가에서 효진이는 친구가 그린 그림을 보고 말하고 있다.
② 나에서 효진이는 동생이 그린 그림을 보고 말하고 있다.
③ 가와 나에서 효진이의 언어적 표현이 다르다.
④ 가와 나에서 효진이는 말할 때 표정이 다르다.
⑤ 가와 나에서 효진이가 대화하는 장소와 상대가 다르다.

02 다음 빈칸에 들어갈 알맞은 말끼리 짝지어진 것은?

효진이는 가에서 ( ) 의도로 말하였고, 나에서는 ( ) 의도로 말하였다.

① 비꼬려는, 화해하려는
② 칭찬하려는, 야단치려는
③ 부탁하려는, 장난치려는
④ 겸손해지려는, 놀리려는
⑤ 경고하려는, 격려하려는

03 가와 나에서 효진이 말에 담긴 의도가 다른 까닭으로 알맞은 것은?

① 상황 맥락이 달라서
② 대화의 소재가 같아서
③ 대화하는 시간과 장소가 같아서
④ 대화하는 상대와의 친밀감이 달라서
⑤ 손동작 등의 비언어적 표현이 같아서

04 가와 나를 통해 알 수 있는 말에 담긴 의도를 파악하는 방법으로 알맞은 것은?

① 말을 표현 그대로 이해한다.
② 주변 사람들의 의견을 구한다.
③ 상대에게 의미를 되물어 본다.
④ 대화 상황을 고려하여 추론한다.
⑤ 표정이나 말투보다 실제로 표현된 말에 집중한다.

2 대화에서 밑줄 친 말에 담긴 의도 파악하기

(1) 아빠의 말에 담긴 의도 파악하기

아빠의 말에 담긴 의도	아빠는 텔레비전 소리가 너무 크니 □□를 줄이라는 의도로 말하였다.
그렇게 생각한 까닭	텔레비전 소리가 큰 상황과 아빠의 찡그린 표정, '□□ 크지 않니?'라는 표현 등에서 아빠의 말에 담긴 의도를 알 수 있다.

(2) 정민이의 대답이 적절한지 판단하기

→ 정민이의 대답이 적절하지 않다고 생각한다. 왜냐하면 정민이는 아빠의 말에 담긴 □□를 제대로 파악하지 못했기 때문이다.

3 담화에서 화자의 의도를 추론할 때 고려해야 할 점 정리하기

→ 담화에서 화자의 의도를 추론하려면 상황 맥락, 화자가 사용한 단어나 문장(□□적 표현), 화자의 목소리 크기, 말투(□□□적 표현), 화자의 동작, 표정(□□□적 표현) 등을 고려해야 한다.

＋ 더 알아보기

아빠와 정민이의 대화

담화에서 화자의 의도나 관점, 가치관 등은 겉으로 드러나지 않고 숨어 있을 때가 많다. 따라서 담화의 상황 맥락과 여러 가지 정보를 고려하여 숨겨져 있는 내용을 미루어 짐작하며 들어야 화자의 말을 깊이 있게 이해할 수 있다.

아빠의 말	아빠의 말에 담긴 의도	정민이의 대답
정민아, 텔레비전 소리가 너무 크지 않니?	텔레비전 소리가 너무 크니 줄이면 좋겠다.	텔레비전 소리가 큰 까닭을 물은 것으로 이해하고 아빠의 의도를 제대로 파악하지 못한 대답을 하였다.

05 아빠 말의 의도를 바르게 파악한 것은?

① 텔레비전을 끄라는 의도이다.
② 텔레비전 소리를 줄이라는 의도이다.
③ 아빠 대신 설거지를 하라는 의도이다.
④ 새 텔레비전의 성능이 좋다는 의도이다.
⑤ 텔레비전을 그만 보고 공부를 하라는 의도이다.

06 아빠 말에 담긴 의도를 추론할 때 고려할 점으로 알맞은 것은? (정답 2개)

① 정민이의 손동작
② 아빠의 찡그린 표정
③ 설거지를 미루는 상황
④ 새 텔레비전을 산 상황
⑤ '너무 크지 않니?'라는 언어 표현

07 상황 맥락을 고려하여 정민이의 대답을 알맞게 고친 것은?

① 네, 소리 줄일게요.
② 설거지 도와드릴까요?
③ 지금 보는 것만 보고 끌게요.
④ 아빠가 텔레비전을 잘 골랐어요.
⑤ 엄마가 이것까지 봐도 된다고 했어요.

08 일상 대화에서 추론하며 듣기가 필요한 까닭으로 알맞은 것은?

① 서로 존중하는 대화 태도가 필요하기 때문이다.
② 언어적 표현과 비언어적 표현이 일치하기 때문이다.
③ 상대의 말을 과장하거나 축소하는 경우가 많기 때문이다.
④ 화자의 말에 담긴 의도가 겉으로 드러나지 않는 경우가 많기 때문이다.
⑤ 비언어적 표현이나 준언어적 표현을 사용하지 않는 경우가 많기 때문이다.

4 만화를 보며 화자의 의도를 추론해 보고, 상황에 맞게 대화하기

(1) 장면 ①~⑤를 보고, 드라마 속 대화의 상황 맥락 정리하기

화자와 청자	할머니와 □□
대화 내용	○○ 아파트에 어떻게 가는지에 관한 할머니의 물음과 그에 대한 학생의 □□
시간, 장소	오후 4시, 버스 정류장 앞

＋ 더 알아보기

만화 속 친구들의 대화

만화에 나오는 친구들은 함께 텔레비전 드라마를 보며 이야기를 나누고 있다. 드라마 속의 장면인 ①~⑤에는 한 학생과 할머니의 대화 상황이 제시되고 있는데, 학생은 할머니의 질문에 담긴 의도를 제대로 이해하지 못하고 엉뚱한 답변을 한다. 드라마 속 할머니의 말에 담긴 의도를 제대로 이해한 친구들은 이를 보며 할머니가 당황하셨을 거라고 생각한다.

---

09 할머니와 학생에 대한 설명으로 알맞은 것은?

① 할머니는 이 동네가 낯설다.
② 할머니와 학생은 서로 아는 사이이다.
③ 학생은 ○○ 아파트에 가는 방법을 모른다.
④ 할머니가 일방적으로 학생에게 말을 하고 있다.
⑤ 학생은 음악을 듣느라 할머니의 말을 듣지 못했다.

10 장면 ①~⑤ 대화의 상황 맥락을 정리한 내용으로 알맞은 것은? (정답 2개)

① 화자와 청자: 할머니, 학생
② 시간: 오후 4시
③ 장소: ○○ 아파트 앞
④ 대화 목적: 정서 표현
⑤ 대화 내용: ○○ 아파트에 가는 버스에 대한 정보

11 장면 ④에서 학생이 할머니의 말을 이해한 내용으로 알맞은 것은?

① 할머니가 힘드니 양보해 달라는 요청으로 이해하였다.
② 할머니의 말벗이 되어 달라는 친교 요청으로 이해하였다.
③ ○○ 아파트에 가는 길을 가르쳐 달라는 요청으로 이해하였다.
④ ○○ 아파트가 이 동네에 있는지 사실을 확인하는 것으로 이해하였다.
⑤ ○○ 아파트에 가는 방법을 알고 있는지 사실을 확인하는 것으로 이해하였다.

12 장면 ⑤에서 할머니가 당황스런 표정을 지은 까닭으로 알맞은 것은?

① 날씨가 너무 더웠기 때문에
② 낯선 곳에서 길을 잃었기 때문에
③ 학생이 퉁명스럽게 대답했기 때문에
④ 학생의 말을 할머니가 잘 이해하지 못했기 때문에
⑤ 학생이 할머니의 의도를 파악하지 못하고 대답했기 때문에

(2) 장면 ④에서 할머니의 밑줄 친 말에 담긴 의도 추론하기

할머니의 의도	할머니는 학생에게 ○○ 아파트에 가는 방법을 알려 달라는 의도로 말을 건네고 있다.
그렇게 생각한 까닭	버스 정류장 앞이라는 공간, 땀을 닦으며 힘들어하는 할머니의 ☐☐, 밑줄 친 부분 뒤에 이어지는 "내가 이 동네가 처음이라……."라는 문장으로 볼 때 할머니는 ○○ 아파트에 가고자 하지만 길을 찾지 못해 어려움을 겪고 있다는 것을 짐작할 수 있다. 따라서 할머니는 학생에게 ○○ 아파트에 가는 방법을 묻고 있다고 볼 수 있다.

(3) 드라마 속 학생의 대답 올바르게 고치기

┗→ 두 예시처럼 ○○ 아파트에 가는 방법을 설명하는 대답이 적절하다.

5 뉴스를 보면서 기자의 의도와 관점 추론하기

앵커: 성큼 다가온 가을 정취 느끼기에 고궁 방문만한 게 없죠. 하지만 시각 장애인들은 아무래도 이렇게 고궁 나들이하기가 쉽지만은 않을 텐데요. 국가유산청이 경복궁 등 4대 궁에 '장면 해설 서비스'를 시작했습니다. 귀로 보고 손끝으로 느끼는 한 시각 장애인의 고궁 나들이. △△△ 기자가 함께 다녀왔습니다.

→ 장애인들을 위한 고궁 장면 해설 서비스 소개

기자: 경복궁에 북소리가 울려 퍼지자.

시각 장애인 ○○○ 씨: 어, 깜짝이야.

영상 해설사: 교대식이 있어서 북이 울리고 있습니다.

기자: 영상 해설사의 설명이 시작됩니다. 보이지 않지만 마치 보는 것처럼 수문장 교대식 장면이 생생하게 펼쳐집니다.

각 궁궐이나 성의 문을 지키던 무관 벼슬

영상 해설사: 빨간 도복을 입고.

시각 장애인 ○○○ 씨: 아!

영상 해설사: 머리에는 갓을 쓰고 있거든요.

시각 장애인 ○○○ 씨: 예.

기자: 사회 관계망 서비스(SNS)에 올릴 사진도 찍었습니다.

영상 해설사: 지금 찍으시면 될 것 같아요.

기자: 시각 장애인 ○○○ 씨의 고궁 나들이 길. 안내견 '피움이' 말고도 기댈 수 있는 팔이 하나 더 생겼습니다.

시각 장애인 ○○○ 씨: 제가 잡고 갈까요. 해설자님?

---

13 할머니 말의 의도를 파악하기 위해 고려해야 할 것으로 알맞지 <u>않은</u> 것은?

① 땀을 닦는 할머니의 행동
② 힘들어하는 할머니의 표정
③ 버스 정류장 앞이라는 공간
④ 버스가 곧 도착할 것이라는 알림
⑤ 이 동네가 처음이라는 할머니의 말

14 할머니의 질문에 대한 대답으로 알맞은 것은?

① 저는 406번 버스를 탈 거예요.
② 저는 이 동네에서 태어나고 자랐어요.
③ ○○ 아파트는 올해 새로 지어졌어요.
④ 공원 벤치에 가서 잠깐 쉬시는 건 어떠세요?
⑤ 여기서 406번 버스를 타고 세 정거장 더 가셔야 해요.

15 이 뉴스에서 중점적으로 다루고 있는 내용으로 알맞은 것은?

① 장애인 인권의 현실
② 시각 장애인의 일상
③ 국가유산에 안내견의 출입 통제
④ 장애인을 위한 장면 해설 서비스
⑤ 고궁 관람에서 장애인이 느끼는 불편한 점

16 이 뉴스에 대한 설명으로 알맞지 <u>않은</u> 것은?

① 앵커는 계절과 연관 지어 시청자의 관심을 유도하며 화제를 제시하였다.
② 장애인을 위한 고궁 장면 해설 서비스의 시행 현황을 실제적으로 보여 주고 있다.
③ 시각 장애인을 도와 주는 영상 해설사를 비유법을 사용하여 효과적으로 소개하였다.
④ 해설을 듣고 고궁의 형태를 이해하는 것을 '귀로 본다'는 표현으로 인상 깊게 표현하였다.
⑤ 일반 시민들의 인터뷰를 통해 장애인을 위한 고궁 장면 해설 서비스의 필요성을 강조하였다.

기자: 눈 대신 귀로 보고 손으로 느낍니다. 올록볼록하게 만든 점자 배치도. 품계석도, 해치상도 직접 만져봅니다. 내내 곁에서 친절한 설명이 이어집니다.

> 조선 시대에, 품계를 새겨서 대궐 안의 정전 앞뜰에 세운 돌
> '해태'의 원말. 시비와 선악을 판단하여 안다고 하는 상상의 동물

영상 해설사: 그 아래는 이렇게 지지석이 있어서, 연꽃무늬로 되어 있어요.

기자: 근정전 지붕이 어떻게 생겼는지, 환갑이 넘어 손으로 처음 봤습니다.

영상 해설사: 팔작지붕이고요.

시각 장애인 ○○○ 씨: 어, 이게 지붕이에요? 이렇게 돼 있어요?

기자: 서울 경복궁 등 4대 고궁에서는 이달부터 시각 장애인을 위한 영상 해설이 도입됐습니다.

시각 장애인 ○○○ 씨: 전에는 여러 번 왔어도 '그냥 지나치는 길이다.'밖에는 몰랐거든요. ㉠처음 와 본 거 같아요.

> → 시각 장애인을 위한 영상 해설의 사례와 효과

기자: 청각 장애인들을 위한 스마트폰 수어 설명도 작년부터 활용돼 왔습니다. 농인들에게는 한글보다 먼저 배운 수어가 모국어 같기 때문입니다.

> 수화 언어
> 청각에 장애가 있어 소리를 듣지 못하는 사람

청각 장애인 □□□ 씨: 글자를 보고 100퍼센트 이해하는 것이 아니라, 이해하는 정도가 다 다르기 때문에 수어가 훨씬 도움이 됩니다.

> → 청각 장애인을 위한 스마트폰 수어 설명의 효과

기자: 귀로 보고, 눈으로 듣는 고궁. 아직 극히 일부에 그치고 있지만, 국가유산청은 장애인들이 즐길 수 있는 국가유산을 점점 더 늘려 갈 계획입니다. 엠비시(MBC) 뉴스 △△△입니다.

> → 장애인을 위한 국가유산청 장면 해설 서비스의 확대 계획

– '엠비시(MBC) 뉴스' 2023년 9월 26일 자

(1) 뉴스의 주요 내용 정리하기

• 영상 해설사가 하는 일: □□ □□□에게 고궁에서 열리는 행사나 고궁 곳곳의 건물, 물건 등을 설명하고 안내함.	• 영상 해설의 효과: 시각 장애인도 고궁의 여러 모습과 상황을 □□하게 느낄 수 있음.
• 스마트폰 수어 설명의 효과: □□ □□□도 고궁에 관한 설명을 쉽게 이해할 수 있음.	• 국가유산청의 계획: 장애인도 즐길 수 있는 □□□□을 점점 더 늘려 갈 계획임.

개념 콕콕 — 뉴스의 주제와 특징

주제	장애인을 위한 고궁 □□ □□ 서비스 시행 현황과 그 효과 및 전망
특징	• 장애인을 위한 고궁 장면 해설 서비스의 현황과 전망 등에 관한 정보를 사실적으로 전달함. • 장애인과의 □□□, 비유적 표현 등을 통해 뉴스의 전달 의도를 효과적으로 나타냄.

학습 활동 응용 >>>

17 이 뉴스를 통해 알 수 있는 영상 해설사의 역할로 알맞은 것은?

① 고궁에서 시각 장애인을 위한 행사를 주최한다.
② 시각 장애인에게 고궁 건물의 형태를 설명한다.
③ 청각 장애인을 위해 고궁의 곳곳을 수어로 안내한다.
④ 시각 장애인 대신 고궁의 물건을 만져 형태를 설명한다.
⑤ 스마트폰으로 고궁을 관람할 수 있게 사진을 찍어 사회 관계망 서비스에 올려 준다.

3 단원

18 시각 장애인 ○○○ 씨가 ㉠과 같이 말한 까닭으로 알맞은 것은?

① 실제로 고궁에 방문한 것이 처음이기 때문에
② 고궁에 오기 어려워서 그동안 피해 왔기 때문에
③ 사람이 붐벼 이전에 관람한 모습과 달라졌기 때문에
④ 고궁이 보수 후 재개장을 해 새로운 모습이 되었기 때문에
⑤ 장애인을 위한 장면 해설 서비스 덕분에 고궁을 제대로 관람할 수 있었기 때문에

19 이 뉴스를 보고 알 수 있는 것은?

① 노인들을 위한 서비스도 있다.
② 시각 장애인을 위한 서비스만 있다.
③ 다른 국가유산에도 장애인을 위한 서비스가 늘어날 것이다.
④ 장애인을 위한 장면 해설 서비스는 현재 여러 곳에서 보편화되어 있다.
⑤ 아무리 서비스를 제공해도 장애인들이 서비스를 이용하기는 쉽지 않다.

20 청각 장애인을 위한 고궁 안내 서비스를 찾아 쓰시오.

(2) 뉴스에서 기자가 다음 인터뷰를 보여 준 까닭 알기

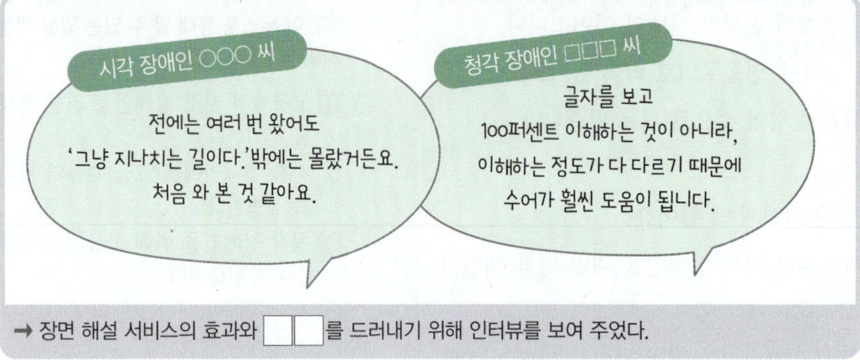

→ 장면 해설 서비스의 효과와 [　][　]를 드러내기 위해 인터뷰를 보여 주었다.

(3) 기자의 말에 담긴 의미 파악하기

→ 시각 장애인이 [　][　][　]의 도움을 받아 안전하게 이동하는 것처럼 장애인이 고궁을 방문했을 때 [　][　][　][　]의 도움을 받으면 편하고 생생하며 안전하게 관람할 수 있다는 의미이다.

(4) 기자의 관점과 의도 추론하기

'장면 해설 서비스'에 관한 기자의 관점	기자가 영상 해설이나 스마트폰 수어 설명이 생생하고 친절하다고 말하는 것으로 보아, 기자는 4대 궁에서 제공하는 장면 해설 서비스에 관해 [　][　][　] 관점을 가지고 있다.
이 뉴스를 전달하는 기자의 의도	기자가 제시한 자료, 기자가 사용한 단어나 문장, 장면 해설 서비스에 관한 기자의 관점으로 미루어 볼 때 기자는 국가유산청이 시작한 4대 궁의 장면 해설 서비스에 관한 [　][　]를 제공하고 그 [　][　]를 알리려는 의도로 이 뉴스를 전달하였다.

6 화자의 숨겨진 의도와 관점을 추론하며 들었을 때 좋은 점 알기

→ 추론하며 들으면 담화에서 화자의 의도나 관점처럼 겉으로 드러나지 않는 내용도 [　][　] 이해할 수 있다.

---

21 뉴스에 활용된 인터뷰에 대한 설명으로 알맞은 것은?

① 장면 해설 서비스의 사용자가 될 장애인의 사전 인터뷰이다.
② 청각 장애인에게 영상 해설 서비스가 도움이 될 수 있음을 알 수 있다.
③ 장면 해설 서비스가 장애인들에게 실제로 도움이 될 것인가 의문을 제기하고 있다.
④ 실제 체험해 본 장애인의 인터뷰라서 장면 해설 서비스의 가치를 보여 주기에 효과적이다.
⑤ 시각 장애인의 인터뷰 내용을 통해 그가 이번 기회로 처음 고궁에 와 볼 수 있었음을 알 수 있다.

22 뉴스를 통해 파악한 기자의 장면 해설 서비스에 대한 관점으로 알맞은 것은?

① 장면 해설 서비스는 장애인의 국가유산 관람에 도움이 된다.
② 국가유산청에서 관련 사업을 더 진행할 수 있도록 압박해야 한다.
③ 장면 해설 서비스는 돈이 많이 드는 사업이므로 후원이 필요하다.
④ 장애인의 어려움을 이해하고 도울 수 있는 방법을 제시하고자 한다.
⑤ 장애인의 일부만 사용 가능하므로 민간 기업과 협력하여 서비스를 더 다각화해야 한다.

23 기자의 의도를 파악하기 위해 고려할 것이 **아닌** 것은?

① 시각 장애인 ○○○ 씨의 인터뷰
② 시각 장애인 ○○○ 씨의 사회 관계망 서비스
③ 언어적 표현을 통해 추론한 기자의 관점
④ 청각 장애인 □□□ 씨의 수어 설명에 대한 반응
⑤ 영상 해설사의 도움으로 시각 장애인이 고궁을 관람하는 장면

🐛 문제해결과 적용

1 연설을 들으며 화자의 가치관과 의도 추론하기

우리는 행복한 삶과 성공적인 경력을 위해 많은 일을 하면서 정작 현재를 잊고 삽니다. 지금 바로 이 순간에 관한 생각은 하지 않는 거죠. 전에 봤던 달라이 라마의 인터뷰가 생각납니다. 질문하는 사람이 달라이 라마에게 "우주에서 가장 이상하고 특이하고 별난 게 무엇이라고 생각하시나요?"라고 묻자 그는 이렇게 대답했죠. "그건 사람입니다." 질문하는 사람이 경외에 가득 찬 목소리로 다시 물었어요. "어째서요?" 달라이 라마는 그 까닭을 다음과 같이 설명했습니다. 사람들은 돈을 벌기 위해 건강을 희생하고 나서 이번에는 건강을 회복하려고 돈을 희생합니다. 그리고 미래에 관해 불안해하고 초조해하면서 현재를 즐길 생각을 하지 않죠. 결과적으로 현재를 사는 것도 미래를 사는 것도 아닌 것이 됩니다. 사람들은 마치 절대 죽지 않을 것처럼 살면서 한 번도 진짜 사는 것답게 살아 보지 못하고 죽는 거예요.

→ 사람들은 행복과 성공을 위해 현재를 충실하게 살지 못하고 있음.

저는 아직 어린이에 지나지 않고 모든 문제에 해결책을 갖고 있지도 않습니다. 그렇지만 이 자리에 계신 여러분 모두가 저와 별반 다르지 않다는 것을 아셨으면 합니다. 기분을 상하게 해 드리려는 게 아니라 깨달음을 드리고 싶어서입니다. 우리가 지금 현재 하고 있는 일들을 통해 만들어 가는 미래가 제 눈에는 그리 썩 좋아 보이지 않는다는 것을요. 다음번에 저 같은 어린이와 이야기를 나눌 기회가 되신다면 ㉠나중에 커서 무엇이 되고 싶으냐고 물어보는 대신 지금 그들이 원하는 것이 무엇인지 물어봐 주세요. 학생이나 어린이들의 삶에 교육자의 역할이 상당히 크다고 생각합니다. 교육의 목적은 직장 생활의 성공이 아니라 지성인을 만들어 내는 것입니다. 만일 교육자들이 모든 이에게 '지금 네가 원하는 것이 무엇인가?'라고 묻는다면 세상이 바뀔 수도 있을 것입니다. 커서 무엇이 되고 싶으냐는 질문에는 문제가 내재되어 있습니다. 청소년들이 오늘 할 수 있는 일을 폄하하는 것이죠.

어떤 사물이나 범위의 안에 들어 / 가치를 깎아내리는

어린이들에게 오늘 하고 싶은 일을 하려면 미래에 적당한 때가 오기를 기다려야 한다는 생각을 심어 주는 거예요. 왜 그래야 하는 거죠? 우리는 언제든 우리 자신에게 충실해야 합니다.

→ 청소년들이 현재에 충실하게 살 수 있도록 어른들이 도와주어야 함.

– 아도라 스비탁, 《더 크게 소리쳐!》

📢 개념쏙쏙 — 연설의 주제와 특징

주제	☐☐에 충실한 어린이(학생)의 삶을 위한 교육자들(어른들)의 역할
특징	• 유명인의 ☐☐☐ 내용을 인용하여 설득력을 높임. • 맥락을 고려하여 연설의 내용을 효과적으로 구성함.

24 이 연설에 대한 설명으로 알맞은 것은?

① 설명을 목적으로 하는 담화이다.
② 청자를 꾸짖어 변화를 유도하고 있다.
③ 유명인을 직접 등장시켜 관심을 끌고 있다.
④ 화자를 바꾸며 청자의 반응을 이끌어내고 있다.
⑤ 문제 상황 제시 후 청자가 문제를 해결할 수 있도록 제안하고 있다.

25 이 연설의 내용과 일치하지 않는 것은?

① 사람들이 미래를 위해 현재를 희생하고 있다.
② 사람들이 진짜 사는 것다운 현재를 살고 있지 못하다.
③ 청소년들이 오늘 할 수 있는 일을 스스로 폄하하고 있다.
④ 교육자들은 청소년이 현재에 충실하게 사는 데 큰 역할을 할 수 있다.
⑤ 연설자는 지금 만들어 가는 미래의 모습이 현재를 희생할 만큼 가치 있다고 생각하지 않는다.

26 이 연설에서 ㉠의 질문을 문제 삼는 까닭으로 알맞은 것은?

① 누구나 흔히 하는 질문이어서
② 세상을 바꿀 수 있는 질문이어서
③ 교육의 목적이 지성인을 만들어 내는 것이어서
④ 청소년들이 미래에 할 수 있는 일을 폄하하여서
⑤ 오늘 하고 싶은 일을 하려면 미래의 때를 기다려 해야 한다는 생각이 포함되어서

27 이 연설에서 교육자들이 해야 한다고 한 질문으로 알맞은 것은?

① 지금 하고 싶은 것이 무엇인가?
② 나중에 하고 싶은 일은 무엇인가?
③ 지금 하고 싶지 않은 것은 무엇인가?
④ 지금 내가 잘 할 수 있는 것이 무엇인가?
⑤ 나중을 위해 지금 희생할 수 있는 것은 무엇인가?

(1) 연설의 주요 내용 정리하기

→ 우리는 행복을 위해 많은 일을 하면서 ☐☐를 잊고 살아간다.

→ 달라이 라마는 인터뷰에서 사람은 미래에 관해 초조해하고 불안해하며 현재를 즐길 생각을 하지 않는 다고 하였다.
  – 사람들은 진짜 사는 것답게 살아 보지 못하고 죽는다는 것을 알 수 있다.

→ 어른들은 어린이에게 나중에 커서 무엇이 되고 싶으냐고 묻지 말고 ☐☐ 그들이 원하는 것이 무 엇인지 물어야 한다.
  – 커서 무엇이 되고 싶으냐는 질문은 청소년들이 오늘 할 수 있는 일을 폄하하는 것이다.
  – 반면에 '지금 네가 원하는 것이 무엇인가?'라는 질문은 세상을 바꿀 수도 있다.

(2) 연설의 일부를 중심으로 '현재'에 관한 화자의 가치관 추론하기

우리는 행복한 삶과 성공적인 경력을 위해 많은 일을 하면서 정작 현재를 잊고 삽니다.

사람들은 돈을 벌기 위해 건강을 희생하고 나서 이번에는 건강을 회복하려고 돈을 희생합니다. 그리고 미래에 관해 불안해하고 초조해하면서 현재를 즐길 생각을 하지 않죠.

'지금 네가 원하는 것이 무엇인가?'라고 묻는다면 세상이 바뀔 수도 있을 것입니다.

→ 화자는 현재의 삶이 중요하다고 생각하고 있다.

→ 화자는 ☐☐에 충실해야 한다고 생각하고 있다.

(3) 화자가 연설을 한 의도 추론하기

상황 맥락
- 연설의 화자: 어린이(학생)
- 연설의 청자: 교육자(어른들)
- 연설을 하는 장소: 교육 기업에서 개최한 행사장

연설 내용
- 다음번에 저 같은 어린이와 이야기를 나눌 기회가 되신다면 나중에 커서 무엇이 되고 싶으냐고 물어보는 대신 지금 그들이 원하는 것이 무엇인지 물어봐 주세요.
- 어린이들에게 오늘 하고 싶은 일을 하려면 미래에 적당한 때가 오기를 기다려야 한다는 생각을 심어 주는 거예요. 왜 그래야 하는 거죠?

→ 화자가 ☐☐☐(어른들)에게 "지금 그들이 원하는 것이 무엇인지 물어봐 주세요." 등과 같이 말하는 것으로 보아, 이 연설의 화자는 어린이(청소년)의 삶이 현실에 충실해야 한다 또는 현재에 충실할 수 있도록 교육자(어른들)이 이끌어 주어야 한다는 ☐☐을 하려고 이 연설을 하였음을 알 수 있다.

28 연설을 통해 추론할 수 있는 현재에 대한 화자의 가치관은?

① 교육을 받아 성장해야 한다.
② 현실에 충실하게 살아야 한다.
③ 지성인이 되기 위해 애써야 한다.
④ 미래를 위해 현재 노력해야 한다.
⑤ 세상을 바꿀 수 있는 것을 해야 한다.

29 연설자의 가치관을 추론할 근거로 알맞지 <u>않은</u> 것은?

① 연설의 마지막 문장
② 달라이 라마의 인터뷰 내용
③ 현재에 대한 연설자의 태도
④ 연설자가 직접 말한 어린아이라는 정보
⑤ 반복되어 강조하는 문장들에 담긴 연설자의 의도

30 연설의 상황 맥락에 대한 설명으로 알맞은 것은?

① 연설의 화자는 대학생이다.
② 연설의 청자는 어른들이다.
③ 연설의 화자는 여러 명이다.
④ 연설의 장소는 학교 교실이다.
⑤ 연설의 청자는 화자가 다니는 학교의 선생님이다.

31 연설자가 연설을 한 의도로 알맞은 것은?

① 자신의 생각과 의견을 나눔으로써 친교 활동을 하고자 하였다.
② 청소년들이 어떤 생각을 하는지에 대한 정보를 전달하고자 하였다.
③ 미래를 생각할 때 본인이 어떤 감정이 생기는지 정서를 표현하고자 하였다.
④ 청소년이 현실에 충실할 수 있도록 교육자들이 이끌어 주어야 한다는 주장을 하고자 하였다.
⑤ 자신의 주장을 펼쳐 청자인 청소년들에게 미래가 아닌 현재를 살아야 한다고 설득하고자 하였다.

(1) 추론하며 듣기

★ 추론하며 듣기의 뜻과 그 효과에 대해 알아볼까?

뜻

추론하며 듣기는 담화에서 겉으로 드러나지 않는 숨겨진 내용을 미루어 ❶ ☐☐ 하며 듣는 것을 말함.

→

효과

• 화자가 담화에서 전하려는 내용을 온전히 ❷ ☐☐ 할 수 있음.
• 화자의 ❸ ☐☐, 관점, 가치관 등을 파악하여 담화의 내용과 상황을 깊고 넓게 이해할 수 있음.

★ 94쪽 뉴스에서 기자의 관점과 의도를 추론해 볼까?

기자의 관점

기자가 영상 해설이나 스마트폰 수어 설명이 생생하고 친절하다고 말하는 것으로 보아, 기자는 4대 궁에서 제공하는 장면 해설 서비스에 관해 ❹ ☐☐ ☐ 관점을 가지고 있음.

기자의 의도

기자의 ❺ ☐☐ 으로 미루어 볼 때, 기자는 국가유산청이 시작한 4대 궁의 장면 해설 서비스에 관한 정보를 제공하고 그 ❻ ☐☐ 를 알리려는 의도로 이 뉴스를 전달함.

★ 97쪽 연설에서 화자의 가치관과 의도를 추론해 볼까?

화자의 가치관

화자는 ❼ ☐☐ 의 삶이 중요하고 현실에 충실해야 한다는 가치관을 가지고 있음.

화자의 의도

화자는 어린이(학생)의 삶이 현재에 충실할 수 있도록 ❽ ☐☐☐ (어른들)이 이끌어 주어야 한다는 주장을 하려고 이 연설을 하였음.

[01~04] 다음을 보고 물음에 답하시오.

01 (가)~(라)에 대한 설명으로 알맞지 <u>않은</u> 것은?

① (가)와 (나)는 같은 말이라도 상황과 대상에 따라 의도가 달라짐을 보여 준다.
② (다)는 아빠가 정민이에게 궁금한 점을 묻고 있는 장면이다.
③ (라)는 학생이 할머니의 의도를 파악하지 못한 상황이다.
④ (가)~(라) 모두 말의 의도를 추론하며 들을 필요성이 있는 상황이다.
⑤ (가)~(라)를 통해 상황을 고려하여 말의 의미를 파악해야 함을 알 수 있다.

02 (가)~(라)에서 화자의 의도를 파악하기 위해 고려할 사항으로 알맞지 <u>않은</u> 것은?

① 화자의 말
② 화자의 말투
③ 화자의 표정
④ 대화의 상황
⑤ 반복되는 표현

03 ㉠에 들어가기에 알맞은 대답을 〈조건〉에 맞게 서술하시오.

> **조건**
> • 아빠가 한 말의 의도를 고려하여 적절하게 대답할 것
> • 완결된 한 문장으로 쓸 것

04 ㉡의 대답을 들은 할머니의 반응으로 알맞은 것은?

① 기뻐한다.
② 칭찬한다.
③ 당황해한다.
④ 미안해한다.
⑤ 고마워한다.

[05~08] 다음 글을 읽고 물음에 답하시오.

가 기자: 서울 경복궁 등 4대 고궁에서는 이달부터 시각 장애인을 위한 영상 해설이 도입됐습니다.

시각 장애인 ○○○ 씨: 전에는 여러 번 왔어도 '그냥 지나치는 길이다.'밖에는 몰랐거든요. 처음 와 본 거 같아요.

기자: 청각 장애인들을 위한 스마트폰 수어 설명도 작년부터 활용돼 왔습니다. 농인들에게는 한글보다 먼저 배운 수어가 모국어 같기 때문입니다.

청각 장애인 □□□ 씨: 글자를 보고 100퍼센트 이해하는 것이 아니라, 이해하는 정도가 다 다르기 때문에 수어가 훨씬 도움이 됩니다.

기자: 귀로 보고, 눈으로 듣는 고궁. 아직 극히 일부에 그치고 있지만, 국가유산청은 장애인들이 즐길 수 있는 국가유산을 점점 더 늘려 갈 계획입니다.

나 전에 봤던 달라이 라마의 인터뷰가 생각납니다. 질문하는 사람이 달라이 라마에게 "우주에서 가장 이상하고 특이하고 별난 게 무엇이라고 생각하시나요?"라고 묻자 그는 이렇게 대답했죠. "그건 사람입니다." 질문하는 사람이 경외에 가득 찬 목소리로 다시 물었어요. "어째서요?" 달라이 라마는 그 까닭을 다음과 같이 설명했습니다. 사람들은 돈을 벌기 위해 건강을 희생하고 나서 이번에는 건강을 회복하려고 돈을 희생합니다. 그리고 미래에 관해 불안해하고 초조해하면서 현재를 즐길 생각을 하지 않죠. 결과적으로 현재를 사는 것도 미래를 사는 것도 아닌 것이 됩니다. 사람들은 마치 절대 죽지 않을 것처럼 살면서 한 번도 진짜 사는 것답게 살아 보지 못하고 죽는 거예요.

저는 아직 어린이에 지나지 않고 모든 문제에 해결책을 갖고 있지도 않습니다. 그렇지만 이 자리에 계신 여러분 모두가 저와 별반 다르지 않다는 것을 아셨으면 합니다. 기분을 상하게 해 드리려는 게 아니라 깨달음을 드리고 싶어서입니다. 우리가 지금 현재 하고 있는 일들을 통해 만들어 가는 미래가 제 눈에는 그리 썩 좋아 보이지 않는다는 것을요. 다음번에 저 같은 어린이와 이야기를 나눌 기회가 되신다면 나중에 커서 무엇이 되고 싶으냐고 물어보는 대신 ⓐ 물어봐 주세요.

---

05 (가)에 대한 설명으로 알맞은 것은?

① 정보 전달이 목적인 기사문이다.

② 청각 장애인이 뉴스를 시청하는 모습을 보여 주었다.

③ 장애인들의 고궁 관람에 대한 어두운 전망을 드러내었다.

④ 영상 해설과 스마트폰 수어 설명의 실효성에 문제를 제기하였다.

⑤ 장애인들을 위한 고궁 관람 서비스를 귀로 보고 눈으로 듣는다는 인상적인 표현으로 나타내었다.

06 (가)에 인터뷰를 넣은 효과로 알맞은 것은?

① 영상 해설과 스마트폰 수어 설명의 효과와 가치를 보여 준다.

② 고궁을 관람하는 장애인들이 겪는 불편함을 생생하게 전달한다.

③ 서로 반대되는 내용의 인터뷰를 넣어 기자의 중립적인 관점을 보여 준다.

④ 고궁을 찾은 사람들의 인터뷰를 넣어 고궁에 대한 관심을 촉구하고 있다.

⑤ 국가유산청의 입장과 계획을 관계자의 인터뷰를 통해 전달하여 신뢰성을 높인다.

07 (나)의 연설자가 긍정적으로 생각할 인물로 알맞은 것은?

① 과거의 잘못을 되뇌이는 사람

② 미래에 대해 고민하고 대비하는 어른

③ 현재 자신이 하고 싶은 일을 하는 사람

④ 자녀들의 장래를 위해 열심히 일하는 부모님

⑤ 학생들의 장래희망을 잘 파악하고 있는 선생님

08 ⓐ에 들어갈 질문으로 알맞은 것은?

① 장래에 무엇이 되고 싶은지

② 지금 그들이 원하는 것이 무엇인지

③ 앞으로 가장 하고 싶은 일이 무엇인지

④ 미래의 행복을 위해 무엇을 하고 있는지

⑤ 세상에서 가장 이상하고 특이하고 별난 게 무엇인지

(2) 품사의 종류와 특성

소단원 핵심 개념

중요 1 품사의 뜻과 분류 기준

① 뜻: 공통된 성질을 가진 것끼리 묶은 단어의 갈래를 말한다.
  홀로 쓰일 수 있는 말이나 앞말에 붙어 쉽게 분리할 수 있는 말 = 낱말

② 분류 기준
  • 문장에서 쓰일 때 형태가 변하는가
  • 문장에서 쓰일 때 어떤 기능을 하는가
  • 문장에서 쓰일 때 어떤 의미를 나타내는가

중요 2 품사의 분류

형태	기능		의미
불변어 형태가 변하지 않는 말	**체언** 문장에서 주로 주어, 목적어 등으로 쓰여 몸체 기능을 함.	명사	대상의 이름을 나타내는 단어 예 집, 의자, 가을, 노력
		대명사	대상의 이름 대신 나타내는 단어 예 이것, 그곳, 저기, 그
		수사	수량이나 순서를 나타내는 단어 예 첫째, 둘째, 하나, 둘
	수식언 문장에서 주로 다른 단어를 꾸며 주는 기능을 함.	관형사	체언을 꾸며 주는 단어 예 이, 어느, 새
		부사	주로 용언을 꾸며 주는 단어 예 역시, 반드시, 천천히
	관계언 문장에 쓰인 단어들 사이의 문법적 관계를 나타내는 기능을 함.	조사	주로 체언 뒤에 붙어서 단어들 사이의 문법적 관계를 나타내거나 단어에 특별한 뜻을 더해 주는 단어 예 이/가, 을/를, 조차, 이다 '이다'는 조사지만 용언처럼 형태가 변하는 활용을 함. 그래서 '이다'를 서술격 조사라고 함.
	독립언 문장에서 다른 단어와 관계를 맺지 않고 독립적으로 쓰임.	감탄사	놀람이나 느낌, 부름, 대답을 나타내는 단어 예 앗, 으악, 네, 이봐
가변어 형태가 변하는 말	**용언** 문장에서 주로 주어를 서술하는 기능을 함.	동사	대상의 움직임을 나타내는 단어 예 가다, 먹다, 되다
		형용사	대상의 상태나 성질을 나타내는 단어 예 크다, 무뚝뚝하다, 아름답다

3 동사와 형용사의 활용

동사와 형용사는 문장에서 쓰일 때 형태가 변하는데 이를 '활용'이라고 한다.

예 '잡다'의 활용: 잡자 / 잡는다 / 잡아라
  활용할 때 형태가 변하지 않는 '잡-'을 '어간'이라고 하고,
  '-자', '-는다', '-아라'처럼 형태가 변하는 부분은 '어미'라고 함.
  '잡다'와 같이 어간에 어미 '-다'를 붙인 것을 기본형이라고 함.

개념 확인 문제

1 〈보기〉의 빈칸에 들어갈 알맞은 말을 쓰시오.

> **보기**
> (　　　)란, 공통된 (　　　)을 가진 것끼리 묶은 단어의 갈래이며 단어를 일정한 기준에 따라 분류한 것이다.

2 품사에 대한 설명으로 맞으면 ○표, 틀리면 ×표를 하시오.

(1) 단어의 갈래로 문장에서 쓰일 때 형태가 변한다. (　　　)
(2) 문장에서 쓰일 때 의미에 따라 9가지 품사로 나눈다. (　　　)

3 품사에 대한 설명으로 알맞지 <u>않은</u> 것은?

① '이다'는 형태가 변하므로 용언이다.
② 체언에는 명사, 대명사, 수사가 있다.
③ 동사와 형용사는 형태가 변하는 가변어이다.
④ 감탄사는 문장에서 독립적으로 쓰이는 단어이다.
⑤ 관형사와 부사는 다른 단어를 꾸며 주는 기능을 한다.

4 다음 빈칸에 들어갈 말로 알맞은 것은?

> (　　　)는 가변어로 다양한 형태로 활용한다.

① 명사　　② 수사
③ 부사　　④ 동사
⑤ 관형사

학습활동 핵심콕콕

바른답·알찬풀이 17쪽

이해와 탐구

품사의 분류 기준

1 문장에서 쓰이는 형태에 따라 단어 나누기 

(1) 문장에서 쓰일 때 형태가 변하지 않는지 변하는지에 따라 단어 구분하기

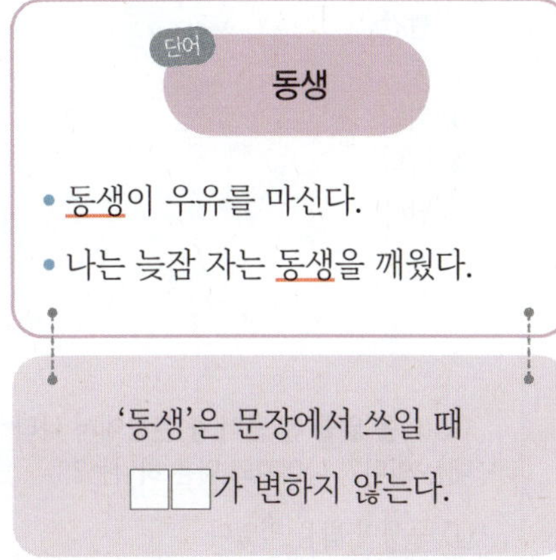

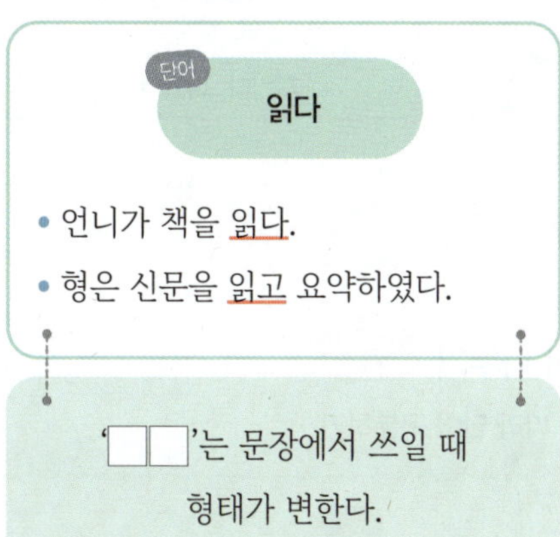

(2) 형태가 변하지 않는 단어와 변하는 단어 구분하기

형태가 변하지 않는 단어	형태가 변하는 단어
물, 너무, 아주, 우리, 음식, 어머나	맵다, 크다

2 문장에서 하는 기능에 따라 단어 나누기 

(1) 문장에서 쓰일 때 어떤 기능을 하는지에 따라 단어 구분하기

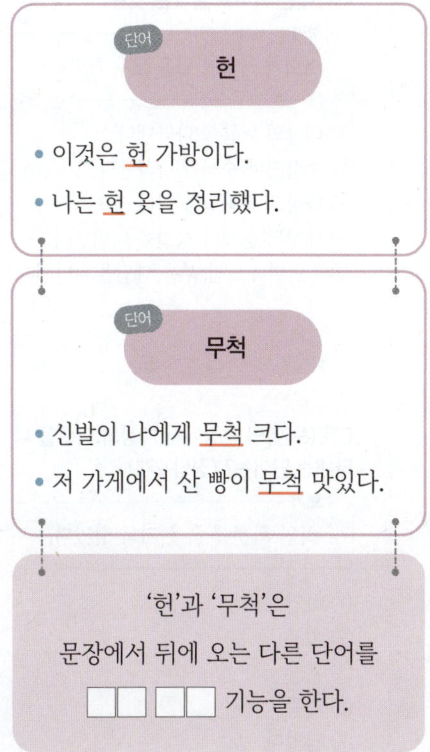

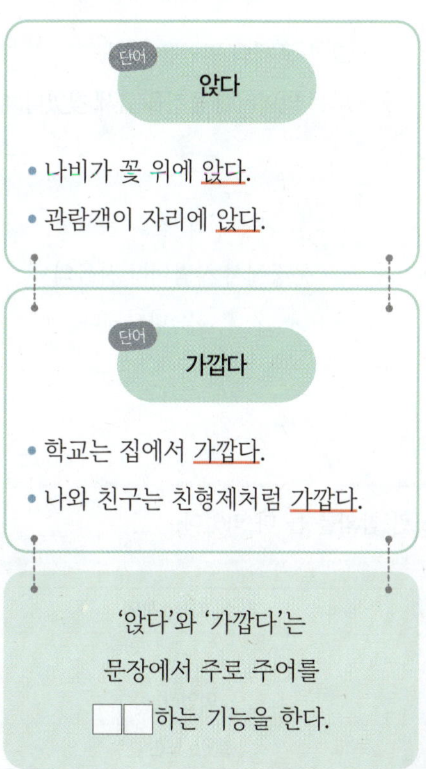

학습 활동 응용 >>>

01 다음 빈칸에 들어갈 알맞은 말을 쓰시오.

> 품사는 문장에서 쓰일 때 단어의 (　　)가 변하는가, 문장에서 단어가 어떤 (　　)을 하는가, 단어가 어떤 (　　)를 나타내는가 하는 기준에 따라 다르게 분류된다.

02 다음 중 문장에서 쓰일 때 형태가 변하는 단어는?

① 동생　　② 아주
③ 우리　　④ 크다
⑤ 어머나

03 다음 밑줄 친 단어 중 문장에서 하는 기능이 나머지와 다른 하나는?

① 이것은 헌 가방이다.
② 나비가 꽃 위에 앉다.
③ 학교는 집에서 가깝다.
④ 나는 헌 옷을 정리했다.
⑤ 신발이 나에게 무척 크다.

04 〈보기〉의 밑줄 친 단어가 문장에서 하는 기능으로 알맞은 것은?

> **보기**
> 소나기가 시원하게 내린다.

① 몸체 기능
② 주어를 서술하는 기능
③ 다른 단어를 꾸며 주는 기능
④ 다른 단어와 관계를 맺지 않고 독립적으로 쓰이는 기능
⑤ 문장에 쓰인 단어들 사이의 문법적 관계를 나타내는 기능

(2) **가**와 **나**의 밑줄 친 단어가 문장에서 하는 기능 파악하기

> **가** 나는 약속을 잘 <u>지킨다</u>.
> **나** 벚꽃과 개나리가 <u>활짝</u> <u>피었다</u>.

기능	뒤에 오는 다른 단어를 꾸밈.	잘, 활짝
	주어를 ☐☐ 함.	지킨다, 피었다

3 문장에서 나타내는 의미에 따라 단어 나누기 

(1) 문장에서 쓰일 때 어떤 의미를 나타내는지에 따라 단어 구분하기

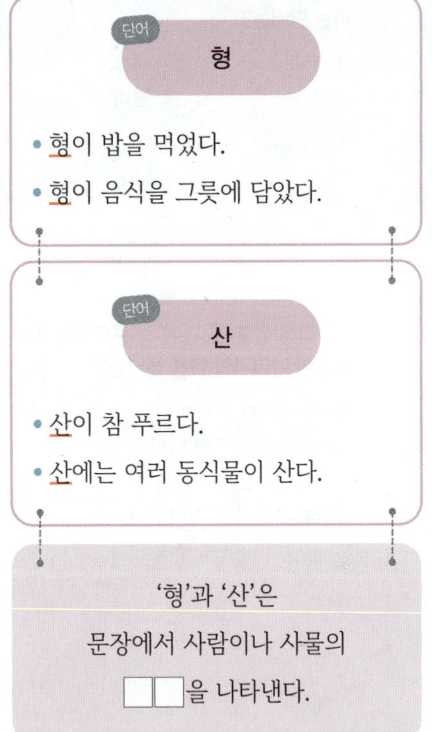

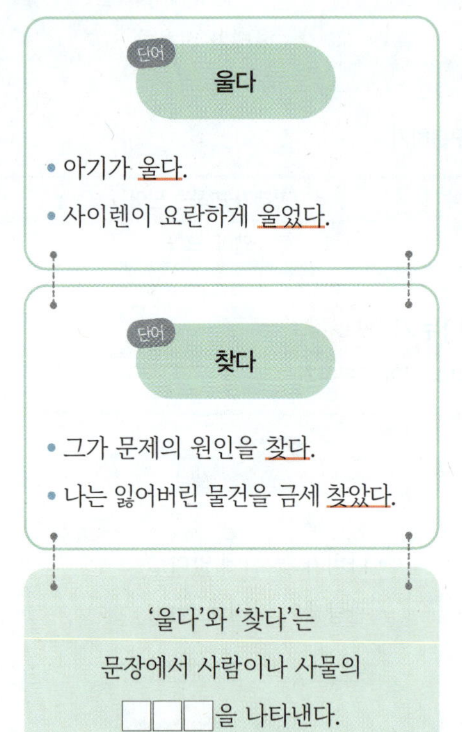

(2) 밑줄 친 단어가 문장에서 나타내는 의미 파악하기

> <u>준수</u>가 <u>빨간</u> <u>자두</u>와 <u>노란</u> <u>참외</u>를 둘 다 <u>먹었다</u>.

대상의 ☐☐을 나타내는 단어	준수, 자두, 참외
수량이나 순서를 나타내는 단어	☐
대상의 움직임을 나타내는 단어	먹었다
대상의 상태나 ☐☐을 나타내는 단어	빨간, 노란

05 〈보기〉의 문장에서 서술어 역할을 하는 것은?

> **보기**
> 빨간 꽃 위로 나비가 난다.

① 빨간
② 꽃
③ 위
④ 나비
⑤ 난다

06 다음 밑줄 친 단어 중 문장에서 나타내는 의미가 나머지와 다른 하나는?

① <u>동생</u>이 밥을 먹었다.
② 우리는 <u>산</u>을 올라갔다.
③ <u>누나</u>는 달리기를 잘한다.
④ 할머니 <u>손</u>이 참 따뜻하다.
⑤ 구름이 하늘 <u>높이</u> 떠 있다.

07 〈보기〉의 밑줄 친 단어가 문장에서 나타내는 의미로 알맞은 것은?

> **보기**
> 소희가 책과 연필을 모두 <u>찾았다</u>.

① 대상의 이름을 나타낸다.
② 수량이나 순서를 나타낸다.
③ 대상의 움직임을 나타낸다.
④ 대상의 상태나 성질을 나타낸다.
⑤ 놀람이나 느낌, 부름, 대답을 나타낸다.

08 〈보기〉의 문장에서 대상의 이름을 나타내는 단어는? (정답 2개)

> **보기**
> 하얀 화분에 흙을 가득 담았다.

① 하얀
② 화분
③ 흙
④ 가득
⑤ 담았다

4 품사의 분류 기준에 따라 알맞은 단어 찾기

(1) 문장에서 기준에 맞는 단어 찾기

> 진아는 국이 너무 짜서 물을 마셨다.

[기준 1: 형태] 문장에서 쓰일 때 형태가 변하는 단어	짜서, 마셨다
[기준 2: 기능] 문장에서 쓰일 때 뒤에 오는 다른 단어를 꾸며 주는 단어	너무
[기준 3: 의미] 문장에서 쓰일 때 사람이나 사물의 이름을 나타내는 단어	진아, 국, 물

개념콕콕 — 품사의 분류 기준

[기준 1: 형태]	형태가 변하는 '가변어', 형태가 변하지 않는 '☐☐☐' 2가지로 나눌 수 있다.
[기준 2: 기능]	'체언, 수식언, 독립언, ☐☐☐, 용언' 5가지로 나눌 수 있다.
[기준 3: 의미]	'명사, 대명사, 수사, 관형사, ☐☐, 감탄사, 조사, 동사, 형용사' 9가지로 나눌 수 있다.

🌈 품사의 종류와 특성

⟿ 명사, 대명사, 수사

1 명사에 관해 알아보기

(1) '명사'가 발견한 단어 카드 분류하기

구체적 대상의 이름을 나타내는 단어	추상적 대상의 이름을 나타내는 단어
집, 의자, 이순신	가을, 노력, 사랑

→ 사람이나 사물과 같은 대상의 이름을 나타내는 단어를 '☐☐(名詞)'라고 한다.

---

09 다음 빈칸에 들어갈 알맞은 말을 쓰시오.

> '빵이 너무 맛있다.'라는 문장에서 '너무'를 형태를 기준으로 분류하면 불변어, 기능을 기준으로 분류하면 (   ), 의미를 기준으로 분류하면 (   )이다.

10 명사에 대한 설명으로 알맞지 <u>않은</u> 것은?

① 형태가 변하지 않는 불변어이다.
② 대상의 이름을 나타내는 단어이다.
③ 문장에서 몸체 기능을 하는 체언이다.
④ 추상적 대상의 이름도 나타낼 수 있다.
⑤ 사람이나 사물의 이름을 대신하여 나타낼 수 있다.

11 〈보기〉의 단어 중 대상의 이름을 나타내는 단어가 <u>아닌</u> 것을 모두 고르시오.

> **보기**
> 이슬   평화   과연
> 모든   유관순

12 다음 중 구체적인 대상의 이름을 나타내는 단어는? (정답 2개)

① 구름
② 행복
③ 자유
④ 나뭇잎
⑤ 그리움

2 대명사에 관해 알아보기

(1) 밑줄 친 단어가 가리키는 대상 찾기

이것	느티나무	그	□□
이곳	(느티나무가 있는) 자리	거기	(노인의 집 옆) 정원

(2) 의미에 따라 밑줄 친 단어 구분하기

사람의 이름을 대신하여 나타내는 단어	그
사물의 이름을 대신하여 나타내는 단어	이것
장소의 이름을 대신하여 나타내는 단어	이곳, □□

→ 사람, 사물, 장소와 같은 대상의 이름을 대신하여 나타내는 단어를 '□□□(代名詞)'라고 한다.

3 수사에 관해 알아보기

'수사'가 개인 인터넷 방송에서 떡볶이 조리법을 설명하였다.

(1) 사물의 순서를 나타내는 단어를 사용하여 조리법의 순서 정리하기

첫째, 떡을 떼어 냄비에 넣는다. 둘째, 종이컵에 물을 가득 담아 냄비에 붓는다. 셋째, 냄비에 설탕과 간장을 둘 다 넣는다. 넷째, 고춧가루와 고추장도 넣고 잘 풀어 준다. 다섯째, 불을 켜고 물을 계속 끓이다가 국물이 걸쭉해지면, 파를 넣어 음식을 마무리한다.

→ 사물의 수량이나 순서를 나타내는 단어를 '□□(數詞)'라고 한다.

---

13 〈보기〉의 밑줄 친 단어가 가리키는 대상으로 알맞은 것은?

> **보기**
>
> 느티나무가 있는 자리에는 원래 한 노인이 살았어. 그는 이곳에 집을 지었지.

① 노인
② 느티나무
③ 노인의 집
④ 집 옆에 정원
⑤ 느티나무가 있는 자리

14 다음 밑줄 친 단어 중 대명사가 <u>아닌</u> 것은?

① 그것은 걱정하지마.
② 이것 좀 들어 줄래?
③ 거기는 어떤 곳이야?
④ 나도 집에 가고 싶어.
⑤ 그럼 내일 다시 만나자.

15 다음 중 사람의 이름을 대신하여 나타내는 단어가 <u>아닌</u> 것은?

① 나   ② 너
③ 그녀   ④ 여기
⑤ 우리

16 다음 밑줄 친 단어 중 사물의 수량을 나타내는 단어가 <u>아닌</u> 것은?

① 셋은 좀 많아요.
② 떡을 하나씩 떼요.
③ 냄비를 하나 꺼내요.
④ 설탕과 간장 둘 다 넣어 주세요.
⑤ 이렇게 만들면 둘도 없는 맛이 날 겁니다.

4 명사, 대명사, 수사의 특성 탐구하기

폴 세잔(Paul Cézanne)의 〈우유 주전자와 과일이 있는 정물〉을 봅시다. 여기에는 다양한 사물
스스로 움직이지 못하는 물체들을 놓고 그린 그림
이 있는데요. 자세히 보면 어색한 느낌이 듭니다. 접시에 담긴 사과는 쏟아질 듯하고, 우유 주전자와 컵의 표면은 평평합니다. 이것은 그가 사물의 본래 특성을 찾고자 여러 방향에서 사물을 바라

▲ 우유 주전자와 과일이 있는 정물

보고 그 모습을 모아서 하나의 장면에 담았기 때문입니다. 이는 매우 독창적인 방법이었습니다.

(1) 밑줄 친 단어 분류하기

명사	대명사	수사
과일, 느낌, 접시, 사과	여기, 이것, 이	☐☐

개념콕콕 — 체언의 기능

☐☐, ☐☐☐, ☐☐는 문장에서 주로 주어, 목적어 등으로 쓰여 몸체 기능을 하므로 이들을 묶어서 '체언(體言)'이라고 한다.

🔋 동사, 형용사

1 동사와 형용사에 관해 알아보기

'동사'와 '형용사'가 장난치다가 반 친구들이 선생님께 쓴 편지에 물을 쏟았다. 그래서 편지의 군데군데가 지워져 버렸다.

선생님, 말썽만 부려서 ㉠ . 앞으로는 선생님 말씀을 잘 ㉡ . 그리고 더욱 열심히 ㉢ . 앞으로는 절대 아프지 마세요. 선생님께서 돌아오시면 저희가 함께 만든 과자를 선물로 드릴게요.
— 선생님이 ㉣ △반 올림

(1) 다음 단어를 ㉠~㉣에 들어가기 알맞은 형태로 쓰기

듣다   그립다   공부하다   죄송하다

㉠: 죄송해요   ㉡: 들을게요   ㉢: 공부할게요   ㉣: 그리운

---

17 다음 중 사물의 순서를 나타내는 단어가 쓰인 문장은?

① 그들은 둘도 없이 친한 사이이다.
② 사람들이 하나 둘씩 떠나기 시작했다.
③ 나는 처음부터 마지막까지 자리를 지켰다.
④ 하나, 둘, 셋, 넷, 다섯. 과자가 총 다섯 개 있다.
⑤ 내일은 둘째로 치더라도 당장 오늘 숙제는 해야지.

18 다음 중 체언이 아닌 것은?

① 이것　　② 정물
③ 여러　　④ 하나
⑤ 우유

19 체언의 특징으로 알맞은 것은?

① 조사가 붙기 어렵다.
② 형태가 변하지 않는다.
③ 문장에서 주로 서술하는 기능을 한다.
④ 문장에서 혼자 쓸 수 없고 다른 말과 붙여 쓴다.
⑤ 문장에서 주로 몸체 기능을 하여 어떤 경우에도 생략할 수 없다.

20 동사와 형용사의 공통점으로 알맞은 것은? (정답 2개)

① 형태가 변한다.
② 대상의 이름을 대신 나타낸다.
③ 문장에서 주로 서술하는 기능을 한다.
④ 문장에서 주어나 목적어 등으로 쓰인다.
⑤ 문장에서 다른 말을 꾸며 주는 기능을 한다.

(2) ㉠~㉣에 들어간 단어 분류하기

대상의 움직임을 나타내는 단어	듣다, 공부하다
대상의 상태나 [ ][ ]을 나타내는 단어	죄송하다, 그립다

→ 사람이나 사물과 같은 대상의 움직임을 나타내는 단어를 '[ ][ ](動詞)'라고 한다.
→ 사람이나 사물과 같은 대상의 상태나 성질을 나타내는 단어를 '[ ][ ][ ](形容詞)'라고 한다.

2 동사와 형용사의 특성 탐구하기

(1) 밑줄 친 단어 분류하기

그이는 매일 아침 9시에 일터로 <u>나와서</u> 다시 저녁 9시가 <u>되면</u> 가운을 <u>벗고</u> 집으로 <u>돌아간다</u>. 일터에서의 그이는 다소 <u>무뚝뚝하고</u> <u>뻣뻣하다</u>. 남하고 <u>싱거운</u> 소리를 <u>나누는</u> 일도 거의 <u>없다</u>.

– 양귀자, 〈길모퉁이에서 만난 사람〉

동사	형용사
나와서, 되면, 벗고, 돌아간다, 나누는	무뚝뚝하고, 뻣뻣하다, 싱거운, 없다

→ 동사와 형용사는 문장에서 쓰일 때 형태가 변하는데, 이를 활용이라고 한다. 활용할 때 형태가 변하지 않는 부분을 '어간', 변하는 부분을 '어미'라고 하는데 어간에 어미 '–다'를 붙인 것을 [ ][ ][ ]이라고 한다. 예 기본형: 나오다(어간 '나오–' + 어미 '–다')

3 동사와 형용사의 형태 변화 차이 탐구하기

동사

기본형: 먹다

• 준호가 학교에 <u>간다</u>. (현재형) • 준호가 학교에 <u>가니</u>? (의문형)
• 준호야, 학교에 <u>가라</u>! (명령형) • 준호야, 학교에 <u>가자</u>. (청유형)

형용사

기본형: 크다

• 주미는 손이 <u>크다</u>. • 주미는 손이 <u>크니</u>?
• 주미야, 손이 <u>커라</u>! [x] • 주미야, 손이 <u>크자</u>. [x]

→ [ ][ ]는 다양한 형태로 문장에서 바꾸어 쓸 수 있지만, [ ][ ][ ]는 형태를 바꾸었을 때 어색한 것이 있다.

개념 콕콕 — 용언의 기능

문장에서 주어를 [ ][ ]하는 기능을 하는 동사와 형용사를 묶어서 '용언(用言)'이라고 한다.

21 다음 중 대상의 움직임을 나타내는 단어가 **아닌** 것은?

① 듣다 ② 그립다
③ 만들다 ④ 돌아오다
⑤ 공부하다

22 형용사에 대한 설명으로 알맞은 것은?

① 부사와 묶어 용언이라고 한다.
② 문장에서 쓰일 때 활용을 한다.
③ 대상의 움직임을 나타내는 단어이다.
④ 형태 변화를 할 때, 동사에 비해 제약이 적다.
⑤ 문장에서 쓰일 때 주로 꾸며 주는 역할을 한다.

23 다음 ㉠~㉤의 기본형으로 알맞지 **않은** 것은?

그이는 매일 아침 9시에 일터로 ㉠<u>나와서</u> 다시 저녁 9시가 ㉡<u>되</u>면 가운을 ㉢<u>벗고</u> 집으로 ㉣<u>돌아</u>간다. 일터에서의 그이는 다소 ㉤<u>무뚝뚝하고</u> 뻣뻣하다.

① ㉠: 나오다 ② ㉡: 되다
③ ㉢: 벗다 ④ ㉣: 돌아간다
⑤ ㉤: 무뚝뚝하다

24 동사와 형용사의 형태 변화에 대한 설명으로 알맞은 것은?

① 동사보다 형용사의 활용이 더 자유롭다.
② 동사는 형용사와 달리 청유형 어미를 붙일 수 있다.
③ 형용사와 동사는 모두 명령형 어미를 붙일 수 없다.
④ 형용사와 달리 동사는 의문형으로 '–니?'를 붙일 수 있다.
⑤ 현재형 '없는다'도 가능하니 동사, 형용사 모두 현재형 어미가 붙는 활용이 가능하다.

관형사, 부사

1 관형사와 부사에 관해 알아보기

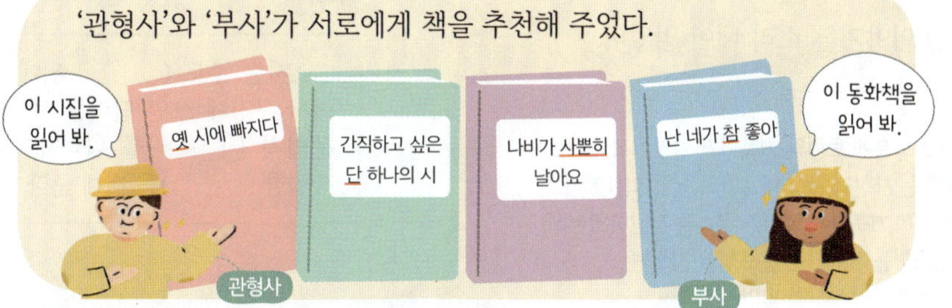

(1) 책 제목에서 밑줄 친 단어의 품사 정리하기

옛	뒤에 오는 체언(명사) '시'를 꾸며 주는 단어	➡ 관형사
단	뒤에 오는 체언(수사) '하나'를 꾸며 주는 단어	➡ ☐☐☐
사뿐히	뒤에 오는 용언(동사) '날아요'를 꾸며 주는 단어	➡ 부사
참	뒤에 오는 용언(형용사) '좋아'를 꾸며 주는 단어	➡ ☐☐

➡ ☐☐을 꾸며 주는 단어를 '관형사(冠形詞)', 주로 용언을 꾸며 주는 단어를 '부사(副詞)'라고 한다.

2 관형사와 부사의 특성 탐구하기

(1) [특성 1] 관형사, 부사는 문장에서 다른 말을 꾸며 주는 기능을 한다.

> ### 건강을 위한 올바른 운동 동작
>
> 오늘 운동할 때 <u>반드시</u> 지켜야 하는 것은 몸에 있는 힘을 남기지 않고 <u>전부</u> 빼는 거예요. 자, 왼손과 오른손을 위로 <u>쭉</u> 뻗으세요. 두 손을 깍지 끼고 호흡을 <u>천천히</u> 내쉬면서 오른쪽으로 상체를 구부리세요. <u>이</u> 자세에서 10초 동안 버티세요. 내 몸에서 <u>어느</u> 부분이 늘어나는지 느끼면서 같은 자세로 반대쪽으로도 구부려 보세요.

➡ 밑줄 친 관형사 '이, 어느', 부사 '반드시, 전부, 쭉, 천천히'는 뒤에 오는 말을 꾸며 주어 의미를 ☐☐하게 표현해 주는 기능을 한다.

(2) [특성 2] 관형사는 대상의 수량을 나타내기도 한다.

> 저기에 <u>세</u> 사람이 있다. ➡ '세'는 뒤에 오는 명사 '사람'을 꾸며 주는 관형사임.

(3) [특성 3] 부사는 다른 부사나 문장 전체를 꾸며 주기도 한다.

> <u>역시</u> 소문대로 이 음식은 맛있구나. ➡ '역시'는 '소문'이 아니라 문장 전체를 꾸며 주는 부사임.

개념 콕콕 — 수식언의 기능

> 문장에서 주로 다른 단어를 꾸며 주는 기능을 하는 관형사와 부사를 묶어서 '☐☐☐(修飾言)'이라고 한다.

---

25 〈보기〉의 밑줄 친 단어가 수식하는 대상으로 알맞은 것은?

> **보기**
>
> 간직하고 싶은 <u>단</u> 하나의 시

① 뒤에 오는 명사
② 뒤에 오는 수사
③ 뒤에 오는 동사
④ 뒤에 오는 형용사
⑤ 뒤에 오는 대명사

26 다음 ㉠~㉃ 중 관형사인 것의 기호를 쓰시오. (정답 2개)

> 오늘 운동할 때 ㉠반드시 지켜야 하는 것은 몸에 있는 힘을 남기지 않고 ㉡전부 빼는 것예요. 자, 왼손과 오른손을 위로 ㉢쭉 뻗으세요. 두 손을 깍지 끼고 호흡을 ㉣천천히 내쉬면서 오른쪽으로 상체를 구부리세요. ㉤이 자세에서 10초 동안 버티세요. 내 몸에서 ㉥어느 부분이 늘어나는지 느끼면서 같은 자세로 반대쪽으로도 구부려 보세요.

27 부사에 대한 설명으로 알맞지 <u>않은</u> 것은?

① 다른 부사를 꾸밀 수 없다.
② 문장 전체를 꾸미기도 한다.
③ 주로 용언을 꾸며 주는 역할을 한다.
④ 문장에서의 위치는 비교적 자유롭다.
⑤ 문장에서 쓸 때 형태가 변하지 않는다.

28 다음 빈칸에 들어갈 말로 알맞은 것은? (정답 2개)

> 문장에서 관형사, 부사는 뒤에 오는 말의 의미를 (　　　) 표현해 주는 기능을 한다.

① 자세하게
② 모호하게
③ 구체적으로
④ 중의적으로
⑤ 함축적으로

조사

1 조사에 관해 알아보기

'조사'는 《이솝 우화》의 〈토끼와 거북이〉 이야기를 소리 내어 읽었다.

(1) 이야기의 첫 문장에서 조사 찾기

| 어느 | 숲속 | 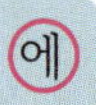에 | 토끼 | 와 | 거북이 | 가 | 살았어요 |

➜ 조사는 문장에서 홀로 쓰일 수 없고 반드시 □□에 붙어서 쓰이는 단어이다.

(2) 문장의 뜻이 달라지는 까닭 이해하기

가 거북이가 토끼를 이겼어요. ➜ 승자는 거북이

나 거북이를 토끼가 이겼어요. ➜ 승자는 토끼

➜ 조사 '가'와 '를'이 어떤 단어 뒤에 붙느냐에 따라 문장의 뜻이 달라진다.

(3) 조사가 더해 주는 뜻 이해하기

- 거북이가 토끼도 달래 주었어요.
- 거북이가 토끼만 달래 주었어요.

➜ 조사 '도'는 무언가를 □□한다는 뜻, 조사 '만'은 무언가를 제한·한정한다는 뜻을 더해 준다.

2 조사의 특성 탐구하기

수어는 청각 장애가 있는 사람들이 손을 이용하여 의미를 전달하는 언어이다.

서술격 조사로 '이다, 입니다, 이에요'와 같이 활용함.

➜ 조사는 문장에서 단어 간의 □□적 관계를 나타내는 기능을 한다.

개념콕콕 — 관계언의 기능

조사는 주로 □□ 뒤에 붙어서 단어들 사이의 문법적 관계를 나타내는 기능을 하므로 조사를 '관계언(關係言)'이라고 한다.

---

29 다음 빈칸에 들어갈 알맞은 말을 쓰시오.

조사는 주로 (   ) 뒤에 붙어서 문장에 쓰인 단어들 사이의 문법적 (   )를 나타내거나 특별한 (   )을 더해 준다.

30 조사에 대한 설명으로 알맞은 것은?

① 문장에서 홀로 쓰일 수 있다.
② 모든 조사는 형태가 변하지 않는다.
③ 문장에서 쓸 때는 앞말에 붙여 쓴다.
④ 문장에서 주어 또는 목적어의 역할을 한다.
⑤ 문장에서 다른 말을 꾸며 주는 역할을 한다.

31 다음 밑줄 친 단어에 대한 설명으로 알맞은 것은? (정답 2개)

거북이가 토끼도 달래 주었어요.

① 토끼를 꾸며 주는 말이다.
② 앞말을 주어로 만들어 주었다.
③ 무언가를 추가한다는 뜻을 더해 준다.
④ 단어에 특별한 뜻을 더해 주는 조사이다.
⑤ 무언가를 제한·한정한다는 뜻을 더해 준다.

32 다음 ㉠~㉤의 품사가 나머지와 다른 하나는?

수어㉠는 청각 장애가 있㉡는 사람들㉢의 손을 이용하여 의미㉣를 전달하는 언어㉤이다.

① ㉠   ② ㉡
③ ㉢   ④ ㉣
⑤ ㉤

감탄사

1 감탄사에 관해 알아보기

(1) 대화의 밑줄 친 단어 분류하기

놀람이나 느낌을 나타내는 단어	부름을 나타내는 단어	대답을 나타내는 단어
앗, 으악	□□	네

→ 놀람이나 느낌, 부름, 대답 등을 나타내는 단어를 '□□□(感歎詞)'라고 한다.

2 감탄사의 특성 탐구하기

→ 대화에 쓰인 감탄사: 야, 어이구, 아니, 우아

→ 특징: 감탄사는 문장에서 생략해도 대화가 가능하다. 감탄사를 □□해도 문장의 뜻이 많이 달라지지 않는다.

개념 쏙쏙 — 독립언의 기능

감탄사는 문장에서 다른 단어와 관계를 맺지 않고 □□□으로 쓰이는 기능을 하므로 '독립언(獨立言)'이라고 한다.

학습 활동 응용 >>>

33 다음 중 부름을 나타내는 감탄사로 알맞은 것은?

① 네   ② 앗
③ 이봐   ④ 으악
⑤ 동생아

34 감탄사에 대한 설명으로 알맞지 <u>않은</u> 것은?

① 기능상 독립언에 속한다.
② 문장 전체에 특별한 의미를 더해 준다.
③ 문장에서 쓰일 때 형태가 변하지 않는다.
④ 놀람이나 느낌, 부름, 대답 등을 나타낸다.
⑤ 문장에서 다른 단어와 관계를 맺지 않는다.

35 〈보기〉에 쓰인 감탄사가 나타내는 의미로 알맞은 것은?

> 보기
> "어이, 거기 너!"

① 놀람   ② 느낌
③ 부름   ④ 대답
⑤ 인사

36 품사의 분류에 대한 설명으로 알맞은 것은?

① 명사, 대명사, 수사는 기능상 관계언에 속한다.
② 단어를 기능에 따라 9가지로 분류한 것을 품사라 한다.
③ 용언은 문장에서 쓰일 때, 형태가 변하므로 단어라고 할 수 없다.
④ 관형사와 부사는 다른 말을 수식한다는 점에서 기능상 같아 수식언으로 묶을 수 있다.
⑤ 형태를 기준으로 형태가 변하지 않는 가변어와 형태가 변하는 불변어로 분류할 수 있다.

 문제해결과 적용

1 국어 자료에서 단어의 쓰임 평가하기

(1) 단어의 정확한 쓰임을 평가하고, 잘못 사용한 단어 고치기

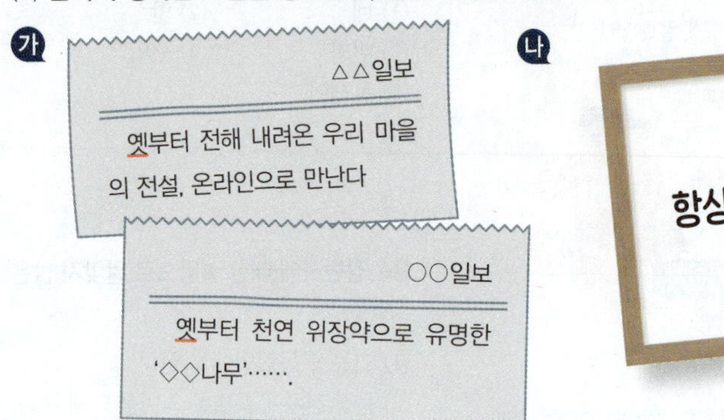

→ 나의 평가: '옛'은 □□□이므로 조사 '부터'와 결합할 수 없다.
→ 바르게 고친 표현: '옛'을 명사로 바꾸어 '예부터'로 고쳐 써야 한다.

→ 나의 평가: '예쁘자'의 기본형 '예쁘다'는 □□□이므로 청유형으로 활용하는 것이 어색하다.
→ 바르게 고친 표현: '예쁘자'를 '예쁜 마음을 갖자'로 고쳐 써야 한다.

(2) 안내문의 밑줄 친 단어의 쓰임 판단하기

입주민 여러분, 주차 관련하여 공지합니다. 어린이들이 많이 드나들기 때문에 놀이터 근처에 주차하지 말아 주십시오. 번거로우시겠지만 그곳에 주차를 부탁드립니다.

→ 나의 평가: 밑줄 친 단어는 문장에서 적절하지 않게 쓰였다.
→ 그 까닭: 대명사 '그곳'이 대신 가리키는 대상이 글 속에 드러나 있지 않기 때문이다.

2 품사의 사용에 따른 국어 자료의 특성 파악하기

⚠️ **안전 안내 문자**

안전 안내, 오늘 10시 폭염 예정, 낮 동안 외출 자제, 물놀이 안전 유의 바람.

→ 밑줄 친 단어는 모두 □□이다.
→ 이 자료에는 명사가 많이 쓰여서 전달하려는 내용을 더욱 명료하고 신속하게 전달하고 있다.

→ 안전 안내 문자와 같이 정보를 전달하는 글에서는 관형사, 부사, 감탄사 등을 생략하고 꼭 필요한 단어로만 □□하고 신속하게 정보를 전달한다.
→ 동화책은 부사가 많이 쓰여서 상황이 더욱 구체적이고 자세하게 묘사되고, 서술어가 나타내는 동작이나 상태의 정도가 더욱 구체적이고 생생하게 표현된다.

---

37 다음 밑줄 친 단어에 대한 설명으로 알맞은 것은?

옛부터 전해 내려온 우리 마을의 전설, 온라인으로 만난다.

① 시간을 나타내는 부사이다.
② '예부터'로 고쳐 써야 한다.
③ '옛'은 '부터'가 아닌 관형사와 결합해야 한다.
④ '옛'은 용언을 꾸며 주는 말로 뒤에 동사나 형용사가 와야 한다.
⑤ '옛'은 형용사이므로 조사와 결합하지 못하기 때문에 잘못된 표현이다.

38 〈보기〉에서 잘못된 표현을 찾아 쓰시오.

─ 보기 ─
몸과 마음 모두 건강하자.

39 다음 안전 안내 문자에 대한 설명으로 알맞지 **않은** 것은?

안전 안내, 오늘 10시 폭염 예정, 낮 동안 외출 자제, 물놀이 안전 유의 바람.

① 정보 전달을 목적으로 한다.
② 주로 명사를 사용해 표현하였다.
③ 꼭 필요한 단어들로 짧고 명확하게 표현하였다.
④ 적절한 수식언이 사용되어 내용을 구체적으로 나타냈다.
⑤ 명사 위주의 문장으로, 전달하고자 하는 내용이 빠르게 인식된다.

40 다음 빈칸에 들어갈 말로 알맞은 것은?

( )와/과 같은 글에는 부사가 많이 쓰여서 상황이 더욱 구체적이고 생생하게 묘사된다.

① 동화책 　　② 입시 요강
③ 수학 교과서 　　④ 사용 설명서
⑤ 아파트 공지 사항

(2) 품사의 종류와 특성

★ 품사의 종류와 특성을 함께 정리해 보자!

불변어

체언

종류
- **명사**: 대상의 ❶[　　]을 나타내는 단어
- **대명사**: 대상의 이름을 대신 나타내는 단어
- **수사**: 수량이나 순서를 나타내는 단어

특징
- 문장에서 쓰일 때 형태가 변하지 않음.
- 문장에서 주로 주어, 목적어 등으로 쓰여 몸체 기능을 함.

수식언

종류
- **관형사**: ❷[　　]을 꾸며 주는 단어
- **부사**: 주로 용언을 꾸며 주는 단어

특징
- 문장에서 쓰일 때 형태가 변하지 않음.
- 문장에서 주로 다른 단어를 꾸며 주는 기능을 함.
- 뒤에 오는 말을 구체적이고 자세하게 표현해 줌.

독립언

종류
- **감탄사**: 놀람이나 느낌, 부름, 대답을 나타내는 단어

특징
- 문장에서 쓰일 때 형태가 변하지 않음.
- 문장에서 다른 단어와 관계를 맺지 않고 ❸[　　]적으로 쓰이는 기능을 함.

관계언

종류
- **조사**: 주로 체언 뒤에 붙어서 단어들 사이의 문법적 관계를 나타내거나 단어에 특별한 뜻을 더해 주는 단어

특징
- 문장에서 쓰일 때 형태가 변하지 않음. (서술격 조사 '❹[　　]'는 예외)
- 문장에서 홀로 쓰일 수 없고 반드시 다른 단어에 붙어서 쓰임.

가변어

용언

종류
- **동사**: 대상의 ❺[　　]을 나타내는 단어
- **형용사**: 대상의 상태나 성질을 나타내는 단어
→ 동사와 달리 형용사는 활용하였을 때 어색한 것이 있음.

특징
- 문장에서 쓰일 때 형태가 변하는 활용을 함.
- 문장에서 주로 서술하는 기능을 함.

집중연습하기

01 다음 단어의 품사를 쓰시오.

(1) 가을		(2) 이것	
(3) 참		(4) 둘	
(5) 듣다		(6) 어느	
(7) 역시		(8) 그립다	
(9) 이순신		(10) 으악	
(11) 예쁘다		(12) 반드시	
(13) 돌아가다		(14) 사랑	
(15) 단(單)		(16) 이다	
(17) 너무		(18) 전부	
(19) 거기		(20) 노력	
(21) 이봐		(22) 옛	
(23) 뻣뻣하다		(24) 안내	
(25) 빨간		(26) 이곳	
(27) 과일		(28) 활짝	
(29) 의자		(30) 가다	
(31) 유의		(32) 죄송하다	
(33) 천천히		(34) 야	
(35) 싱거운		(36) 먹다	
(37) 사뿐히		(38) 공부하다	
(39) 첫째		(40) 집	

02 다음 설명에 해당하는 품사를 쓰시오.

(1) 대상의 상태나 성질을 나타내는 단어　　　(　　　)
(2) 수량이나 순서를 나타내는 단어　　　(　　　)
(3) 문장에서 체언을 꾸며 주는 단어　　　(　　　)
(4) 대상의 이름을 대신 나타내는 단어　　　(　　　)
(5) 대상의 움직임을 나타내는 단어　　　(　　　)
(6) 문장에서 주로 용언을 꾸며 주는 단어　　　(　　　)
(7) 놀람, 느낌, 부름, 대답 등을 나타내는 단어　　　(　　　)
(8) 대상의 이름을 나타내는 단어　　　(　　　)
(9) 체언 뒤에 붙어서 단어들 사이의 관계를 나타내거
　　나 특별한 뜻을 더해 주는 단어　　　(　　　)

03 〈보기〉의 단어들을 형태가 변하지 않는 것과 변하는 것으로 나누시오.

> **보기**
>
> | | | | | | |
> |---|---|---|---|---|---|
> | 동생 | 읽다 | 물 | 너무 | 맵다 | 울다 |
> | 우리 | 음식 | 크다 | 어머나 | 헌 | 무척 |
> | 앉다 | 가깝다 | 찾다 | | | |

(1) 형태가 변하지 않는 단어	(2) 형태가 변하는 단어

04 〈보기〉의 문장에 쓰인 단어를 의미에 따라 나누어 쓰시오.

> **보기**
>
> 진아는 국이 너무 짜서 물을 마셨다.

(1) 대상의 이름을 나타내는 단어	
(2) 용언을 꾸며 주는 단어	
(3) 대상의 움직임을 나타내는 단어	
(4) 대상의 상태나 성질을 나타내는 단어	
(5) 단어들 사이의 문법적 관계를 나타내거나 특별한 뜻을 더해 주는 단어	

05 〈보기〉의 ㉠~㉣에 쓰인 단어의 품사를 쓰시오.

> **보기**
>
> ㉠접시에 담긴 ㉡사과는 쏟아질 듯하고, 우유 주전자와 컵의 표면은 평평합니다. ㉢이것은 그가 사물의 본래 특성을 찾고자 여러 방향에서 사물을 바라보고 그 모습을 모아서 ㉣하나의 장면에 담았기 때문입니다.

㉠	㉡	㉢	㉣

06 다음 품사에 해당하는 단어를 〈보기〉에서 찾아 쓰시오.

> **보기**
>
> 쭉 무뚝뚝하다 열심히 저희 되다 나오다 헌 책

(1) 동사	(2) 형용사	(3) 관형사	(4) 부사

01 품사에 대한 설명으로 알맞은 것은?

① 우리말은 8품사로 단어를 분류한다.
② 기능에 따라 가변어와 불변어로 나눈다.
③ 홀로 쓸 수 있는 말의 최소 단위를 말한다.
④ 우리말은 세 가지 기준에 따라 단어를 분류한다.
⑤ 반드시 앞말에 붙어서 쓰이는 단어는 품사로 분류되지 않는다.

02 다음 중 문장에서 쓰일 때 단어의 기능이 나머지와 <u>다른</u> 하나는?

① 셋　　　　　　② 가을
③ 어느　　　　　④ 그곳
⑤ 느티나무

03 〈보기〉의 밑줄 친 단어 중 체언이 <u>아닌</u> 것은?

> ── 보기 ──
> 준수가 빨간 자두와 노란 참외를 둘 다 먹었다.
> 　①　　　②　　　③　④⑤

04 다음 밑줄 친 단어 중 사물의 순서를 나타내는 것은?

① 둘도 없는 맛이 날 거예요!
② 첫째, 떡을 떼어 냄비에 넣는다.
③ 설탕과 간장을 둘 다 넣어 주세요.
④ 떡을 하나씩 떼어 냄비에 넣어 주세요.
⑤ 술래가 열을 셀 동안 아이들이 모두 숨었다.

[05~07] 다음 글을 읽고 물음에 답하시오.

ⓐ폴 세잔(Paul Cézanne)의 〈우유 주전자와 과일이 있는 정물〉을 봅시다. ⓑ여기에는 다양한 사물이 있는데요. 자세히 보면 어색한 느낌이 듭니다. 접시에 담긴 사과는 쏟아질 듯하고, 우유 주전자와 컵의 표면은 ⓒ평평합니다. 이것은 그가 사물의 본래 ⓓ특성을 찾고자 ⓔ여러 방향에서 사물을 바라보고 ㉮그 모습을 모아서 하나의 장면에 담았기 때문입니다. ㉯이는 매우 독창적인 방법이었습니다.

05 ⓐ~ⓔ 중 추상적 대상의 이름을 나타내는 단어로 알맞은 것은?

① ⓐ　　② ⓑ　　③ ⓒ　　④ ⓓ　　⑤ ⓔ

06 〈보기〉의 밑줄 친 단어 중 ㉮와 품사가 같은 것은?

> ── 보기 ──
> 　이 나무를 누가 심었는지 알려 줄까? 느티나무가 있는 자리에는 원래 한 노인이 살았어. 그는 이곳에 집을 지었지. 그리고 집 옆에 정원을 만들어서 거기에 나무를 심고…….

① 이　　　　② 그　　　　③ 이곳
④ 옆　　　　⑤ 거기

07 ㉯가 의미하는 바가 무엇인지 〈조건〉에 맞게 쓰시오.

> ── 조건 ──
> • 글의 내용 안에서 찾을 것
> • '~것' 형식으로 쓸 것

3
단원

08 다음 단어 중 〈보기〉의 설명에 해당하는 것은?

> ─ 보기 ─
> 대상의 움직임을 나타내며 주로 서술어로 쓰이는 단어

> 진아는 도시락을 먹었는데 반찬이 짰다.
> ①   ②   ③   ④   ⑤

09 다음 ㉠에 대한 설명으로 알맞지 <u>않은</u> 것은?

> 선생님, 말썽만 부려서 죄송해요. 앞으로는 선생님 말씀을 잘 ㉠들을게요. 그리고 더욱 열심히 공부할게요. 앞으로는 절대 아프지 마세요.

① 가변어이다.
② 용언에 해당한다.
③ 기본형은 '듣다'이다.
④ 청유형으로 쓰는 것은 어색하다.
⑤ '듣니, 들어라' 등으로 다양하게 활용한다.

[10~12] 다음 글을 읽고 물음에 답하시오.

  그이는 매일 아침 9시에 일터로 ㉠나와서 다시 저녁 9시가 ㉡되면 가운을 ㉢벗고 집으로 ㉣돌아간다. 일터에서의 그이는 다소 ㉤무뚝뚝하고 뻣뻣하다. 남하고 ㉮싱거운 소리를 ㉯나누는 일도 거의 없다.

                            – 양귀자, 〈길모퉁이에서 만난 사람〉

학습 활동 꼼꼼

10 ㉠~㉤ 중 대상의 움직임을 나타내는 단어가 <u>아닌</u> 것은?

① ㉠   ② ㉡   ③ ㉢   ④ ㉣   ⑤ ㉤

11 ㉮에 대한 설명으로 알맞지 <u>않은</u> 것은?

① 어간은 '싱겁–'이다.
② 기본형은 '싱겁다'이다.
③ 문장에서 쓰일 때에 형태가 변한다.
④ '싱겁자'라는 청유형으로 쓸 수 있다.
⑤ '싱거우니, 싱겁구나, 싱거워서' 등으로 활용한다.

12 ㉯의 단어를 활용한 것으로 알맞지 <u>않은</u> 것은?

① 기본형: 이야기를 나누다.
② 현재형: 이야기를 나눴다.
③ 의문형: 이야기를 나누니?
④ 명령형: 이야기를 나눠라!
⑤ 청유형: 이야기를 나누자.

13 다음 밑줄 친 단어 중 관형사는?

① <u>옛</u> 시에 빠지다.
② 난 네가 <u>참</u> 좋아.
③ 나비가 <u>사뿐히</u> 날아요.
④ 학생들이 운동장에 너무 <u>많다</u>.
⑤ 그가 들려준 이야기는 <u>매우</u> 흥미로웠다.

14 〈보기〉의 밑줄 친 단어의 품사로 알맞은 것은?

> ─ 보기 ─
> 저기에 <u>세</u> 사람이 있다.

① 수사   ② 명사
③ 부사   ④ 관형사
⑤ 대명사

[15~16] 다음 글을 읽고 물음에 답하시오.

건강을 위한 올바른 운동 동작

오늘 운동할 때 ㉠반드시 지켜야 하는 것은 몸에 있는 힘을 남기지 않고 ㉡전부 빼는 거예요. 자, 왼손과 오른손을 위로 쭉 뻗으세요. 두 손을 깍지 끼고 호흡을 ㉢천천히 내쉬면서 오른쪽으로 상체를 구부리세요. ㉣이 자세에서 10초 동안 버티세요. 내 몸에서 ㉤어느 부분이 늘어나는지 느끼면서 같은 자세로 반대쪽으로도 구부려 보세요.

학습 활동 응용

15 ㉠~㉤의 품사를 알맞게 분류한 것은?

	관형사	부사
①	㉠, ㉡	㉢, ㉣, ㉤
②	㉡, ㉣	㉠, ㉢, ㉤
③	㉢, ㉤	㉠, ㉡, ㉣
④	㉣, ㉤	㉠, ㉡, ㉢
⑤	㉡, ㉣, ㉤	㉠, ㉢

서술형

16 ㉠~㉤과 같은 수식언을 문장에서 사용하였을 때의 효과를 〈조건〉에 맞게 서술하시오.

┌─ 조건 ─────────────────────┐
• 완결된 한 문장으로 쓸 것
└────────────────────────────┘

17 〈보기〉의 밑줄 친 단어에 대한 설명으로 알맞은 것은?

┌─ 보기 ─────────────────────┐
과연 소문대로 이 음식은 맛있구나.
└────────────────────────────┘

① 용언을 꾸며 주고 있다.
② 다른 부사를 꾸며 주고 있다.
③ '소문'을 꾸며 주는 관형사이다.
④ 문장 전체를 꾸며 주는 부사이다.
⑤ 감탄의 의미를 나타내는 감탄사이다.

18 〈보기〉의 밑줄 친 단어에 대한 설명으로 알맞은 것은?

┌─ 보기 ─────────────────────┐
거북이가 토끼만 달래 주었어요.
└────────────────────────────┘

① 문장에서 쓸 때 형태가 변화하는 단어이다.
② 무언가를 추가한다는 뜻을 더해 주는 단어이다.
③ 체언 뒤에 붙어서 '토끼'가 목적어임을 나타낸다.
④ 무언가를 제한·한정한다는 뜻을 더해 주는 조사이다.
⑤ 단어들 사이의 문법적 관계를 나타내며 특별한 뜻은 없다.

19 〈보기〉의 밑줄 친 단어에 대한 설명으로 알맞지 <u>않은</u> 것은?

┌─ 보기 ─────────────────────┐
수어는 청각 장애가 있는 사람들이 손을 이용하여 의미를 전달하는 언어입니다.
└────────────────────────────┘

① 서술격 조사이다.
② 기본형은 '이다'이다.
③ 조사이지만 용언처럼 활용한다.
④ '이에요, 이지' 등으로 형태를 바꾸어 쓸 수 있다.
⑤ 목적어인 체언 뒤에 붙어 문법적 관계를 나타낸다.

20 다음 밑줄 친 단어에 대한 설명으로 알맞지 <u>않은</u> 것은?

① 감탄사이다.
② 형태가 변하지 않는다.
③ 문장 전체를 꾸며 준다.
④ 생략해도 문장의 뜻이 달라지지 않는다.
⑤ 다른 단어와 관계를 맺지 않고 쓰인다.

21 다음 안전 안내 문자에서 가장 많이 쓰인 품사는?

┌────────────────────────────┐
 **안전 안내 문자**

안전 안내, 오늘 10시 폭염 예정, 낮 동안 외출 자제, 물놀이 안전 유의 바람.
└────────────────────────────┘

① 명사　　② 수사　　③ 감탄사
④ 관형사　　⑤ 대명사

[01~04] 다음을 보고 물음에 답하시오.

01 (가)와 (나)에서 효진이의 말에 담긴 의도에 대한 설명으로 알맞지 <u>않은</u> 것은?

① (가)에서 효진이는 친구를 칭찬하는 의도로 말하였다.
② (나)에서 효진이는 동생을 야단치려는 의도로 말하였다.
③ (가)와 (나)의 상황 맥락을 파악하여 의도를 추론할 수 있다.
④ (가)와 (나)는 발화의 문화적 맥락이 다르기 때문에 의도가 달라졌다.
⑤ (가)와 (나)에서 효진이의 표정이 다른 것으로 보아 같은 말이지만 의도가 다를 것이다.

02 ㉠에 담긴 의도를 추론하기 위해 정민이가 고려할 점으로 알맞지 <u>않은</u> 것은?

① 아빠의 표정
② 아빠의 말투
③ 담화의 상황 맥락
④ 아빠의 언어 표현
⑤ 아빠의 텔레비전 프로그램 취향

학습 활동 응용
03 ㉡에서 학생이 대답할 내용으로 알맞은 것은?

① ○○ 아파트에 가는 방법
② 곧 도착하는 버스의 노선
③ ○○ 아파트에 가는 데 걸리는 시간
④ ○○ 아파트에 가본 적이 있는지 여부
⑤ ○○ 아파트에 가는 방법을 알고 있는지 여부

서술형
04 (가)~(라)를 통해 알 수 있는 추론하며 듣기의 필요성을 〈조건〉에 맞게 서술하시오.

> **조건**
> • 완결된 한 문장으로 쓸 것

[05~08] 다음 글을 읽고 물음에 답하시오.

가 앵커: 성큼 다가온 가을 정취 느끼기에 고궁 방문만한 게 없죠. 하지만 시각 장애인들은 아무래도 이렇게 고궁 나들이하기가 쉽지만은 않을 텐데요. 국가유산청이 경복궁 등 4대 궁에 '장면 해설 서비스'를 시작했습니다. 귀로 보고 손끝으로 느끼는 한 시각 장애인의 고궁 나들이. △△△ 기자가 함께 다녀왔습니다.

나 영상 해설사: 교대식이 있어서 북이 울리고 있습니다.

기자: 영상 해설사의 설명이 시작됩니다. 보이지 않지만 마치 보는 것처럼 수문장 교대식 장면이 생생하게 펼쳐집니다.

영상 해설사: 빨간 도복을 입고.

시각 장애인 ○○○ 씨: 아!

영상 해설사: 머리에는 갓을 쓰고 있거든요.

시각 장애인 ○○○ 씨: 예.

기자: 사회 관계망 서비스(SNS)에 올릴 사진도 찍었습니다.

영상 해설사: 지금 찍으시면 될 것 같아요.

기자: 시각 장애인 ○○○ 씨의 고궁 나들이 길. 안내견 '피움이' 말고도 ㉠기댈 수 있는 팔이 하나 더 생겼습니다.

다 기자: 서울 경복궁 등 4대 고궁에서는 이달부터 시각 장애인을 위한 영상 해설이 도입됐습니다.

시각 장애인 ○○○ 씨: 전에는 여러번 왔어도 '그냥 지나치는 길이다.'밖에는 몰랐거든요. 처음 와 본 거 같아요.

기자: 청각 장애인들을 위한 스마트폰 수어 설명도 작년부터 활용돼 왔습니다. 농인들에게는 한글보다 먼저 배운 수어가 모국어 같기 때문입니다.

청각 장애인 □□□ 씨: 글자를 보고 100퍼센트 이해하는 것이 아니라, 이해하는 정도가 다 다르기 때문에 수어가 훨씬 도움이 됩니다.

기자: 귀로 보고, 눈으로 듣는 고궁. 아직 극히 일부에 그치고 있지만, 국가유산청은 장애인들이 즐길 수 있는 국가유산을 점점 더 늘려 갈 계획입니다.

05 이 뉴스에 대한 설명으로 알맞지 <u>않은</u> 것은?

① 앵커는 처음에 계절과 관련지어 시청자의 관심을 끌었다.

② 기자는 비유적인 표현을 사용하여 취재한 내용을 설명하였다.

③ 영상 해설사가 하는 일을 보여 주며 기자가 덧붙여 설명하였다.

④ 기자는 뉴스에서 고궁의 장면 해설 서비스를 다룰 것임을 안내하였다.

⑤ 시각 장애인이 영상 해설사의 도움을 받아 고궁을 관람하는 모습을 실제로 보여 주었다.

06 이 뉴스에서 알 수 있는 영상 해설의 효과로 알맞은 것은?

① 고궁에 직접 가지 않아도 가을 정취를 느낄 수 있게 한다.

② 시각 장애인이 안내견 없이도 고궁을 나들이할 수 있게 한다.

③ 청각 장애인이 고궁에 관한 설명을 쉽게 이해할 수 있게 한다.

④ 시각 장애인이 고궁의 여러 모습과 상황을 생생하게 느낄 수 있게 한다.

⑤ 고궁을 그냥 지나치던 사람들에게 국가유산의 소중함을 느낄 수 있게 한다.

07 (다)에서 인터뷰를 넣은 효과로 알맞은 것은?

① 국가유산청의 계획을 상세하게 보여 준다.

② 장면 해설 서비스에 대한 기대감을 전달한다.

③ 장면 해설 서비스의 문제점도 함께 보여 준다.

④ 여운을 주면서 우리 사회의 문제점을 짚어 준다.

⑤ 장면 해설 서비스의 효과와 가치를 생생하게 보여 준다.

08 ㉠이 가리키는 대상으로 알맞은 것은?

① 국가유산　　　　② 고궁 관람

③ 영상 해설　　　　④ 사회 관계망 서비스

⑤ 스마트폰 수어 해설

[09~12] 다음 글을 읽고 물음에 답하시오.

가 우리는 행복한 삶과 성공적인 경력을 위해 많은 일을 하면서 정작 현재를 잊고 삽니다. 지금 바로 이 순간에 관한 생각은 하지 않는 거죠. 전에 봤던 달라이 라마의 인터뷰가 생각납니다. 질문하는 사람이 달라이 라마에게 "우주에서 가장 이상하고 특이하고 별난 게 무엇이라고 생각하시나요?"라고 묻자 그는 이렇게 대답했죠. "그건 사람입니다." 질문하는 사람이 경외에 가득 찬 목소리로 다시 물었어요. "어째서요?" 달라이 라마는 그 까닭을 다음과 같이 설명했습니다. 사람들은 돈을 벌기 위해 건강을 희생하고 나서 이번에는 건강을 회복하려고 돈을 희생합니다. 그리고 미래에 관해 불안해하고 초조해하면서 현재를 즐길 생각을 하지 않죠. 결과적으로 현재를 사는 것도 미래를 사는 것도 아닌 것이 됩니다. 사람들은 마치 절대 죽지 않을 것처럼 살면서 한 번도 진짜 사는 것답게 살아 보지 못하고 죽는 거예요.

나 저는 아직 어린이에 지나지 않고 모든 문제에 해결책을 갖고 있지도 않습니다. 그렇지만 이 자리에 계신 여러분 모두가 저와 별반 다르지 않다는 것을 아셨으면 합니다. 기분을 상하게 해 드리려는 게 아니라 깨달음을 드리고 싶어서입니다. 우리가 지금 현재 하고 있는 일들을 통해 만들어 가는 미래가 제 눈에는 그리 썩 좋아 보이지 않는다는 것을요. 다음번에 저 같은 어린이와 이야기를 나눌 기회가 되신다면 나중에 커서 무엇이 되고 싶으냐고 물어보는 대신 지금 그들이 원하는 것이 무엇인지 물어봐 주세요. 학생이나 어린이들의 삶에 교육자의 역할이 상당히 크다고 생각합니다. 교육의 목적은 직장 생활의 성공이 아니라 지성인을 만들어 내는 것입니다. 만일 교육자들이 모든 이에게 '〔 ㉠ 〕'라고 묻는다면 세상이 바뀔 수도 있을 것입니다. 커서 무엇이 되고 싶으냐는 질문에는 문제가 내재되어 있습니다. 청소년들이 오늘 할 수 있는 일을 폄하하는 것이죠. 어린이들에게 오늘 하고 싶은 일을 하려면 미래에 적당한 때가 오기를 기다려야 한다는 생각을 심어 주는 거예요. 왜 그래야 하는 거죠? 우리는 언제든 우리 자신에게 충실해야 합니다.

---

09 이 연설문의 내용과 일치하는 것은?

① 연설자는 달라이 라마를 직접 인터뷰했다.
② 교육은 미래의 성공을 위해 제공되어야 한다.
③ 현재에 하고 싶은 일을 묻는 교육자의 질문이 중요하다.
④ 사람들은 현재도 미래도 아닌 과거에 집착하는 삶을 산다.
⑤ 네가 지금 무엇을 하고 싶으냐는 질문은 하고 싶은 일을 위해 때를 기다려야 한다는 의미를 내포한다.

10 연설자가 달라이 라마의 인터뷰를 인용한 까닭으로 알맞지 <u>않은</u> 것은?

① 연설자의 주장을 뒷받침하기 타당한 자료이므로
② 유명인의 말을 인용하여 청자의 관심을 끌 수 있으므로
③ 영향력이 큰 사람의 말을 인용하여 설득력을 높일 수 있으므로
④ 객관적인 자료를 사용하여 연설 내용에 신뢰도를 높일 수 있으므로
⑤ 현재를 희생하는 삶에 대해 부정적으로 보는 것이 연설자와 같으므로

11 연설자의 의도를 추론하는 방법으로 알맞지 <u>않은</u> 것은?

① 청자의 태도를 분석하였다.
② 연설의 목적을 파악하였다.
③ 연설의 상황 맥락을 파악하였다.
④ 반복되는 단어 및 문장을 살펴 의도를 파악하였다.
⑤ 핵심 화제인 '현재'를 언급한 문장들을 모아 연설자의 생각을 파악하였다.

서술형

12 ㉠에 들어갈 질문을 연설자의 의도를 고려하여 〈조건〉에 맞게 서술하시오.

조건
• 의문형의 완결된 한 문장으로 쓸 것

13 품사와 관련된 설명으로 알맞은 것은?

① 관계언은 문장에서 홀로 쓰이지 못한다.
② 기능에 따라 묶은 단어의 갈래를 품사라고 한다.
③ 문장에서 생략이 가능한 품사는 명사, 대명사, 수사이다.
④ 독립언은 문장 전체를 독립적으로 수식하는 기능을 한다.
⑤ 문장에서 쓰일 때 형태가 변하는 품사는 조사, 부사이다.

14 체언에 대한 설명으로 알맞은 것은?

① 문장에서 주어를 서술한다.
② 문장에서 몸체의 역할을 한다.
③ 문장에서 독립적으로 기능한다.
④ 문장에서 다른 단어를 수식한다.
⑤ 문장에서 다른 단어와 문법적 관계를 표현한다.

15 〈보기〉의 단어 중 추상적 대상의 이름을 나타내는 단어를 모두 고른 것은?

보기

집　　가을　　노력　　사랑　　의자　　이순신

---

① 노력, 사랑
② 집, 노력, 의자
③ 집, 가을, 노력
④ 가을, 노력, 사랑
⑤ 집, 의자, 이순신

16 밑줄 친 단어의 품사가 〈보기〉와 다른 것은?

보기

할아버지는 <u>이곳</u>에 집을 지었다.

---

① <u>우리</u> 같이 가자.
② 그 사람은 <u>누구</u>니?
③ 잠깐만. 나 <u>저것</u> 좀 가져다줘.
④ <u>이</u> 그림을 고양이가 그렸다고?
⑤ <u>여기</u>는 내가 가장 좋아하는 곳이야.

17 다음 ㉠, ㉡의 품사가 알맞게 묶인 것은?

• 느티나무가 있는 자리에 ㉠<u>한</u> 노인이 살았다.
• 떡을 ㉡<u>하나</u>씩 떼어 냄비에 넣었다

	㉠	㉡		㉠	㉡
①	수사	수사	②	대명사	수사
③	관형사	수사	④	수사	관형사
⑤	대명사	관형사			

18 다음 밑줄 친 단어의 특징으로 알맞은 것은?

폴 세잔의 〈우유 주전자와 과일이 있는 정물〉을 봅시다. <u>여기</u>에는 다양한 사물이 있는데요. 자세히 보면 어색한 느낌이 듭니다.
---

① 형태가 바뀌지 않는다.
② 대상의 이름을 나타내는 단어이다.
③ 수량이나 순서를 나타내는 단어이다.
④ 문장에서 주어나 서술어로 기능한다.
⑤ 문장이 성립하기 위해서는 반드시 필요하다.

19 다음 ㉠~㉤ 중 〈보기〉의 설명에 해당하는 단어는?

보기

• 대상의 상태나 성질을 나타내는 단어이다.
• 활용할 때 어색한 것이 있다.

선생님, 말썽만 부려서 ㉠<u>죄송해요</u>. 앞으로는 선생님 말씀을 잘 ㉡<u>들을게요</u>. 그리고 더욱 열심히 ㉢<u>공부할게요</u>. 앞으로는 절대 아프지 마세요. 선생님께서 ㉣<u>돌아오시면</u> 저희가 함께 만든 과자를 선물로 ㉤<u>드릴게요</u>.
---

① ㉠　　② ㉡　　③ ㉢　　④ ㉣　　⑤ ㉤

20 문장에서 주로 쓰이는 용언의 기능으로 알맞은 것은?

① 주어를 서술하는 기능
② 독립적으로 쓰이는 기능
③ 다른 단어를 꾸며 주는 기능
④ 주어, 목적어 등으로 쓰이는 몸체의 기능
⑤ 단어들 사이의 문법적 관계를 나타내는 기능

21 다음 문장에서 사용된 수식언의 성격이 나머지와 <u>다른</u> 하나는?

① 기분이 무척 좋다.
② 머리가 매우 아프다.
③ 나는 모든 빵을 좋아한다.
④ 그건 전혀 예상하지 못했다.
⑤ 놀이터는 여기에서 너무 멀다.

22 〈보기〉의 밑줄 친 단어에 대한 설명으로 알맞은 것은?

> ─ 보기 ─
> 저기에 <u>세</u> 사람이 있다.

① 활용하는 단어이다.
② 문법적인 관계를 나타낸다.
③ 명사를 꾸며 주는 관형사이다.
④ 사물의 순서를 나타내는 단어이다.
⑤ 독립적인 표현으로 생략할 수 있다.

23 〈보기〉의 밑줄 친 단어에 대한 설명으로 알맞지 <u>않은</u> 것은?

> ─ 보기 ─
> 나는 <u>이</u> 책을 <u>반드시</u> 읽겠다.

① '이'와 '반드시'는 수식하는 기능을 한다.
② '이'는 뒤의 명사 '책'을 꾸며 주는 관형사이다.
③ '반드시'는 뒤의 동사 '읽겠다'를 꾸며 주는 부사이다.
④ 문장의 내용을 명료하고 신속하게 전달할 수 있게 한다.
⑤ 뒤에 오는 말의 의미를 자세하게 표현해 주는 기능을 한다.

24 〈보기〉의 밑줄 친 단어가 수식하는 대상으로 알맞은 것은?

> ─ 보기 ─
> <u>역시</u> 소문대로 이 음식은 맛있구나.

① 명사
② 수사
③ 부사
④ 관형사
⑤ 문장 전체

25 다음 중 문장에서 홀로 쓰일 수 <u>없는</u> 것은?

① 체언
② 용언
③ 관계언
④ 독립언
⑤ 수식언

26 다음 밑줄 친 단어 중 〈보기〉의 설명에 해당하는 것은?

> ─ 보기 ─
> 무언가를 추가한다는 뜻을 더해 주는 조사

① 거북이<u>가</u> 토끼를 이겼어요.
② 거북이가 토끼<u>를</u> 달래 주었어요.
③ 거북이가 토끼<u>도</u> 달래 주었어요.
④ 거북이가 토끼<u>만</u> 달래 주었어요.
⑤ 거북이<u>와</u> 토끼가 달리기를 경주를 했어요.

27 다음 ㉠~㉤ 중 조사가 <u>아닌</u> 것은?

> 수어㉠란 청각 장애㉡가 있는 사람들㉢의 손㉣을 이용하여 의미를 전달하는 언어㉤이다.

① ㉠
② ㉡
③ ㉢
④ ㉣
⑤ ㉤

28 다음 빈칸에 들어갈 말로 알맞지 <u>않은</u> 것은?

> (   )을 나타내는 단어를 감탄사라고 한다.

① 놀람
② 느낌
③ 부름
④ 대답
⑤ 한정

[29~30] 다음 만화를 보고 물음에 답하시오.

가

나

다

라

29 이 만화에 쓰인 감탄사가 <u>아닌</u> 것은?

① 야 ② 우아 ③ 아니
④ 어이구 ⑤ 어떡해

실력UP 고난도

30 이 만화의 대화에 대한 설명으로 알맞은 것은?

① 대화에서 조사가 모두 생략되었다.
② 수식언을 쓰지 않아서 대화가 간결하다.
③ 감탄사를 생략해도 인물 사이에 대화가 가능하다.
④ 모든 단어는 문장에서 다른 단어와 관계를 맺고 있다.
⑤ 감탄사를 쓰면 단어의 의미가 구체적으로 표현되는 효과가 있다.

31 다음 밑줄 친 단어의 쓰임을 평가한 내용으로 알맞지 <u>않은</u> 것은?

○○일보

<u>옛부터</u> 천연 위장약으로 유명한
'◇◇나무'……

① 용언의 활용이 어색하다.
② 잘못 사용한 단어가 있다.
③ '예부터'로 고쳐 써야 한다.
④ '옛'을 명사로 바꾸어야 한다.
⑤ '옛'은 관형사이므로 조사와 결합할 수 없다.

서술형

32 〈보기〉의 문장이 어색한 까닭을 〈조건〉에 맞게 서술하시오.

보기

항상 마음이 예쁘자.

조건
• 품사의 특성을 고려하여 쓸 것
• 완결된 한 문장으로 쓸 것

학습 활동 응용

33 〈보기〉의 밑줄 친 단어의 쓰임이 적절하지 않은 까닭으로 알맞은 것은?

보기

어린이들이 많이 드나들기 때문에 놀이터 근처에 <u>주차</u>하지 말아 주십시오. 번거로우시겠지만 <u>그곳</u>에 <u>주차</u>를 부탁드립니다.

① 형태를 바꾸었을 때 어색한 단어라서
② 추상적 대상을 나타내는 단어를 사용해서
③ 문장에서 주어나 목적어의 역할을 하지 못해서
④ 사물의 이름을 대신 나타내는 대명사가 아니어서
⑤ '그곳'이 가리키는 장소가 어디인지 제시되지 않아서

34 구체적이고 생생한 표현을 위해 동화책에서 많이 쓰는 품사로 알맞은 것은?

① 명사 ② 조사 ③ 대명사
④ 관형사 ⑤ 서술격 조사

4

성장의 시간

대단원별 학습 목표

- 인간의 성장을 다룬 작품을 읽으며 문학의 가치를 내면화할 수 있다.
- 자신의 삶과 경험을 바탕으로 정서를 진솔하게 표현하는 글을 쓸 수 있다.

소단원별 핵심 Point

(1) 옥수수 뺑소니
- 작품 속 인물의 성장 이해하기
- 작품을 감상하고 자신의 삶 성찰하기

(2) 정서를 표현하는 글 쓰기
- 정서를 표현하는 글을 쓰는 과정 알기
- 경험을 바탕으로 정서를 진솔하게 표현하는 글 쓰기

연계 성취기준

초등
- 작품을 읽고 자신의 삶과 연관 지어 성찰하는 태도를 기른다. `5~6학년`
- 체험한 일에 대한 감상을 나타내는 글을 쓴다. `5~6학년`

고등
- 주체적인 관점에서 작품을 해석하고 평가하며 문학을 생활화하는 태도를 지닌다.
- 다양한 언어 공동체의 특성을 고려하여 필자의 개성이 드러나는 글을 쓴다.

(1) 옥수수 빵소니

(2) 정서를 표현하는 글 쓰기

(1) 옥수수 빵소니

소단원 핵심 개념

종요 ① 인간의 성장을 다룬 작품

① **특징**: 성장 과정에서 겪는 여러 어려움과 고민을 형상화한 작품으로, 주인공이 정신적으로 성숙해 가는 모습을 그린다.

어리고 미성숙한 주인공이 등장함.	→	성장 과정에서 여러 어려움과 고민을 겪음.	→	깨달음을 얻으며 주인공이 정신적으로 성숙함.

② **문학의 가치 내면화하기**
- 작품 속 인물이 성장 과정에서 겪는 어려움이나 고민, 깨달음을 파악한다.
- 작품에 나타난 삶의 모습을 자신의 삶과 관련지어 생각한다.

③ **읽기의 필요성**
- 작품 속 인물의 삶을 바탕으로 자신의 삶을 성찰할 수 있다. (자신의 마음을 반성하고 살피는 것)
- 바람직하고 가치 있는 삶에 관한 탐구를 할 수 있다.

② 작품 속 갈등

① **'갈등'의 뜻**: 인물의 생각, 인물 간의 가치관이나 이해관계가 서로 대립하거나 복잡하게 얽혀 있는 상태를 말한다. (이익과 손해가 얽혀 있는 관계)

② **갈등의 유형**

유형		의미
내적 갈등		한 인물의 마음속에서 일어나는 상반되거나 분열된 심리가 원인이 되는 갈등
외적 갈등	인물 ↔ 인물	인물 간의 이해관계에 따라 대립되어 겪는 갈등
	인물 ↔ 사회	인물과 사회적 관습, 제도, 권력 등이 충돌하여 발생하는 갈등
	인물 ↔ 운명	인물이 타고난 운명에 맞서는 과정에서 겪게 되는 갈등
	인물 ↔ 자연	인물이 자연재해로 인해 고난을 겪게 되는 갈등

③ 갈등에 따른 소설의 구성 단계

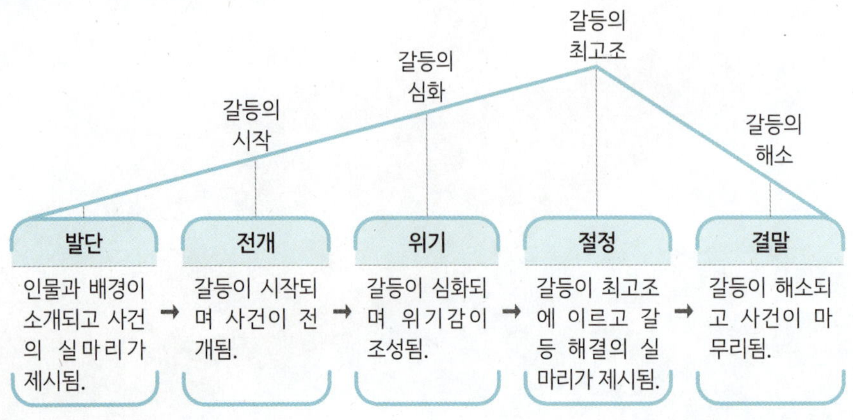

개념 확인 문제

1 다음 빈칸에 들어갈 알맞은 말을 쓰시오.

> 인간의 성장을 다룬 작품에는 성장 과정에서 겪는 여러 어려움과 고민, (　　　)이 나타나 있다.

2 인간의 성장을 다룬 작품 읽기의 필요성으로 맞으면 ○표, 틀리면 ×표를 하시오.

(1) 삶에 대한 직접적 경험을 확대할 수 있다. (　　　)
(2) 바람직하고 가치 있는 삶에 관해 탐구할 수 있다. (　　　)
(3) 작품 속 인물의 삶을 바탕으로 자신의 삶도 성찰할 수 있다. (　　　)

3 작품 속에서 일어나는 외적 갈등으로 알맞지 <u>않은</u> 것은?

① 인물이 타고난 운명에 의해 겪게 되는 갈등
② 인물이 자연재해 때문에 고난을 겪게 되는 갈등
③ 인물 간의 이해관계에 따라 대립되어 겪는 갈등
④ 인물과 사회적 관습, 제도, 권력 등이 충돌하여 발생하는 갈등
⑤ 한 인물의 마음속에서 일어나는 상반되거나 분열된 심리가 원인이 되는 갈등

4 다음에 해당하는 소설의 구성 단계로 알맞은 것은?

> 갈등이 최고조에 이르고 해결의 실마리가 제시된다.

① 발단　　② 전개　　③ 위기
④ 절정　　⑤ 결말

옥수수 빵소니 _박상기

작품 개관

갈래	단편 소설, 현대 소설	성격	개인적, 성찰적
제재	두 번의 교통사고		
주제	눈앞의 이익에 휘둘리지 말고 진실한 마음으로 살아야 한다.		
특징	• 1인칭 주인공 시점으로, 두 번의 교통사고를 당한 '나'가 자신의 속마음을 솔직하게 전달하는 형식임. • 시간의 흐름에 따른 인물의 심리 변화가 두드러짐.		

가 딱!

"아! 너 잡히기만 해 봐!"

재준이의 뒤통수를 강타하자, 녀석의 고함과 쌍시옷 소리가 짜릿하게 귓속으로 파고들었다. 장난을 걸었을 때 나오는 최고의 반응이다. 어김없이 녀석이 짧은 다리로 열심히 페달을 밟으며 쫓아왔다. 이렇게 자전거로 신나게 달리면 이십 분 걸리는 하굣길이 금방이다.

교통사고를 낸 후 적절한 조치를 취하지 않고 도망치는 일 또는 그런 범죄

"야, 이 빵소니, 게 섰거라!"

잡히지 않는 나도 대단하지만 이 년째 한결같이 쫓아오는 녀석의 근성도 눈물겹다.

뿌리가 깊게 박힌 성질

녀석과는 어릴 때부터 친구였는데 교복을 입은 뒤로는 웬만해서 자전거로 지지 않았다. 내 것은 상표 없는 일 단짜리 고물이지만, 녀석의 이십일 단 자전거에 기죽지 않은 이유다.

"삼 단 부스터 발진!"

출발하여 나아감.

간격이 좁혀지지 않자 재준이가 내뱉은 말이었다. 유치한 녀석, 그냥 기어를 변속했다고 말할 것이지. 네가 그래서 발전이 없는 거라니까!

속도를 바꿨다고

헉, 그런데 진짜 거리가 좁혀지잖아? 녀석의 목소리가 점점 가까워졌다.

"잡히면 가만 안 둔다!"

숨넘어가는 고함 소리에 뒤를 보니 벌써 닿을 듯한 거리였다. 시뻘건 얼굴에 튀어나온 핏줄, 사악하게 웃는 녀석의 얼굴이

간사하고 악하게

꼭 염라대왕 같았다.

이 자식, 오늘따라 무섭네? 발전했잖아!

짜악!

순간 등이 번쩍했다. 따라잡혀 한 대 맞은 것이다. 으아, 등이 불타오른다!

이렇게 된 이상, 체면을 차릴 처지

남을 대하기에 떳떳한 도리나 얼굴

가 아니었다. 나는 일어서서 온몸으로 페달을 밟기 시작했다.

핵심 1 이 작품의 서술 방식

서술자	작품 속 등장인물인 '나'

↓

자신이 겪은 일과 그때의 감정을 솔직하게 전달하는 방식

1 이 글의 서술 방식에 대한 설명으로 알맞은 것은?

① '나'가 주인공의 이야기를 대신하여 전달한다.
② 실제 일어난 사건을 '나'가 객관적으로 전달한다.
③ 작품 밖의 인물이 서술자가 되어 사건을 전달한다.
④ 작품 속 인물이 다른 사람의 성장 과정을 관찰하여 서술한다.
⑤ 작품 속 인물인 '나'가 자신이 겪은 일과 그때의 감정을 솔직하게 전달한다.

핵심 2 소재의 의미와 기능

상표 없는 일 단짜리 고물
• 재준이의 이십일 단 자전거와 대조되는 소재 • '나'의 가정 형편이 넉넉하지 않음을 의미함.

↓

'나'는 재준이의 자전거에 비해 보잘것없는 일 단짜리 자전거를 타지만 그럼에도 자전거 경주에서 웬만해서는 지지 않았기에 기죽지 않을 수 있음.

2 '나'에 대한 설명으로 알맞지 않은 것은?

① 재준이와는 어릴 때부터 친구이다.
② 경주에서 이기려고 기어를 변속했다.
③ 상표 없는 일 단짜리 고물 자전거를 탄다.
④ 하굣길에 재준이와 자전거 경주를 하였다.
⑤ 재준이의 이십일 단 자전거에도 기죽지 않았다.

4 단원

일 단짜리 자전거로 녀석에게 맞설 수 있는 최후의 수단이었다.

잠시 재준이와 벌어지는 것 같더니 다시 점점 가까워지기 시작했다. 등은 여전히 화끈거렸다. 또 얻어맞을 생각을 하니 간담이 서늘해졌다. ㉠이건 자존심이 걸린 문제다. 머리고 등짝이고 연신 얻어터지기 전에 나만의 솜씨로 녀석의 코를 납작하게 해 주어야 한다.

다시 내 뒷바퀴와 녀석의 앞바퀴가 마주치려는 찰나, 브레이크를 잡으며 왼쪽으로 급히 꺾었다. 그런데,

빠아아앙! / 갑자기 트럭 경적 소리가 뒤통수를 찔렀다. 그와 동시에 끼익 소리가 나며 트럭이 내 옆을 스쳤다. 나는 화들짝 놀라 핸들을 급히 오른쪽으로 틀었다. 하지만 **당황한 나머지 너무 크게 꺾고 말았다.**

"어어, 야!"

사색이 된 재준이의 목소리와 동시에 나는 보호 난간을 들이받고 넘어졌다. 자
죽은 사람처럼 창백한 얼굴빛
전거에서 떨어져 데굴데굴 굴렀다. 순식간에 벌어진 일이라 정신이 하나도 없었다.

→ '나'는 재준이와 자전거 경주를 하다가 트럭에 치일 뻔함.

빈출지문

나 "학생! 괜찮아?"

쇠뚜껑 깨질 듯이 쨍쨍한 목소리가 멀리서 들려왔다. 어느새 아저씨가 차를 갓길
고속 도로나 자동차 전용 도로 따위에서 자동차가 달리는 도로 폭 밖의 가장자리 길
에 세우고 이쪽으로 뛰어오고 있었다. 나는 상체를 일으켜 세웠다.

㉡"일어나지 말고 누워 있어, 학생!"

창피해 죽겠는데 여기에 누워 있으라니. 나는 멀쩡하다는 것을 증명하기 위해 일부러 벌떡 일어섰다. 풀숲에 굴러서 그런지 까진 곳 하나 없었다.

오십 미터를 넘게 뛰어온 아저씨가 헐떡이며 도착했다. 생각보다 덩치가 컸다.

"아픈 데 없니?" / "예."

"어지럽진 않고?" / "괜찮은데요."

질문을 뿌리치려고 반사적으로 짧은 대
어떤 자극에 순간적으로 무의식적 반응을 보이는 것
답이 튀어 나갔다. 재준이가 어느새 내 자전거를 옆에 세워 놓았다. 자전거도 별 이상은 없는 것 같았다.

"그래도 병원에 한번 가 봐야지."

"아, 진짜 괜찮다니까요."

"괜찮은지는 지금 모르는 거야. 내일 되면 아플 수도 있어."

큰 덩치와 달리 순한 인상을 가진 아저씨가 머리를 긁적였다. 그러고는 품에서 휴대 전화를 꺼냈다. 딱 봐도 옛날 폴더 폰인데 도금이 벗겨져 무지 낡아 보였다.
화면이 나오는 부분과 버튼을 누르는 부분으로 나누어져
그 경계를 기준으로 펴고 접을 수 있게 만든 휴대 전화

핵심 3 사건과 '나'의 심리 ❶

| 사건 | 재준이와 자전거 경주를 함. |

↓

'나'는 재준이에게 질까 봐 긴장함.

교과서 날개 '나'는 왜 재준이와의 자전거 경주를 자존심이 걸린 문제라고 생각했을까?

3 '나'가 ㉠과 같이 생각한 까닭으로 알맞은 것은?

① 재준이가 이십일 단 자전거를 새로 샀기 때문에

② '나'는 재준이의 자전거 성능을 제대로 알지 못하기 때문에

③ '나'가 먼저 재준이에게 자전거 경주를 하자고 제안하였기 때문에

④ 고물인 자전거를 타면서도 경주에 이겨서 자존심을 지켜 왔기 때문에

⑤ '나'는 자전거 경주에서 언젠가 재준이를 이기겠다는 생각을 가지고 있기 때문에

핵심 4 사건과 '나'의 심리 ❷

| 사건 | 옥수수 트럭이 자전거 옆을 스쳐 지나감. |

↓

자전거 핸들을 과하게 꺾을 정도로 놀라고 당황함.

교과서 날개 아저씨가 '나'에게 누워 있으라고 말한 까닭은 무엇일까?

4 옥수수 아저씨가 ㉡과 같이 말한 까닭으로 알맞은 것은?

① '나'가 달아날까 봐 걱정이 되었기 때문에

② 교통사고가 난 원인을 밝혀야 하기 때문에

③ 교통사고에 대한 책임을 지고 싶지 않기 때문에

④ 교통사고가 난 현장을 그대로 유지해야 하기 때문에

⑤ 무리하게 몸을 움직이면 더 큰 부상으로 이어질 수 있기 때문에

"학생, 핸드폰 번호 좀 불러 줘."

이 아저씨가 내 아픈 곳을 건드리다니.

"없는데요."

아저씨가 날 위아래로 쳐다보았다. 중학생인데 핸드폰이 없다고 하니, 거짓말이 아닌지 살피는 눈치였다. 이봐요, ㉠아저씨가 들고 있는 폴더 폰이 더 거짓말 같거든요?

"그럼 집 전화번호라도 알려 줘."

나는 마지못해 이름과 번호를 불러 주었다. 아저씨가 번호를 저장하는 데 한참 걸렸다. 나와 재준이는 아저씨의 낡은 핸드폰만 멍하니 바라보았다.

"학생, 여기 잠깐 있어 봐."

아저씨가 트럭으로 냅다 뛰기 시작했다. 트럭까지 오십 미터쯤이니까 왕복 백 미터. 더운 날씨에 아저씨도 고생이다.

"야, 저 아저씨 옥수수 장사하나 본데?"

재준이 말을 듣고서야 트럭에 눈길이 갔다. 핸드폰만큼이나 낡은 일 톤 트럭인데 짐칸을 포장마차로 <u>개조해</u> 쓰고 있었다. 빛바랜 현수막에는 '삶은 옥수수, 영
_{고쳐 만들거나 바꾸어}
양계란빵 세 개 이천 원' 이렇게 쓰여 있었다. 아저씨가 다시 헐레벌떡 뛰어왔다.

"헉, 헉……. 학생, 이거 받아."

메모지였다. 아저씨 이름과 핸드폰 번호가 적혀 있었다. 다른 어른들은 폼나게 명함을 주던데 그런 것도 없나 보다.

"내가 지금 급한 일 때문에 가 봐야 할 것 같아. 학생, 나중에라도 혹시 아프면 이리로 꼭 연락 줘. 알았지?"

아저씨의 쩔쩔매는 표정을 보니 무슨 급한 일이 있는 것 같았다. 나는 속으로 '연락 안 해요!'라고 외치고 입으로는 "네." 하고 말했다.

"꼭 연락 줘!"

아저씨는 손을 귀에 대며 통화하는 <u>시늉</u>을 보이고는 트럭으로 뛰어갔다. 꼭 내
_{어떤 모양이나 움직임을 흉내 내어 꾸미는 짓}
가 아파서 전화하길 바라는 것 같다.

㉡"그래도 나쁜 사람은 아니네." / 재준이가 자전거에 올라타며 말했다.

"그래, 나쁜 사람은 아니지, 이 나쁜 놈아! 너 때문에 이게 뭐냐."

장난과 원망이 섞인 내 말에 재준이 녀석은 그저 씩 웃었다.

→ 교통사고 때문에 '나'는 옥수수 아저씨와 연락처를 주고받음.

지문 콕콕 

발단: '나'는 재준이와 자전거 경주를 벌이다가 옥수수 [　][　]에 치일 뻔함.

사건	
재준이와 자전거 경주를 하던 '나'는 옥수수 트럭이 옆을 스쳐 지나며 넘어짐. →	'나'는 다치지 않았기 때문에 옥수수 아저씨에게 연락할 생각이 없었음.

핵심 콕콕 & 문제로 확인 

핵심 5 옥수수 아저씨의 특징과 처지

특징	• 도금이 다 벗겨진 낡은 폴더형 휴대폰을 사용함. • 낡은 일 톤 트럭을 개조해 옥수수와 계란빵을 팔고 있음. • 명함이 없는지 메모지에 연락처를 적어 줌.

↓

경제 사정이 넉넉하지 않음.

교과서 날개 '나'가 아저씨의 폴더 폰을 보고 거짓말 같다고 생각한 까닭은 무엇일까?

5 '나'가 ㉠과 같이 생각한 까닭으로 알맞은 것은?

① '나'는 핸드폰이 없어서
② '나'의 아픈 곳을 건드려서
③ 폴더 폰은 도금이 벗겨질 만큼 낡아 있어서
④ 교통사고가 났는데 아무도 다치지 않아서
⑤ 폴더 폰은 요즘 잘 사용하지 않아 보기 힘든 물건이라서

핵심 6 옥수수 아저씨의 말과 행동

말과 행동
• 얼른 달려와 '나'의 상태를 확인함. • 병원에 꼭 가 보라고 말하고 연락처를 남김.

↓

자신과 관련하여 벌어진 일에 대한 책임감이 있음.

교과서 날개 재준이가 아저씨를 보고 나쁜 사람은 아니라고 말한 까닭은 무엇일까?

6 재준이가 ㉡과 같이 말한 근거로 알맞지 <u>않은</u> 것은?

① 얼른 달려와 '나'의 상태를 확인해서
② 급한 일이 있다며 헐레벌떡 뛰어가서
③ 자신의 연락처를 메모지에 적어 주어서
④ 괜찮다고 해도 병원에 한번 가 보라고 권해서
⑤ 나중에 아플 수도 있다며 '나'의 연락처를 확인해서

다 삐익, 우우우웅!

이것은 헤어드라이어 소리가 아니다. 내 컴퓨터 부팅 소리다. 작년에 중학교 입학할 때 학교에서 받은 건데 어디서 이런 할아버지 컴퓨터를 구해다 줬는지 모르겠다. 부팅도 엄청 오래 걸려서, 집에 오자마자 전원 버튼을 누르면 평상복으로 갈아입은 후에야 켜진다.

그래도 웬만한 게임은 다 돌아가고, 인터넷 요금도 학교에서 내 준다. 나는 작년부터 온라인 게임을 실컷 할 수 있게 되었다. 적어도 엄마 아빠가 퇴근하는 일곱 시까지는.

게임할 땐 꼭 타임머신을 타는 것 같다. 가끔씩 시계를 보면 성큼성큼 지나 있는 시간에 깜짝깜짝 놀란다. 일곱 시가 다가오면 점점 속이 쓰리다.

때르르릉 때르르릉.

계속 지다가 모처럼 이기고 있는 이때, 마지막으로 영혼을 불사르던 바로 이 순간에 전화벨이 울렸다. 짜증이 밀려왔다. 그냥 받지 말아 버릴까?

잠깐, 만약 엄마 전화라면? 그랬다가는 난리 날 거다. 지난번처럼 컴퓨터를 창고로 치워 버리는 재난 사태가 벌어질 수도 있다. 치사해도 받아야 한다.
뜻밖에 일어난 재앙과 고난

"여보세요."

"거기, 김현성이라는 애 집 맞습니까?"

아, 쩌렁쩌렁한 목소리. 아까 그 옥수수 트럭 아저씨다. 핵심7 괜히 받았다.

"부모님 아무도 안 계시니?" / "네."

"언제쯤 들어오셔?"

"몰라요."

"그럼 부모님 전화번호라도……."

"일할 땐 못 받으시는데요."

거짓말이 영 점 이 초 만에 바로바로 튀어 나갔다. 가만 보면 나도 머리가 좋다. 그런데 성적은 왜 그 모양일까.

"집에 가서 보니 다친 데는 없었고?"

아, 이 아저씨 되게 눈치 없네. 내가 수화기를 붙들고 있는 지금, <u>분신</u>과도 같은 내 캐릭터는 가만히 선 채로 계속 얻어맞고 있단 말이다!
하나의 주체에서 갈라져 나온 것

"부모님 오시면 꼭 연락 달라고 전해 줘."

"네!"

투욱. / 아저씨 말이 끝나자마자 수화기를 내리꽂듯이 놓아 버리고는 방으로 달려갔다. 내 분신아, 반드시 살아 있어야 한다!

아아…… 젠장. 드러누웠네. 이번 판은 이길 수 있는 <u>절호</u>의 찬스였는데! 날 눕힌 것도 모자라서 내 캐릭터까지 눕혀? 정말로 도움이 안 되는 아저씨다.
무엇을 하기에 기회나 시기 따위가 더할 수 없이 좋음.

→ 옥수수 아저씨는 '나'가 괜찮은지 걱정되어 전화했지만 '나'는 귀찮아함.

교과서 날개 '나'의 가정 환경은 어떠할까?

7 **다** 에서 알 수 있는 사실로 알맞은 것은?

① '나'는 게임을 잘해서 늘 이긴다.
② '나'의 컴퓨터로 못하는 게임이 많다.
③ '나'의 부모님은 일할 때 전화를 못 받으신다.
④ '나'는 가정 환경이 어려워 컴퓨터와 인터넷 요금을 지원 받는다.
⑤ '나'가 게임을 하지 못하도록 부모님은 컴퓨터를 창고에 치워 두었다.

핵심7 옥수수 아저씨의 전화를 받은 '나'의 행동

- 게임이 중단된 것에 짜증이 나서 아저씨의 물음에 건성으로 대답함.
- 부모님이 일할 때는 전화를 못 받는다고 거짓말을 함.

그렇게 행동한 이유	옥수수 트럭에 부딪힌 것도 아니고 몸에도 이상이 없어 아저씨의 관심이 불필요하고 귀찮다고 생각하기 때문임.

교과서 날개 '나'가 전화를 괜히 받았다고 생각한 까닭은 무엇일까?

8 다음 빈칸에 들어갈 알맞은 말을 쓰시오.

'나'는 엄마 전화를 안 받으면 혼날까 봐 전화를 받았다. 그런데 (　　　)의 전화여서 괜히 전화를 받았다고 생각했다.

교과서 날개 옥수수 트럭 아저씨는 왜 '나'의 부모님과 통화하고 싶어 했을까?

9 다음 빈칸에 들어갈 알맞은 말을 쓰시오.

옥수수 아저씨는 '나'가 다칠 뻔한 사실을 (　　　)이 알아야 한다고 생각했을 것이다.

라 팡, 팡, 팡!

같은 물건이 세 개 모이면 터져 없어진다. 이거 스트레스 제대로 풀리는 게임이다.

재준이에게 사정사정해서 스마트폰을 빌렸다. 어제 자기 때문에 사고가 난 것이 미안했는지, ㉠생명과도 같은 물건을 내게 건네줬다. 물론 녀석이 학원을 마치면 돌려주는 조건이었지만.

요새 '팡팡팡'이라는 게임이 유행인데, 나만 스마트폰이 없어서 친구들 대화에 끼질 못했다. 게임을 마스터하는 건 물론, 랭킹까지 올려서 확실히 눈도장을 찍을 작정이었다.

엄마가 시킨 심부름을 하느라 마트로 향하는 길에도 팡팡 연타는 계속되었다. 이십만 점을 넘으면 랭킹에 들 수 있는데 될 듯하면서도 안 됐다. 살짝 약이 오르기 시작했다.

익히 아는 골목이라 앞도 안 보고 계속 게임에 몰두했다. 이제 이 골목길만 지나가면 제법 큰 마트가 나온다.

오만 점, 십만 점, 십오만 점…… 이번 판은 점수 쌓이는 게 예사롭지 않다. 남은 제한 시간은 십 초. 잘하면 랭킹 안에 들 수 있을 것 같다.

오오, 이십만 점! 점점 빠져들었다. 이 공간에 게임 속 물건들과 나만 있는 것 같았다. 경쾌한 효과음이 나의 최고 점수를 예고하는 순간이었다.

바로 그때, 옆에서 불빛이 번쩍했다. 고개를 돌리자마자 검은 자동차가 날 덮쳤다.

끼이이익, 텅!

핵심 8 굉음과 함께 엄청난 충격이 전해졌다. 하늘과 땅이 몇 번 바뀌었는지 모르겠다.
몹시 요란하게 울리는 소리
몸에서 영혼이 분리되는 느낌이었다. 먼지가 얼굴을 덮고 머리는 빙빙 돌았다.

"야, 인마! 어딜 보고 다니는 거야?"

정신을 차려 보니, 선글라스를 쓴 아저씨가 ㉡팔짱을 낀 채로 내 앞에 서 있었다. 아, 여기 골목 삼거리였구나.

10 재준이의 스마트폰을 ㉠과 같이 표현한 까닭으로 알맞은 것은?

① '나'를 살려 준 물건이기 때문에
② 재준이가 매우 소중하게 생각하기 때문에
③ 게임을 해서 스트레스를 풀 수 있기 때문에
④ 재준이가 학원에 간 동안만 쓸 수 있기 때문에
⑤ 재준이가 다른 사람에게 빌려 온 것이기 때문에

핵심 8 '나'가 당한 두 번째 교통사고

교통사고를 당한 '나'의 상황
• 굉음과 함께 엄청난 충격이 전해짐. • 하늘과 땅이 몇 번 바뀌었는지 모르게 구르며 몸과 영혼이 분리되는 느낌을 받음. • 먼지가 얼굴을 덮고 머리가 빙빙 돎.

검은 자동차에 치인 '나'는 옥수수 트럭에 부딪힐 뻔했다가 넘어졌을 때와는 비교할 수 없을 정도로 몸에 큰 충격을 받음.

11 골목 삼거리에서 '나'에게 일어난 사건으로 알맞은 것은?

① 스마트폰 게임 기록을 세웠다.
② 골목길에서 검은 자동차에 치였다.
③ 게임 랭킹을 올려서 재준이에게 자랑하였다.
④ 엄마가 시킨 심부름을 하지 않고 게임을 하였다.
⑤ 재준이에게 스마트폰을 돌려주러 가는 길에 교통사고를 당하였다.

12 ㉡에서 알 수 있는 선글라스 아저씨의 성격으로 알맞은 것은?

① 합리적이다.
② 고집이 세다.
③ 비인간적이다.
④ 자존심이 강하다.
⑤ 관대하고 객관적이다.

어제 사고 났는데 오늘 차에 또 치이다니! 나는 창피한 나머지 자리에서 벌떡 일어섰다. 하지만 어제와 달리 핑글핑글 머리가 어지럽고, 다리도 후들거렸다.

그래도 아프다고 말하긴 싫었다.

㉠"아, 저, 괘, 괜찮아요!"

"정말 괜찮아?"

"네, 네!"

선글라스 아저씨는 내 몸을 위아래로 훑어보았다. 까만 안경알 뒤로 무슨 생각을 하고 있는지 알 수가 없었다.

"안 괜찮은 것 같은데?"

"아니에요. 어제도 사고 났는데 멀쩡했어요."

"뭐? 자랑이다, 인마."

아저씨가 피식 헛웃음을 내뱉었다.

"네가 잘못한 거 알지? 길을 갈 때는 항상 주변을 살피란 말이야."

"네."

여기까지 말한 아저씨가 ㉡갑자기 요리조리 주위를 살폈다. 왜 그러나 싶어 나도 주위를 둘러보니 아무도 없었다. 아저씨가 승용차에 급히 타면서 말했다.

"앞으로 조심해라!"

부우웅!

선글라스 아저씨 차가 출발했다. 뭔가 좀 이상했다. 중요한 게 빠진 것 같은데 그게 뭐였더라? 아, 연락처!

이미 출발한 뒤라 늦었다. 그렇다면 차 번호라도 외워 둬야지! 어디 보자, 이십칠 라에, 어어? 방향을 꺾어서 사라졌다. 젠장……

골목길이 허전해졌다. 기분이 영 찜찜했다. 이제야 팔꿈치랑 옆구리가 쓰라려 오기 시작했다. 이러고 있을 때가 아닌데. 재준이 스마트폰은 어디 있지?

나는 어둑어둑해진 골목길을 휘휘 둘러보며 떨어뜨린 스마트폰이 어디 있는지 살폈다. 저기 있네! 생각보다 금방 찾았다.

그런데……

망했다. 재준이의 스마트폰 액정에 대각선으로 금이 쫙 가 버렸다. 이제 어떡하지? 이거 수리비 장난 아닐 텐데. 이번 주 정말 재수 옴 붙었다.

재수가 아주 없음을 이르는 말

→ '나'는 두 번째 교통사고를 당했지만 선글라스 아저씨는 연락처도 주지 않고 뺑소니를 침.

교과서 날개 '나'는 왜 아프다고 말하기가 싫었을까?

13 ㉠에 대한 설명으로 알맞은 것은?

① 크게 다치지 않아서 솔직하게 대답하였다.

② 선글라스 아저씨가 무서워서 거짓말을 하였다.

③ 부모님이 알면 걱정하실까 봐 괜찮은 척하였다.

④ 아프다고 말하면 약해 보일까 봐 괜찮은 척하였다.

⑤ 교통사고가 난 것이 '나'의 책임이어서 괜찮다고 하였다.

핵심 9 선글라스 아저씨의 말과 행동

말과 행동
• 골목에서 운전을 하다 '나'를 차로 침. • '나'에게 괜찮냐고 물으며 내 몸을 위아래로 훑어봄. • 주변을 살피지 않은 '나'가 잘못했다고 말함. • 요리조리 주위를 살피다가 '나'에게 연락처도 주지 않고 급히 떠남.

↓

자신이 저지른 일에 대해 책임감이 없고 비인간적임.

교과서 날개 선글라스 아저씨가 요리조리 주위를 살펴본 까닭은 무엇일까?

14 선글라스 아저씨가 ㉡과 같이 행동한 까닭으로 알맞은 것은?

① 도와줄 사람을 찾으려고

② 구급차가 오는지 보려고

③ 사고가 왜 났는지 살펴보려고

④ 자동차가 망가졌는지 확인하려고

⑤ 사고를 목격한 사람이 있는지 확인하려고

15 다음 빈칸에 들어갈 알맞은 말을 쓰시오.

선글라스 아저씨는 사고가 난 후에 (　　　)도 주지 않고 급히 떠났다.

마 집에 와서 옷을 벗어 보니 역시나 옆구리가 넓게 까져 피가 묻어 나왔다. 그런데 ㉠살갗보다도 마음이 쓰라려 죽겠다. 이거 아빠한테 얘기하면 맞아 죽을 거다.

선글라스 아저씨도 진짜 황당하다. 왜 나한테만 그러지? 자기도 조심하지 않았잖아! 괜찮은 척했다고 그냥 가면 어떡해? 생각하면 할수록 짜증 났다. [핵심 10] 깨진 스마트폰과 얄미운 선글라스 아저씨가 번갈아 내 마음을 후벼 팠다. 그럴수록 힘이 빠졌다.

어떻게 해야 할지 생각해 보았다. 차 번호를 몰라서 경찰서에 신고해 봐야 별 소용이 없을 것 같았다. 그러면 '교통사고 목격자를 찾습니다.'라고 써 붙이는 방법이 있는데, 주변에 아무도 없었다는 사실이 문제였다. 게다가 내가 많이 다친 것도 아니고……. 생각하면 할수록 골치 아팠다.

나는 온갖 잡생각을 하며 몸을 다 씻고 수건을 두른 채 부엌으로 나왔다. 식탁 위에 쫙 깨진 스마트폰이 보였다. 다시금 정신이 아찔해졌다. 날 보고 "책임져!"라고 외치는 것 같았다.

책임질 사람은 도망갔는데 나더러 어쩌라는 건지 모르겠다. 이대로 나만 덤터기 쓸 수는 없었다. 나도 당한 만큼 돌려줘야 직성이 풀릴 것 같았다. 그렇다면…….

그 순간, [핵심 11] 어떤 생각이 번쩍 떠올랐다. 나는 조심스레 교복 바지의 뒷주머니를 뒤졌다. 두 번 접힌 메모지가 나왔다. 펼쳐 보니 옥수수 아저씨의 연락처가 보였다. 침을 꿀꺽 삼켰다.

다시 깨진 스마트폰을 바라보았다. 누군가에게 보상받지 못하면 내가 물어 줘야 한다. 이 사실을 떠올리자 망설임이 줄어들었다. 나는 집 전화로 옥수수 아저씨의 번호를 하나씩 누르기 시작했다. 손가락이 미미하게 떨렸다.

뚜루루루 뚜루루루.

신호가 가는 동안 나는 연거푸 심호흡을 했다.

"여보세요."

"아…… 아저씨, 전데요."

내 말 뒤에 잠시 침묵이 흘렀다. 곧이어 쩌렁쩌렁한 목소리가 들렸다.

"오! 어제 자전거 탔던 학생?"

"……네."

"무슨 일이야? 많이 아파?"

"그게, 저……."

"왜 그래? 아프면 솔직히 말해."

아저씨의 재촉이 서글펐다. 나는 액정의 균열을 바라본 채 입술을 악물었다.

핵심 10 두 번째 교통사고의 결과

'나'가 스마트폰 게임을 하면서 골목을 걷다가 갑자기 나타난 검은 자동차에 치임.

↓

결과

· 팔꿈치와 옆구리가 쓰라리고 피가 남.
· 재준이에게 빌린 스마트폰 액정에 금이 감.

[교과서 날개] '나'는 왜 까진 살갗보다도 마음이 쓰라리다고 느꼈을까?

16 '나'가 ㉠과 같이 생각한 까닭으로 알맞은 것은?

① 다친 곳이 별로 없어서
② 자신의 잘못으로 다쳐서
③ 부모님께 혼날 것이 더 걱정되어서
④ 생각보다 몸에 상처가 많이 생겨서
⑤ '나'를 나무라는 아빠에게 상처를 받아서

핵심 11 두 번째 사고 후 '나'의 결심

· 망가진 스마트폰 수리비를 덤터기 쓰게 되어 억울함.
· 자신이 당한 만큼 돌려주고 싶음.

↓

'나'의 결심

옥수수 아저씨에게 스마트폰 수리비를 받아 내려고 함.

[교과서 날개] '나'가 옥수수 아저씨에게 전화를 걸면서 손가락을 떤 까닭은 무엇일까?

17 다음 빈칸에 들어갈 알맞은 말을 찾아 쓰시오.

옥수수 아저씨에게 책임을 떠넘기기 위해 거짓말을 하려고 전화를 거는 '나'의 (　　　)이 미미하게 떨렸다.

“저…… 나중에 알았는데요. 집에 와서 보니 핸드폰이 깨져 있었어요.”

“뭐라고? 학생, 핸드폰 없다며?”

“그러니까, 친구 건데요. 제 가방에 있었어요. 어제 보셨죠? 저랑…….”

“아아, 같이 자전거 탔던 친구?” / “네, 네에.”

다시 정적이 흘렀다. 내 말을 듣고 지금 무슨 생각 중일까? ㉠가슴이 마구 뛴
_{쓸쓸한 느낌이 들 정도로 고요하고 조용함.}
다. 아저씨가 잠시 후에 한마디 했다.

“몸은 이상 없고?”

“네에. 살짝 까져서 쓰라리긴 한데, 이 정도는…… 하하.”

핵심 12 왠지 말투가 비굴하게 나갔다. 이러다 의심받는 건 아니겠지.
_{용기나 줏대가 없이 낮에게 굽히게 쉽게}
“그래, 아저씨가 일 마치는 대로 들를게. 학생 주소가 어떻게 되지?”

나는 아저씨에게 고분고분 집주소를 불러 주었다.

→ '나'가 망가진 스마트폰 수리비를 옥수수 아저씨에게 받아내려고 함.

지문 콕콕 ── 전개: 교통사고가 났으나 ⬚⬚⬚⬚ 를 쓴 아저씨는 뺑소니를 침.

교통사고 후 선글라스 아저씨의 행동	선글라스 아저씨의 성격
• 팔짱을 낀 채 '나'를 내려다봄. • '나'에게 잘못을 아느냐고 말함. • 요리조리 주위를 살피고 연락처도 주지 않고 떠남.	자신이 저지른 일에 대한 ⬚⬚⬚ 이 없고 비인간적임.

중략 부분 줄거리

'나'가 자동차에 치였다는 사실을 알게 된 부모님은 때마침 집에 방문한 옥수수 아저씨를 뺑소니범으로 취급하며 화를 내고, '나'를 병원에 입원시킴.

'나'는 병실 사람들에게 합의금을 받을 수 있다는 이야기를 들은 뒤, 재준이의 스마트폰 수리비를 물어 주고 새 컴퓨터와 스마트폰도 살 수 있다는 희망에 부풂.

바 똑똑똑. / 백만 원의 환상에 빠져 한참을 허우적거리던 그때, 노크 소리와 함
께 병실 문이 열렸다. 환자들이 모두 쳐다보았다.

촌스러운 옷차림, 커다란 덩치, 순한 얼굴. 다름 아닌 옥수수 트럭 아저씨였다!

아저씨가 입가에만 미소를 띤 채로 내 옆에 섰다. 나도 모르게 시선을 피했다.
눈을 마주칠 수 없었다. 어젯밤 멱살을 잡혔던 아저씨의 모습이 떠올랐다. 갑자기
_{싸울 때 손으로 잡는, 상대의 목 아래의 옷깃 부분}
공기가 답답해졌다.

“많이 괜찮아졌니?” / “네.”

아저씨가 물끄러미 날 바라보다가 검은 봉지를 내밀었다.

“자, 출출할 때 먹어.”

꾸벅 인사하고 받아 보니 뜨끈뜨끈했다. 아무래도 옥수수 같았다. 아저씨는 계
속 겸연쩍게 웃고만 있었다.
_{쑥스럽거나 미안하여 어색하게}

핵심 12 '나'의 말투의 변화

게임을 하다 옥수수 아저씨의 전화를 받았을 때
게임을 계속하지 못해서 퉁명스러운 말 투를 씀.

↓

두 번째 사고 후 옥수수 아저씨에게 전화하였을 때
거짓말을 하는 게 아니냐고 의심받을까 봐 비굴한 말투가 나옴.

교과서 날개 '나'의 가슴이 마구 뛴 까닭
은 무엇일까?

18 ㉠의 까닭으로 알맞은 것은?

① 거짓말이 들통날까 봐 겁이 나서
② 옥수수 아저씨가 '나'를 의심해서
③ 핸드폰이 없다는 사실을 들켜서
④ 옥수수 아저씨가 집에 온다고 해서
⑤ 옥수수 아저씨가 재준이를 기억하지
못해서

핵심 13 '나'의 거짓말로 인물들이
처한 상황

옥수수 아저씨의 상황
뺑소니범으로 몰려 '나'의 아버지에게 멱 살까지 잡힘.

↓

'나'의 상황
합의금으로 재준이의 스마트폰 수리비를 해결하고 새 컴퓨터와 스마트폰도 살 희 망에 부풂.

교과서 날개 '나'는 왜 갑자기 공기가 답
답하다고 느꼈을까?

19 다음 빈칸에 들어갈 알맞은 말을
쓰시오.

옥수수 아저씨가 (　　　)으로 몰린 모습이 떠올라 마음이 불편 해진 '나'는 갑자기 공기가 답답해 졌다고 느꼈다.

핵심14
"학생, 미안해." / "네?"

"그저께 바로 병원으로 데려갔어야 했는데 그러질 못했어."

"아, 아니에요!"

㉠"내 머리가 어떻게 됐었나 봐. 미안해."

자기가 진짜 뺑소니를 친 것처럼 말했다. 어쩌면 잘된 건지도 몰랐다.

그리고 한동안 침묵이 흘렀다. 서로 아무 말도 않고 있으니 무척 어색했다.

삐리리리 삐리리리.

그때 마침 아저씨의 핸드폰이 울렸다. 아저씨가 낡디낡은 핸드폰을 꺼냈다.

"어, 여보."

부인인 것 같았다. 통화를 나누는 아저씨 말투엔 다정함과 다급함이 섞여 있었다.

"뭐라고?"

갑자기 아저씨가 당황해하면서 주위의 눈치를 살폈다. 나와도 눈이 한 번 마주쳤다. 내게 잠시 기다려 달라고 눈짓하고는 병실 바깥으로 나갔다. 무슨 일인지 살짝 궁금해졌다.

일 분쯤 지났을까. ㉡옆의 할아버지가 담배와 링거를 들고 어슬렁어슬렁 병실 밖으로 나갔다. 에어컨 틀었는데 문을 안 닫았다. 아, 저 할아버지 진짜……

복도의 어수선한 잡음이 크게 들려오기 시작했다. 다른 환자들은 아무도 신경 쓰지 않는 분위기였다. 나는 눈살을 찌푸리며 문 열린 쪽을 바라보았다.

아저씨가 보였다. 문 옆에 뒤돌아서서 굳은 자세로 통화하고 있었다.

뒷모습을 보니 핸드폰만 낡은 게 아니었다. **핵심15** 빛바래고 목이 늘어난 티셔츠, 쭈글쭈글하고 헐렁한 반바지, 낡은 운동화를 구겨 신은 모습……

주의를 기울이자 쨍쨍한 아저씨 목소리도 간간이 들리기 시작했다. 어느 순간 '중환자실'이라는 말이 들렸다. 뒤이어 '산소 호흡기'도 알아들었다. 이거 설마 내 얘기는 아니겠지?

여기까지 파악했을 때 아저씨가 통화를 끝내고 다시 병실로 들어왔다. 나는 텔레비전을 보는 척하다 아저씨가 다가올 때 자연스럽게 쳐다보았다.

아저씨 표정이 아까보다 더 어두워졌다.

"학생, 미안한데 오래 못 있겠어."

"왜요? 무슨 일 있어요?"

아저씨는 탄식이 섞인 한숨을 뱉었다.

"늦둥이 아기가 있는데, 많이 아파."

"아…… 아기요? 어디가 아픈데요?"

핵심14 옥수수 아저씨의 사과

옥수수 아저씨가 '나'를 바로 병원에 데려가지 못했던 행동에 대해 사과함.

↓

'나'는 옥수수 아저씨가 거짓말을 모르고 있음에 대해 안도감을 느낌.

교과서 날개 옥수수 아저씨의 미안하다는 대답을 들은 '나'의 마음은 어떠하였을까?

20 ㉠을 들은 '나'의 마음으로 알맞은 것은?

① 경외감　② 긴장감　③ 배신감
④ 소외감　⑤ 안도감

21 ㉡의 인물에 대한 설명으로 알맞은 것은? (정답 2개)

① 에너지를 절약하지 않는다.
② 진짜로 아파서 입원한 환자이다.
③ 중환자실에서 산소 호흡기를 꼈었다.
④ 공공시설을 이용할 때 예의를 지키지 않는다.
⑤ 옥수수 아저씨의 통화 내용을 궁금해하고 있다.

핵심15 옥수수 아저씨의 형편

• 낡은 구형 핸드폰을 사용함.
• 차림새가 허름함.
• 늦둥이 아기가 많이 아픔.

↓

경제적인 여유도 없는데 늦둥이 아기가 아파서 더욱 힘든 상황임.

교과서 날개 옥수수 아저씨의 형편은 어떠할까?

22 옥수수 아저씨의 형편을 알 수 있는 소재가 **아닌** 것은?

① 낡은 핸드폰
② 커다란 덩치
③ 구겨 신은 낡은 운동화
④ 쭈글쭈글하고 헐렁한 반바지
⑤ 빛바래고 목이 늘어난 티셔츠

"천식. 응급실 자주 가는데, 이번엔 심각한가 봐. 방금 중환자실로 옮겼대."
기관지에 경련이 일어나는 병

"……."

"사실, 학생이랑 사고 났을 때가 아기 상태 심각하대서 장사 접고 달려가던 참이었어. 그땐 너무 정신없어서 연락처만 남겼던 거야."

아저씨의 말에 아무런 대꾸도 할 수가 없었다. 갑자기 머리가 혼란스러웠다. 왠지 선글라스 아저씨가 이 광경을 봤다면 나를 실컷 비웃을 것 같았다.

"학생 이름이 현성이라고 했지?"

"네? 아, 네."

"현성아, 아빠한테 잘 좀 말해 줘. 아까 오면서 통화했는데, 나를 뺑소니로 고소하겠대. 내가 그래도 노력했잖니?"

"……네, 맞아요."

이 아저씨가 뺑소니라니. 아빠는 한술 더 뜨고 있었다. 서글프게 웃는 아저씨를 보니 내 마음이 아려 오기 시작했다.
쓸쓸하고 외로워 슬프게

아저씨가 주머니를 주섬주섬 뒤지고는 무언가를 꺼내어 내게 내밀었다.

"급하게 오느라 음료수도 못 사 왔네. 나중에 맛있는 거라도 사 먹어."

만 원짜리 지폐였다. 그것도 땀에 절어 쭈글쭈글 시든 배춧잎이었다.

"아, 아니에요. 괜찮아요!"

"괜찮긴, 어서 받아."

아저씨가 뿌리치는 내 손을 꼭 붙잡고는 손바닥에 만 원을 쥐여 주었다. 나는 잡힌 손을 어색하게 바라보았다.

그런데 이상했다. 아저씨가 그 상태로 한참 동안 내 손을 놓아 주질 않는다.

"우리 아들 도원이가 이렇게 건강하게만 자라 주면 소원이 없겠는데……."

이 말을 하고 나서야 꼭 잡았던 손을 놓아 주었다. 평소라면 짜증 냈을 텐데, 시름이 깊이 잠긴 목소리 때문에 그럴 수가 없었다. 내 손엔 아직 아저씨의 따뜻한 기운이 남아 있었다.
마음이 걸려 풀리지 않고 항상 남아 있는 근심과 걱정

"몸조리 잘하고 나중에 또 보자."

아저씨가 순박하게 웃으며 손을 흔들었다. 나는 그저 말없이 고개만 꾸벅했다.

→ '나'는 옥수수 아저씨의 어려운 사정을 알고 죄책감을 느낌.

지문 콕콕 절정: 병실에 찾아온 옥수수 아저씨에게 아픈 □□가 있음을 알게 됨.

'나'의 심리 변화

옥수수 아저씨가 자신의 잘못 때문에 '나'가 입원한 것이라고 믿고 사과하는 것을 오히려 다행이라고 생각함.	→ 옥수수 아저씨의 사연을 알고 나서는 안타까움과 □□□을 느낌.

핵심 16 '나'의 내적 갈등

'나'는 합의금을 받아 재준이의 스마트폰 수리비를 해결하고 새 컴퓨터와 스마트폰을 살 수 있을 것이라는 희망에 부풀어 있었음.

'나'는 옥수수 아저씨가 매우 힘든 상황이라는 것을 알게 되면서 안타깝고 미안한 마음이 들어 머리가 혼란스러워짐.

교과서 날개 '나'가 선글라스 아저씨를 떠올린 까닭은 무엇일까?

23 (보기)에서 설명하는 인물을 찾아 쓰시오.

⟩ 보기

어려운 상황 속에서도 책임을 다하려 하는 옥수수 아저씨와 대조되어 '나'가 떠올린 인물이다.

핵심 17 소재의 의미

땀에 절어 쭈글쭈글 시든 배춧잎

땀 흘려 일하며 가정과 아픈 아기를 위해 동분서주하는 옥수수 아저씨의 현실이 반영되어 있는 만 원짜리 지폐를 비유적으로 표현함.

24 다음 빈칸에 들어갈 소재로 알맞은 것은?

옥수수 아저씨가 땀 흘려 일하며 가정과 아픈 아기를 위해 노력하는 현실이 (   )에 나타나 있다.

① 순박한 웃음
② 아저씨 손의 온기
③ 시름이 깊이 잠긴 목소리
④ 메모지에 적어 준 연락처
⑤ 땀에 절어 쭈글쭈글 시든 배춧잎 같은 지폐

빈출지문

사 아저씨의 인기척이 완전히 사라진 뒤에, 검은 봉지를 열어 보았다. 안에 옥수수와 계란빵이 가득 들어 있었다. 그중에서 가장 먹음직스러워 보이는 ㉠옥수수를 꺼내 들었다. 손에 쥐어 보니 뜨끈뜨끈했다. 내 손바닥을 꼬옥 잡아 줬던 ㉡아저씨의 손과 느낌이 비슷했다. / 옥수수를 한 입 베어 먹어 보았다. 차지고 쫄깃쫄깃한 옥수수 알갱이가 입 안에서 돌아다녔다. 달콤하고 고소했다.

반죽이나 밥, 떡 따위가 끈기가 많고

문득 아저씨의 허름했던 뒷모습이 떠올랐다. 그러자 아저씨가 생계를 꾸려 나가는 모습이 자연스럽게 그려졌다.

살림을 살아 나갈 방도. 또는 현재 살림을 살아가고 있는 형편

오늘도 나가서 열심히 옥수수를 팔겠지. 늦둥이 병원비 마련하느라 자기는 옷이나 신발도 못 샀을 거다. 당연히 스마트폰은 꿈도 못 꾸고.

또 다른 내 손엔 만 원짜리 한 장이 들려 있었다. 꼬깃꼬깃 볼품없는 지폐였다. 아저씨가 옥수수 몇 개를 팔아야 이걸 버는 걸까? 오늘도 여기저기 수습하느라 하나도 못 판 건 아닐까? 점점 입 안의 옥수수 감촉이 불편해졌다.

어쩌면 지금 나는 옥수수가 아닌, 가진 것 없는 아저씨의 살점을 뜯었는지도 모른다.

정신이 번쩍 들었다. 주위를 한번 둘러보았다. 이 병실에는 아파서 들어온 환자만 있는 게 아니었다. 안 그러면 대학생 형이 저렇게 병실을 자주 비울 리가 없었다. 그런데 돌아와 환자복만 입으면 신기하게도 죽은 사람처럼 누워 있었다.

그건 나도 마찬가지였다. ㉢나 역시 죽어 있었다. 그 대가로 백만 원을 받는 것이었다. 한번 죽은 척하고 성능 좋은 컴퓨터와 멋진 스마트폰을 장만할 계획이었다.

그런데 정말 죽을지도 모르는 사람이 생각났다. 옥수수 아저씨의 늦둥이 아기였다. 산소 호흡기를 쓰고 힘겹게 숨 쉬는 그 녀석은 진짜였다. 내 손에 들린 옥수수는 아직 따뜻했다.

핵심 18
나는 곧바로 자리에서 일어났다. 그리고 재빨리 평상복으로 갈아입었다.

밖으로 급하게 뛰어가다가 복도에서 옆자리 할아버지와 마주쳤다.

"학생, 어디 가는 겨?"

나는 들은 체도 하지 않고 계속 달려 병동 밖으로 뛰쳐나왔다.

옥수수 아저씨, 선글라스 아저씨, 부모님, 재준이가 번갈아 떠올랐다. 미쳐버릴 것같이 숨이 가빴다. 누구든 먼저 마주치면 이 기분을 다 쏟아 낼 것이다.

내 손이 뜨겁게 달아올랐을 즈음, 저 멀리 빛바랜 현수막이 눈에 들어왔다.

'삶은 옥수수, 영양계란빵 세 개 이천 원.'

→ '나'가 자신이 한 거짓말을 뉘우치고 일을 바로잡으려고 함.

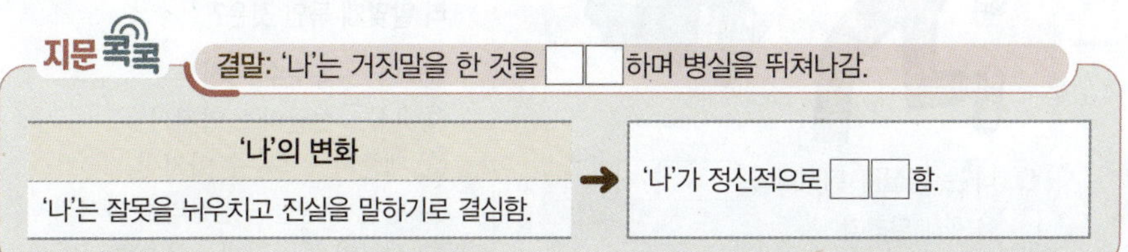

지문 콕콕

결말: '나'는 거짓말을 한 것을 ☐☐ 하며 병실을 뛰쳐나감.

'나'의 변화	
'나'는 잘못을 뉘우치고 진실을 말하기로 결심함.	→ '나'가 정신적으로 ☐☐ 함.

핵심 콕콕 & 문제로 확인

교과서 날개 '나'가 옥수수를 꺼냈을 때 옥수수 아저씨의 손이 떠오른 까닭은 무엇일까?

25 ㉠과 ㉡의 공통점으로 알맞은 것은?

① 따뜻하다.　　② 허름하다.
③ 달콤하다.　　④ 담백하다.
⑤ 촌스럽다.

교과서 날개 "나 역시 죽어 있었다."라는 의미는 무엇일까?

26 ㉢의 의미로 알맞은 것은?

① 환자복을 입고 누워 있었다.
② 거짓말로 양심이 죽어 있었다.
③ 병원에 갇혀 죽은 듯이 지냈다.
④ 스마트폰을 망가뜨려 벌을 받고 있었다.
⑤ 선글라스 아저씨에게 상처 받아 마음이 닫혀 있었다.

핵심 18 '나'의 변화와 성장

'나'의 변화
옥수수 아저씨에게 누명을 씌우는 것은 잘못이라고 생각하여 진실을 말하려고 함.

↓

'나'의 성장
자신이 한 거짓말을 뉘우치고 잘못된 일을 바로잡기로 결심함.

27 '나'가 병동 밖으로 뛰쳐나와 하려는 일로 알맞은 것은?

① 선글라스 아저씨를 찾아 사고를 바로잡는 일
② 병원에 가짜 환자들이 많다는 사실을 알리는 일
③ 옥수수 아저씨에게 진실을 말하고 사과하는 일
④ 거짓말을 하기까지 연관된 사람들을 다시 만나는 일
⑤ 부모님께 옥수수 아저씨의 어려운 사정을 알리는 일

이해와 탐구

1 주요 사건에 따라 작품의 내용 정리하기

❶ 하굣길에 재준이와 □□□□를 타다가 옥수수 트럭에 부딪힐 뻔한 '나'는 넘어져서 아저씨와 전화번호를 주고받음.

❷ '나'는 집에서 게임을 하다가 옥수수 트럭 아저씨의 □□를 받고 괜찮다고 말함.

❸ '나'가 엄마의 심부름을 하러 가던 길에 검은 □□□에 부딪혔는데 운전자가 오히려 '나'에게 잘못을 뒤집어씌움.

❹ '나'는 검은 승용차와 부딪힌 사고 후 재준이에게 빌린 □□□□에 금이 간 것을 발견함.

❺ '나'는 깨진 스마트폰 수리비를 마련하려고 옥수수 아저씨에게 전화해서 지난번에 넘어졌을 때 스마트폰이 망가졌다고 □□□을 함.

❻ [중략 부분] 병원에 입원한 '나'는 같은 병실 사람들에게서 □□□□을 받을 수 있다는 말을 들음.

❼ '나'는 병문안을 온 옥수수 아저씨의 어려운 사정을 알게 됨.

❽ '나'는 병실을 뛰쳐나와 □□□□□□을 향해 달려감.

01 다음 중 가장 먼저 일어난 사건으로 알맞은 것은?

① '나'가 검은 승용차에 부딪혔다.
② '나'가 옥수수 트럭에 치일 뻔하였다.
③ 재준이에게 빌린 스마트폰에 금이 갔다.
④ '나'는 옥수수 아저씨에게 전화를 걸었다.
⑤ 옥수수 아저씨가 '나'의 집에 전화를 하였다.

02 이 글에 나타난 주된 갈등 양상으로 알맞은 것은?

① '나'와 재준이의 갈등
② '나'가 학교에서 겪는 갈등
③ '나'와 병실 사람들의 갈등
④ 옥수수 아저씨와 사회의 갈등
⑤ 눈앞의 이익과 양심 사이에서 일어난 '나'의 내적 갈등

03 주요 사건 ❶~❽ 중 〈보기〉의 구성 단계에 해당하는 것의 번호를 쓰시오.

> ─ 보기 ─
> 갈등이 해소되고 사건이 마무리된다.

04 이 글에서 성격이 대조적인 인물끼리 알맞게 묶인 것은?

① '나' - 옥수수 아저씨
② '나' - 선글라스 아저씨
③ 재준이 - 옥수수 아저씨
④ 병실 사람들 - 선글라스 아저씨
⑤ 선글라스 아저씨 - 옥수수 아저씨

2 이 작품에 나타난 '나'의 성장 과정 파악하기

(1) 각 장면에 나타난 '나'의 마음 살펴보기

장면	'나'의 마음
펼쳐 보니 옥수수 아저씨의 연락처가 보였다. 침을 꿀꺽 삼켰다. 다시 깨진 스마트폰을 바라보았다. 누군가에게 보상받지 못하면 내가 물어 줘야 한다. 이 사실을 떠올리자 망설임이 줄어들었다.	→ 옥수수 아저씨에게 잘못을 ☐☐☐ 씌울 생각에 잠시 망설였으나 이내 그러한 마음이 줄어듦.
"사실, 학생이랑 사고 났을 때가 아기 상태 심각하대서 장사 접고 달려가던 참이었어. 그땐 너무 정신없어서 연락처만 남겼던 거야." 아저씨의 말에 아무런 대꾸도 할 수가 없었다.	→ 옥수수 아저씨의 어려운 형편과 아저씨의 아이가 아픈 상황을 알고, ☐☐스러워함.
아저씨가 옥수수 몇 개를 팔아야 이걸 버는 걸까? 오늘도 여기저기 수습하느라 하나도 못 판 건 아닐까? 점점 입안의 옥수수 감촉이 불편해졌다. 어쩌면 지금 나는 옥수수가 아닌, 가진 것 없는 아저씨의 살점을 뜯었는지도 모른다.	→ 자신의 ☐☐☐ 때문에 뺑소니범으로 몰린 옥수수 아저씨가 따뜻하고 순수한 사람이라는 것을 알게 되자 마음이 불편해짐.
옥수수 아저씨, 선글라스 아저씨, 부모님, 재준이가 번갈아 떠올랐다. 미쳐 버릴 것같이 숨이 가빴다. 누구든 먼저 마주치면 이 기분을 다 쏟아 낼 것이다.	→ 거짓말한 자신의 행동을 부끄러워함. 그리고 옥수수 아저씨에게 솔직하게 ☐☐을 고백하고자 함.

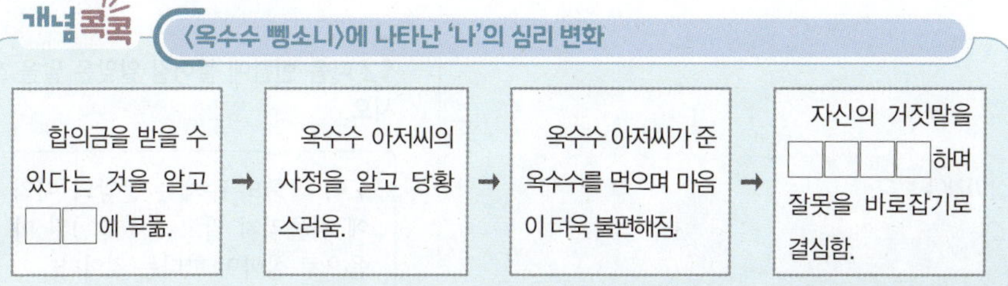

개념 콕콕 〈옥수수 뺑소니〉에 나타난 '나'의 심리 변화

합의금을 받을 수 있다는 것을 알고 ☐☐에 부풂.	→	옥수수 아저씨의 사정을 알고 당황스러움.	→	옥수수 아저씨가 준 옥수수를 먹으며 마음이 더욱 불편해짐.	→	자신의 거짓말을 ☐☐☐☐하며 잘못을 바로잡기로 결심함.

---

05 옥수수 아저씨에게 전화를 하려고 했을 때 '나'의 마음으로 알맞은 것은?

① 긴장함. ② 억울함.
③ 당당함. ④ 부끄러움
⑤ 수치스러움.

06 다음 빈칸에 들어갈 말로 알맞은 것은?

> '나'는 병문안을 온 옥수수 아저씨의 (   )을/를 느끼고 자신의 잘못을 깨달았다.

① 희생정신
② 도전 정신
③ 봉사하는 마음
④ 따뜻한 마음씨
⑤ 직업에 대한 자부심

07 다음 표현에 대한 설명으로 알맞은 것은?

> 어쩌면 지금 나는 옥수수가 아닌, 가진 것 없는 아저씨의 살점을 뜯었는지도 모른다.

① '나'의 결심을 생생하게 표현하였다.
② 이 글의 주제를 상징적으로 표현하였다.
③ 인물 간의 갈등을 비유적으로 표현하였다.
④ '나'가 매우 후회하고 있음을 강렬하게 표현하였다.
⑤ 옥수수 아저씨가 입은 마음의 상처를 비유적으로 표현하였다.

08 이 글의 '나'가 잘못을 고백한 후에 느꼈을 마음으로 알맞은 것은?

① 불편한 마음
② 조급한 마음
③ 후련한 마음
④ 후회되는 마음
⑤ 당황스러운 마음

(2) '나'가 옥수수 아저씨로 인해 얻은 깨달음 파악하기

→ '나'는 옥수수 아저씨와 여러 일을 겪으면서 다른 사람에게 [　][　]을 해서는 안 된다는 것을 깨달았다.

(3) 작품 속에 나타난 '나'의 변화 정리하기

'나'는 위기를 모면하기 위해 다른 사람에게 거짓말을 하였다.

그러나 '나'는 다른 사람의 처지를 생각할 줄 아는 사람이 되었다.

(4) 병동 밖으로 뛰쳐나온 '나'가 옥수수 아저씨에게 할 말 추측하기

→ "아저씨 죄송해요. 제가 다치고 스마트폰이 망가진 것은 아저씨 때문이 아니에요. 제가 아저씨가 그랬다고 거짓말을 했어요. 정말 죄송합니다."라고 할 것 같다.

3 작품을 쓴 작가의 의도 파악하기

(1) 작가의 말을 참고하여 제목이 지닌 의미 파악하기

> '뺑소니'라는 게 교통사고에만 해당하는 말은 아니더군요. 그래서 생각해 봤습니다. 삶의 수많은 선택 가운데 나는 뺑소니치지 않았나. 인생의 운전자인 여러분은 어떤가요?
>
> – 박상기, 《옥수수 뺑소니》

→ 이 작품에서 '옥수수 뺑소니'는 '나'를 뜻한다고 생각한다. '나'가 자신의 잘못으로 망가진 친구의 스마트폰을 책임지지 않고 잘못이 없는 옥수수 아저씨에게 그 [　][　]을 미루려고 했기 때문이다.

(2) 작가가 작품에서 말하고 싶은 것 알기

→ 눈앞의 이익에 흔들리지 말고 진실된 마음으로 살아야 한다.
→ 자신이 벌인 일에 [　][　]을 져야 한다.
→ 상황에 떠밀려 거짓말을 하면 안 된다.

학습 활동 응용 >>>

09 이 글에 나타난 '나'의 깨달음으로 알맞은 것은? (정답 2개)

① 가족이 가장 소중하다는 것
② 양심을 속여서는 안 된다는 것
③ 주변 사람들에게 관심을 가져야 한다는 것
④ 다른 사람에게 거짓말을 해서는 안 된다는 것
⑤ 자신의 감정을 솔직하게 표현해야 한다는 것

10 병동 밖으로 뛰쳐 나온 '나'가 옥수수 아저씨에게 할 말로 알맞지 <u>않은</u> 것은?

① 아저씨, 정말 죄송해요.
② 아저씨 때문에 스마트폰이 망가졌다고 거짓말을 했어요.
③ 아저씨를 만난 다음에 또 사고를 당해서 다친 거예요.
④ 제가 다치고 스마트폰이 망가진 것은 아저씨 때문이 아니에요.
⑤ 제가 잘못해서 일어난 사고여서 스마트폰 수리비를 받을 수 없었어요.

11 이 글을 통해 작가가 비판하고 있는 사람으로 알맞은 것은?

① 맡은 업무를 느리게 하는 사람
② 경제적으로 독립하지 못한 사람
③ 미래에 대한 꿈과 희망이 없는 사람
④ 잘못한 일에 책임을 지지 않는 사람
⑤ 부주의하여 다른 사람을 다치게 한 사람

12 다음 빈칸에 들어갈 알맞은 말을 쓰시오.

> 이 작품의 주제는 눈앞의 이익에 휘둘리지 말고 (　　　)된 마음으로 살아야 한다는 것이다.

문제해결과 적용

1 영화 〈걷기왕〉에서 작품 속 인물의 성장 파악하기

[앞부분의 줄거리]

태어날 때부터 멀미가 심한 만복이는 무엇에 타기만 하면 구토를 해서 학교를 두 시간씩 걸어서 등교한다. 만복이는 딱히 하고 싶은 것도 없고, 수업 시간에는 잠만 자기 일쑤이다. / 담임 선생님은 무기력한 날을 보내는 만복이에게 육상부를 추천한다. 만복이는 선생님의 부추김에 떠밀리듯 육상부에 들어갔지만 경보에 재능을 발견한 것 같아서 즐거움을 느낀다. / 만복이가 전국 체전 예선에 참가하려고 서울로 가다가 멀미 때문에 육상부원들에게 피해를 준다. 결국 육상부를 그만두고 다시 일상으로 돌아간 만복이가 꿈을 향해 노력하는 친구들과 달리 자신만 뒤처지는 것 같아 불안해한다.

> 일정한 거리를 규정에 따라 걸어 빠르기를 겨루는 경기

S# 53
장면 표시 번호

수지: 왜, 맘이 바뀌었냐고?

만복: 그게……. 선배 말이 맞아요. 공부는 잘 못할 거 같고. 운동은 쉬워 보여서 시작한 거예요. 근데 잘 모르겠어요. 이제는 이거라도 안 하면 왠지 좀…….

수지: 왠지 뭐?

만복: ……무서워서요.

→ 만복이는 불안한 마음에 다시 경보를 하려고 함.

[중간 부분의 줄거리]

다시 경보를 시작한 만복이는 전국 체전에 나갈 수 있게 되고, 육상부 선배 수지를 본받으려고 열심히 연습하다가 악몽까지 꾼다. / 전국 체전에 출전하기 위하여 서울까지 걸어가던 만복이는 발을 다치고도 대회 출전을 고집하고, 그런 만복이를 말리던 수지가 부상이 심해져 병원에 실려 간다. 혼자 대회에 출전한 만복이가 경기 시작부터 빠르게 앞서 나가자 상대 선수들도 속도를 올려 경기가 과열되고, 결국 선두를 다투다 다 같이 넘어진다.

S# 91

여전히 일어나지 못하는 만복이의 눈에 자신의 벗겨진 신발과 피로 붉게 물든 양말이 보인다. 그때 점차 어디선가 들려오기 시작하는 비행기 소리에 이어 머리 위로 웬 그림자가 만복이를 덮으며 지나가자 고개를 들어 하늘을 올려다보는 만복. 비행기 한 대가 고요하게 날아가고 있다. 비행기 소리만이 점점 뚜렷하게 들려온다.

영화, 방송극, 연극 따위에서, 장면에 나타나지 않으면서 장면의 진행에 따라 그 내용이나 줄거리를 장면 밖에서 해설하는 일 또는 그런 해설

만복(내레이션): 비행기, 몇 번째더라? 소원 빌 게 있었는데……. 아! 근데 나 왜 이렇게 빨리 달렸던 걸까? 어쩌면 그냥, 조금 느려도 괜찮지 않을까?

그때 정적을 깨며 다가온 진행 요원.

진행 요원: 저기요, 저기요! 계속 뛸 거예요, 말 거예요?

만복, 멍하니 진행 요원을 쳐다보다가 이내 편안한 표정으로.

만복: 아니요, 그만할래요.

아예 드러누워 버리는 만복이. 편하다. 손가락 사진기로 비행기를 찍는 만복.

→ 대회에서 넘어진 만복이는 조금 느리게 가도 괜찮다는 것을 깨닫고 기권함.

학습 활동 응용 >>>

13 이와 같은 글의 특징으로 알맞지 <u>않은</u> 것은?

① 영화를 만들기 위해 쓴 글이다.
② 'S#'를 사용하여 장면을 표시한다.
③ 내레이션을 사용하여 해설하기도 한다.
④ 인물의 대사와 행동으로 사건이 진행된다.
⑤ 작가가 경험한 일을 교훈이 드러나게 쓴 글이다.

14 만복이에 대한 설명으로 알맞지 <u>않은</u> 것은?

① 차를 타기 힘든 학생이다.
② 자신의 재능을 경보에서 발견한다.
③ 선생님의 추천으로 육상을 시작한다.
④ 평소 적극적이고 의욕적인 학생이다.
⑤ 친구들에게 뒤처지는 것 같아 불안해한다.

15 다음 빈칸에 들어갈 말로 알맞은 것은?

> 'S# 91'에서 (　　　)은/는 만복이가 자신을 돌아보게 하는 소재로 등장한다.

① 소원 　　　② 그림자
③ 비행기 　　④ 결승선
⑤ 손가락 사진기

16 경보 대회에서 드러누워 버린 만복이의 마음으로 알맞은 것은?

① 두려움. 　　② 불안함.
③ 억울함. 　　④ 조급함.
⑤ 편안함.

바른답·알찬풀이 22쪽

S# 98

닭이 우는 이른 아침. 만복이의 집. 마루에 앉아 신발을 묶는 만복. 마당에 있는 소순이에게 인사를 하고 집을 나서는 만복이의 부분적인 모습들만 얼핏 보인다. 그런 만복이의 모습을 지켜보는 소순이.

만복: 소순아, 언니 다녀올게!

소순이(내레이션): 열여덟 살! 만복이는 차를 타면 여전히 토를 한다! 하지만 우리의 만복이는 어디든 갈 수 있다.

문밖으로 나온 만복이. 배낭여행 차림이다. 길에서 만복이를 기다리고 있는 수지.

심호흡을 한 번 하고는 수지를 향해 당당히 걸어가는 만복이. 둘의 뒷모습.

만복: 선배! 우리 어디로 갈까요? / 수지: 글쎄…….

만복: 서울? 에이, 서울 지겨워요. 부산 가자, 부산!

수지: 야! 부산까지 어떻게 걸어가냐?

만복: 뭐, 하긴, 선배는 길치니까 나 혼자 갔다 오면 되지.

→ 만복이는 수지와 걸어서 여행을 떠남.

– 백승화, 남순아 각본, 〈걷기왕〉

(1) 장면을 중심으로 만복이의 태도 변화 정리하기

S# 53 만복: 그게……. 선배 말이 맞아요. 공부는 잘 못할 거 같고. 운동은 쉬워 보여서 시작한 거예요. 근데 잘 모르겠어요. 이제는 이거라도 안 하면 왠지 좀……. 수지: 왠지 뭐? / 만복: ……무서워서요.	→ 친구들과 달리 뒤처지는 것 같아 □□□, 부담감을 가짐.
S# 91 만복(내레이션): 아! 근데 나 왜 이렇게 빨리 달렸던 걸까? 어쩌면 그냥, 조금 느려도 괜찮지 않을까? 그때 정적을 깨며 다가온 진행 요원. 진행 요원: 저기요, 저기요! 계속 뛸 거예요, 말 거예요? 만복, 멍하니 진행 요원을 쳐다보다가 이내 편안한 표정으로. 만복: 아니요, 그만할래요.	→ 조금 느려도 괜찮다는 것을 깨닫게 됨.
S# 98 만복: 선배! 우리 어디로 갈까요? 수지: 글쎄……. 만복: 서울? 에이, 서울 지겨워요. 부산 가자, 부산! 수지: 야! 부산까지 어떻게 걸어가냐? 만복: 뭐, 하긴, 선배는 길치니까 나 혼자 갔다 오면 되지.	→ □□를 극복하지는 못했지만, 천천히 걸어서 어디든 갈 수 있게 됨.

---

17 'S# 98'에서 소순이 내레이션의 역할로 알맞은 것은?

① 배경을 묘사한다.
② 사건을 이끌어 간다.
③ 작품의 주제를 직접 제시한다.
④ 인물 사이의 관계를 설명한다.
⑤ 주인공의 상황을 직접 알려 준다.

18 다음 중 가장 나중에 일어난 사건은?

① 만복이가 육상부에 들어갔다.
② 만복이가 전국 체전에 나갔다.
③ 선두를 다투던 선수들이 넘어졌다.
④ 만복이와 수지가 배낭여행을 떠난다.
⑤ 만복이가 서울까지 걸어가다 발을 다쳤다.

19 만복이의 성장에 대한 설명으로 알맞은 것은?

① 꿈을 향해 노력하는 태도를 갖게 되었다.
② 주변을 돌아볼 줄 아는 여유를 가지게 되었다.
③ 다른 사람과 비교하지 않고 자기만의 삶의 방식을 찾았다.
④ 다른 사람에게 피해를 주지 않도록 조심해야 한다는 것을 깨달았다.
⑤ 최고가 되기 위해서는 다른 사람보다 더 노력해야 한다는 것을 깨달았다.

20 다음 빈칸에 들어갈 말끼리 알맞게 묶인 것은?

> 이 작품과 같이 인물의 (   )을 다룬 작품을 읽으면 작품 속 인물의 삶뿐만 아니라 자신의 삶을 (   )할 수 있다.

① 고난 – 극복
② 성공 – 반추
③ 성장 – 성찰
④ 가치관 – 반성
⑤ 깨달음 – 관찰

(1) 옥수수 빵소니

★ 이 소설의 구성 단계를 정리해 볼까?

발단
'나'는 친구 재준이와 자전거 경주를 벌이다가 옥수수 트럭에 치일 뻔함.

전개
골목에서 검은색 승용차에 치였으나 검은 선글라스를 쓴 운전자는 '❶ ☐'의 탓을 하면서 사라짐.

위기
[중략 부분] '나'가 자동차에 치였다는 사실을 안 부모님은 옥수수 아저씨를 빵소니범으로 몰고 '나'를 입원시킴.

절정
병실에 허름한 모습으로 찾아와 사과하는 ❷ ☐☐☐ 아저씨에게 아픈 늦둥이 아기가 있다는 사실을 알게 됨.

결말
아저씨를 빵소니범으로 몬 것을 후회하며 병실을 뛰쳐나감.

★ 대조적인 인물들을 찾아볼까?

옥수수 아저씨 ↔ **선글라스 아저씨**

대조적

- 인간적이고 ❸ ☐☐함.
- 자신이 저지른 일에 대해 책임질 줄 앎.

- 비인간적임.
- 자신이 저지른 일에 대한 ❹ ☐☐☐이 없음.

★ '나'의 성장 과정을 살펴볼까?

'나'는 자신의 거짓말이 따뜻하고 순박한 옥수수 아저씨를 곤경에 빠뜨렸음을 깨달음.

[01~04] 다음 글을 읽고 물음에 답하시오.

가 "야, 이 뺑소니, 게 섰거라!"

잡히지 않는 나도 대단하지만 이 년째 한결같이 쫓아오는 녀석의 근성도 눈물겹다.

녀석과는 어릴 때부터 친구였는데 교복을 입은 뒤로는 웬만해서 자전거로 지지 않았다. 내 것은 상표 없는 일 단짜리 고물이지만, 녀석의 이십일 단 자전거에 기죽지 않은 이유다.

"삼 단 부스터 발진!"

간격이 좁혀지지 않자 재준이가 내뱉은 말이었다.

나 갑자기 트럭 경적 소리가 뒤통수를 찔렀다. 그와 동시에 끼익 소리가 나며 트럭이 내 옆을 스쳤다. 나는 화들짝 놀라 핸드폰을 급히 오른쪽으로 틀었다. 하지만 당황한 나머지 너무 크게 꺾고 말았다.

"어어, 야!"

사색이 된 재준이의 목소리와 동시에 나는 보호 난간을 들이받고 넘어졌다.

다 "학생, 핸드폰 번호 좀 불러 줘."

이 아저씨가 ㉠내 아픈 곳을 건드리다니.

"없는데요."

아저씨가 날 위아래로 쳐다보았다. 중학생인데 핸드폰이 없다고 하니, 거짓말이 아닌지 살피는 눈치였다. 이봐요, 아저씨가 들고 있는 폴더 폰이 더 거짓말 같거든요?

"그럼 집 전화번호라도 알려 줘."

나는 마지못해 이름과 번호를 불러 주었다.

라 "집에 가서 보니 다친 데는 없었고?"

아, 이 아저씨 되게 눈치 없네. 내가 수화기를 붙들고 있는 지금, 분신과도 같은 내 캐릭터는 가만히 선 채로 계속 얻어맞고 있단 말이다!

"부모님 오시면 꼭 연락 달라고 전해 줘."

"네!"

투욱.

아저씨 말이 끝나자마자 수화기를 내리꽂듯이 놓아 버리고는 방으로 달려갔다. 내 분신아, 반드시 살아 있어야 한다!

01 이와 같은 글이 독자에게 주는 효과로 알맞은 것은?

① 정서적 감동과 깨달음을 얻을 수 있다.
② 실제 현실의 모습을 정확하게 파악할 수 있다.
③ 세계를 바라보는 일관된 시각을 정립할 수 있다.
④ 작가의 삶의 모습을 구체적으로 이해할 수 있다.
⑤ 삶을 이해하는 폭을 일정한 범위로 제한할 수 있다.

02 (가)~(라)를 통해 알 수 있는 사실이 <u>아닌</u> 것은?

① '나'는 재준이에 비해 경제적으로 어려운 상황이다.
② '나'는 자존심이 강하여 재준이에게 지기 싫어한다.
③ '나'는 아저씨와의 통화로 인하여 게임을 제대로 못했다.
④ '나'는 중학생이 된 후 재준이와의 자전거 경주에서 거의 지지 않았다.
⑤ '나'는 아저씨 때문에 사고가 나서 다쳤다고 생각하며 아저씨를 원망하고 있다.

학습 활동 응용

03 (나)~(라)에 나타난 아저씨의 성격으로 알맞은 것은?

① 권위적이다.
② 편견이 강하다.
③ 오해가 심하다.
④ 책임감이 있다.
⑤ 남을 잘 믿지 않는다.

04 ㉠의 구체적인 내용으로 알맞은 것은?

① 핸드폰이 없다는 것
② 핸드폰이 폴더 폰이라는 것
③ 전화번호를 잘 잊어버린다는 것
④ 부모님 핸드폰을 쓰고 있다는 것
⑤ 핸드폰 번호를 알려 주기 싫어한다는 것

[05~08] 다음 글을 읽고 물음에 답하시오.

가 어제 사고 났는데 오늘 차에 또 치이다니! 나는 창피한 나머지 자리에서 벌떡 일어섰다. 하지만 어제와 달리 핑글핑글 머리가 어지럽고, 다리도 후들거렸다.

그래도 ㉠아프다고 말하긴 싫었다.

"아, 저, 괘, 괜찮아요!"

"정말 괜찮아?" / "네, 네!"

선글라스 아저씨는 내 몸을 위아래로 훑어보았다. 까만 안경알 뒤로 무슨 생각을 하고 있는지 알 수가 없었다.

나 "네가 잘못한 거 알지? 길을 갈 때는 항상 주변을 살피란 말이야."

"네."

여기까지 말한 아저씨가 갑자기 요리조리 주위를 살폈다. 왜 그러나 싶어 나도 주위를 둘러보니 아무도 없었다. 아저씨가 승용차에 급히 타면서 말했다.

"앞으로 조심해라!"

부우웅!

선글라스 아저씨 차가 출발했다. 뭔가 좀 이상했다. 중요한 게 빠진 것 같은데 그게 뭐였더라? 아, 연락처!

다 집에 와서 옷을 벗어 보니 역시나 옆구리가 넓게 까져 피가 묻어 나왔다. 그런데 살갗보다도 마음이 쓰라려 죽겠다. 이거 아빠한테 얘기하면 맞아 죽을 거다.

선글라스 아저씨도 진짜 황당하다. 왜 나한테만 그러지? 자기도 조심하지 않았잖아! 괜찮은 척했다고 그냥 가면 어떡해? 생각하면 할수록 짜증 났다.

깨진 스마트폰과 얄미운 선글라스 아저씨가 번갈아 내 마음을 후벼 팠다. 그럴수록 힘이 빠졌다.

라 그 순간, ㉡어떤 생각이 번쩍 떠올랐다. 나는 조심스레 교복 바지의 뒷주머니를 뒤졌다. 두 번 접힌 메모지가 나왔다. 펼쳐 보니 옥수수 아저씨의 연락처가 보였다. 침을 꿀꺽 삼켰다.

다시 깨진 스마트폰을 바라보았다. 누군가에게 보상받지 못하면 내가 물어 줘야 한다. 이 사실을 떠올리자 망설임이 줄어들었다. 나는 집 전화로 옥수수 아저씨의 번호를 하나씩 누르기 시작했다. 손가락이 미미하게 떨렸다.

뚜루루루 뚜루루루.

신호가 가는 동안 나는 연거푸 심호흡을 했다.

"여보세요."

"아…… 아저씨, 전데요."

05 이 글의 서술자에 대한 설명으로 알맞은 것은?

① 작품 밖에서 서술하고 있다.

② 사건 전개에 부수적인 역할을 한다.

③ 사건을 객관적인 입장에서 이야기한다.

④ 사건을 인과 관계에 따라 정리하여 전달한다.

⑤ 자신에게 일어난 사건을 솔직하게 이야기한다.

06 두 번째 사고가 난 뒤에 '나'의 심리 변화로 알맞은 것은?

	사고 직후		집에 돌아온 후
①	억울함.	→	침착함.
②	창피함.	→	억울함.
③	창피함.	→	미안함.
④	미안함.	→	분노함.
⑤	미안함.	→	억울함.

07 ㉠의 이유로 가장 알맞은 것은?

① 선글라스 아저씨에게 미안해서

② 자신의 잘못을 인정하기 싫어서

③ 어제와 비슷하게 몸이 아프지 않아서

④ 차에 치였지만 약해 보이고 싶지 않아서

⑤ 선글라스 아저씨에게 피해를 주기 싫어서

서술형

08 ㉡의 구체적인 내용이 무엇인지 〈조건〉에 맞게 서술하시오.

조건
- 완결된 한 문장으로 쓸 것

[09~12] 다음 글을 읽고 물음에 답하시오.

가 아저씨는 탄식이 섞인 한숨을 뱉었다.

"늦둥이 아기가 있는데, 많이 아파."

"아…… 아기요? 어디가 아픈데요?"

"천식. 응급실 자주 가는데, 이번엔 심각한가 봐. 방금 중환자실로 옮겼대."

"……."

"사실, 학생이랑 사고 났을 때가 아기 상태 심각하대서 장사 접고 달려가던 참이었어. 그땐 너무 정신없어서 연락처만 남겼던 거야."

아저씨의 말에 아무런 대꾸도 할 수가 없었다. 갑자기 머리가 혼란스러웠다. 왠지 ㉠선글라스 아저씨가 이 광경을 봤다면 나를 실컷 비웃을 것 같았다.

나 오늘도 나가서 열심히 옥수수를 팔겠지. 늦둥이 병원비 마련하느라 자기는 옷이나 신발도 못 샀을 거다. 당연히 스마트폰은 꿈도 못 꾸고.

또 다른 내 손엔 만 원짜리 한 장이 들려 있었다. 꼬깃꼬깃 볼품없는 지폐였다. 아저씨가 옥수수 몇 개를 팔아야 이걸 버는 걸까? 오늘도 여기저기 수습하느라 하나도 못 판 건 아닐까? 점점 입 안의 옥수수 감촉이 [㉡].

다 정신이 번쩍 들었다. 주위를 한번 둘러보았다. 이 병실에는 아파서 들어온 환자만 있는 게 아니었다. 안 그러면 대학생 형이 저렇게 병실을 자주 비울 리가 없었다. 그런데 돌아와 환자복만 입으면 신기하게도 죽은 사람처럼 누워 있었다.

그건 나도 마찬가지였다. 나 역시 죽어 있었다. 그 대가로 백만 원을 받는 것이었다. 한번 죽은 척하고 성능 좋은 컴퓨터와 멋진 스마트폰을 장만할 계획이었다.

그런데 정말 죽을지도 모르는 사람이 생각났다. 옥수수 아저씨의 늦둥이 아기였다. 산소 호흡기를 쓰고 힘겹게 숨 쉬는 그 녀석은 진짜였다. 내 손에 들린 옥수수는 아직 따뜻했다.

라 옥수수 아저씨, 선글라스 아저씨, 부모님, 재준이가 번갈아 떠올랐다. 미쳐버릴 것같이 숨이 가빴다. 누구든 먼저 마주치면 이 기분을 다 쏟아 낼 것이다.

내 손이 뜨겁게 달아올랐을 즈음, 저 멀리 빛바랜 현수막이 눈에 들어왔다.

'삶은 옥수수, 영양계란빵 세 개 이천 원.'

학습 활동 콕콕

09 **(가)의 역할에 대한 설명으로 알맞은 것은?**

① '나'가 새로운 사건에 휘말리게 됨을 암시한다.

② '나'가 양심을 되찾고 성장하게 되는 계기를 제공한다.

③ 옥수수 아저씨가 이기적인 성격으로 바뀌는 과정을 표현한다.

④ 옥수수 아저씨를 통해 '나'가 상황에 만족하게 됨을 알려 준다.

⑤ '나'가 비로소 주변 어른들의 부정적인 모습을 알게 됨을 드러낸다.

10 **〈보기〉의 설명에 해당하는 소재로 알맞지 않은 것은?**

(정답 2개)

보기

• ㉠의 인물이 추구하는 가치관을 보여 줌.

• '나'의 미성숙함을 구체적으로 보여 줌.

---

① 옥수수　　　　　　② 백만 원

③ 멋진 스마트폰　　　④ 빛바랜 현수막

⑤ 성능 좋은 컴퓨터

11 **㉡에 들어갈 말로 알맞은 것은?**

① 달콤해졌다　② 매끄러웠다　③ 따뜻해졌다

④ 쫄깃해졌다　⑤ 불편해졌다

12 **이 글을 읽은 독자의 반응으로 알맞지 않은 것은?**

① 작품 속 인물들을 통해 나를 한 번 돌아봐야겠어.

② 이 작품을 통해 전하려는 메시지를 생각해 봐야겠어.

③ 주인공의 변화 과정이 주는 감동과 깨달음을 마음에 새겨야겠어.

④ 현실의 어떤 모습이 작품 속 상황으로 표현된 건지 파악해 보아야겠어.

⑤ 실제 인물의 경험을 어떤 부분에서 반영하고 있는지 찾아봐야겠어.

[13~16] 다음 글을 읽고 물음에 답하시오.

가 "아…… 아저씨, 전데요."

내 말 뒤에 잠시 침묵이 흘렀다. 곧이어 쨍쨍한 목소리가 들렸다.

"오! 어제 자전거 탔던 학생?" / "……네."

"무슨 일이야? 많이 아파?" / "그게, 저……."

"왜 그래? 아프면 솔직히 말해."

아저씨의 재촉이 서글펐다. 나는 ㉠액정의 균열을 바라본 채 입술을 악물었다.

"저…… 나중에 알았는데요. 집에 와서 보니 핸드폰이 깨져 있었어요."

"뭐라고? 학생, 핸드폰 없다며?"

"그러니까, 친구 건데요. 제 가방에 있었어요. 어제 보셨죠? 저랑……."

"아아, 같이 자전거 탔던 친구?" / "네, 네에."

다시 정적이 흘렀다. 내 말을 듣고 지금 무슨 생각 중일까? 가슴이 마구 뛴다. 아저씨가 잠시 후에 한마디 했다.

"몸은 이상 없고?"

"네에. 살짝 까져서 쓰라리긴 한데, 이 정도는…… 하하."

으윽, 왠지 말투가 비굴하게 나갔다. 이러다 의심받는 건 아니겠지.

나 여전히 일어나지 못하는 만복이의 눈에 자신의 벗겨진 신발과 피로 붉게 물든 양말이 보인다. 그때 점차 어디선가 들려오기 시작하는 비행기 소리에 이어 머리 위로 웬 그림자가 만복이를 덮으며 지나가자 고개를 들어 하늘을 올려다보는 만복. 비행기 한 대가 고요하게 날아가고 있다. 비행기 소리만이 점점 뚜렷하게 들려온다.

만복(내레이션): 비행기, 몇 번째더라? 소원 빌 게 있었는데……. 아! 근데 나 왜 이렇게 빨리 달렸던 걸까? 어쩌면 그냥, 조금 느려도 괜찮지 않을까?

그때 정적을 깨며 다가온 진행 요원.

진행 요원: 저기요, 저기요! 계속 뛸 거예요, 말 거예요?

만복, 멍하니 진행 요원을 쳐다보다가 이내 편안한 표정으로.

만복: 아니요, 그만할래요.

13 (가)와 (나)의 공통점으로 알맞은 것은?

① 장면의 변화가 다양하게 나타나고 있다.
② 인물의 외적 갈등이 강하게 드러나고 있다.
③ 작품 속 서술자를 통해 주제를 전달하고 있다.
④ 사건의 배경을 비현실적 공간으로 제시하고 있다.
⑤ 작가가 상상을 통해 창작한 이야기를 다루고 있다.

14 (가)에 나타난 인물의 심리를 알맞게 짝지은 것은?

	'나'	아저씨
①	민망함.	짜증스러움.
②	초조함.	걱정스러움.
③	개운함.	후회스러움.
④	뿌듯함.	원망스러움.
⑤	담담함.	당황스러움.

15 ㉠에 대한 설명으로 알맞지 <u>않은</u> 것은?

① '나'의 타인을 배려하는 성격을 드러낸다.
② '나'가 해결해야 할 문제 상황을 의미한다.
③ '나'가 아저씨에게 전화를 걸게 만든 계기이다.
④ '나'가 비굴한 목소리로 말하도록 하는 소재이다.
⑤ '나'가 비도덕적 행동을 하는 상황에 놓이게 된 동기이다.

16 (나)를 통해 작가가 말하고자 하는 바를 〈조건〉에 맞게 서술하시오.

┌─ **조건** ─────────────
• 완결된 한 문장으로 쓸 것
└─────────────────

(2) 정서를 표현하는 글 쓰기

바른답·알찬풀이 24쪽

소단원 핵심 개념

1 정서를 표현하는 글의 뜻

사람의 마음에 일어나는 여러 가지 감정 또는 감정을 불러일으키는 기분이나 분위기

글쓴이의 마음속 생각이나 느낌, 감정 등을 진솔하게 표현하는 글을 말한다.

예 수필, 편지, 일기 등
생활 속에서 얻은 생각과 느낌 등을 형식에 얽매이지 않고 자유롭게 표현한 글

2 경험을 바탕으로 정서를 표현하는 글을 쓰는 과정

경험 떠올리기	• 여러 가지 경험들 가운데 글로 쓸 경험을 선택함. • 그 경험을 글감으로 선택한 까닭을 생각해 봄.

누가, 언제, 어디서, 무엇을 어떻게, 왜 ↓

경험과 정서 구체화하기	시간 순서대로 정리하기, 육하원칙에 따라 정리하기, 마인드맵을 활용하기, 스스로 묻고 답하기 등 다양한 방법을 활용하여 경험과 정서를 구체적으로 정리함.

↓

내용 조직하기	• 처음 부분에서는 자신에게 의미 있는 경험을 소개함. • 중간 부분에서는 경험의 구체적인 내용과 그때의 정서를 진솔하게 표현함. • 끝부분에서는 깨달은 점을 정리함. • 자신의 경험이나 중심 생각이 잘 드러나도록 제목을 정함.

↓

표현하기	경험과 정서, 그로 인한 깨달음을 구체적이고 생생하게 표현함.

3 경험을 바탕으로 정서를 표현하는 글 쓰기의 효과

① 자신을 성찰해 봄으로써 건강한 자아를 형성할 수 있다.
② 독자에게 글쓴이의 경험과 정서에 공감하게 하여 감동과 즐거움을 준다.

4 경험을 바탕으로 정서를 표현하는 글을 쓸 때 유의할 점

① 독자가 공감할 수 있도록 자신의 삶에서 의미 있는 경험을 글감으로 정한다.
② 경험과 그 경험에서 느낀 감정이나 생각을 구체적이고 생생하게 표현한다.
③ 글의 유형과 다양한 표현 방법을 고려하여 자신의 경험과 정서를 진솔하게 표현한다.

개념 확인 문제

1 경험을 바탕으로 정서를 표현하는 글을 쓰는 과정에 맞게 기호를 나열하시오.

> ㉠ 내용 조직하기
> ㉡ 경험과 정서 구체화하기
> ㉢ 경험 떠올리기
> ㉣ 표현하기

2 다음 빈칸에 들어갈 내용으로 알맞은 것은?

> 경험을 바탕으로 정서를 표현하는 글의 끝부분에서는 (　　　)을 정리한다.

① 깨달은 점
② 경험을 글로 쓴 까닭
③ 경험을 하게 된 원인
④ 경험의 구체적인 내용
⑤ 앞으로 경험하고 싶은 일

3 경험을 바탕으로 정서를 표현하는 글 쓰기의 효과가 아닌 것은?

① 독자에게 감동을 준다.
② 독자에게 즐거움을 준다.
③ 자신을 성찰해 볼 수 있다.
④ 공적 정보를 공유할 수 있다.
⑤ 건강한 자아를 형성할 수 있다.

4 경험을 바탕으로 정서를 표현하는 글을 쓸 때 유의할 점이 아닌 것은?

① 진솔하게 표현한다.
② 생생하게 표현한다.
③ 구체적으로 표현한다.
④ 허구적으로 표현한다.
⑤ 의미 있는 경험을 쓴다.

바른답·알찬풀이 24쪽

이해와 탐구

경험을 바탕으로 정서를 표현하는 글을 쓰는 과정

경험 떠올리기

다영이네 반에서는 한 학기를 돌아보며 중학생이 되어 겪은 일 가운데 가장 기억에 남는 경험을 글로 써서 학급 문집을 만들기로 하였다.

1 다영이가 글감으로 선택한 경험과 그것을 선택한 까닭 정리하기

선택한 경험	키우던 물고기가 죽은 일
선택한 까닭	☐☐☐를 오래 기억하고 싶어서

개념콕콕 — 경험을 바탕으로 정서를 표현하는 글을 쓸 때 글감 선택하기

- 독자가 ☐☐할 수 있도록 자신의 삶에서 의미 있는 경험을 글감으로 선택한다.
- 자신의 정서를 가장 잘 표현할 수 있는 가치 있는 경험을 글감으로 선택한다.

더 알아보기

정서를 표현하는 다양한 방법

수필	형식에 얽매이지 않고 생활 속에서 얻은 생각이나 느낌, 경험을 글로 써서 정서를 표현할 수 있음.
편지	안부, 소식, 용무 등을 글로 써서 정서를 표현할 수 있음.
만화	그림에 글자를 삽입하여 정서를 표현할 수 있음.

01 다영이가 글을 쓰기 위해 가장 먼저 한 일은?

① 개요 작성하기
② 내용 조직하기
③ 글의 제목 정하기
④ 경험한 내용 구체화하기
⑤ 한 학기 동안 경험한 일 떠올리기

02 다영이네 학급 문집에 들어갈 글로 알맞은 것은?

① 우리 학교의 역사를 알려 주는 글
② 여행하고 싶은 나라에 대해 쓴 글
③ 좋아하는 반려동물을 소개하는 글
④ 초등학교 졸업식에서 겪은 일을 쓴 글
⑤ 중학교에서 처음 간 현장 체험 학습에 대해 쓴 글

4 단원

03 다음 빈칸에 들어갈 말로 알맞은 것은?

> 다영이는 (   ) 위해서 키우던 물고기가 죽은 일을 글감으로 선택하였다.

① 물고기를 잘 기르는 방법을 알려 주기
② 안타깝게 죽은 물고기를 오래 기억하기
③ 물고기를 함부로 키워서는 안 된다는 주장을 펼치기
④ 물고기 키우기의 긍정적인 면을 다른 사람과 공유하기
⑤ 자기의 물고기를 기억하는 사람들에 대한 고마움을 표현하기

경험과 정서 구체화하기

다영이가 글에 담을 내용을 마련하고 경험과 관련된 일과 그때의 감정을 구체적으로 정리해 보았다.

• 경험을 어떻게 정리할까?

시간 순서대로 정리해 볼래.

• 구체적으로 무슨 일이 있었고, 그때 어떤 감정이 들었지?

경험한 일과 그때의 생각 또는 감정을 중심으로 정리해야지.

그때의 감정이 잘 드러나는 단어를 생각해 볼래.

구체적인 일		그때 든 감정
동생이 학교에서 물고기를 받아 옴.	→	고민을 잊을 만큼 행복했어.
부모님께 생일 선물로 물고기를 받음.	→	물고기를 보는 것이 무척 신났어.
물고기 한 마리가 헤엄도 잘 치지 못하고 힘들어하다가 세상을 떠남.	→	죄책감이 들어 미안하고 슬펐어.

• 경험에서 느끼거나 깨달은 점이 무엇이지?

비록 작은 물고기라도 생명은 모두 소중하다는 점을 깨달았어.

나의 경험과 정서, 깨달은 점을 진솔하게 표현해야 내 글을 읽는 친구들이 공감할 수 있을 거야.

• 어떤 유형으로 표현해 볼까?

한 편의 수필로 써 볼래.

1 다영이가 자신의 경험과 정서를 구체화할 때 고려한 점 파악하기

→ 경험한 일과 그때의 □□을 중심으로 정리하였다.

→ 감정이 잘 드러나는 단어를 떠올렸다.

→ 친구들이 □□할 수 있게 경험과 정서, 깨달은 점을 진솔하고 꾸밈없이 표현하였다.

개념 콕콕 — 경험과 정서를 구체화하여 정리하는 방법

시간 순서대로 정리하기	자신의 경험과 정서를 시간 □□에 따라 나열하며 정리한다.
육하원칙에 따라 정리하기	'누가, 언제, 어디에서, 무엇을, □□□, 왜'의 육하원칙에 따라 경험과 정서를 구체화하며 정리한다.
마인드맵 활용하여 정리하기	마음속에 지도를 그리듯이 경험한 일과 그때의 감정을 서로 연결해 보며 정리한다.

04 다영이가 경험과 정서를 구체화한 방법으로 알맞은 것은?

① 시간 순서대로 정리하기
② 육하원칙에 따라 정리하기
③ 인과 관계에 따라 정리하기
④ 공간의 이동에 따라 정리하기
⑤ 마인드맵을 활용하여 정리하기

05 다영이가 경험과 정서를 구체화하며 정리한 내용이 <u>아닌</u> 것은? (정답 2개)

① 구체적인 경험 내용
② 경험을 하였을 때 든 감정
③ 경험을 글감으로 선택한 까닭
④ 경험에서 느끼거나 깨달은 점
⑤ 같은 경험을 한 친구들의 생각

06 다영이가 독자를 고려하여 쓰고자 한 글의 표현 방식으로 알맞은 것은?

① 신중한 표현
② 장황한 표현
③ 진솔한 표현
④ 객관적인 표현
⑤ 비유적인 표현

07 다영이가 쓰려는 수필의 특성으로 알맞은 것은?

① 형식이 자유로운 글이다.
② 음악성이 느껴지는 글이다.
③ 함축적으로 표현하는 글이다.
④ 공연을 목적으로 쓰는 글이다.
⑤ 갈등을 중심으로 사건이 진행되는 글이다.

⟜ 내용 조직하기

다영이는 경험과 정서를 구체화한 내용을 바탕으로 하여 글로 쓸 내용을 개요로 정리하였다.

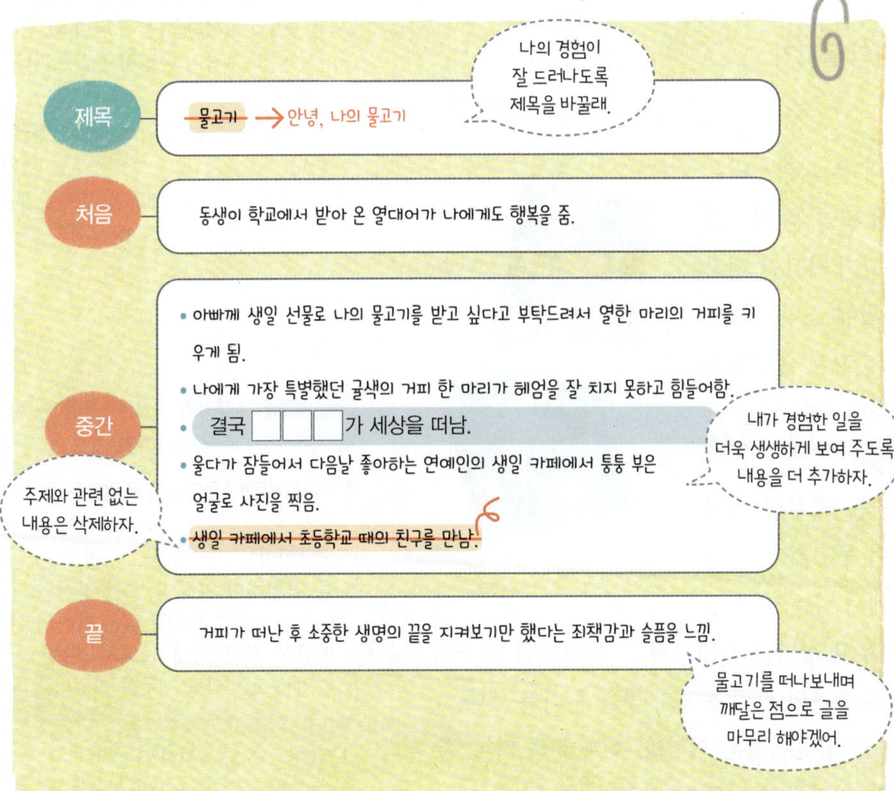

1 다영이가 글의 내용을 조직하면서 고려한 점 파악하기

→ 경험이 잘 드러나게 제목을 수정하였다.
→ □□와 관련 없는 내용은 삭제하였다.
→ 경험한 일을 더욱 생생하게 보여 주기 위해 내용을 □□하였다.
→ 경험을 통해 깨달은 점으로 글을 마무리하겠다.

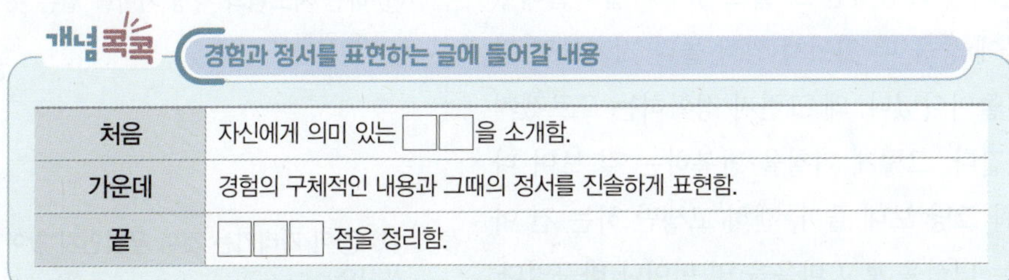

개념 쏙쏙 ― 경험과 정서를 표현하는 글에 들어갈 내용

처음	자신에게 의미 있는 □□을 소개함.
가운데	경험의 구체적인 내용과 그때의 정서를 진솔하게 표현함.
끝	□□□ 점을 정리함.

08 다영이가 글의 제목을 바꾼 까닭으로 알맞은 것은?

① 감정을 표현하는 단어를 사용하기 위해서
② 물고기를 기르는 기쁨이 잘 드러나도록 하기 위해서
③ 물고기를 떠나보낸 경험이 잘 드러나도록 하기 위해서
④ 질문 형식의 제목으로 독자의 호기심을 자극하기 위해서
⑤ 유명한 책 제목을 따라하여 친구들의 관심을 얻기 위해서

09 다음 빈칸에 들어갈 다영이의 감정을 쓰시오.

거피를 키우게 되었을 때	거피가 떠났을 때
신나고 행복함.	

10 다영이가 글의 내용을 조직하면서 생각한 내용이 <u>아닌</u> 것은?

① 제목이 적절한가?
② 삭제할 내용이 있는가?
③ 진솔한 표현을 사용하였는가?
④ 어떤 내용으로 글을 마무리할 것인가?
⑤ 경험한 일을 더욱 생생하게 보여 주도록 추가할 내용이 있는가?

11 '내용 조직하기'에서 다영이가 한 일이 <u>아닌</u> 것은?

① 글로 쓸 내용을 개요로 정리하였다.
② 조직한 내용을 전체적으로 살펴보며 수정하였다.
③ 글의 내용을 '처음-중간-끝'으로 나누어 조직하였다.
④ 중간 부분에는 경험한 일을 시간 순서대로 제시하였다.
⑤ 자신의 경험을 잘 표현할 수 있는 글의 유형을 정하였다.

표현하기

다영이는 개요에 따라 자신의 경험과 정서, 그로 인한 깨달음을 한 편의 수필로 써 보았다.

안녕, 나의 물고기

이다영(학생)

1 우리 집에는 꽤 오랜 시간 함께 지내 온 사랑스러운 물고기가 한 마리 있다. 동생이 학교에서 받아 온 지느러미가 예쁜 열대어이다. 그저 '동생의 물고기'라고만 생각했던 작은 물고기 한 마리가 점점 내 생활에 스며들었다. 밥을 챙겨 주면서 가만히 들여다보는 것만으로 친구들과의 관계에 관한 고민을 잊게 하고, 학업에 지쳐 있을 때에도 작은 위로가 되었다.

→ 처음: 동생이 키우던 물고기로부터 위로를 받음.

2 내가 어렸을 때 아빠께서도 물고기를 키우신 적이 있었는데 그때는 시시하다고 생각했었던 물고기가, 이젠 내게 ㉠행복을 주는 존재가 되었다. 그래서 나는 이번 생일 선물로 부모님께 '나의 물고기'를 키우고 싶다고 부탁드렸고, 물고기를 좋아하시는 아빠 덕분에 커다란 어항, 여러 가지 수초와 함께 물고기 맞을 준비를 했다.

모두 열한 마리였다. 노란색 꼬리지느러미가 귀여운 거피와 예쁜 귤색 거피, 무늬가 반짝거리는 푸른색 거피가 각각 세 마리씩이고, 하얀 저고리와 검정 치마를 입은 듯한 거피와 꼬리지느러미가 파란 새끼 거피까지 모두 보석처럼 아름다웠다.

물고기를 데려온 첫날, 나는 신나서 어항 앞에 앉아 꼬박 2시간 동안 사진을 찍었다. 물속에서 꼬물거리는 물고기들을 바라보고 있자면 나도 모르게 빠져 들어 시간 가는 줄 몰랐다. 한 마리 한 마리 관찰하고 의미 있는 이름도 지으며 모두를 아껴 주었다.

그중에서도 나에게 특별한 물고기가 있었는데, 바로 귤색의 거피이다. 영롱한 귤색 지느러미가 참으로 고운 물고기였다. 살짝 노란빛이 도는 주황색의 꼬리지느러미는 물속에서 나비의 날개처럼 춤을 췄다.

광채가 찬란한

→ 중간 1: 부모님께 부탁하여 생일 선물로 물고기 열한 마리를 받아 키우게 됨.

3 그런데 어느 날부터 수족관에서 기운차게 헤엄치던 그 물고기가 비실비실해졌다. 귤색의 지느러미가 힘없이 뒤집혀 물에 둥둥 떠 있어서 깜짝 놀라 지켜보면 갑자기 벌떡 정신을 차리고 일어나 헤엄쳐 돌아다녔다. 왜 그런지 정확히는 모르겠지만 어항 속 환경에 적응하지 못했던 것 같다. 그렇게 며칠을 반복하는 걸 보며 나는 꽤 충격을 받았다. 그 모습이 안쓰러워 그냥 보내 줄까, 괜히 고생만 하는 건 아닐까 싶었지만 계속 살려는 의지로 버티는 녀석을 보고 마음을 몇 번이나 바꾸었다.

---

12 이 글의 특징으로 알맞은 것은?

① 독자의 생각 변화를 유도한다.
② 글쓴이의 정서가 직접 드러나 있다.
③ 글쓴이의 주장이 논리적으로 드러나 있다.
④ 독자에게 새로운 정보나 지식을 전달한다.
⑤ 글쓴이가 상상한 내용을 바탕으로 한다.

교과서 날개 다영이가 글의 제목을 이처럼 지은 까닭은 무엇일까?

13 다음 빈칸에 들어갈 말로 알맞은 것은?

> 다영이는 기르던 물고기의 죽음을 경험하며 자신이 느낀 정서와 (   )에게 전하고 싶은 자신의 마음을 잘 드러내기 위해 '안녕, 나의 물고기'라고 제목을 지었다.

① 동생　　　　② 물고기
③ 부모님　　　④ 반 친구들
⑤ 물고기를 키우는 사람들

교과서 날개 다영이가 거피의 모습을 재미있게 표현한 부분을 찾아 밑줄을 그어 보자.

14 이 글에서 거피의 모습을 재미있게 표현한 부분으로 알맞은 것은?

① 사랑스러운 물고기
② 지느러미가 예쁜 열대어
③ 꼬리지느러미가 파란 새끼 거피
④ 무늬가 반짝거리는 푸른색 거피
⑤ 하얀 저고리와 검정 치마를 입은 듯한 거피

15 ㉠이 가리키는 것이 무엇인지 찾아 쓰시오.

그 물고기를 위해 내가 할 수 있는 것은 아무것도 없었다. 그저 옆에서 그 안타까운 모습을 지켜보며 응원할 수밖에.

결국 아빠께서는 다른 물고기를 위해 죽기 직전인 귤색 거피를 건져 내었다. 축 처져서 더는 몸부림도 치지 못하는 물고기를 보며 이상한 기분이 들었다. 무섭고 멍한 느낌이었다. 예전에도 몇 차례 물고기의 죽음을 본 터라 조금은 무뎌졌을 줄 알았다. 그렇지만 한 생명의 끝을 지켜보는 것은 생각보다 힘든 일이었다. 비록 작은 물고기라도 생명은 소중하니까.

힘이 빠진 채 가만히 있는 물고기를 보니 죄책감이 견디기 힘들 정도로 마음을 짓눌렀다. 허전한 마음에 멍한 채로 있다가 결국 울음이 터지고 말았다. '괜히 내게 와서 그렇게 아프게 떠났구나.' 하는 생각에 미안했다. 며칠 동안 그랬듯이 '조금만 시간이 지나면 다시 힘차게 헤엄칠 텐데.' 하며 오래 울었다. 해야할 일도 잊고 밤하늘에 눈물을 섞다가 잠들어 눈이 퉁퉁 부어 버렸다.

그다음 날은 내가 좋아하는 연예인의 생일 카페에 가기로 한 날이었다. 오랜시간 이날만을 기다렸는데 퉁퉁 부은 얼굴이 어떻게 해도 가려지지 않아서 그날 찍은 사진에는 전날 밤의 충격이 고스란히 담겼다. → 중간 2: 가장 특별했던 귤색의 물고기가 세상을 떠나 슬픔에 잠김.

❹ 사진 속 얼굴을 볼 때마다 "자꾸 생각하면 좋은 곳으로 못 간다는데……."라고 언젠가 만화책에서 봤던 말을 중얼거리며 아픔을 닦았던 나를 회상하겠지.

오랜 시간이 지나도 거피는 내 마음속에서 잊히지 않을 것 같다.

"안녕, 나의 물고기. 오래오래 기억할게." → 끝: 물고기와 함께한 시간을 소중하게 간직함.

---

1 **다영이가 쓴 소감을 참고하여 자신의 경험을 바탕으로 하여 정서를 진솔하게 표현하는 글을 쓰면 좋은 점 생각하기**

> 내게 왔다 떠나간 물고기들에게 미안해서 꼭 글로 남겨 주고 싶었다. 내 경험을 글로 쓰니 솔직한 감정이 글에 드러나서 좋았다. 그동안 물고기를 떠나보낸 후 느꼈던 슬픈 감정을 마음에 눌러 담기만 해서 더욱 아팠던 것 같다. 이번에 글로 써 보니 감정이 정리되었고, 스스로 성장하고 치유되는 기분이 들었다.
>
> – 이다영, 《남산문학아카데미 청소년문학교실 문예 작품집》

→ 진솔하게 감정을 표현하면서 감정이 정리가 되고 경험을 ☐☐하며 스스로 성장하고 스스로를 치유할 수 있다.

→ 자신을 성찰해 봄으로써 건강한 자아를 형성할 수 있다.

→ 독자에게 자신의 경험과 정서를 공감하게 해서 ☐☐과 즐거움을 줄 수 있다.

[교 과 서 날 개] 물고기가 떠난 후 다영이가 느낀 감정이 잘 드러나는 표현에 밑줄을 그어 보자.

16 물고기가 떠난 후 다영이가 느낀 감정이 잘 드러난 부분으로 알맞은 것은?

① 나는 꽤 충격을 받았다.

② 어항 속 환경에 적응하지 못했던 것 같다.

③ 그저 옆에서 그 안타까운 모습을 지켜보며 응원할 수밖에.

④ 그 물고기를 위해 내가 할 수 있는 것은 아무것도 없었다.

⑤ 해야 할 일도 잊고 밤하늘에 눈물을 섞다가 잠들어 눈이 퉁퉁 부어 버렸다.

17 다음 빈칸에 들어갈 알맞은 말끼리 묶인 것은?

> 다영이는 물고기와의 (　　　)과 물고기가 떠난 후의 (　　　)을 주제로 하여 이 글을 썼다.

① 우정 – 소원

② 시간 – 미련

③ 추억 – 슬픔

④ 갈등 – 충격

⑤ 약속 – 죄책감

18 다영이가 이 글을 쓰고 한 생각으로 알맞지 <u>않은</u> 것은?

① 치유되는 기분이 들었다.

② 경험을 성찰할 수 있었다.

③ 감정이 정리가 되어서 좋았다.

④ 스스로 성장한 느낌이 들었다.

⑤ 글의 내용에 공감하며 감동을 느낄 수 있었다.

바른답·알찬풀이 25쪽

(2) 정서를 표현하는 글 쓰기

★ 경험을 바탕으로 정서를 표현하는 글을 쓰는 과정을 살펴볼까?

①  떠올리기
여러 경험을 떠올린 후, 키우던 물고기가 죽어서 마음이 아팠던 경험을 글감으로 선택함.

경험과 정서 ② 하기
경험의 내용과 그때 든 감정을 구체적으로 정리함.

내용 조직하기
경험과 정서를 구체화한 내용을 바탕으로 제목을 붙이고 '처음 - 중간 - 끝'으로 나누어 ③ 를 정리함.

표현하기
조직한 내용에 따라 경험한 일과 그때의 감정을 ④ 하게 표현함.

★ <안녕, 나의 물고기>의 짜임을 살펴볼까?

처음
동생이 키우던 물고기로부터 ⑤ 를 받음.

중간 1
부모님께 부탁하여 생일 선물로 물고기 열한 마리를 받아 키우게 됨.

중간 2
가장 특별했던 귤색의 물고기가 세상을 떠나 ⑥ 에 잠김.

끝
물고기와 함께한 시간을 소중하게 간직함.

★ 경험을 바탕으로 정서를 표현하는 글을 쓰면 어떤 점이 좋을까?

- 진솔하게 감정을 표현하면서 감정이 정리되고, 경험을 성찰하며 성장하고 스스로를 치유할 수 있음.
- 자신을 성찰해 봄으로써 건강한 ⑦ ☐☐를 형성할 수 있음.
- 독자에게 자신의 경험과 정서를 공감하게 해서 감동과 즐거움을 줄 수 있음.

소단원 다잡기

기초가 튼튼해지는

[01~05] 다음 글을 읽고 물음에 답하시오.

가 경험과 정서 구체화하기

구체적으로 무슨 일이 있었고, 그때 어떤 감정이 들었지?	
구체적인 일	그때 든 감정
동생이 학교에서 물고기를 받아옴.	고민을 잊을 만큼 행복했어.
부모님께 생일 선물로 물고기를 받음.	물고기를 보는 것이 무척 신났어.
물고기 한 마리가 헤엄도 잘 치지 못하고 힘들어하다가 세상을 떠남.	죄책감이 들어 미안하고 슬펐어.

나 ⓐ ㉠

제목	안녕, 나의 물고기
처음	동생이 학교에서 받아 온 열대어가 나에게도 행복을 줌.
중간	• 아빠께 생일 선물로 나의 물고기를 받고 싶다고 부탁드려서 열한 마리의 거피를 키우게 됨. • 나에게 가장 특별했던 귤색의 거피 한 마리가 헤엄을 잘 치지 못하고 힘들어함. • 귤색 거피가 세상을 떠남. • 울다가 잠들어서 다음날 좋아하는 연예인의 생일 카페에서 퉁퉁 부은 얼굴로 사진을 찍음. • ㉡생일 카페에서 초등학교 때의 친구를 만남.
끝	㉢

01 (가)와 (나)는 경험을 떠올려 정서를 표현하는 글 쓰기의 과정이다. (가)의 과정 전에 할 일로 알맞은 것은?

① 글의 유형과 제목을 정한다.
② 글로 쓸 내용을 개요로 작성해 본다.
③ 경험한 일을 어떻게 정리할지 정한다.
④ 경험에서 느끼거나 깨달은 점을 정리한다.
⑤ 여러 경험을 떠올린 후에 글감으로 쓸 경험을 선택한다.

학습 활동 꼼꼼

02 (가)와 (나)의 내용을 바탕으로 글을 쓸 때, 생각할 내용으로 알맞지 <u>않은</u> 것은?

① 경험과 그때 감정을 구체적으로 써야겠어.
② 일부 내용은 어느 정도 과장해서 강조해야겠어.
③ 경험과 관련된 느낌이나 깨달음을 잘 표현해야겠어.
④ 일어난 일을 시간 순서에 따라 배열하여 글을 써야겠어.
⑤ 경험이 지니는 의미나 가치에 독자가 공감할 수 있도록 생생하게 써야겠어.

03 (나)의 내용을 참고하였을 때, ㉠에 들어갈 글쓰기 과정으로 알맞은 것은?

① 표현하기
② 고쳐쓰기
③ 내용 생성하기
④ 내용 조직하기
⑤ 경험 떠올리기

서술형

04 글쓴이가 ㉡을 삭제하였다면 그 까닭은 무엇일지 〈조건〉에 맞게 서술하시오.

┌─ 조건 ─
• 완결된 한 문장으로 쓸 것
└─

05 ㉢에 들어갈 내용으로 가장 알맞은 것은?

① 생일 선물로 받고 싶은 것
② 물고기 키우기에 대한 정보
③ 물고기를 받았을 때 느낀 행복
④ 물고기를 떠나보내며 깨달은 점
⑤ 앞으로 물고기를 키우지 않겠다는 다짐

4
단원

[06~08] 다음 글을 읽고 물음에 답하시오.

가 우리 집에는 꽤 오랜 시간 함께 지내 온 사랑스러운 물고기가 한 마리 있다. 동생이 학교에서 받아 온 지느러미가 예쁜 열대어이다. 그저 '동생의 물고기'라고만 생각했던 작은 물고기 한 마리가 점점 내 생활에 스며들었다. 밥을 챙겨 주면서 가만히 들여다보는 것만으로 친구들과의 관계에 관한 고민을 잊게 하고, 학업에 지쳐 있을 때에도 작은 위로가 되었다.

나 내가 어렸을 때 아빠께서도 물고기를 키우신 적이 있었는데 그때는 시시하다고 생각했었던 물고기가, 이젠 내게 행복을 주는 존재가 되었다. 그래서 나는 이번 생일 선물로 부모님께 '㉠나의 물고기'를 키우고 싶다고 부탁드렸고, 물고기를 좋아하시는 아빠 덕분에 커다란 어항, 여러 가지 수초와 함께 물고기 맞을 준비를 했다.

다 물고기를 데려온 첫날, 나는 신나서 어항 앞에 앉아 꼬박 2시간 동안 사진을 찍었다. 물속에서 꼬물거리는 물고기들을 바라보고 있자면 나도 모르게 빠져 들어 시간 가는 줄 몰랐다. 한 마리 한 마리 관찰하고 의미 있는 이름도 지으며 모두를 아껴 주었다.

라 그중에서도 나에게 특별한 물고기가 있었는데, 바로 귤색의 거피이다. 영롱한 귤색 지느러미가 참으로 고운 물고기였다. 살짝 노란빛이 도는 주황색의 꼬리지느러미는 물속에서 나비의 날개처럼 춤을 췄다.

마 그런데 어느 날부터 수족관에서 기운차게 헤엄치던 그 물고기가 비실비실해졌다. 귤색의 지느러미가 힘없이 뒤집혀 물에 둥둥 떠 있어서 깜짝 놀라 지켜보면 갑자기 벌떡 정신을 차리고 일어나 헤엄쳐 돌아다녔다. 왜 그런지 정확히는 모르겠지만 어항 속 환경에 적응하지 못했던 것 같다. 그렇게 며칠을 반복하는 걸 보며 나는 꽤 충격을 받았다. 그 모습이 안쓰러워 그냥 보내 줄까, 괜히 고생만 하는 건 아닐까 싶었지만 계속 살려는 의지로 버티는 녀석을 보고 마음을 몇 번이나 바꾸었다. 그 물고기를 위해 내가 할 수 있는 것은 아무것도 없었다. 그저 옆에서 그 안타까운 모습을 지켜보며 응원할 수밖에.

06 이와 같은 글을 쓰는 방법에 맞게 다음 빈칸에 들어갈 말이 알맞게 묶인 것은?

> 정서를 표현하는 글을 쓸 때 독자의 공감을 얻어내기 위해서는 있는 그대로의 사실을 바탕으로 ( ) 하게 표현해야 한다. 독자의 평가를 의식하여 실수를 숨기거나 감정을 ( )하거나 왜곡하여 표현해서는 안 된다.

① 생생, 비판　　　　② 진솔, 과장
③ 특별, 축소　　　　④ 생소, 자랑
⑤ 자세, 명료화

07 ㉠에 대한 설명으로 알맞은 것은?

① 물고기를 돌보는 것에 대한 불안감이 드러나는 표현이다.
② 자신이 기를 물고기에 대한 책임감이 느껴지는 표현이다.
③ 아빠가 키운 물고기와 거리감을 두기 위해 사용한 표현이다.
④ 동생과 달리 물고기를 키울 정도로 성장한 우월감이 느껴지는 표현이다.
⑤ 살아 있는 물고기를 자신의 소유로 생각하는 자만심이 드러난 표현이다.

서술형 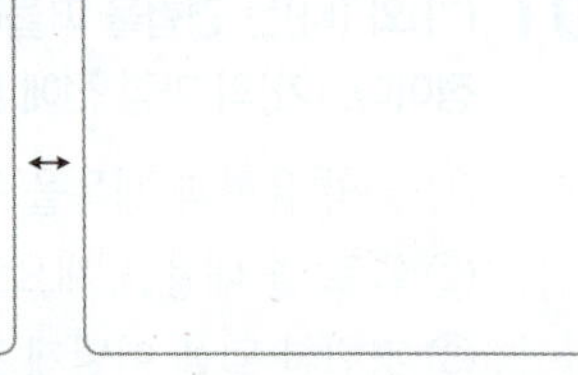

08 (마)에서 드러나는 '나'의 내적 갈등을 다음과 같이 정리할 때 빈칸에 들어갈 내용을 〈조건〉에 맞게 서술하시오.

> 귤색의 거피가 힘겨워하는 것을 보니 그냥 보내 주는 것이 좋겠다.　↔　

─ 조건 ─
• 글의 내용을 바탕으로 쓸 것
• 완결된 한 문장으로 쓸 것

[09~12] 다음 글을 읽고 물음에 답하시오.

가 결국 아빠께서는 다른 물고기를 위해 죽기 직전인 귤색 거피를 건져 내었다. 축 처져서 더는 몸부림도 치지 못하는 물고기를 보며 이상한 기분이 들었다. 무섭고 멍한 느낌이었다. 예전에도 몇 차례 물고기의 죽음을 본 터라 조금은 무뎌졌을 줄 알았다. 그렇지만 한 생명의 끝을 지켜보는 것은 생각보다 힘든 일이었다. 비록 작은 물고기라도 생명은 소중하니까.

나 힘이 빠진 채 가만히 있는 물고기를 보니 죄책감이 견디기 힘들 정도로 마음을 짓눌렀다. 허전한 마음에 멍한 채로 있다가 결국 울음이 터지고 말았다. '괜히 내게 와서 그렇게 아프게 떠났구나.' 하는 생각에 미안했다. 며칠 동안 그랬듯이 '조금만 시간이 지나면 다시 힘차게 헤엄칠 텐데.' 하며 오래 울었다. 해야할 일도 잊고 밤하늘에 눈물을 섞다가 잠들어 눈이 퉁퉁 부어 버렸다.

다 그다음 날은 내가 좋아하는 연예인의 생일 카페에 가기로 한 날이었다. 오랜 시간 이날만을 기다렸는데 퉁퉁 부은 얼굴이 어떻게 해도 가려지지 않아서 그날 찍은 사진에는 전날 밤의 충격이 고스란히 담겼다.

라 사진 속 얼굴을 볼 때마다 "자꾸 생각하면 좋은 곳으로 못 간다는데……"라고 언젠가 만화책에서 봤던 말을 중얼거리며 아픔을 닦았던 나를 회상하겠지. 오랜 시간이 지나도 거피는 내 마음속에서 잊히지 않을 것 같다.
"안녕, 나의 물고기. 오래오래 기억할게."

09 물고기가 떠난 후 '나'가 느낀 감정으로 알맞지 <u>않은</u> 것은?

① 슬픔.
② 미안함.
③ 불길함.
④ 죄책감.
⑤ 허전함.

10 (라)에서 글쓴이가 글을 마무리한 방법으로 알맞은 것은?

① 독자에게 교훈을 전달하며 글을 마무리하였다.
② 글을 쓰면서 느낀 점을 써서 글을 마무리하였다.
③ 경험한 일의 결말을 열어 둔 채 여운 있게 글을 마무리하였다.
④ 경험한 일에 대한 다른 사람의 생각을 추가하여 마무리하였다.
⑤ 떠난 물고기에게 인사를 건네며 글을 인상적으로 마무리하였다.

11 이 글의 글쓴이가 기대하는 독자의 반응으로 알맞은 것은?

① 다양한 경험을 하는 것이 중요해.
② 반려동물과 이별할 때의 슬픔에 대해 공감하였어.
③ 반려동물의 죽음에 너무 몰두하다 보면 일상생활에 어려움을 겪을 수 있어.
④ 동물의 질병에 대해 잘 모르면서 반려동물을 기른다는 것은 지나친 욕심이야.
⑤ 동물을 기를 때는 그 동물에 맞는 환경을 미리 갖추어 놓아야 생명을 오래 유지할 수 있어.

12 〈보기〉는 글쓴이의 소감이다. 글쓴이가 느낀 정서를 표현하는 글 쓰기의 가치로 알맞은 것은?

> **보기**
>
> 내게 왔다 떠나간 물고기들에게 미안해서 꼭 글로 남겨 주고 싶었다. 내 경험을 글로 쓰니 솔직한 감정이 글에 드러나서 좋았다. 그동안 물고기를 떠나보낸 후 느꼈던 슬픈 감정을 마음에 눌러 담기만 해서 더욱 아팠던 것 같다. 이번에 글로 써 보니 감정이 정리되었고, 스스로 성장하고 치유되는 기분이 들었다.

① 글쓴이가 알고 있는 정보를 많은 사람에게 전달할 수 있다.
② 글쓴이가 과거 경험의 의미를 긍정적으로 판단할 수 있다.
③ 글쓴이가 자신의 인간관계를 다양하게 형성해 갈 수 있다.
④ 글쓴이가 자신의 감정을 진솔하게 드러내어 성찰하며 성장할 수 있다.
⑤ 글쓴이의 삶의 방식에 대한 독자의 긍정적인 평가를 기대할 수 있다.

4 단원

[01~04] 다음 글을 읽고 물음에 답하시오.

가 "아! 너 잡히기만 해 봐!"

　재준이의 뒤통수를 강타하자, 녀석의 고함과 쌍시옷 소리가 짜릿하게 귓속으로 파고들었다. 장난을 걸었을 때 나오는 최고의 반응이다. 어김없이 녀석이 짧은 다리로 열심히 페달을 밟으며 쫓아왔다. 이렇게 자전거로 신나게 달리면 이십 분 걸리는 하굣길이 금방이다.

　"야, 이 뺑소니, 게 섰거라!"

　잡히지 않는 나도 대단하지만 이 년째 한결같이 쫓아오는 녀석의 근성도 눈물겹다.

나 ㉠빠아아앙!

　갑자기 트럭 경적 소리가 뒤통수를 찔렀다. 그와 동시에 끼익 소리가 나며 트럭이 내 옆을 스쳤다. 나는 화들짝 놀라 핸들을 급히 오른쪽으로 틀었다. 하지만 당황한 나머지 너무 크게 꺾고 말았다.

　"어어, 야!"

　사색이 된 재준이의 목소리와 동시에 나는 보호 난간을 들이받고 넘어졌다. 자전거에서 떨어져 데굴데굴 굴렀다. 순식간에 벌어진 일이라 정신이 하나도 없었다.

다 "일어나지 말고 누워 있어, 학생!"

　창피해 죽겠는데 여기에 누워 있으라니. 나는 멀쩡하다는 것을 증명하기 위해 일부러 벌떡 일어섰다. 풀숲에 굴러서 그런지 까진 곳 하나 없었다.

　㉡오십 미터를 넘게 뛰어온 아저씨가 헐떡이며 도착했다. 생각보다 덩치가 컸다.

　"아픈 데 없니?"

　"예."

　"어지럽진 않고?"

　"괜찮은데요."

　질문을 뿌리치려고 반사적으로 짧은 대답이 튀어 나갔다.

라 "괜찮은지는 지금 모르는 거야. 내일 되면 아플 수도 있어."

　큰 덩치와 달리 순한 인상을 가진 아저씨가 머리를 긁적였다. 그러고는 품에서 휴대 전화를 꺼냈다. 딱 봐도 옛날 폴더 폰인데 도금이 벗겨져 무지 낡아 보였다.

01 〈보기〉를 참고할 때 이 글에 대한 설명으로 알맞은 것은?

> **보기**
> 　문학은 작가가 세계와 인간에 대해 체험하며 얻은 사상과 정서를 자기만의 상상을 동원하여 언어로 표현한, 일정한 구조를 지닌 예술이다.

① 작가의 개인적 체험이 직접 드러나 있다.
② 현실과 무관한 작가의 상상을 그려 낸다.
③ 언어의 아름다움을 음악적으로 표현하고 있다.
④ 과거 회상의 구조를 통해 내용을 전개하고 있다.
⑤ 우리 주변의 세계와 인간의 모습을 그려내고 있다.

02 (가)~(라)에 나타난 '나'의 모습으로 알맞은 것은?

① 욕심이 많고 경쟁심이 강하다.
② 생각이 깊고 신중하게 행동한다.
③ 잇속을 챙기며 계산이 재빠르다.
④ 호기심이 있고 상상력이 풍부하다.
⑤ 장난기가 많으면서 자존심이 강하다.

03 ㉠과 같은 표현의 효과로 알맞은 것은?

① 장면이 전환되는 것을 알려 준다.
② 갈등을 고조시키고 긴장감을 높인다.
③ 소설 속 사건을 생생하게 느낄 수 있다.
④ 트럭이 위험하게 빨리 달리고 있음을 보여 준다.
⑤ 인물의 심리에 큰 변화가 생기는 것을 암시한다.

04 ㉡에 대한 설명으로 알맞은 것은?

① 아저씨가 '나'를 걱정하고 있다.
② 아저씨는 몹시 성급한 성격을 지녔다.
③ '나'가 아저씨에 대해 호의적으로 생각했다.
④ '나'와 아저씨 사이의 거리가 멀지는 않았다.
⑤ 아저씨는 유난히 뚱뚱한 외양을 지니고 있었다.

[05~08] 다음 글을 읽고 물음에 답하시오.

가 굉음과 함께 엄청난 충격이 전해졌다. 하늘과 땅이 몇 번 바뀌었는지 모르겠다. 몸에서 영혼이 분리되는 느낌이었다. 먼지가 얼굴을 덮고 머리는 빙빙 돌았다.

"야, 인마! 어딜 보고 다니는 거야?"

정신을 차려 보니, ㉠선글라스를 쓴 아저씨가 팔짱을 낀 채로 내 앞에 서 있었다. 아, 여기 골목 삼거리였구나. 어제 사고 났는데 오늘 차에 또 치이다니!

나 집에 와서 옷을 벗어 보니 역시나 옆구리가 넓게 까져 피가 묻어 나왔다. 그런데 살갗보다도 마음이 쓰라려 죽겠다. 이거 ㉡아빠한테 얘기하면 맞아 죽을 거다.

선글라스 아저씨도 진짜 황당하다. 왜 나한테만 그러지? 자기도 조심하지 않았잖아! 괜찮은 척했다고 그냥 가면 어떡해? 생각하면 할수록 짜증 났다.

깨진 스마트폰과 얄미운 선글라스 아저씨가 번갈아 내 마음을 후벼 팠다. 그럴수록 힘이 빠졌다.

다 그 순간, 어떤 생각이 번쩍 떠올랐다. 나는 조심스레 교복 바지의 뒷주머니를 뒤졌다. 두 번 접힌 메모지가 나왔다. 펼쳐 보니 옥수수 아저씨의 연락처가 보였다. 침을 꿀꺽 삼켰다.

다시 깨진 스마트폰을 바라보았다. 누군가에게 보상받지 못하면 내가 물어 줘야 한다. 이 사실을 떠올리자 망설임이 줄어들었다. 나는 집 전화로 ㉢옥수수 아저씨의 번호를 하나씩 누르기 시작했다. 손가락이 미미하게 떨렸다.

라 신호가 가는 동안 나는 연거푸 심호흡을 했다.

"여보세요."

"아…… 아저씨, 전데요."

내 말 뒤에 잠시 침묵이 흘렀다. 곧이어 쨍쨍한 목소리가 들렸다.

"오! 어제 자전거 탔던 학생?"

"……네."

"무슨 일이야? 많이 아파?"

"그게, 저……."

"왜 그래? 아프면 솔직히 말해."

아저씨의 재촉이 서글펐다. ㉮나는 액정의 균열을 바라본 채 입술을 악물었다.

"저…… 나중에 알았는데요. 집에 와서 보니 핸드폰이 깨져 있었어요."

05 이 글의 서술자에 대한 설명으로 알맞은 것은?

① 서술자는 작품의 외부에 있다.
② 작품 속 '나'의 이야기를 서술하고 있다.
③ 작품을 만든 작가가 이야기를 서술하고 있다.
④ 서술자는 주인공의 내면을 이해하지 못하고 있다.
⑤ 서술자는 주인공을 제외한 인물들의 내면까지 알고 있다.

06 (나), (다)에 나타난 갈등으로 알맞은 것은?

① '나'의 내적 갈등
② '나'와 아빠의 갈등
③ '나'와 운명과의 갈등
④ '나'와 가정 환경과의 갈등
⑤ '나'와 선글라스 아저씨의 갈등

07 ㉠~㉢의 인물에 대한 설명으로 알맞은 것은?

① ㉡은 ㉠, ㉢과 대립하는 인물이다.
② '나'는 ㉢의 말과 행동을 본받으려고 한다.
③ '나'는 ㉠, ㉡, ㉢의 어른들을 모두 비판한다.
④ '나'는 ㉠, ㉡, ㉢을 모두 긍정적으로 생각한다.
⑤ 이 작품에서 ㉠과 ㉢은 대조적인 인물로 등장한다.

서술형

08 ㉮의 행동에 담긴 '나'의 의도를 〈조건〉에 맞게 서술하시오.

┌─ **조건** ─────────────
• 인물의 심리가 드러나도록 쓸 것
• 완결된 한 문장으로 쓸 것
└──────────────────

[09~12] 다음 글을 읽고 물음에 답하시오.

가 중략 부분 줄거리

'나'가 자동차에 치였다는 사실을 알게 된 부모님은 때마침 집에 방문한 옥수수 아저씨를 뺑소니범으로 취급하며 화를 내고, '나'를 병원에 입원시킨다. '나'는 병실 사람들에게 합의금을 받을 수 있다는 이야기를 들은 뒤, 재준이의 스마트폰 수리비도 물어 주고 새 컴퓨터와 스마트폰을 살 수 있다는 희망에 부푼다.

나 아저씨는 탄식이 섞인 한숨을 뱉었다.

"늦둥이 아기가 있는데, 많이 아파."

"아…… 아기요? 어디가 아픈데요?"

"천식. 응급실 자주 가는데, 이번엔 심각한가 봐. 방금 중환자실로 옮겼대."

"……."

"사실, 학생이랑 사고 났을 때가 아기 상태 심각하대서 장사 접고 달려가던 참이었어. 그땐 너무 정신없어서 연락처만 남겼던 거야."

아저씨의 말에 아무런 대꾸도 할 수가 없었다. 갑자기 머리가 혼란스러웠다. 왠지 선글라스 아저씨가 이 광경을 봤다면 나를 실컷 비웃을 것 같았다.

다 이 병실에는 아파서 들어온 환자만 있는 게 아니었다. 안 그러면 대학생 형이 저렇게 병실을 자주 비울 리가 없었다. 그런데 돌아와 환자복만 입으면 신기하게도 죽은 사람처럼 누워 있었다.

그건 나도 마찬가지였다. ㉠나 역시 죽어 있었다. 그 대가로 백만 원을 받는 것이었다. 한번 죽은 척하고 성능 좋은 컴퓨터와 멋진 스마트폰을 장만할 계획이었다.

그런데 정말 죽을지도 모르는 사람이 생각났다. 옥수수 아저씨의 늦둥이 아기였다. 산소 호흡기를 쓰고 힘겹게 숨 쉬는 그 녀석은 진짜였다. 내 손에 들린 옥수수는 아직 따뜻했다.

라 "학생, 어디 가는겨?"

나는 들은 체도 하지 않고 계속 달려 병동 밖으로 뛰쳐나왔다.

옥수수 아저씨, 선글라스 아저씨, 부모님, 재준이가 번갈아 떠올랐다. 미쳐버릴 것같이 숨이 가빴다. 누구든 먼저 마주치면 이 기분을 다 쏟아 낼 것이다.

내 손이 뜨겁게 달아올랐을 즈음, 저 멀리 빛바랜 현수막이 눈에 들어왔다.

'삶은 옥수수, 영양계란빵 세 개 이천 원.'

09 이 글에서 '나'가 성장하는 계기가 된 사건으로 알맞은 것은?

① '나'가 병원에 입원을 하였다.
② '나'가 선글라스 아저씨의 잘못을 깨닫게 되었다.
③ '나'가 옥수수 아저씨에게 합의금을 받게 되었다.
④ '나'는 병실 환자들의 거짓된 모습을 알게 되었다.
⑤ '나'가 자신의 거짓말로 옥수수 아저씨가 곤란한 상황임을 알게 되었다.

실력 UP 고난도

10 (다)에 드러난 사회의 모습과 관련 있는 기사 제목으로 알맞은 것은?

① 환경 오염으로 청소년 환자 점점 늘어
② 유아 중환자에 대한 지원, 작년보다 줄어
③ 교통사고 합의금, 피해자 치료비로 다 쓰여
④ 환자복 디자인, 질병을 고치는 색으로 바꿔야
⑤ 살짝 부딪히고도 환자 행세, 양심과 바꾼 합의금

11 (라) 이후에 '나'가 느낄 심리로 알맞은 것은?

① 후련함.　　② 그리움　　③ 성취감
④ 허전함.　　⑤ 수치심

12 ㉠의 의미로 알맞은 것은?

① '나'도 병실을 자주 비웠다.
② '나'도 양심을 저버리고 있었다.
③ '나'도 환자복을 입고 누워 있었다.
④ 어른들의 싸움에 마음의 상처를 입었다.
⑤ 뺑소니를 당하여 몸과 마음이 모두 다쳤다.

[13~16] 다음 글을 읽고 물음에 답하시오.

가

제목	물고기 → 안녕, 나의 물고기
처음	동생이 학교에서 받아 온 열대어가 나에게도 행복을 줌.
중간	• ㉠아빠께 생일 선물로 나의 물고기를 받고 싶다고 부탁드려서 열한 마리의 거피를 키우게 됨. • ㉡나에게 가장 특별했던 귤색의 거피 한 마리가 헤엄을 잘 치지 못하고 힘들어함. • ㉢결국 물고기가 세상을 떠남. • ㉣울다가 잠들어서 다음날 좋아하는 연예인의 생일 카페에서 퉁퉁 부은 얼굴로 사진을 찍음. • ㉤생일 카페에서 초등학교 때의 친구를 만남.
끝	거피가 떠난 후 소중한 생명의 끝을 지켜보기만 했다는 죄책감과 슬픔을 느낌.

나 우리 집에는 꽤 오랜 시간 함께 지내 온 사랑스러운 물고기가 한 마리 있다. 동생이 학교에서 받아 온 지느러미가 예쁜 열대어이다. 그저 '동생의 물고기'라고만 생각했던 작은 물고기 한 마리가 점점 내 생활에 스며들었다. 밥을 챙겨 주면서 가만히 들여다보는 것만으로 친구들과의 관계에 관한 고민을 잊게 하고, 학업에 지쳐 있을 때에도 작은 위로가 되었다.

다 내가 어렸을 때 아빠께서도 물고기를 키우신 적이 있었는데 그때는 시시하다고 생각했었던 물고기가, 이젠 내게 행복을 주는 존재가 되었다. 그래서 나는 이번 생일 선물로 부모님께 '나의 물고기'를 키우고 싶다고 부탁드렸고, 물고기를 좋아하시는 아빠 덕분에 커다란 어항, 여러 가지 수초와 함께 물고기 맞을 준비를 했다.

라 물고기를 데려온 첫날, 나는 신나서 어항 앞에 앉아 꼬박 2시간 동안 사진을 찍었다. 물속에서 꼬물거리는 물고기들을 바라보고 있자면 나도 모르게 빠져들어 시간 가는 줄 몰랐다. 한 마리 한 마리 관찰하고 의미 있는 이름도 지으며 모두를 아껴 주었다.

13 (가)의 글쓰기 과정에서 할 일로 알맞은 것은?

① 글을 쓰는 목적과 글의 유형을 정한다.
② 독자가 공감할 수 있도록 표현을 진솔하게 다듬는다.
③ 글을 쓰기 전에 경험과 정서를 떠올리며 구체화한다.
④ 개요를 작성해 보며 어떤 내용을 어떤 순서로 쓸지 정리한다.
⑤ 여러 가지 경험 중에서 가치 있는 것을 떠올려 글감을 마련한다.

서술형

14 (가)에서 제목을 수정하여 얻는 효과를 〈조건〉에 맞게 서술하시오.

┌ **조건** ┐
• 완결된 한 문장으로 쓸 것

학습 활동

15 ㉠~㉤ 중 글의 주제와 관련이 **없는** 것은?

① ㉠　　② ㉡　　③ ㉢
④ ㉣　　⑤ ㉤

16 (나)~(라)에 대한 설명으로 알맞은 것은?

① (나), (다), (라)는 모두 처음 부분에 들어갈 내용이다.
② (나), (다), (라)는 모두 정해진 형식에 따라 쓰는 글이다.
③ (나)는 처음 부분의 내용이고, (다), (라)는 중간 부분의 내용이다.
④ (다), (라)에는 글쓴이의 경험과 그로부터 얻은 깨달음이 드러나 있다.
⑤ (나), (다)는 경험을 객관적으로 표현하였고, (라)에는 주관적인 감상이 드러나 있다.

[17~20] 다음 글을 읽고 물음에 답하시오.

가 그중에서도 나에게 ㉠특별한 물고기가 있었는데, 바로 귤색의 거피이다. 영롱한 귤색 지느러미가 참으로 고운 물고기였다. 살짝 노란빛이 도는 주황색의 꼬리지느러미는 물속에서 나비의 날개처럼 춤을 췄다.

나 그런데 어느 날부터 수족관에서 기운차게 헤엄치던 ㉡그 물고기가 비실비실해졌다. 귤색의 지느러미가 힘없이 뒤집혀 물에 둥둥 떠 있어서 깜짝 놀라 지켜보면 갑자기 벌떡 정신을 차리고 일어나 헤엄쳐 돌아다녔다. 왜 그런지 정확히는 모르겠지만 어항 속 환경에 적응하지 못했던 것 같다. 그렇게 며칠을 반복하는 걸 보며 나는 꽤 충격을 받았다. 그 모습이 안쓰러워 그냥 보내 줄까, 괜히 고생만 하는 건 아닐까 싶었지만 계속 살려는 의지로 버티는 녀석을 보고 마음을 몇 번이나 바꾸었다. 그 물고기를 위해 내가 할 수 있는 것은 아무것도 없었다. 그저 옆에서 그 안타까운 모습을 지켜보며 응원할 수밖에.

다 결국 아빠께서는 ㉢다른 물고기를 위해 죽기 직전인 ㉣귤색 거피를 건져 내었다. 축 처져서 더는 몸부림도 치지 못하는 물고기를 보며 이상한 기분이 들었다. 무섭고 멍한 느낌이었다. 예전에도 몇 차례 물고기의 죽음을 본 터라 조금은 무뎌졌을 줄 알았다. 그렇지만 한 생명의 끝을 지켜보는 것은 생각보다 힘든 일이었다. 비록 작은 물고기라도 생명은 소중하니까.

라 힘이 빠진 채 가만히 있는 물고기를 보니 죄책감이 견디기 힘들 정도로 마음을 짓눌렀다. 허전한 마음에 멍한 채로 있다가 결국 울음이 터지고 말았다. '괜히 내게 와서 그렇게 아프게 떠났구나.' 하는 생각에 미안했다. 며칠 동안 그랬듯이 '조금만 시간이 지나면 다시 힘차게 헤엄칠 텐데.' 하며 오래 울었다. 해야 할 일도 잊고 밤하늘에 눈물을 섞다가 잠들어 눈이 퉁퉁 부어 버렸다.

마 오랜 시간이 지나도 거피는 내 마음속에서 잊히지 않을 것 같다.

"안녕, ㉤나의 물고기. 오래오래 기억할게."

17 이와 같은 글을 평가할 때의 기준으로 알맞지 <u>않은</u> 것은?

① 글쓴이의 경험이 잘 드러나 있는가?
② 독자가 공감할 수 있도록 잘 표현했는가?
③ 글쓴이의 깨달음이나 정서가 잘 드러나 있는가?
④ 글에 담긴 경험과 감정이 글로 쓸 가치가 있는가?
⑤ 독자에게 다양한 경험의 중요성을 느끼게 표현했는가?

18 (가)~(마)에 나타난 이 글의 내용 전개 방식으로 알맞은 것은?

① 공간의 이동   ② 문제와 해결
③ 비교와 대조   ④ 시간의 흐름
⑤ 구분과 분류

19 (가)~(마) 중 다음 설명에 해당하는 문단으로 알맞은 것은?

> • 물고기에 대한 '나'의 애정이 나타난다.
> • 물고기의 모습을 비유적으로 표현하였다.

① (가)   ② (나)   ③ (다)
④ (라)   ⑤ (마)

20 ㉠~㉤ 중 가리키는 대상이 나머지와 <u>다른</u> 하나는?

① ㉠   ② ㉡   ③ ㉢
④ ㉣   ⑤ ㉤

[21~24] 다음 글을 읽고 물음에 답하시오.

가 아저씨의 인기척이 완전히 사라진 뒤에, 검은 봉지를 열어 보았다. 안에 옥수수와 계란빵이 가득 들어 있었다. 그중에서 가장 먹음직스러워 보이는 옥수수를 꺼내 들었다. 손에 쥐어 보니 뜨끈뜨끈했다. ㉠내 손바닥을 꼬옥 잡아 줬던 아저씨의 손과 느낌이 비슷했다.

옥수수를 한 입 베어 먹어 보았다. 차지고 쫄깃쫄깃한 옥수수 알갱이가 입 안에서 돌아다녔다. 달콤하고 고소했다. / 문득 아저씨의 허름했던 뒷모습이 떠올랐다.

나 S# 91

여전히 일어나지 못하는 만복이의 눈에 자신의 벗겨진 신발과 피로 붉게 물든 양말이 보인다. 그때 점차 어디선가 들려오기 시작하는 비행기 소리에 이어 머리 위로 웬 그림자가 만복이를 덮으며 지나가자 고개를 들어 하늘을 올려다보는 만복. 비행기 한 대가 고요하게 날아가고 있다. 비행기 소리만이 점점 뚜렷하게 들려온다.

㉮만복(내레이션): 비행기, 몇 번째더라? 소원 빌 게 있었는데……. 아! 근데 나 왜 이렇게 빨리 달렸던 걸까? 어쩌면 그냥, 조금 느려도 괜찮지 않을까?

그때 정적을 깨며 다가온 진행 요원

진행 요원: 저기요, 저기요! 계속 뛸 거예요, 말 거예요?

만복, 멍하니 진행 요원을 쳐다보다가 이내 　㉯　 표정으로

만복: 아니요, 그만할래요.

다 ㉡내가 어렸을 때 아빠께서도 물고기를 키우신 적이 있었는데 그때는 시시하다고 생각했었던 물고기가, 이젠 내게 행복을 주는 존재가 되었다. 그래서 나는 이번 생일 선물로 부모님께 '나의 물고기'를 키우고 싶다고 부탁드렸고, 물고기를 좋아하시는 아빠 덕분에 커다란 어항, 여러 가지 수초와 함께 물고기 맞을 준비를 했다.

모두 열한 마리였다. 노란색 꼬리지느러미가 귀여운 거피와 예쁜 귤색 거피, 무늬가 반짝거리는 푸른색 거피가 각각 세 마리씩이고, 하얀 저고리와 검정 치마를 입은 듯한 거피와 꼬리지느러미가 파란 새끼 거피까지 모두 보석처럼 아름다웠다.

21 (가)~(다)의 갈래에 대한 설명으로 알맞지 **않은** 것은?

① (가)는 허구적인 이야기이다.
② (가)는 갈등을 중심으로 사건이 전개된다.
③ (나)는 영화를 만들기 위하여 쓴 글이다.
④ (나)는 서술자를 설정하여 주제를 표현한다.
⑤ (다)는 형식이 자유로운 글이다.

22 ㉠과 ㉡의 차이를 알맞게 설명한 것은?

① ㉠은 작가 자신이며, ㉡은 현실 속 인물이다.
② ㉠은 작가 자신이며, ㉡은 작가가 만들어 낸 인물이다.
③ ㉠은 현실 속 인물이며, ㉡은 현실과 무관한 인물이다.
④ ㉠은 현실을 바탕으로 창조된 인물이며, ㉡은 글쓴이 자신이다.
⑤ ㉠은 작가가 상상해 낸 인물이며, ㉡은 현실과 무관한 인물이다.

23 ㉮에서 만복이의 말을 내레이션으로 표현한 효과를 〈조건〉에 맞게 서술하시오.

> **조건**
> • 만복이의 말 중 내레이션으로 표현한 것과 그렇지 않은 것의 차이를 고려하여 쓸 것
> • 완결된 한 문장으로 쓸 것

24 ㉯에 들어갈 내용으로 알맞은 것은?

① 궁금한　　　　② 아쉬운
③ 우울한　　　　④ 편안한
⑤ 짜증 난

개념 잡고 성적 올리는 필수 개념서

올리드

중등 국어 1·1

시험대비편

미래엔 교과서

대표 저자 ✦ 신유식

올리드
100점 전략

2   기본 - 응용 - 서술형의 반복·심화 학습으로 **문제 싹 잡기**

3   핵심 정리부터 기출 문제까지 빠르고 정확하게 **시험 확 잡기**

4   문제 해결 노하우를 담은 자세한 풀이로 **오답 꼭 잡기**

올리드 100점 전략

1   본문 알짜 핵심과 학습 활동 포인트로 **교과서 꽉 잡기**

2   기본 - 응용 - 서술형의 반복·심화 학습으로 **문제 싹 잡기** .... 교과서학습편

3   핵심 정리부터 기출 문제까지 빠르고 정확하게 **시험 확 잡기** .... 시험대비편

4   문제 해결 노하우를 담은 자세한 풀이로 **오답 꼭 잡기** .... 바른답·알찬풀이

시험 대비편
중등 국어 1-1

Contents
차례

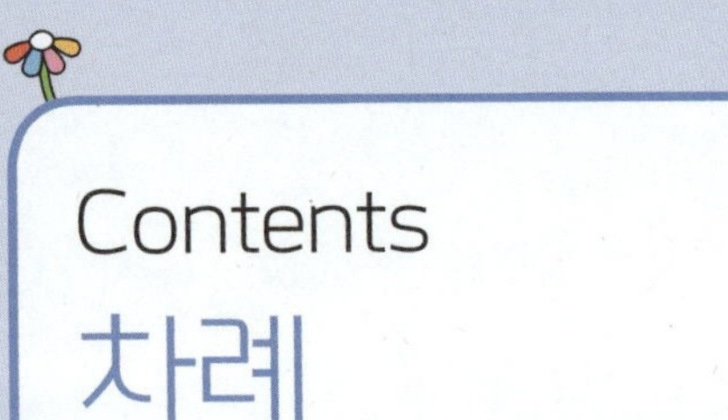

01 표현과 소통의 즐거움

02 간추리고 쓰고

3
능동적인
언어생활

4
성장의
시간

시험에 꼭 나오는
지문 알맹이 분석　　　(1) 길

⚙ 바른답·알찬풀이 28쪽

핵심 정리

갈래	현대 시, 자유시, 서정시	성격	서정적, 회화적, 시각적
제재	길	주제	사람들이 서로 교류하고 도우며 세계가 성장함.

특징	• 직유법, 은유법 등의 비유법이 사용됨. • 같거나 비슷한 소리와 단어의 반복, 음성 상징어의 사용으로 운율을 형성함.

짜임	1연	포도 덩굴처럼 자란 길
	2연	길마다 달린 마을과 집들
	3연	집이 늘어날 때마다 커지는 마을
	4연	자라나는 길을 통해 서로를 돕고 연결되는 사람과 마을
	5연	함께 성장하고 성숙해 가는 세계

교재 **21** 쪽

1연

길은 포도 덩굴
여러 군데로 나 있는 길을 포도 덩굴에 빗댐.

몇백 년이나 자라

땅덩이를 다 덮었다　　→ 1연 중심 내용: 포도 덩굴처럼 자란 길

2연

이 덩굴 가지마다

포도송이 같은 마을이 있고
길을 따라 생겨 난 마을을 포도송이에 빗댐.
포도알 같은 집들이 달렸다　　→ 2연 중심 내용: 길마다 달린 마을과 집들
마을에 가득한 집을 포도알에 빗댐.

3연

포도알이 늘 때마다

포도송이는 커 가고　　→ 3연 중심 내용: 집이 늘어날 때마다 커지는 마을

4연

갈봄 없이 자라 가는
'가을과 봄'을 뜻함.(시적 허용)
이 덩굴을 통하여

사람과 사람이 도와 가고

마을과 마을은 이어져서
　　→ 4연 중심 내용: 자라나는 길을 통해 서로를 돕고 연결되는 사람과 마을

5연

세계는 한 덩이 과일로
세계를 한 덩이 과일에 빗댐.
토실토실 익어 가고 있는 것이다. → 5연 중심 내용: 함께 성장하고 성숙해 가는 세계
음성 상징어(운율 형성)

▶ 사용된 표현 방법 ① – 은유법

길은 포도 덩굴
• 표현하려는 대상: 길
• 빗대어 표현한 대상: 

↓

'길'이 여기저기로 나 있는 모습을 '포도 덩굴'이 여러 방향으로 뻗어 나간 모습에 빗댐.

세계는 한 덩이 과일
• 표현하려는 대상: 
• 빗대어 표현한 대상: 한 덩이 과일

↓

'세계'가 하나로 연결되어 서로 도우며 성숙해 가는 모습을 익어 가는 한 덩이 과일에 빗댐.

▶ 사용된 표현 방법 ② – 직유법

포도송이 같은 마을
• 표현하려는 대상: 마을
• 빗대어 표현한 대상: 

↓

길을 따라 나 있는 '마을'을 포도 덩굴 가지에 붙어 있는 '포도송이'에 빗댐.

포도알 같은 집들
• 표현하려는 대상: 집
• 빗대어 표현한 대상: 

↓

마을을 이루고 있는 '집'을 포도송이를 이루고 있는 '포도알'에 빗댐.

소단원 완전 정복

(1) 길

바른답·알찬풀이 28쪽

[01~04] 다음 시를 읽고 물음에 답하시오.

가 ㉠길은 포도 덩굴
몇백 년이나 자라
땅덩이를 다 덮었다

이 덩굴 가지마다
포도송이 같은 마을이 있고
포도알 같은 집들이 달렸다

포도알이 늘 때마다
포도송이는 커 가고

갈봄 없이 자라 가는
이 덩굴을 통하여
사람과 사람이 도와 가고
마을과 마을은 이어져서

㉡세계는 한 덩이 과일로
토실토실 익어 가고 있는 것이다.

나 아씨처럼 나린다
보슬보슬 햇비
맞아 주자 다 같이
옥수숫대처럼 크게
닷 자 엿 자 자라게
해님이 웃는다
나 보고 웃는다.

하늘 다리 놓였다
알롱알롱 무지개
노래하자 즐겁게
동무들아 이리 오나
다 같이 춤을 추자
해님이 웃는다
즐거워 웃는다.

01 (가), (나)에 공통적으로 쓰인 표현 방법에 대한 설명으로 알맞은 것은?

① 추상적인 개념이나 사상을 구체적인 사물로 표현하였다.
② 유사성이 없는 두 대상을 연결해 놓은 시인의 참신한 시각이 돋보인다.
③ 서로 모순이 되는 표현을 사용하였지만 그 안에는 삶의 진실된 모습이 담겨 있다.
④ 표현하고자 하는 대상은 드러나 있지 않기 때문에 작품에 대한 다양한 해석이 가능하다.
⑤ 표현하려는 대상을 구체적인 이미지의 다른 대상으로 표현하여 장면을 쉽게 떠올리게 한다.

02 ㉠, ㉡과 같은 표현 방법이 쓰인 것은?

① 등잔 밑이 어둡다.
② 강물은 옥색 비단이다.
③ 바람이 노래를 부른다.
④ 산이 나를 에워싸고 춤을 춘다.
⑤ 그녀는 햇살 같은 미소를 지었다.

03 다음 빈칸에 들어갈 말을 (나)에서 찾아 알맞게 나열한 것은?

> (　　　)는 '햇비'를 빗대어 표현한 대상이다. 시인은 아이들이 (　　　)처럼 무럭무럭 자라기를 바라는 마음을 노래하고 있다.

① 동무 - 해님
② 해님 - 무지개
③ 아씨 - 옥수숫대
④ 무지개 - 옥수숫대
⑤ 옥수숫대 – 하늘 다리

04 (나)에서 운율을 형성하는 요인이 <u>아닌</u> 것은?

① '-게'가 반복된다.
② 한 행을 두 마디씩 끊어 읽는다.
③ '해님이 웃는다', '웃는다'가 반복된다.
④ 각 행의 종결 어미가 동일하게 반복된다.
⑤ '보슬보슬, 알롱알롱'과 같은 음성 상징어가 사용되었다.

시험에 꼭 나오는
지문 알맹이 분석　　(2) 사랑하는 별 하나

⚙ 바른답·알찬풀이 28쪽

핵심 정리

갈래	현대 시, 자유시, 서정시	성격	소망적, 상징적, 고백적
제재	별, 꽃, 사람	주제	외로움을 위로해 줄 수 있는 존재에 대한 소망
특징	• '별'과 '꽃'에 상징적 의미를 담아 주제를 드러냄. • '있을까', '갖고 싶다'의 반복을 통해 운율이 느껴짐. • 화자의 소망이 시의 전반부에서는 간접적으로, 후반부에서는 직접적으로 제시됨.		

짜임	1연	별과 같은 사람이 되고 싶은 소망
	2연	하얀 들꽃이 되고 싶은 소망
	3연	사랑하는 별 하나를 갖고 싶은 소망
	4연	별과 같은 사람 하나를 갖고 싶은 소망

교재 **31** 쪽

1연
나도 별과 같은 사람이
외로울 때 위로해 줄 수 있는 존재
될 수 있을까.

외로워 쳐다보면

눈 마주쳐 마음 비춰 주는

그런 사람이 될 수 있을까.　→ 1연 중심 내용: 별과 같은 사람이 되고 싶은 소망

2연
나도 꽃이 될 수 있을까.

세상일이 괴로워 쓸쓸히 밖으로 나서는 날에

가슴에 화안히 안기어

눈물짓듯 웃어 주는

하얀 들꽃이 될 수 있을까.　→ 2연 중심 내용: 하얀 들꽃이 되고 싶은 소망
외로울 때 위로해 줄 수 있는 존재

3연
가슴에 사랑하는 별 하나를 갖고 싶다.

외로울 때 부르면 다가오는

별 하나를 갖고 싶다.　→ 3연 중심 내용: 사랑하는 별 하나를 갖고 싶은 소망
단정적 어조로 소망을 직접 제시함.

4연
마음 어두운 밤 깊을수록
외롭고 절망적인 상태
우러러 쳐다보면

반짝이는 그 맑은 눈빛으로 나를 씻어

길을 비추어 주는

그런 사람 하나 갖고 싶다.　→ 4연 중심 내용: 별과 같은 사람 하나를 갖고 싶은 소망

▶ 말하는 이의 상황과 소망

말하는 이의 상황
• 외롭고 쓸쓸함.
• 괴로운 세상일로 고통받고 있음.
↓
말하는 이의 소망
• 외롭고 쓸쓸한 마음을 해 주고 이에 공감해 주는 존재가 되고 싶음.
• 자신의 고단한 마음을 씻어 주고, 나아갈 길을 밝게 비추어 주는 존재를 만나고 싶음.

▶ 이 시에 쓰인 상징과 그 효과

'별, 꽃'의 상징적 의미
외롭고 힘든 마음을 위로해 줄 수 있는 따뜻하고 한 존재
↓
상징의 효과
• 시어가 다양한 의미로 해석되기 때문에 독자는 시어의 의미를 다양하게 생각해 보면서 작품을 깊이 있게 감상할 수 있음.
• 작가는 자신이 표현하고자 하는 바를 더욱 효과적이고 　　깊게 드러낼 수 있음.

소단원 완전 정복

필수 문제로

(2) 사랑하는 별 하나

바른답·알찬풀이 28쪽

[01~04] 다음 글을 읽고 물음에 답하시오.

가

나도 ㉠별과 같은 사람이

될 수 있을까.

외로워 쳐다보면

눈 마주쳐 마음 비춰 주는

그런 사람이 ㉡될 수 있을까.

나도 ㉢꽃이 될 수 있을까.

세상일이 괴로워 쓸쓸히 밖으로 나서는 날에

가슴에 화안히 안기어

눈물짓듯 웃어 주는

하얀 들꽃이 될 수 있을까.

㉣가슴에 사랑하는 별 하나를 갖고 싶다.

외로울 때 부르면 다가오는

별 하나를 ㉤갖고 싶다.

마음 어두운 밤 깊을수록

우러러 쳐다보면

반짝이는 그 맑은 눈빛으로 나를 씻어

길을 비추어 주는

그런 사람 하나 갖고 싶다.

나 바로 그때, 방문을 열고 한 할머니가 들어왔어요. 파랑새를 부탁한 요술쟁이 할머니와 너무나 닮았지요.

"나는 이웃집에 사는데, 새를 빌리러 왔단다. 앓아누운 내 딸이 새를 갖고 싶어 하거든."

틸틸은 새장을 바라보고 깜짝 놀랐어요.

"아, 파랑새다! 그렇게 찾았는데. 파랑새가 우리 집에 있었어!"

틸틸은 파랑새를 할머니에게 주었어요.

다음날, 이웃집 할머니를 따라 여자아이가 찾아왔어요.

"고마워. 파랑새를 보고 아픈 게 다 나았어."

빛의 요정을 꼭 닮은 여자아이가 파랑새를 안고 말했어요.

미틸은 파랑새를 쓰다듬어 주려고 다가갔어요.

그 순간, 파랑새는 그만 포르르 날아가 버렸지요.

여자아이가 울음을 터뜨리자, ㉮틸틸이 달래 주었어요.

01 (가)에서 말하는 이가 처한 상황을 짐작하게 하는 구절이 **아닌** 것은?

① 외로워 쳐다보면

② 마음 어두운 밤 깊을수록

③ 눈 마주쳐 마음 비춰 주는

④ 외로울 때 부르면 다가오는

⑤ 세상일이 괴로워 쓸쓸히 밖으로 나서는 날에

02 ㉠~㉤에 대한 설명으로 알맞지 **않은** 것은?

① ㉠: 별처럼 돋보이는 존재를 의미한다.

② ㉡: 의문형 표현의 반복으로 말하는 이의 소망을 강조하고 있다.

③ ㉢: 땅에 있는 대상으로 다른 사람이 괴로울 때 따뜻하게 위로해 주는 순수한 존재를 의미한다.

④ ㉣: 말하는 이가 외롭고 힘든 상황에 처했을 때 위로해 주는 대상으로 말하는 이가 갖고 싶은 것을 의미한다.

⑤ ㉤: 단정적인 어조로 소망을 강조하고 있다.

03 (나)에 쓰인 상징에 대한 설명으로 알맞은 것은?

① '새'는 자유를 상징한다.

② '파랑새'는 행복을 상징한다.

③ '새장'은 보호와 통제를 상징한다.

④ '이웃집 할머니'는 평범한 이웃을 상징한다.

⑤ '여자아이'는 빛의 요정처럼 비현실적인 존재를 상징한다.

04 ㉮에서 틸틸이 여자아이를 달래 주며 할 말로 알맞지 **않은** 것은?

① "괜찮아, 울지 않아도 돼."

② "내가 또 파랑새를 찾아 줄게."

③ "파랑새는 우리 가까이에 있으니까."

④ "앞으로는 파랑새를 소중하게 대해 주렴."

⑤ "파랑새를 찾는 것은 그렇게 어려운 일이 아니란다."

시험에 꼭 나오는
지문 알맹이 분석　　(3) 매체로 소통하기

🔆 바른답·알찬풀이 28쪽

핵 심 정 리

매체의 발달	인쇄 매체(책, 신문 등)의 등장 → 방송 매체(라디오, 텔레비전 등)의 등장 → 컴퓨터와 인터넷의 등장 → 이동 통신 기기(스마트폰, 태블릿 등)의 등장	
매체를 이용한 소통 방식의 변화	• 일방향 소통 방식 → 쌍방향 소통 방식 • 매체의 생산자와 수용자의 경계가 불분명해짐. • 매체 사용자 간의 상호 작용이 점점 더 활발해짐.	

각 매체의 특징

학교 누리집	공적 정보 공유, 공손한 언어 표현을 사용해야 함.	• 상호 작용적 매체 • 온라인상에서 쌍방향으로 의사소통이 가능함.
개인 블로그	개방적 공간, 학교 누리집보다 사적 정보 공유가 가능함.	
사회 관계망 서비스	• 정보의 공유, 재생산, 재게시가 가능함. • 저작권, 초상권, 가짜 뉴스 등에 유의해야 함.	

교재 41쪽

가 책, 신문의 등장
인쇄 매체

아주 옛날 사람들은 점토판이나 파피루스 등에 직접 문자를 적어 소통하였어요. 시간이 지나 금속 활자의 발명으로 대량 인쇄가 가능해졌고, 책, 신문 등이 나타났어요. 사람들은 이러한 인쇄 매체에서 일방향으로 정보를 전달받았어요.

나 라디오, 텔레비전의 등장
방송 매체

전기·전자 기술의 발달로 라디오, 텔레비전과 같은 방송 매체가 등장하였어요. 이러한 매체는 많은 정보를 여러 사람에게 전달하였고, 사람들은 이러한 정보를 일방향으로 받아들였어요.

다 컴퓨터, 인터넷의 등장
온라인상에서 쌍방향 소통이 일어남.

컴퓨터와 인터넷의 발명은 소통 방식에 큰 변화를 가져왔어요. 여러 사람이 온라인상에서 쌍방향으로 상호 작용 하며 정보와 의견을 주고받을 수 있게 되었기 때문이에요. 사람들은 매체나 매체 자료에 관하여 의견을 표현할 뿐만 아니라, 직접 정보를 만들어서 또 다른 사람에게 공유하기 시작했어요.

라 스마트폰의 등장
이동 통신 기기

이동 통신 기술이 발달하면서 스마트폰, 태블릿 등 이동하며 이용할 수 있는 이동 통신 기기가 등장하였어요. 이로 인해 매체 이용자는 온라인상에서 정보나 의견을 교환하며 소통할 뿐만 아니라, 서로 관계를 맺거나 인간관계를 넓히는 등 상호 작용이 더욱 활발하게 나타났어요. 이동 통신 기기를 사용하면 언제 어디서나 편하게 소통할 수 있기 때문이에요.

🔹 매체의 변화에 따른 소통 방식의 변화

가 의 과학 기술 발전
금속 활자의 발명으로 □□ 매체(책, 신문 등)가 만들어짐.
↓
인쇄 매체를 활용하여 여러 사람에게 □방향으로 정보를 전달함.

나 의 과학 기술 발전
라디오, 텔레비전과 같은 □□ 매체가 만들어짐.
↓
여러 사람에게 □방향으로 대량의 정보를 전달함.

다 의 과학 기술 발전
컴퓨터와 □□□이 발명됨.
↓
여러 사람이 온라인상에서 □방향으로 정보를 전달하며 상호 작용 함.

라 의 과학 기술 발전
□□□ □□□ 기술의 발달로 스마트폰, 태블릿 등이 만들어짐.
↓
매체 이용자 간의 □방향 소통이 이어지며 상호 작용이 더욱 활발해짐.

[01~04] 다음 글을 읽고 물음에 답하시오.

가 아주 옛날 사람들은 점토판이나 파피루스 등에 직접 문자를 적어 소통하였어요. 시간이 지나 금속 활자의 발명으로 대량 인쇄가 가능해졌고, 책, 신문 등이 나타났어요. 사람들은 이러한 인쇄 매체에서 일방향으로 정보를 전달받았어요.

나 전기·전자 기술의 발달로 라디오, 텔레비전과 같은 방송 매체가 등장하였어요. 이러한 매체는 많은 정보를 여러 사람에게 전달하였고, 사람들은 이러한 정보를 일방향으로 받아들였어요.

다 마음중학교 누리집

제목	제△회 청소년 독후감 쓰기 대회 안내
내용	제△회 청소년 독후감 쓰기 대회에 관해 안내하오니 관심 있는 학생들의 참여를 바랍니다. 가. 제목: 제△회 청소년 독후감 쓰기 대회 나. 대상: 전국 초중고생 및 같은 연령대 청소년 다. 접수 기간: 20△△년 △월 △일(월)~20△△년 △월 △일(일)
첨부 1	(붙임 1) 제△회 청소년 독후감 쓰기 대회 안내.hwp 미리 보기

라

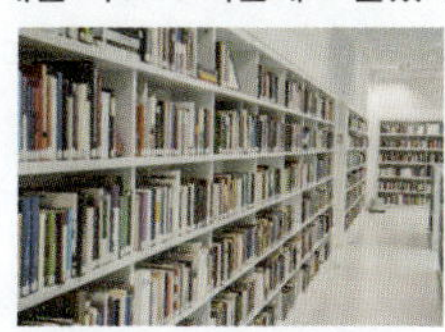

01 (가)~(라)에 대한 설명으로 알맞은 것은?

① (가)의 매체는 오늘날에는 그 가치를 잃어버렸다.
② (나)의 매체는 정보의 생산자와 수용자 간에 경계가 명확하지 않다.
③ (다)의 매체는 학생과 학부모가 학교에 건의할 목적으로 만든다.
④ (다), (라)의 매체는 정보의 공유는 가능하지만 이를 재게시하는 것은 불가능하다.
⑤ (가), (나)의 매체는 일방향으로 정보를 전달하고, (다), (라)의 매체는 쌍방향으로 소통한다.

02 (다)의 특성으로 알맞지 <u>않은</u> 것은?

① 공적 정보보다 사적 정보가 많이 공유된다.
② 공지 사항을 읽고 궁금한 점은 댓글로 문의할 수 있다.
③ 독후감 쓰기 대회 안내 파일을 내려받을 수 있다.
④ 공지 사항과 관련된 자세한 사항은 따로 파일을 첨부할 수도 있다.
⑤ 정보의 생산자와 수용자는 서로를 고려하여 공손하고 예의 바른 표현을 사용해야 한다.

03 (라)에서 주연이가 블로그에 글을 쓴 목적으로 알맞은 것은?

① 자신의 글쓰기 실력을 점검하려고
② 자신이 올린 글에 대한 사람들의 반응을 살피려고
③ 자신이 고른 책이 얼마나 유명한 책인지 점검받으려고
④ 독후감 쓰기 대회와 관련된 자신의 생각이나 느낌을 공유하려고
⑤ 자신의 블로그를 방문한 사람들에게 자신의 개인 정보를 알려 주려고

04 (다), (라)와 같은 매체가 등장하게 된 배경으로 알맞은 것은?

① 방송 기술의 발달
② 금속 활자의 발명
③ 전기·전자 기술의 발달
④ 컴퓨터와 인터넷의 등장
⑤ 인쇄물의 대량 생산 가능

[01~12] 다음 시를 읽고 물음에 답하시오.

가 길은 포도 덩굴
몇백 년이나 자라
땅덩이를 다 덮었다

이 덩굴 가지마다
포도송이 같은 마을이 있고
㉠포도알 같은 ㉡집들이 달렸다

포도알이 늘 때마다
포도송이는 커 가고

㉢갈봄 없이 자라 가는
이 덩굴을 통하여
사람과 사람이 도와 가고
마을과 마을은 이어져서

세계는 한 덩이 과일로
토실토실 익어 가고 있는 것이다.

나 나도 별과 같은 사람이
될 수 있을까.
외로워 쳐다보면
눈 마주쳐 마음 비춰 주는
그런 사람이 될 수 있을까.

나도 꽃이 될 수 있을까.
세상일이 괴로워 쓸쓸히 밖으로 나서는 날에
가슴에 화안히 안기어
눈물짓듯 웃어 주는
하얀 들꽃이 될 수 있을까.

가슴에 사랑하는 별 하나를 갖고 싶다.
외로울 때 부르면 다가오는
별 하나를 갖고 싶다.

마음 어두운 밤 깊을수록
우러러 쳐다보면
반짝이는 그 맑은 눈빛으로 나를 씻어
길을 비추어 주는 / 그런 사람 하나 갖고 싶다.

01 (가), (나)와 같은 글을 읽는 방법으로 알맞지 <u>않은</u> 것은?

① 시어의 함축적 의미가 무엇인지 파악하며 읽는다.
② 서술자의 위치와 시적 상황을 바라보는 서술자의 관점을 파악하며 읽는다.
③ 시인이 말하는 이를 통해 전달하고자 한 중심 생각은 무엇인지 파악하며 읽는다.
④ 말하는 이는 누구인지, 말하는 이의 상황과 정서는 어떠한지 등을 파악하며 읽는다.
⑤ 시를 읽을 때 말의 가락이 느껴지는지, 느껴진다면 어떤 요소 때문인지 파악하며 읽는다.

02 (가), (나)의 공통점으로 알맞은 것은?

① 문학적 상징이 쓰였다.
② 말하는 이가 직접 나타나 있다.
③ 현실에 대한 부정적인 인식이 담겨 있다.
④ 음성 상징어를 사용하여 리듬감이 느껴진다.
⑤ 같은 소리나 단어를 반복하여 운율을 형성한다.

03 (가)에 쓰인 표현 방법에 대한 설명으로 알맞은 것은?

① 추상적인 개념을 구체적인 사물로 표현하고 있다.
② 원관념은 드러나 있지만 보조 관념은 드러나 있지 않다.
③ 사람이 아닌 것을 마치 사람인 것처럼 표현한 구절은 없다.
④ 원관념이 드러나 있지 않아 작품을 다양하게 해석하는 재미가 있다.
⑤ 표현하고자 하는 대상을 다른 대상에 빗대어 표현하여 음악성이 느껴진다.

04 (가)의 시인이 긍정적으로 생각할 모습으로 가장 알맞은 것은?

① 숙제를 잘한 동생을 칭찬하는 진영
② 매일 일기를 빠뜨리지 않고 쓰는 연우
③ 도서관에서 친한 친구의 자리만 맡아 준 은서
④ 친구들과 서로 도와서 학급 신문을 만든 수진
⑤ 달리기 시합에 반 대표로 나가기 위해 경쟁하는 준호

05 ㉠, ㉡의 공통점으로 알맞은 것은?

① 모여 있다.
② 한 곳을 향해 나아간다.
③ 여러 군데에 흩어져 있다.
④ 여러 방향으로 뻗어 나간다.
⑤ 비슷한 것들을 서로 이어 준다.

06 다음 빈칸에 들어갈 말로 알맞은 것은?

> (나)의 1, 2연에서는 '있을까'와 같이 질문을 통해 말하는 이의 소망을 간접적으로 제시하다가 3, 4연에서는 '갖고 싶다'고 (　　　)인 어조로 소망을 직접적으로 제시하였다.

① 개방적　　② 명령적　　③ 단정적
④ 개연적　　⑤ 긍정적

07 (나)에 쓰인 표현 방법으로 알맞은 것은?

① 반어　　② 역설　　③ 상징
④ 영탄　　⑤ 풍유

08 (나)의 말하는 이는 어떤 상황에 처해 있는지 〈조건〉에 맞게 서술하시오.

> ─ 조건 ─
> • 완결된 한 문장으로 쓸 것

09 (나)의 말하는 이의 소망으로 알맞지 <u>않은</u> 것은?

① 하얀 들꽃이 되고 싶음.
② 시들지 않는 별이 되고 싶음.
③ 별과 같은 사람이 되고 싶음.
④ 사랑하는 별 하나를 갖고 싶음.
⑤ 별과 같은 사람 하나를 갖고 싶음.

10 (나)에서 말하는 이가 되고 싶은 사람의 모습으로 알맞은 것은?

① 밤하늘 별을 바라보는 수지
② 축하의 꽃을 한가득 선물한 영지
③ 아픈 친구에게 따뜻한 위로를 한 소연
④ 밖으로 나가 들판의 꽃향기를 맡는 보현
⑤ 자신보다 노래를 잘하는 형을 우러러 바라보는 도영

11 (나)에서 〈보기〉의 밑줄 친 부분과 같은 표현 방법이 쓰인 시구로 알맞은 것은?

> ─ 보기 ─
> <u>아씨처럼 나린다</u>
> <u>보슬보슬 햇비</u>
> 맞아 주자 다 같이
> 옥수숫대처럼 크게
> 닷 자 엿 자 자라게
> 해님이 웃는다
> 나 보고 웃는다.　　　　　　　　 – 윤동주, 〈햇비〉

① 나도 별과 같은 사람이
　 될 수 있을까.
② 눈 마주쳐 마음 비춰 주는
　 그런 사람이 될 수 있을까.
③ 나도 꽃이 될 수 있을까.
④ 마음 어두운 밤 깊을수록
　 우러러 쳐다보면
⑤ 가슴에 사랑하는 별 하나를 갖고 싶다.

12 (나)에서 ㉢과 같이 시적 허용이 나타난 부분으로 알맞은 것은?

① 세상일　　② 우러러　　③ 화안히
④ 눈물짓듯　　⑤ 하얀 들꽃

[13~16] 다음 글을 읽고 물음에 답하시오.

가 **앞부분의 줄거리**

크리스마스 전날 밤, 풍요로운 이웃을 보며 부러워하는 틸틸과 미틸 남매 앞에 요술쟁이 할머니가 나타나 자신의 아픈 딸을 위해 파랑새를 찾아달라고 부탁한다. 남매는 할머니가 준 요술 모자를 쓰고 꿈속으로 요정과 함께 파랑새를 찾아 떠난다.

나 틸틸과 미틸은 행복의 나라에 도착했어요.

한 무리의 아이들이 빙글빙글 돌며 춤을 추었어요.

"안녕! 우리들은 너희 집에 사는 행복들이야. 나는 건강의 행복!"

아이들 가운데 하나가 입을 열자, 모두가 조잘대기 시작했어요.

"나는 맑은 공기의 행복!"

"나는 부모님을 사랑하는 행복!"

"나는 봄의 행복!"

아이들의 말을 듣고, 틸틸이 깜짝 놀라 물었어요.

"우리 집에 행복이 그렇게 많단 말이야?"

"그럼! 우리들은 늘 사람들 곁에 있어. 사람들이 그걸 모를 뿐이지."

다 틸틸은 엄마가 깨우는 소리에 벌떡 일어났어요. 어찌된 일인지 빛의 요정도, 모자도 보이지 않았어요.

바로 그때, 방문을 열고 한 할머니가 들어왔어요. 파랑새를 부탁한 요술쟁이 할머니와 너무나 닮았지요.

"나는 이웃집에 사는데, 새를 빌리러 왔단다. 앓아누운 내 딸이 새를 갖고 싶어 하거든."

틸틸이 새장을 보고 깜짝 놀랐어요.

㉠"아, 파랑새다! 그렇게 찾았는데, 파랑새가 우리 집에 있었어!"

틸틸은 파랑새를 할머니에게 주었어요.

다음날, 이웃집 할머니를 따라 여자아이가 찾아왔어요.

"고마워. 파랑새를 보고 아픈 게 다 나았어."

빛의 요정을 꼭 닮은 여자아이가 파랑새를 안고 말했어요.

미틸은 파랑새를 쓰다듬어 주려고 다가갔어요.

㉡그 순간, 파랑새는 그만 포르르 날아가 버렸지요.

13 이 글의 서술자에 대한 설명으로 알맞은 것은?

① 이야기의 주인공이 서술자이다.

② 서술자가 '나'로 직접 나타나 있다.

③ 서술자는 인물의 내면까지 모두 알고 있다.

④ 서술자가 작품 안에서 이야기를 이끌어 간다.

⑤ 서술자는 파랑새로 인물들을 관찰하여 이야기를 전달한다.

14 (나)의 '행복의 나라'에 대한 설명으로 알맞은 것은?

① 파랑새가 태어난 곳이다.

② 틸틸과 미틸이 찾던 곳이다.

③ 잃어버린 파랑새가 날아간 곳이다.

④ 틸틸과 미틸이 꿈속에서 간 장소이다.

⑤ 풍요로운 이웃에 사는 행복들이 있는 곳이다.

15 ㉠의 의미로 알맞은 것은?

① 착한 마음을 가지면 행운이 찾아온다.

② 사람들은 잘 모르지만 행복은 가까이에 있다.

③ 풍요롭지 않아도 마음속에 여유를 가지고 살 수 있다.

④ 다른 사람을 질투하는 마음을 버리면 평화를 찾을 수 있다.

⑤ 사람들은 새장 속에 갇힌 새처럼 자유를 억압당하며 살고 있다.

16 ㉡을 보고 독자가 생각할 내용으로 가장 알맞은 것은?

① 다시 파랑새를 찾아 멀리 떠나는 모험이 시작되겠군.

② 그동안 갇혀 있던 파랑새가 자유를 찾게 되어 다행이야.

③ 힘들게 찾은 파랑새가 날아가 버리다니 슬픈 결말이군.

④ 파랑새가 사라져도 주변에 있는 행복을 다시 발견할 수 있을 거야.

⑤ 여자아이의 병을 낫게 해 준 파랑새는 제 역할을 다해서 사라진 거구나.

[17~19] 다음 글을 읽고 물음에 답하시오.

가 책, 신문의 등장

아주 옛날 사람들은 점토판이나 파피루스 등에 직접 문자를 적어 소통하였어요. 시간이 지나 금속 활자의 발명으로 대량 인쇄가 가능해졌고, 책, 신문 등이 나타났어요. 사람들은 이러한 인쇄 매체에서 일방향으로 정보를 전달받았어요.

나 라디오, 텔레비전의 등장

전기·전자 기술의 발달로 라디오, 텔레비전과 같은 방송 매체가 등장하였어요. 이러한 매체는 많은 정보를 여러 사람에게 전달하였고, 사람들은 이러한 정보를 일방향으로 받아들였어요.

다 컴퓨터, 인터넷의 등장

컴퓨터와 인터넷의 발명은 소통 방식에 큰 변화를 가져왔어요. 여러 사람이 온라인상에서 쌍방향으로 상호 작용 하며 정보와 의견을 주고받을 수 있게 되었기 때문이에요. 사람들은 매체나 매체 자료에 관하여 의견을 표현할 뿐만 아니라, 직접 정보를 만들어서 또 다른 사람에게 공유하기 시작했어요.

라 스마트폰의 등장

이동 통신 기술이 발달하면서 스마트폰, 태블릿 등 이동하며 이용할 수 있는 이동 통신 기기가 등장하였어요. 이로 인해 매체 이용자는 온라인상에서 정보나 의견을 공유하며 소통할 뿐만 아니라, 서로 관계를 맺거나 인간 관계를 넓히는 등 상호 작용이 더욱 활발하게 나타났어요. 이동 통신 기기를 사용하면 언제 어디서나 편하게 소통할 수 있기 때문이에요.

마 마음중학교 누리집

제목	제△회 청소년 독후감 쓰기 대회 안내
내용	제△회 청소년 독후감 쓰기 대회에 관해 안내하오니 관심 있는 학생들의 참여를 바랍니다. 가. 제목: 제△회 청소년 독후감 쓰기 대회 나. 대상: 전국 초중고생 및 같은 연령대 청소년 다. 접수 기간: 20△△년 △월 △일(월)~20△△년 △월 △일(일)
첨부 1	(붙임 1) 제△회 청소년 독후감 쓰기 대회 안내.hwp 미리 보기

17 (가)~(라)의 내용을 제대로 이해하지 <u>못한</u> 사람은?

① 서희: 종이가 발명되고 나서야 사람들은 비로소 문자 생활을 할 수 있었군.
② 나리: 컴퓨터와 인터넷이 생기기 전까지 많은 사람이 주로 정보의 수용자일 뿐이었어.
③ 준수: 책, 신문, 라디오, 텔레비전의 공통점은 정보가 일방향으로 전달된다는 거야.
④ 윤아: 이동 통신 기술의 발달로 사람들은 언제 어디서나 편하게 소통할 수 있게 되었군.
⑤ 성국: 인터넷의 발달로 온라인상에서 모르는 사람과도 활발하게 상호 작용을 할 수 있게 되었어.

서술형

18 (라)에 나타난 매체 변화에 따른 소통 방식의 변화를 〈조건〉에 맞게 서술하시오.

┌ 조건 ┐
• '~의 등장으로 ~ 소통하게 되었다.' 형식의 완결된 한 문장으로 쓸 것

19 (마)에 달린 댓글인 〈보기〉에 대한 설명으로 알맞지 <u>않은</u> 것은?

┌ 보기 ┐

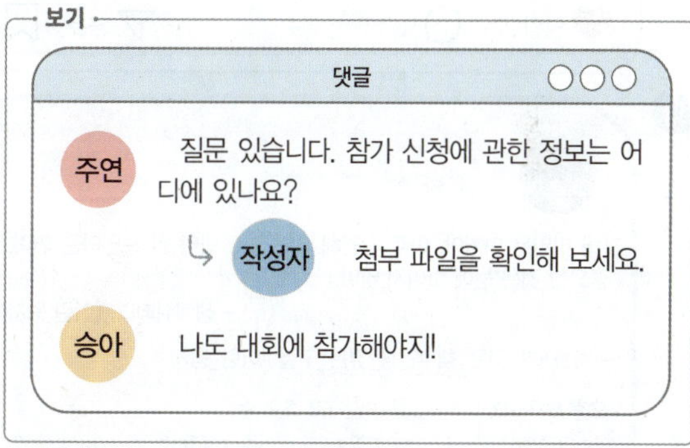

① 정보의 생산자와 수용자 간의 활발한 의사소통을 보여 준다.
② 〈보기〉와 같은 댓글은 컴퓨터와 인터넷의 발달을 계기로 등장하게 되었다.
③ 〈보기〉와 같은 댓글은 (다), (라)에 등장하는 매체에서 이용할 수 있는 기능이다.
④ 이용하는 매체의 성격에 맞는 언어 표현을 사용해야 하므로 승아의 댓글은 공손한 표현으로 고쳐야 한다.
⑤ 〈보기〉에서는 다른 사람이 만든 매체 자료를 출처를 밝히지 않고 올려 저작권을 침해하는 문제가 발생하였다.

[20~24] 다음 글을 읽고 물음에 답하시오.

가

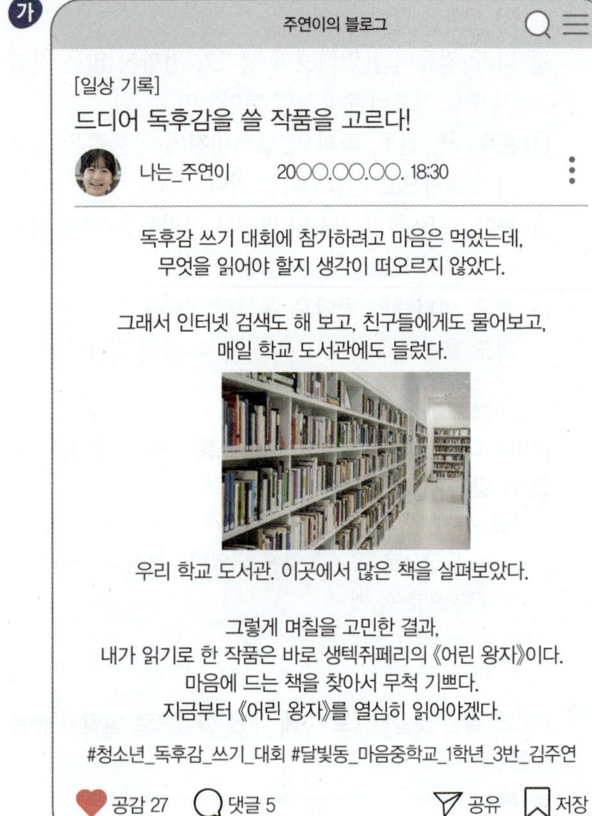

주연이의 블로그

[일상 기록]
드디어 독후감을 쓸 작품을 고르다!

나는_주연이　20○○.○○.○○. 18:30

독후감 쓰기 대회에 참가하려고 마음은 먹었는데,
무엇을 읽어야 할지 생각이 떠오르지 않았다.

그래서 인터넷 검색도 해 보고, 친구들에게도 물어보고,
매일 학교 도서관에도 들렀다.

우리 학교 도서관. 이곳에서 많은 책을 살펴보았다.

그렇게 며칠을 고민한 결과,
내가 읽기로 한 작품은 바로 생텍쥐페리의 《어린 왕자》이다.
마음에 드는 책을 찾아서 무척 기쁘다.
지금부터 《어린 왕자》를 열심히 읽어야겠다.

#청소년_독후감_쓰기_대회 #달빛동_마음중학교_1학년_3반_김주연

♥ 공감 27　💬 댓글 5　　　✈ 공유　🔖 저장

나

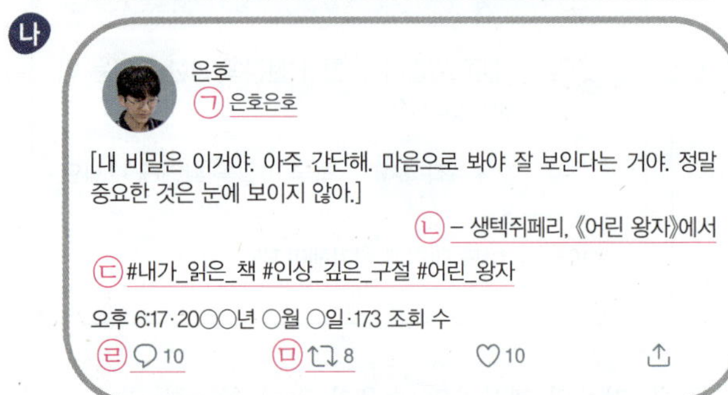

은호
㉠ 은호은호

[내 비밀은 이거야. 아주 간단해. 마음으로 봐야 잘 보인다는 거야. 정말 중요한 것은 눈에 보이지 않아.]　㉡ – 생텍쥐페리, 《어린 왕자》에서

㉢ #내가_읽은_책 #인상_깊은_구절 #어린_왕자

오후 6:17·20○○년 ○월 ○일·173 조회 수

㉣ 💬 10　㉤ ↻ 8　　♡ 10　　⬆

20 (가), (나)에 제시된 매체의 공통점으로 알맞은 것은?

① 단체의 업무, 홍보 따위의 내용을 제공한다.
② 온라인상에서 매체 이용자 간의 상호 작용이 활발하게 일어난다.
③ 다수에게 대량의 정보를 일방향으로 신속하게 전달하기 적절한 매체이다.
④ 공공 기관에서 주민들의 자발적인 행정 참여를 유도하기 위한 목적으로 운영한다.
⑤ 특정한 관심이나 활동을 공유하는 사람들 사이의 관계를 만들어 주는 온라인 서비스이다.

21 (가), (나)와 같은 매체를 이용할 때 유의할 점으로 알맞지 **않은** 것은?

① 가짜 뉴스와 같은 거짓 정보가 있지 않은지 살펴보아야 한다.
② 많은 사람에게 영향을 미치는 공적인 정보를 올리지 않도록 한다.
③ 사진을 올릴 때에는 다른 사람의 초상권을 침해하지는 않도록 한다.
④ 다른 사람의 권리를 침해하는 정보가 담겨 있지 않았는지 살펴보아야 한다.
⑤ 매체 이용자들을 고려하여 존중하고 배려하는 태도로 언어 표현을 사용해야 한다.

서술형

22 (가)에서 주연이에게 조언할 말을 〈조건〉에 맞게 서술하시오.

조건
• 정보를 공유할 때 유의할 점이 포함되도록 쓸 것
• 완결된 한 문장으로 쓸 것

23 (나)의 게시물을 본 사람들이 소통하는 방식으로 알맞지 **않은** 것은?

① (나)를 재공유하였다.
② (나)를 재전송하였다.
③ (나)에 댓글을 달았다.
④ (나)에 해시태그를 남겼다.
⑤ (나)에 공감을 표현하였다.

24 ㉠~㉤ 중, 다음 설명에 해당하는 것은?

• '핵심어 표시'라고도 함.
• 사회 관계망 서비스에서 단어나 문구 앞에 붙여 그 말을 쉽게 검색할 수 있게 함.

① ㉠　② ㉡　③ ㉢　④ ㉣　⑤ ㉤

1
단원

---

25 ★★★★☆ 고난도

'비유'와 '상징'에 관한 설명으로 알맞은 것은?

① 비유와 상징은 모두 대상에 대한 직접적인 표현이다. ○✕

② 비유에서 표현하고자 하는 대상은 보조 관념, 빗댄 대상은 원관념이라고 한다. ○✕

③ 비유와 상징에 쓰이는 원관념과 보조 관념 사이에는 유사성이 존재하지 않는다. ○✕

④ '물'을 정화와 재생, 생명력, '태양'을 희망, 에너지, 열정이라 여기는 것은 문학적 상징에 해당한다. ○✕

⑤ 우리 조상들은 '사군자(매화, 난초, 국화, 대나무)'가 지조, 절개와 같은 선비 정신을 상징한다고 생각했다. ○✕

---

26 ★★★★★ 초고난도

〈보기〉의 시구에 쓰인 표현 방법과 같은 표현 방법이 쓰인 것은?

보기

> 옛 이야기 지줄대는 / 실개천이 휘돌아 나가고
>
> – 정지용, 〈향수〉

① 나는 나룻배 / 당신은 행인
　　　　　　– 한용운, 〈나룻배와 행인〉 ○✕

② 내 누님같이 생긴 꽃이여 – 서정주, 〈국화 옆에서〉 ○✕

③ 샘물이 혼자서
　　웃으며 간다 – 주요한, 〈샘물이 혼자서〉 ○✕

④ 어둠은 새를 낳고, 돌을
　　낳고, 꽃을 낳는다. – 박남수, 〈아침 이미지〉 ○✕

⑤ 내를 건너서 숲으로
　　고개를 넘어서 마을로 – 윤동주, 〈새로운 길〉 ○✕

---

27 ★★★★☆ 고난도

(가), (나)의 밑줄 친 부분에 대한 설명으로 알맞은 것은?

> (가) 갈봄 없이 자라 가는
> 　　　이 덩굴을 통하여
> 　　　사람과 사람이 도와 가고
> 　　　마을과 마을이 이어져서
> (나) 나도 꽃이 될 수 있을까.
> 　　　세상일이 괴로워 쓸쓸히 밖으로 나서는 날에
> 　　　가슴에 화안히 안기어
> 　　　눈물짓듯 웃어 주는
> 　　　하얀 들꽃이 될 수 있을까.

① '갈봄'은 '가는 봄'을 의미한다. ○✕

② '화안히'는 '환히'의 지역 방언이다. ○✕

③ 늘여 쓴 말로 시적 허용이 나타난 부분이다. ○✕

④ 예전에 쓰인 시로 오늘날에 표기 규범이 바뀐 예이다. ○✕

⑤ 문법적으로는 맞지 않지만 시의 분위기와 운율감을 형성한다. ○✕

---

28 ★★★★☆ 고난도

'사회 관계망 서비스(SNS)'에 대한 설명으로 알맞지 <u>않은</u> 것은?

① 수용자는 자신의 사회 관계망 서비스에 생산자의 게시물을 다시 올릴 수 있다. ○✕

② 다수에 대한 정보 전달과 공유, 친교, 개인의 정서 표현 등 다양한 목적으로 사용하는 공간이다. ○✕

③ 개인의 생각, 의견 등 사적 정보를 다루며 학교 누리집보다 비교적 자유롭게 정보를 공유할 수 있다. ○✕

④ '댓글', '공감', '공유', '저장' 등의 기능을 바탕으로 이용자 간의 활발한 일방향적 상호 작용이 가능하다. ○✕

⑤ 생산자의 게시물이 자유롭게 공유되거나 끊임없이 재생산되면서 그 내용이 다른 사람이나 사회에 영향을 미치기도 한다. ○✕

시험에 꼭 나오는
지문 알맹이 분석　(1) 요약하며 읽기

핵심 정리

갈래	설명문	성격	객관적
제재	시드볼트	주제	시드볼트의 특징, 종류, 역할, 종자 보존의 중요성과 보관 과정
특징	시드뱅크와 시드볼트를 비교·대조하여 설명한 뒤 두 곳의 시드볼트에 대해 설명함.		

짜임	처음	국제 사회는 기후 변화의 위기에 대비하고자 노력하였고, 이에 몇몇 국가에서는 식물의 종자를 보관하는 시드볼트를 설립함.
	중간	식물의 종자는 생태계의 균형 유지에 필요하며 미래 가치를 담고 있어 많은 나라에서 더 많은 종자를 확보하고자 함. 종자 보관 시설 중 시드뱅크는 보관한 종자를 자유롭게 꺼내 쓸 수 있는 반면, 시드볼트는 위급하지 않으면 종자를 꺼낼 수 없음. 시드볼트는 노르웨이와 우리나라 단 두 곳에 존재하는데 각각 작물과 야생 식물의 종자를 저장함. 시드볼트에 저장되는 종자는 여러 과정을 거쳐 보관되고, 함께 저장되는 식물 정보는 귀중한 자료로 쓰임.
	끝	시드볼트는 종자의 보존과 확보를 위해 계속 노력하고 있음.

교재 62쪽

❶ 산업 혁명 이후 기술과 사회는 눈부시게 발전했지만, 지구의 건강은 눈에 띄게 나빠졌다. 이에 국제 사회는 기후 변화의 위기에 대비하고자 노력하였고, 이에 몇몇 국가에서는 식물의 종자를 보관하는 시드볼트를 설립하였다. 【중심 내용】 시드볼트는 식물의 종자를 영구적으로 보관할 수 있는 저장 시설이다.

→ 국제 사회는 기후 변화의 위기에 대비하고자 노력하였고, 이에 몇몇 국가에서는 식물의 종자를 보관하는 시드볼트를 설립함.

시드볼트의 설립

> 기후 변화의 위기
>
> ↓
>
> 식물의 □□를 보관하는 시드볼트를 설립함.

교재 62쪽

❷ 그렇다면 식물의 종자는 왜 보존해야 할까? 먼저, 종자를 활용하면 생태계의 균형을 유지할 수 있기 때문이다. 【중요한 내용】 종자에는 식물의 유전 정보가 담겨 있으므로 식물의 종자를 확보해 놓으면 식물이 사라졌을 때 꺼내서 다시 생태계를 회복할 수 있다. 또 종자에는 미래 가치가 숨어 있다. 아직 어떠한 성분이 숨어 있을지 모르는 종자를 연구하여 새로운 약을 개발하는 등 다양하게 활용할 수 있다. 【중요한 내용】 따라서 종자의 중요성을 인식한 많은 나라에서 앞다투어 더 많은 종자를 확보하려고 노력하고 있다.

→ 식물의 종자를 활용하면 생태계의 균형을 유지할 수 있고, 종자에는 미래 가치가 숨어 있으므로 이를 잘 보존해야 함.

식물의 종자를 보존해야 하는 이유

> 생태계 위기 극복
>
> 종자에는 식물의 □□ 정보가 담겨 있으므로 식물이 사라졌을 때 종자를 꺼내서 다시 생태계를 회복할 수 있음.
>
> ↓
>
> 미래 가치
>
> 종자를 연구하여 새로운 약을 개발하는 등 다양하게 활용할 수 있음.

교재 62쪽

❸ 종자를 보관하는 시설에는 시드볼트 외에 종자를 저장하는 은행인 시드뱅크도 있다. 두 시설 모두 종자를 보관하는 시설이라는 점에서 비슷하지만, 그 기능에는 차이가 있다. 시드뱅크는 저온의 설비를 갖추어 종자를 예금처럼 저장하는 은행의 역할을 한다. 즉, 시드뱅크는 종자를 보관했다가 종자의 연구나 생태계를 복원해야 할 필요가 있을 때 자유롭게 꺼내어 쓸 수 있도록 운영하는 시설이다. 【중심 내용】 전 세계적으로 1,700여 개의 시드뱅크가 있으며, 국내에도 여러 연구 기관에서 운영하고 있다.

→ 시드뱅크는 종자를 보관하는 시설로, 보관한 종자를 자유롭게 꺼내 쓸 수 있음.

내용 전개 방식: 비교·대조

> 비교
>
> 시드볼트와 시드뱅크는 모두 종자를 □□하는 시설임.
>
> ↓
>
> 대조
>
> 시드볼트와 달리 시드뱅크는 종자를 보관했다가 필요할 때 자유롭게 꺼내어 쓸 수 있음.

교재 62~63쪽

❹ 시드볼트는 전 세계 식물 유전 자원을 안전하게 보존하려고 만든 금고이다. 식물 생태계를 보존하려고 식물의 종자를 보관하기 때문에 시드뱅크와는 달리 정말 위급한 재난 상황이나 종자가 멸종한 것이 아니라면 보관한 종자를 <u>밖으로 꺼낼 수 없다.</u> 따라서 시드볼트는 강한 지진과 같은 재난 상황에서도 시드뱅크와 다른 점 안전하게 종자를 보관할 수 있도록 깊은 지하에 자리 잡고 있으며, 관계자 외 출입 금지 구역으로 지정되어 있다. ➡ 시드볼트에서는 위급하지 않으면 종자를 꺼낼 수 없음.

❺ 시드볼트는 전 세계에 단 두 곳뿐으로, 우리나라와 북유럽 노르웨이에만 있다. 두 시드볼트는 각각 다른 목표를 가지고 있는데, 먼저 설립된 노르웨이 스발바르 지역의 시드볼트는 <u>인류가 식량 위기를 겪게 될 것을 대비하여 밀,</u> 노르웨이 시드볼트의 목표 벼, 옥수수, 감자, 콩 등 주로 작물 종자를 저장하고 있다. 그에 반해 우리나라 경상북도 봉화군에 있는 백두대간글로벌시드볼트는 <u>식물의 다양성을 보존하</u> <u>려고 주로 야생 식물의 종자를 저장한다.</u> 우리나라 시드볼트의 목표 ➡ 노르웨이 시드볼트는 작물 종자를 저장하고, 우리나라 시드볼트는 야생 식물의 종자를 저장함.

교재 63쪽

❼ 미국항공우주국(NASA)에서는 <u>2050년이면 지구 온도가 지금보다 1.5℃</u> 기후 위기의 심각성 <u>이상 상승할 수 있다고 예측하였다. 그러면 또 많은 식물이 지구에서 사라질 것이고, 그것이 어떠한 결과를 가져올지 아무도 예측할 수 없다.</u> 이러한 위기에 대비하고자 시드볼트는 종자를 보존하고 더 많은 종자를 확보하려고 계속해서 노력하고 있다. ➡ 시드볼트는 앞으로의 위기에 대비하여 종자의 보존과 확보를 위해 계속 노력하고 있음.

교재 64쪽

요약문 〔국제 사회는 기후 변화의 위기에 대비하고자 노력하였고, 이에 〔 〕: 처음 부분을 요약한 내용 몇몇 국가에서는 식물의 종자를 보관하는 시드볼트를 설립하였다.〕〔식물의 종 〔 〕: 중간 부분을 요약한 내용 자를 활용하면 생태계의 균형을 유지할 수 있고, 종자에는 미래 가치가 숨어 있으므로 이를 보존해야 한다. 이처럼 식물의 종자를 보존하는 기관에는 시드볼 트 외에 시드뱅크도 있다. 시드뱅크는 종자를 자유롭게 꺼낼 수 있는 반면, 시 시드볼트와 시드뱅크를 비교·대조한 내용 드볼트에 보관한 종자는 위급하지 않으면 밖으로 꺼낼 수 없다. 시드볼트는 전 세계에 단 두 곳 뿐인데 노르웨이 시드볼트는 작물 종자를 저장하고, 우리나라 시드볼트는 야생 식물의 종자를 저장한다. 시드볼트의 종자는 여러 과정을 거쳐 보관되고 함께 저장되는 식물 정보는 귀중한 자료로 쓰인다.〕〔시드볼트는 앞 〔 〕: 끝부분을 요약한 내용 으로의 위기에 대비하여 종자의 보존과 확보를 위해 계속 노력하고 있다.〕

---

2 단원

❹ 문단의 내용 전개 방식: 대조

대조
시드뱅크와 달리 시드볼트는 정말 위급한 ☐☐ 상황이나 종자가 멸종한 상황이 아니면 종자를 꺼낼 수 없음.
↓
시드볼트는 종자를 안전하게 보관할 수 있도록 깊은 ☐☐에 자리 잡고 있으며, 관계자 외 출입 금지 구역으로 지정됨.

전 세계의 시드볼트 현황

노르웨이	식량 위기를 대비하여 작물 종자를 저장함.
우리나라	식물의 다양성을 보존하려고 주로 ☐☐ 식물의 종자를 저장함.

끝부분의 내용

2050년이면 지구 온도가 1.5℃ 이상 상승하여 많은 식물이 사라질 것임.
↓
☐☐☐☐는 종자의 저장과 확보를 위해 노력하고 있음.

요약할 때 고려할 점

읽기 목적
식물 종자 보존의 중요성과 식물 종자 보존 기관에 관한 정보를 친구들에게 전달하는 것

글의 구조
정보를 전달하는 글로, '처음 – 중간 – 끝'의 구조를 지님.

내용 전개 방식
3문단과 4문단에서 시드뱅크와 시드볼트를 ☐☐·☐☐함.

[01~03] 다음 글을 읽고 물음에 답하시오.

가 서로 다른 지역적 특징은 두 지역의 기후 조건에도 영향을 미친다. 남극과 북극 가운데 어디가 더 추울까? 남극이 훨씬 춥다. 육지는 바다에 비해 쉽게 데워지고 쉽게 식는다. 남극은 거대한 대륙이므로 한겨울에 해당하는 8월 말 무렵이면 높은 곳에서는 기온이 영하 70℃ 가까이 내려간다고 한다. 이러한 기후 조건 때문에 남극에는 연구를 목적으로 거주하는 사람들 외에는 원주민이 없다. 남극의 추위를 견뎌 내기가 그만큼 어렵기 때문이다.

나 북극은 남극과 달리 주변의 여러 대륙으로 둘러싸인 바다이다. 그래서 주변에 있는 바다와 해류의 영향을 받는다. 얼음덩어리보다 상대적으로 온도가 높은 바다에서 상승하는 따뜻한 공기 때문에 겨울에는 최저 기온이 영하 30~40℃까지 내려가지만, 여름에는 영상 10℃ 정도로 비교적 따뜻하다. 그리고 북극에는 우리가 에스키모(Eskimo)라고 알고 있는 원주민인 이누이트인들이 살아가고 있다.

다 산업 혁명 이후 기술과 사회는 눈부시게 발전했지만, 지구의 건강은 눈에 띄게 나빠졌다. 이에 국제 사회는 기후 변화의 위기에 대비하고자 노력하였고, 이에 몇몇 국가에서는 식물의 종자를 보관하는 시드볼트를 설립하였다. 시드볼트는 식물의 종자를 영구적으로 보관할 수 있는 저장 시설이다.

라 종자를 보관하는 시설에는 시드볼트 외에 종자를 저장하는 은행인 시드뱅크도 있다. 두 시설 모두 종자를 보관하는 시설이라는 점에서 비슷하지만, 그 기능에는 차이가 있다. 시드뱅크는 저온의 설비를 갖추어 종자를 예금처럼 저장하는 은행의 역할을 한다. 즉, 시드뱅크는 종자를 보관했다가 종자를 연구하거나 생태계를 복원해야 할 필요가 있을 때 자유롭게 꺼내어 쓸 수 있도록 운영하는 시설이다. 전 세계적으로 1,700여 개의 시드뱅크가 있으며, 국내에도 여러 연구 기관에서 운영하고 있다.

마 시드볼트는 전 세계 식물 유전 자원을 안전하게 보존하려고 만든 금고이다. 식물 생태계를 보존하려고 식물의 종자를 보관하기 때문에 시드뱅크와는 달리 정말 위급한 재난 상황이나 종자가 멸종한 것이 아니라면 보관한 종자를 밖으로 꺼낼 수 없다. 따라서 시드볼트는 강한 지진과 같은 재난 상황에서도 안전하게 종자를 보관할 수 있도록 깊은 지하에 자리 잡고 있으며, 관계자 외 출입 금지 구역으로 지정되어 있다.

---

01 (가)~(마)의 내용 전개 방식에 대한 설명으로 알맞은 것은?

① (가)에서는 시간의 순서에 따라 내용을 전개하였다.
② (가)와 (나)에서는 남극과 북극을 비교·대조하였다.
③ (다)에서는 대상을 일정한 기준에 따라 나누어 설명하였다.
④ (다)와 (라)에서는 대상을 종류별로 묶어 설명하였다.
⑤ (라)와 (마)에서는 시드볼트와 시드뱅크의 예시를 들어 내용을 전개하였다.

02 (가)~(마)를 요약한 내용으로 알맞지 <u>않은</u> 것은?

① (가): 남극은 거대한 대륙이라서 북극보다 훨씬 춥고 원주민이 없다.
② (나): 남극과 달리 북극은 바다라서 비교적 따뜻하여 원주민이 산다.
③ (다): 산업 혁명 이후 지구의 건강이 눈에 띄게 나빠져 국제 사회는 기후 변화의 위기에 대비하고자 하였다.
④ (라): 시드뱅크는 종자를 보관하는 시설로, 보관한 종자를 자유롭게 꺼내 쓸 수 있다.
⑤ (마): 시드볼트에서는 위급하지 않으면 종자를 꺼낼 수 없다.

03 (가)~(마)를 요약할 때 생각할 점으로 알맞지 <u>않은</u> 것은?

① 내용 전개 방식을 고려하여 요약한다.
② 개요를 작성하여 단어 위주로 요약한다.
③ 덜 중요하거나 반복되는 내용을 삭제하고 요약한다.
④ 문단에서 중심 내용이 그대로 드러난 문장이 있는지 찾아서 요약한다.
⑤ 중심 내용이 드러난 문장이 없으면 중요한 내용을 종합하여 중심 내용이 담긴 문장으로 재구성한다.

[04~07] 다음 글을 읽고 물음에 답하시오.

가 몇 년 전부터 전 세계적으로 꿀벌들이 한꺼번에 수만 마리가 폐사하는 등 꿀벌이 멸종 위기에 처했다는 소식이 들리고 있습니다. 꽃이 있는 곳이라면 항상 보이던 꿀벌이 멸종될 수도 있다니 무슨 일일까요?

꿀벌은 수많은 식물의 꽃가루를 꽃에서 다른 꽃으로 옮기는 작업을 하며 생태계의 균형을 유지하는 데 큰 역할을 담당하고 있습니다. 우리가 먹는 과일과 식량 대부분은 꿀벌 없이 열매를 맺지 못하기 때문입니다.

㉠그렇다면 우리 생태계에 중요한 존재인 꿀벌이 왜 사라지고 있을까요? 전문가들이 내놓은 원인에는 기후 변화와 서식지 감소, 살충제 살포 등이 있습니다. 꿀벌은 온도 변화에 민감한 변온 동물이기 때문에 일교차가 커지거나 이상 기후로 많은 비가 내리면 갑자기 하락하는 기온에 적응하지 못하고 쉽게 죽을 수 있다고 합니다. 또, 지구 온난화의 영향으로 꽃이 피어 있는 기간이 짧아지면서 꿀벌이 꿀을 모을 수 있는 기간이 짧아진 것도 꿀벌의 멸종 위기에 영향이 있을 것으로 추측하고 있습니다.

나 2. 다양한 생활 영역과 법

🎈**01** 공법과 사법은 어떻게 다를까?

학습 목표 공법과 사법을 구분하고 사례 분석을 통하여 각 영역의 특징을 탐구할 수 있다.

법의 분류 법은 규율하는 생활 영역에 따라 공법, 사법, 사회법으로 구분한다. 국가와 개인 간 또는 국가 기관 상호 간의 관계를 다루는 법을 **공법**, 개인과 개인 간의 관계를 규율하는 법을 **사법**, 사회적 약자를 보호하기 위해 국가가 개인 간의 관계에 개입하는 중간적인 성격의 법을 사회법이라고 한다.

국가 생활과 관련된 공법 개인은 일생 동안 국민으로서 국가와의 관계 속에서 살아간다. 국가에 세금을 납부하고, 국방의 의무를 지며, 선거에서 투표할 권리를 가진다. 이처럼 국가 공동체와 관련 있는 개인의 생활 영역을 규율하는 법을 공법(公法)이라고 하는데, 대표적으로 헌법과 형법을 들 수 있다.

04 (가)를 읽고 난 감상으로 알맞지 <u>않은</u> 것은?

① 우리가 먹는 과일과 식량 대부분은 꿀벌 없이 열매를 맺지 못하는구나.

② 꿀벌이 살 수 있는 지역이 점점 줄어들고 있는 것도 꿀벌 멸종의 원인이야.

③ 작은 꿀벌이 생태계의 균형을 유지하는 데에 큰 역할을 하고 있다니 놀라워.

④ 많은 비가 내리면 갑자기 높아지는 기온 때문에 꿀벌이 쉽게 죽을 수 있구나.

⑤ 지구 온난화의 영향으로 꽃이 피어 있는 기간이 짧아지면서 꿀벌의 생태에 영향을 주고 있어.

서술형

05 (가)를 요약할 때 빈칸에 들어갈 알맞은 내용을 〈조건〉에 맞게 서술하시오.

> (   ). 식물의 꽃가루를 옮기는 일을 하며 생태계의 균형을 유지하는 데 큰 역할을 하고 있는 꿀벌이 사라지는 이유는 무엇일까? 전문가들은 기후 변화와 서식지 감소, 살충제 살포 등을 그 원인으로 지목한다.

┌ **조건** ┐
• 완결된 한 문장으로 쓸 것

06 (나)에 대한 설명으로 알맞지 <u>않은</u> 것은?

① 단원명을 통해 글의 주제를 알 수 있다.

② 중요한 내용은 진한 글자로 표시하였다.

③ 법을 공법과 사법으로 구분하여 설명한다.

④ 시각적인 구조도를 제시하여 이해하기 쉽다.

⑤ 학습 목표를 제시하여 중요한 내용을 짐작할 수 있다.

07 ㉠에 나타난 설명 방식에 대한 설명으로 알맞은 것은?

① 학생들의 조사 결과를 직접 인용하고 있다.

② 꿀벌이 사라지는 결과의 원인을 제시하고 있다.

③ 기후 변화 문제의 결과를 자세하게 분석하고 있다.

④ 꿀벌이 생태계에서 수행하는 역할을 나열하고 있다.

⑤ 꿀벌이 사라지는 문제와 그 해결 방안을 제시하고 있다.

시험에 꼭 나오는
지문 알맹이 분석

(2) 정보를 전달하는 글 쓰기  바른답·알찬풀이 31쪽

핵심 정리

정보를 전달하는 글을 쓰는 과정	계획하기 → 내용 생성하기 → 내용 조직하기 → 표현하기 및 고쳐쓰기
정보를 전달하는 글을 쓸 때 유의할 점	• 설명 대상의 특성을 분석하여 내용을 구성하고 독자가 이해하기 쉽게 표현함. • 다양한 매체에서 자료를 찾아 그 안에 담고 있는 정보의 중요도를 분석하고, 수집한 정보의 내용을 통합하여 사용함. • 자료의 출처를 정확하게 밝히고 사실에 근거하여 쓰는 등 쓰기 윤리를 지켜야 함.

교재 77쪽

( ) : 처음 부분에 탈춤과 관련된 소식을 전해서 독자의 관심을 유발함.

❶ 몇 해 전, 국내 유명 가수가 우리 전통문화인 '탈춤'으로 무대를 선보여 국내는 물론 전 세계 사람들에게 탈춤이 초미의 관심사였다. 이런 흐름 가운데 최근에 우리나라의 대표적 국가 무형유산이자 전통 공연 예술인 탈춤이 유네스코 무형유산 대표 목록에 등재되었다. 우리나라의 전통문화라고만 생각했던 탈춤이 어떻게 세계적으로 인정받을 수 있었는지 알아보자.

→ 유네스코 무형유산에 등재된 우리나라 탈춤

❶ 문단에서 고쳐 쓸 내용

> 초미의 관심사였다.
> ↓
> 독자의 ☐☐을 고려하여 '뜨거운 관심을 받았다.'로 고치는 것이 적절함.

교재 77~78쪽

❷ 탈춤은 일반적으로 탈을 쓰고 추는 춤을 말한다. 좁은 의미로는 황해도 지역에서 추던 가면극을 뜻하기도 하며, 탈놀이 또는 가면극이라고도 불린다. 탈춤은 지역마다 내용과 특색이 다양하게 발달하여 각기 다른 이름을 가지는데, 최근 우리의 탈과 탈춤을 전 세계에 알리려고 외국인을 위한 안내 책자를 만들기도 하였다.

→ 탈춤의 뜻과 종류

❹ 그렇다면 탈춤이 어떠한 가치가 있어서 세계적으로 인정받게 되었을까? 첫째, 탈춤은 관객과 소통하며 완성되는 소통의 예술이라는 점이다. 관객들은 탈춤 공연에서 한바탕 흥을 즐기고 억눌렸던 감정을 풀어 삶에 활력을 찾았다. 둘째, 오늘날에 비추어 봤을 때도 의미 있는 주제를 다룬다는 점이다. 탈춤은 조선 후기 사회에서 문제가 되던 남녀평등, 신분제 등의 여러 부조리를 풍자하면서 사회의식을 발전시켰다. 마지막으로 탈춤은 지역마다 조금씩 다른 탈춤 문화를 가진다는 점에서 지역의 문화적 정체성을 강화하는 역할을 하여 그 가치를 인정받을 수 있었다. 탈춤에서는 가면이 필수이므로, 지역의 탈춤마다 제각기 다른 표정의 탈을 사용하여 그 수가 매우 많다.

→ 탈춤의 가치

❷ 문단에서 고쳐 쓸 내용

> 최근 우리의 탈과 탈춤을 전 세계에 알리려고 외국인을 위한 안내 책자를 만들기도 하였다.
> ↓
> 문단 중심 내용과 관련이 없으므로 ☐☐하는 것이 적절함.

❹ 문단에서 고쳐 쓸 내용

> 남녀평등
> ↓
> 내용과 맞지 않아 잘못 쓰인 표현으로 '☐☐☐☐☐'으로 고쳐 쓰는 것이 적절함.

> 탈춤에서는 가면이 필수이므로, 지역의 탈춤마다 제각기 다른 표정의 탈을 사용하여 그 수가 매우 많다.
> ↓
> 문단 중심 내용과 관련이 없으므로 ☐☐하는 것이 적절함.

교재 78쪽

❺ 춤과 노래, 연극을 한데 모아 관객과 어우러져 흥겨운 공연을 펼치는 탈춤은 우리 고유의 소중한 전통 국가유산이다. 이번 방학에는 민속촌이나 주변의 탈춤 공연장을 찾아 세계가 인정한 우리의 탈춤에 한번 빠져 보는 건 어떨까?

→ 우리 전통문화인 탈춤의 소중함

❺ 문단에서 글을 마무리한 방법

> ☐☐를 강조하면서 글을 마무리함.

필수 문제로

소단원 완전 정복

(2) 정보를 전달하는 글 쓰기 · 바른답·알찬풀이 31쪽

[01~04] 다음 글을 읽고 물음에 답하시오.

가

안동 국제 탈춤 행사에서 본
탈춤의 공연 방식을 소개합니다

지난주 안동 국제 탈춤 행사장에 방문했어요. 제가 직접 체험해 본 봉산 탈춤의 공연 진행 방식을 소개할게요! 우선 봉산 탈춤은 전체 7과장으로 구성되며 본격적인 놀이가 시작되기 전에……

#안동_국제_탈춤_행사 #탈춤_공연 #볼거리_가득

나

'탈춤' 유네스코 무형유산 됐다

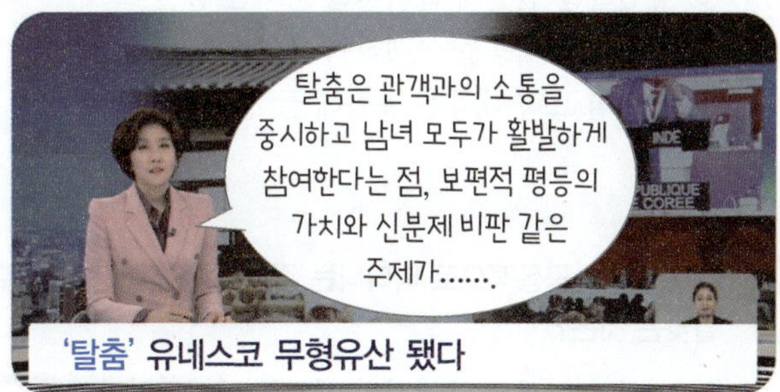

다

한국의 탈춤, 유네스코 무형유산 등재

유네스코 무형유산 위원회는 한국의 탈춤이 강조하는 보편적 평등의 가치와 사회 신분제에 관한 비판이 오늘날에도 여전히 의미가 있는 주제이며, 각 지역의 문화 정체성에 상징적 역할을 하고 있다는 점 등을 높이 평가하였습니다.

– '국가유산청' 블로그

라 그렇다면 탈춤이 어떠한 가치가 있어서 세계적으로 인정받게 되었을까? 첫째, 탈춤은 관객과 소통하며 완성되는 소통의 예술이라는 점이다. 관객들은 탈춤 공연에서 한바탕 흥을 즐기고 억눌렸던 감정을 풀어 삶에 활력을 찾았다. 둘째, 오늘날에 비추어 봤을 때도 의미 있는 주제를 다룬다는 점이다. 탈춤은 조선 후기 사회에서 문제가 되던 남녀 불평등, 신분제 등의 여러 부조리를 풍자하면서 사회의식을 발전시켰다. 마지막으로 탈춤은 지역마다 조금씩 다른 탈춤 문화를 가진다는 점에서 지역의 문화적 정체성을 강화하는 역할을 하여 그 가치를 인정받을 수 있었다. ㉠탈춤에서는 가면이 필수이므로, 지역의 탈춤마다 제각기 다른 표정의 탈을 사용하여 그 수가 매우 많다.

01 (가)~(라)에 대한 설명으로 알맞지 <u>않은</u> 것은?

① (가), (나), (다)는 (라)를 쓰기 위해 조사한 자료들이다.
② (가)는 글의 주제와 관련이 없어 글에 활용하지 않았다.
③ (가)는 출처가 명확하지 않으므로 글에 활용하지 않았다.
④ (다)의 내용을 바탕으로 (라)에서는 독자의 수준과 이해를 고려하여 자세하게 설명하였다.
⑤ (나)와 (다)는 탈춤의 가치에 대해 비슷한 내용을 담고 있으므로 두 내용을 종합하여 (라)에 반영하였다.

02 (가)~(라)에서 알 수 있는 탈춤의 가치가 <u>아닌</u> 것은?

① 탈춤은 관객과 소통하며 완성되는 소통의 예술이다.
② 탈춤은 관객들의 억눌린 감정을 해소하고 삶에 활력을 주었다.
③ 탈춤 문화를 통해 서로 다른 지역의 문화적 정체성이 하나로 통일되었다.
④ 탈춤은 남녀 모두가 활발하게 참여할 수 있고 보편적 평등에 대한 사회의식을 높였다.
⑤ 탈춤은 신분제에 대한 비판 등 오늘날에도 의미 있는 주제를 다루어 사회의식을 발전시켰다.

03 (라)와 같은 글을 쓰는 과정에 대한 설명으로 알맞지 <u>않은</u> 것은?

① 계획하기: 글을 쓰기 위해 예상 독자와 글의 목적 등을 정리한다.
② 내용 생성하기: 주제에 맞는 정보를 다양한 자료에서 찾아 중요도에 따라 선별한다.
③ 내용 조직하기: 선별한 내용을 적절하게 배치하여 개요를 작성한다.
④ 표현하기: 개요를 참고하여 글로 표현하고 자료의 출처가 공신력이 있는지 검토한다.
⑤ 고쳐쓰기: 중심 내용과 관련 있는 내용인지, 맞춤법에 맞는지 등을 고려하여 고쳐 쓴다.

04 ㉠을 고쳐 쓸 때 고려할 점으로 알맞은 것은?

① 독자가 이해하기 쉽게 표현하였는가?
② 전달하려는 정보가 분명하게 드러나는가?
③ 여러 자료에서 찾은 정보를 적절하게 선별하였는가?
④ 문단 안의 각 문장이 중심 내용을 뒷받침하였는가?
⑤ 문자 언어, 그림, 사진 등을 활용하여 다양한 형식으로 글을 썼는가?

[01~04] 다음 글을 읽고 물음에 답하시오.

가 ㉠지구에서 따뜻한 태양 에너지를 넉넉하게 받지 못하는 땅이 바로 남극과 북극이다. 이 두 지역은 겉으로는 비슷해 보이지만 서로 전혀 다른 특징을 갖고 있다. ……

서로 다른 지역적 특징은 두 지역의 기후 조건에도 영향을 미친다. 남극과 북극 가운데 어디가 더 추울까? 남극이 훨씬 춥다. ㉡육지는 바다에 비해 쉽게 데워지고 쉽게 식는다. 남극은 거대한 대륙이므로 한겨울에 해당하는 8월 말 무렵이면 높은 곳에서는 기온이 영하 70℃ 가까이 내려간다고 한다. 이러한 기후 조건 때문에 남극에는 연구를 목적으로 거주하는 사람들 외에는 원주민이 없다. 남극의 추위를 견뎌 내기가 그만큼 어렵기 때문이다.

북극은 남극과 달리 주변의 여러 대륙으로 둘러싸인 바다이다. 그래서 주변에 있는 바다와 해류의 영향을 받는다. 얼음덩어리보다 상대적으로 온도가 높은 바다에서 상승하는 따뜻한 공기 때문에 겨울에는 최저 기온이 영하 30~40℃까지 내려가지만, 여름에는 영상 10℃ 정도로 비교적 따뜻하다. 그리고 ㉢북극에는 우리가 에스키모(Eskimo)라고 알고 있는 원주민인 이누이트인들이 살아가고 있다. ……

보통 100m 두께의 얼음이 만들어지려면, 1,000년이 걸리므로 오늘날 남극과 북극의 얼음이 되기까지는 오랜 세월이 걸렸을 것으로 보고 있다. 이처럼 ㉣두꺼운 얼음층은 지구 기록을 담은 냉동 창고의 역할을 하고 있다.

나 ㉤종자를 보관하는 시설에는 시드볼트 외에 종자를 저장하는 은행인 시드 뱅크도 있다. 두 시설 모두 종자를 보관하는 시설이라는 점에서 비슷하지만, 그 기능에는 차이가 있다. 시드뱅크는 저온의 설비를 갖추어 종자를 예금처럼 저장하는 은행의 역할을 한다. 즉, 시드뱅크는 종자를 보관했다가 종자를 연구하거나 생태계를 복원해야 할 필요가 있을 때 자유롭게 꺼내어 쓸 수 있도록 운영하는 시설이다. 전 세계적으로 1,700여 개의 시드뱅크가 있으며, 국내에도 여러 연구 기관에서 운영하고 있다.

시드볼트는 전 세계 식물 유전 자원을 안전하게 보존하려고 만든 금고이다. 식물 생태계를 보존하려고 식물의 종자를 보관하기 때문에 시드뱅크와는 달리 정말 위급한 재난 상황이나 종자가 멸종한 것이 아니라면 보관한 종자를 밖으로 꺼낼 수 없다. 따라서 시드볼트는 강한 지진과 같은 재난 상황에서도 안전하게 종자를 보관할 수 있도록 깊은 지하에 자리 잡고 있으며, 관계자 외 출입 금지 구역으로 지정되어 있다.

---

01 (가), (나)와 같은 글을 요약하는 방법으로 알맞지 <u>않은</u> 것은?

① 글의 내용 구조를 파악한다.
② 중요한 정보를 중심으로 요약한다.
③ 장면들을 연결해 줄거리를 정리한다.
④ 반복되는 내용은 삭제하여 요약한다.
⑤ 문단별 요약 내용을 종합해 글 전체를 요약한다.

02 (가), (나)에 공통적으로 나타나는 주된 내용 전개 방법으로 알맞은 것은?

① 대상과 연관된 구체적인 예시를 제시하였다.
② 대상을 원인과 결과의 관계를 중심으로 설명하였다.
③ 둘 이상의 대상을 견주어 서로 간의 공통점과 차이점을 밝혔다.
④ 표현하려는 대상을 이와 비슷한 다른 대상에 빗대어 표현하였다.
⑤ 대상을 일정한 기준에 따라 나누거나 종류별로 묶어 설명하였다.

서술형

03 (가)를 요약할 때 빈칸에 들어갈 알맞은 내용을 〈조건〉에 맞게 서술하시오.

> 남극과 북극은 겉으로는 비슷해 보이지만 서로 전혀 다른 특징을 갖고 있다. (   ). 그러나 북극은 바다라서 비교적 따뜻하여 원주민이 산다.

조건
• 완결된 한 문장으로 쓸 것

04 ㉠~㉤ 중, 문단의 중심 내용이 그대로 드러난 문장으로 알맞은 것은?

① ㉠　　② ㉡　　③ ㉢　　④ ㉣　　⑤ ㉤

[05~08] 다음 글을 읽고 물음에 답하시오.

가 전 세계 국가 또는 기관에서 맡기거나 직접 수집하여 우리나라 시드볼트에 저장해 놓은 종자의 수가 5,424종 95,395점에 달한다. 이렇게 시드볼트에 저장된 종자는 어떤 과정을 거쳐 보관될까? 먼저 필요한 종자와 함께 섞여 있는 나뭇가지나 과육 등의 이물질을 제거한다. 이때 자연에서 수집한 종자에는 상한 종자가 섞여 있을 확률이 높아서 건강한 종자를 선별하는 작업을 함께 진행한다. 다음으로 종자를 저온에서 보관할 때 손상되지 않게 종자의 수분을 낮추는 작업을 거친다. 그리고 종자를 4℃ 정도의 저온에 적응하도록 처리하는 과정을 거치는데, 이는 종자가 갑자기 저온에 노출되었을 때 받을 수 있는 충격을 예방하는 것이다. 마지막으로 해당 종자의 소유자를 제외한 다른 사람이 시드볼트에 저장해 놓은 종자를 함부로 볼 수 없도록 특수하게 제작한 '블랙 박스'라는 상자에 종자를 밀봉하여 영하 20℃의 보관소에 저장한다. 이렇게 종자와 함께 저장되는 식물 정보는 식물 생태계를 보여 주는 귀중한 자료로 쓰인다.

나 몇 년 전부터 전 세계적으로 꿀벌들이 한꺼번에 수만 마리가 폐사하는 등 꿀벌이 멸종 위기에 처했다는 소식이 들리고 있습니다. 꽃이 있는 곳이라면 항상 보이던 꿀벌이 멸종될 수도 있다니 무슨 일일까요?

꿀벌은 수많은 식물의 꽃가루를 꽃에서 다른 꽃으로 옮기는 작업을 하며 생태계의 균형을 유지하는 데 큰 역할을 담당하고 있습니다. 우리가 먹는 과일과 식량 대부분은 꿀벌 없이 열매를 맺지 못하기 때문입니다.

그렇다면 우리 생태계에 중요한 존재인 꿀벌이 왜 사라지고 있을까요? 전문가들이 내놓은 원인에는 기후 변화와 서식지 감소, 살충제 살포 등이 있습니다. 꿀벌이 온도 변화에 민감한 동물이기 때문에 일교차가 커지거나 이상 기후로 많은 비가 내리면 갑자기 하락하는 기온에 적응하지 못하고 쉽게 죽을 수 있다고 합니다. 또, 지구 온난화의 영향으로 꽃이 피어 있는 기간이 짧아지면서 꿀벌이 꿀을 모을 수 있는 기간이 짧아진 것도 꿀벌의 멸종 위기에 영향이 있을 것으로 추측하고 있습니다.

05 (가), (나)의 내용과 일치하지 <u>않는</u> 것은?

① (가): 시드볼트에 종자를 저장하기 위해서는 먼저 이물질을 제거하고 건강한 종자를 선별해야 한다.
② (가): 종자를 저온에서 보관할 때 손상되지 않도록 종자의 수분을 낮춘다.
③ (가): 필요시 종자를 확인할 수 있도록 종자를 볼 수 있는 '블랙 박스'에 저장한다.
④ (나): 꿀벌이 멸종하게 되면 식량과 과일 생산이 어려워진다.
⑤ (나): 꿀벌은 온도 변화에 민감한 동물이기 때문에 기후 변화에 의해 멸종할 수 있다.

06 (가)에 사용된 설명 방법으로 알맞은 것은?

① 시드볼트의 업무들을 분류하여 설명하였다.
② 종자를 보관하는 과정을 순서대로 설명하였다.
③ 종자 보관의 필요성을 사례를 들어 설명하였다.
④ 종자를 보관해야 하는 원인과 결과를 설명하였다.
⑤ 시드볼트와 관련된 용어들을 정의하며 설명하였다.

07 (가)를 다음과 같이 요약하였을 때 사용된 요약 방법으로 알맞은 것은?

> 시드볼트의 종자는 여러 과정을 거쳐 보관되고 함께 저장되는 식물 정보는 귀중한 자료로 쓰인다.

① 단어 위주로 구조도를 만든다.
② 기준에 따라 설명 대상을 분류하여 정리한다.
③ 중심 내용이 그대로 드러난 문장을 선택한다.
④ 중요한 내용을 바탕으로 중심 문장을 새롭게 만든다.
⑤ 구체적 개념을 나타내는 여러 단어를 묶어 주는 말로 표현한다.

08 (나)의 뒤에 이어질 내용으로 알맞은 것은?

① 꿀벌의 역할
② 꿀벌의 중요성
③ 꿀벌이 처한 상황
④ 꿀벌이 사라지는 원인
⑤ 꿀벌의 멸종을 막기 위해 노력할 일

[09~12] 다음 글을 읽고 물음에 답하시오.

2. 다양한 생활 영역과 법

01 공법과 사법은 어떻게 다를까?

학습 목표 공법과 사법을 구분하고 사례 분석을 통하여 각 영역의 특징을 탐구할 수 있다.

법의 분류 ㉠법은 규율하는 생활 영역에 따라 공법, 사법, 사회법으로 구분한다. 국가와 개인 간 또는 국가 기관 상호 간의 관계를 다루는 법을 **공법**, 개인과 개인 간의 관계를 규율하는 법을 **사법**, ㉡사회적 약자를 보호하기 위해 국가가 개인 간의 관계에 개입하는 중간적인 성격의 법을 사회법이라고 한다.

국가 생활과 관련된 공법 개인은 일생 동안 국민으로서 국가와의 관계 속에서 살아간다. 국가에 세금을 납부하고, 국방의 의무를 지며, 선거에서 투표할 권리를 가진다. ㉢이처럼 국가 공동체와 관련 있는 개인의 생활 영역을 규율하는 법을 공법(公法)이라고 하는데, 대표적으로 헌법과 형법을 들 수 있다.

㉣**헌법**은 국가의 최고법으로 국민의 권리와 의무, 국가의 통치 조직 및 국가의 운영 원리 등이 담겨 있다. **형법**은 범죄의 유형과 그에 관하여 어떠한 형벌을 부과할 것인지를 규정하고 있다. ㉤이 밖에 공법에는 행정법, 각종 소송법 등이 있다.

 ㉮ **와/과 관련된 사법** 사람은 태어나서 죽을 때까지 다른 사람과 다양한 관계를 맺으면서 살아간다. 결혼을 통해 가족을 이루기도 하고, 다른 사람에게 돈을 빌리기도 하며, 서로 물건을 사고팔기도 한다. 이러한 개인과 개인 사이의 사적인 생활 관계를 규율하는 법을 사법(私法)이라고 한다.

민법은 개인의 가족 관계, 재산 관계에 관해 규율하는 대표적인 사법으로, 재산권과 계약, 혼인과 이혼, 상속, 유언 등을 다룬다. 민법은 가족생활을 유지하고 개인의 재산권을 보호하는 역할을 한다. 그 밖에도 상거래 활동을 규율하는 **상법** 등이 ㉯ 에 속한다.

---

09 이와 같은 글을 읽고 요약할 때 고려할 점으로 알맞지 <u>않은</u> 것은?

① 학습을 위한 목적을 고려하며 읽는다.
② 진한 글씨로 표시된 단어에 주목하며 읽는다.
③ 주장과 근거를 체계적으로 파악하여 요약한다.
④ 중요한 내용 중심으로 구조도를 그려 정리한다.
⑤ 단원명과 학습 목표를 확인하고 중심 내용을 파악한다.

10 이 글을 읽고 생각한 내용으로 알맞지 <u>않은</u> 것은?

① 영주: 법은 규율하는 생활 영역에 따라 공법, 사법, 사회법으로 구분되네.
② 민주: 개인이 국가에 갖는 권리와 의무에 대해서는 헌법에서 명시하고 있어.
③ 효주: 개인 간에 소송을 하는 경우 행정법을 알아봐야겠어.
④ 상주: 물건을 팔고 사는 거래를 감독하는 것은 상법이야.
⑤ 경주: 결혼을 하거나 이혼하는 등의 경우는 민법이 규율해.

11 ㉠~㉤ 중, 사용된 설명 방식이 〈보기〉와 같은 것은?

> **보기**
>
> 구름은 모양에 따라 층운형과 적운형으로 나눌 수 있다.

① ㉠　　　　② ㉡　　　　③ ㉢
④ ㉣　　　　⑤ ㉤

12 ㉮와 ㉯에 들어갈 말끼리 알맞게 묶인 것은?

	㉮	㉯
①	재산 관계	민법
②	개인 생활	사법
③	생활 영역	사회법
④	사적인 생활	형법
⑤	공동체 생활	행정법

[13~16] 다음 글을 읽고 물음에 답하시오.

가 예림: 우리나라 전통문화 가운데 어떤 걸 소개할까?

재우: 우리나라 탈춤이 유네스코 무형유산으로 등재되었다는 텔레비전 뉴스를 봤어. 탈춤을 알리는 글은 어때?

정윤: 좋아. 온라인 학교 신문 독자에게 세계에서 인정한 탈춤의 가치를 설명하면 보람 있을 거야.

민규: 그래, 우리 여러 자료를 활용하여 정보를 전달하는 글을 써 보자.

나 재우: 우리나라 탈춤에 관한 정보를 전달하려면 먼저 탈춤이 무엇인지 설명해야겠지? 나는 책에서 탈춤의 뜻과 종류 등을 찾아봤어. 예전에 책에서 관련된 내용을 보았거든.

정윤: 나는 방송사 누리집에서 재우가 봤다고 한 텔레비전 뉴스를 다시 보았고, 국가유산 관련 블로그도 찾아보았어. 그랬더니 탈춤의 가치를 알 수 있었어.

예림: 나는 인터넷에서 탈춤을 어떤 방식으로 공연하는지 알아봤어. 또 우리는 학교 누리집에 글을 올릴 거니까 글과 함께 내가 찾은 탈춤 사진이나 공연 영상도 보여 주면 좋겠어.

다

제목	㉠세계가 인정한 우리의 탈춤
처음	유네스코 무형유산에 등재된 우리나라 탈춤
중간	1. 탈춤의 뜻과 종류 　(1) 뜻 　(2) ㉡지역별 이름과 종류 　(3) ㉢탈춤의 공연 비용 2. 탈춤 공연 방식과 특징 　(1) 공연 방식 　(2) 특징 3. ㉣탈춤의 가치 　(1) 소통의 예술 　(2) 사회의식의 발전 　(3) 지역 문화 정체성 형성
끝	㉤우리 전통문화인 탈춤의 소중함

13 (가)~(다)는 정보를 전달하는 글을 쓰는 과정이다. 이에 대한 설명으로 알맞지 **않은** 것은?

① (가)는 글을 쓰기 전에 계획하는 단계이다.

② (가)에서는 글의 목적과 예상 독자를 정하고 주제를 정한다.

③ (나)는 글에 쓸 내용을 생성하는 단계이다.

④ (나)에서 찾은 자료 중 비슷한 정보를 담은 자료는 모두 삭제한다.

⑤ (다)는 (나)에서 찾은 정보를 바탕으로 하여 글의 내용을 조직하는 단계이다.

14 (나)에서 친구들이 정보를 수집한 방법으로 알맞지 **않은** 것은?

① 주제와 관련된 정보를 수집한다.

② 다양한 매체에서 정보를 수집한다.

③ 신뢰할 수 있는 매체에서 정보를 수집한다.

④ 글을 올릴 매체를 고려하여 정보를 수집한다.

⑤ 예상 독자의 관심사를 조사하여 흥미로운 정보를 수집한다.

15 (나)에서 조사한 자료를 선별할 때의 기준으로 알맞지 **않은** 것은?

① 출처가 정확하고 믿을 만한지 확인한다.

② 독자가 이해하기 쉬운 내용인지 확인한다.

③ 탈춤의 가치라는 글의 주제와 관련 있는지 확인한다.

④ 사진이나 영상 자료는 글에 싣기 어려우므로 언어 자료 위주로 선별한다.

⑤ 독자가 탈춤에 관심을 가질 수 있도록 흥미를 고려하여 자료를 선별한다.

서술형

16 ㉠~㉤ 중 고쳐야 할 부분을 찾고, 어떻게 고쳐야 할지 〈조건〉에 맞게 서술하시오.

조건
- 고쳐야 할 부분의 기호와 고쳐야 하는 까닭, 어떻게 고칠지가 모두 나타나게 쓸 것
- 완결된 한 문장으로 쓸 것

[17~20] 다음 글을 읽고 물음에 답하시오.

가 몇 해 전, 국내 유명 가수가 우리 전통문화인 '탈춤'으로 무대를 선보여 국내는 물론 전 세계 사람들에게 탈춤이 초미의 관심사였다. 이런 흐름 가운데 최근에 우리나라의 대표적 국가 무형유산이자 전통 공연 예술인 탈춤이 유네스코 무형유산 대표 목록에 등재되었다. ㉠우리나라의 전통문화라고만 생각했던 탈춤이 어떻게 세계적으로 인정받을 수 있었는지 알아보자.

나 탈춤은 일반적으로 탈을 쓰고 추는 춤을 말한다. 좁은 의미로는 황해도 지역에서 추던 가면극을 뜻하기도 하며, 탈놀이 또는 가면극이라고도 불린다. 탈춤은 지역마다 내용과 특색이 다양하게 발달하여 각기 다른 이름을 가지는데, ㉡최근 우리의 탈과 탈춤을 전 세계에 알리려고 외국인을 위한 안내 책자를 만들기도 하였다. 대표적으로 서울특별시와 경기도 지역의 '산대놀이', 경상남도 서쪽의 '오광대', 경상남도 동쪽의 '야유(들놀음)', 경상북도 안동시의 '하회별신굿탈놀이' 등이 있다.

다 탈춤은 춤, 노래, 연극을 아우르는 종합 예술이다. 탈춤 공연 방식을 살펴보면, 먼저 탈을 쓴 연기자가 우스꽝스러운 행동과 대사로 연기를 펼친다. ㉢여기에 악기로 음악을 연주하는 6~10명의 사람들이 이들을 따른다. 탈춤 공연은 주로 야외에서 이루어지므로 공터나 들판만 있으면 얼마든지 탈춤을 출 수 있어서 정식 무대가 따로 없다. ㉣따라서 관객들이 탈춤에 능동적으로 참여하는 것이 가능하다. 또 탈춤은 여러 개의 '과장' 또는 '마당'이라고 불리는 독립된 여러 내용이 모여 하나의 공연을 구성한다는 특징도 있다. 첨부한 다음 영상에서 우리나라의 대표적 탈춤인 봉산 탈춤의 공연 모습을 확인해 보자.

라 ㉤그렇다면 탈춤이 어떠한 가치가 있어서 세계적으로 인정받게 되었을까? 첫째, 탈춤은 관객과 소통하며 완성되는 소통의 예술이라는 점이다. 관객들은 탈춤 공연에서 한바탕 흥을 즐기고 억눌렸던 감정을 풀어 삶에 활력을 찾았다. 둘째, 오늘날에 비추어 봤을 때도 의미 있는 주제를 다룬다는 점이다. 탈춤은 조선 후기 사회에서 문제가 되던 남녀평등, 신분제 등의 여러 부조리를 풍자하면서

사회의식을 발전시켰다. 마지막으로 탈춤은 지역마다 조금씩 다른 탈춤 문화를 가진다는 점에서 지역의 문화적 정체성을 강화하는 역할을 하여 그 가치를 인정받을 수 있었다.

17 이 글의 내용과 일치하지 <u>않는</u> 것은?

① 최근 탈춤 무대가 세계 사람들에게 주목받았다.
② 탈춤의 연기자는 춤과 연기, 악기 연주까지 모두 한다.
③ 탈춤은 좁은 의미로는 황해도 지역의 가면극을 뜻한다.
④ 탈춤은 공터나 들판만 있으면 얼마든지 공연할 수 있다.
⑤ 탈춤은 여러 개의 '과장' 또는 '마당'이 합쳐져 이루어진다.

18 이 글에서 알 수 있는 탈춤의 가치에 대한 설명으로 알맞지 <u>않은</u> 것은?

① 탈춤은 관객과 소통하며 완성되는 소통의 예술이다.
② 탈춤의 주제는 오늘날과는 다른 조선 시대의 사회의식을 반영하고 있다.
③ 지역마다 서로 다른 탈춤 문화를 통해 지역의 문화적 정체성이 강화되었다.
④ 탈춤은 관객들의 억눌린 감정을 해소하고 삶에 활력을 주는 역할을 하였다.
⑤ 탈춤은 조선 후기 사회의 부조리를 풍자하며 민중들의 사회의식을 발전시켰다.

19 (라)에서 고쳐 쓸 어휘를 찾아 〈조건〉에 맞게 서술하시오.

> **조건**
> • '~은 ~ 때문에 ~으로 고쳐 써야 한다.' 형식의 한 문장으로 쓸 것

20 ㉠~㉤ 중, 문단의 중심 내용과 관련 없는 것은?

① ㉠   ② ㉡   ③ ㉢   ④ ㉣   ⑤ ㉤

🔧 바른답·알찬풀이 31쪽

이렇게 풀어요

▶ 만점을 위해서는 같은 문제를 다시 틀리지 않도록 틀린 문제를 정확히 짚고 넘어가야 합니다.

▶ 아래 고난도 문제의 선지마다 ○ㅅ 표시를 하며 자신이 헷갈리는 부분이 무엇인지 명확히 확인하여 올바른 공부 습관을 길러 봅시다.

---

21 ★★★☆☆ 〔고난도〕

〈보기〉를 요약할 때 고려해야 할 점으로 알맞은 것은?

─ 보기 ─

　산업 혁명 이후 기술과 사회는 눈부시게 발전했지만, 지구의 건강은 눈에 띄게 나빠졌다. 이에 국제 사회는 기후 변화의 위기에 대비하고자 노력하였고, 이에 몇몇 국가에서는 식물의 종자를 보관하는 시드볼트를 설립하였다. 시드볼트는 식물의 종자를 영구적으로 보관할 수 있는 저장 시설이다.

① 주요 내용을 바탕으로 새롭게 쓴다. ○ㅅ
② 중심 내용이 드러난 문장을 선택한다. ○ㅅ
③ 여러 문장을 통합하여 중심 문장을 만든다. ○ㅅ
④ 글쓴이의 주장과 근거를 파악하여 요약한다. ○ㅅ
⑤ 구체적 개념을 나타내는 단어를 묶어 주는 말로 표현한다. ○ㅅ

---

22 ★★★☆☆ 〔고난도〕

정보를 전달하는 글 쓰기의 각 단계에 대한 설명으로 알맞지 **않은** 것은?

① 계획하기: 글의 목적, 설명 대상, 글의 주제, 예상 독자, 글의 유형을 계획한다. ○ㅅ
② 내용 생성하기: 다양한 매체에서 정보를 수집한다. ○ㅅ
③ 내용 생성하기: 비슷한 정보를 담은 자료가 여러 개 있다면 더 정확하고 상세한 것을 선택한다. ○ㅅ
④ 내용 조직하기: 선별한 정보를 바탕으로 개요를 작성하고 글의 주제와 연결되는지 점검한다. ○ㅅ
⑤ 표현하기 및 고쳐쓰기: 독자가 이해하기 쉽게 표현하고, 참고 자료를 선별한다. ○ㅅ

---

23 ★★★★★ 〔초고난도〕

〈보기〉의 방법을 활용하여 요약하기에 알맞은 것은?

─ 보기 ─

중심 내용이 그대로 드러난 문장을 선택하여 요약하기

① 꿀벌은 왜 사라지고 있을까? 전문가들이 내놓은 원인에는 기후 변화와 서식지 감소 등이 있다. ○ㅅ
② 식물의 종자는 왜 보존해야 할까? 먼저, 종자를 활용하면 생태계의 균형을 유지할 수 있기 때문이다. 또 종자에는 미래 가치가 숨어 있다. ○ㅅ
③ 수업 종이 울리기 전 나는 교과서를 꺼냈다. 또 필통을 꺼내 놓고, 학습지도 찾아서 올려두었다. ○ㅅ
④ 선재와 솔이가 헤어진 후 솔이는 가끔 눈물을 흘린다. 자기 전에 선재의 생각을 하기도 하고, 선재에게 연락해 볼지 고민하기도 한다. ○ㅅ
⑤ 국어 수업 시간에 윤동주의 시를 공부했다. 윤동주 시에 나타난 표현 방법을 알아보았다. 수업 시간에 윤동주 시의 특징도 공부했다. ○ㅅ

---

24 ★★★★★ 〔초고난도〕

〈보기〉는 온라인 학교 신문에 탈춤의 가치를 알리는 글을 쓰기 위해 조사한 자료이다. 〈보기〉를 분석한 내용으로 알맞은 것은?

─ 보기 ─

　△△박물관이 전통 체험 활동으로 탈춤 공연을 준비하였다. 이번 공연에서는 탈춤을 관람하는 어린이들이 전통 탈을 쓰고 연기자와 소통하는 코너를 마련하여 우리 전통 문화를 체험해 볼 수 있도록 하였다.

– 《○○일보》 20○○년 ○월 ○일자

① 예상 독자인 학생들의 관심을 끌도록 글의 처음에 활용한다. ○ㅅ
② 공신력 있는 기관의 자료가 아니므로 글에 활용하기 어렵다. ○ㅅ
③ 탈춤의 가치라는 글의 주제에서 벗어나므로 활용하기 어렵다. ○ㅅ
④ 학교 신문 독자의 수준에 맞지 않으므로 글에 활용하기 어렵다. ○ㅅ
⑤ 전통문화 동아리에서 다루기 적절한 내용이므로 글에 활용한다. ○ㅅ

[01~05] 다음 시를 읽고 물음에 답하시오.

가 길은 포도 덩굴
몇백 년이나 자라
㉠땅덩이를 다 덮었다

이 덩굴 가지마다
포도송이 같은 마을이 있고
포도알 같은 집들이 달렸다

포도알이 늘 때마다
포도송이는 커 가고

㉡갈봄 없이 자라 가는
이 덩굴을 통하여
사람과 사람이 도와 가고
마을과 마을은 이어져서

세계는 한 덩이 과일로
토실토실 익어 가고 있는 것이다.

나 ㉢아씨처럼 나린다
보슬보슬 햇비
맞아 주자 다 같이
옥수숫대처럼 크게
닷 자 엿 자 자라게
㉣해님이 웃는다
나 보고 웃는다.

하늘 다리 놓였다
㉤알롱알롱 무지개
노래하자 즐겁게
동무들아 이리 오나
다 같이 춤을 추자
해님이 웃는다
즐거워 웃는다.

01 (가), (나)에서 공통적으로 쓰인 표현 방법으로 알맞은 것은?

① 상징   ② 비유   ③ 대조   ④ 의인   ⑤ 나열

02 (가), (나)에 대한 설명으로 알맞은 것은?

① (가)의 말하는 이는 포도 농사를 지어 본 경험을 노래하고 있다.
② (가)는 공감각적 심상을 사용하여 '길, 마을, 집들, 세계'의 이미지를 선명하게 드러내고 있다.
③ (나)는 자라나는 아이들의 모습과 함께 계절의 변화가 나타나 있다.
④ (나)의 말하는 이는 햇비를 맞으며 즐겁게 놀고 있는 아이들을 관찰하고 있다.
⑤ (가)와 (나) 모두 음성 상징어를 사용하여 운율을 형성하고 있다.

03 (가)에 쓰인 표현에 대한 설명으로 알맞지 <u>않은</u> 것은?

① 1연의 '길은 포도 덩굴'과 5연의 '세계는 한 덩이 과일'에는 같은 표현 방법이 쓰였다.
② 2연의 '포도송이 같은 마을'은 길로 연결되어 있는 마을의 모습을 가지마다 열린 포도송이에 빗대어 표현한 것이다.
③ 3연의 '포도알이 늘 때마다 / 포도송이는 커 가고'는 자연의 섭리에 대한 경이로움을 표현하고 있다.
④ 4연의 '갈봄'은 운율을 고려한 표현으로 원래는 '가을과 봄', 즉 계절을 의미한다.
⑤ 5연의 '토실토실'은 운율을 형성하고, 세계가 풍요로워지는 모습을 구체적으로 나타내고 있다.

04 (나)에서 운율을 형성하는 요소가 <u>아닌</u> 것은?

① '보슬보슬, 알롱알롱'같은 의태어가 쓰였다.
② 한 행을 두 마디씩 끊어 읽는 2음보가 쓰였다.
③ '크게, 자라게, 즐겁게'처럼 '-게'라는 표현이 반복된다.
④ '웃는다, 해님이 웃는다'처럼 같은 단어와 문장이 반복된다.
⑤ '아씨, 햇비, 해님, 하늘, 다리'처럼 주로 2음절로 된 단어가 반복된다.

05 ㉠~㉤에서 〈보기〉의 시구와 같은 표현 방법이 쓰인 것은?

> **보기**
>
> 나도 별과 같은 사람이 될 수 있을까.

① ㉠   ② ㉡   ③ ㉢   ④ ㉣   ⑤ ㉤

[06~10] 다음 글을 읽고 물음에 답하시오.

가 나도 별과 같은 사람이
　　되 수 있을까.
　　외로워 쳐다보면
　　눈 마주쳐 마음 비춰 주는
　　그런 사람이 될 수 있을까.

　　나도 꽃이 될 수 있을까.
　　세상일이 괴로워 쓸쓸히 밖으로 나서는 날에
　　가슴에 화안히 안기어
　　㉠눈물짓듯 웃어 주는
　　하얀 들꽃이 될 수 있을까.

　　가슴에 사랑하는 별 하나를 갖고 싶다.
　　외로울 때 부르면 다가오는
　　별 하나를 갖고 싶다.

　　마음 어두운 밤 깊을수록 / 우러러 쳐다보면
　　반짝이는 그 맑은 눈빛으로 나를 씻어
　　길을 비추어 주는 / 그런 사람 하나 갖고 싶다.

나 틸틸과 미틸은 행복의 나라에 도착했어요.
　한 무리의 아이들이 빙글빙글 돌며 춤을 추었어요.
　"안녕! 우리들은 너희 집에 사는 행복들이야. 나는 건
강의 행복!"
　아이들 가운데 하나가 입을 열자, 모두가 조잘대기 시
작했어요.
　"나는 맑은 공기의 행복!"
　"나는 부모님을 사랑하는 행복!"
　"나는 봄의 행복!"
　아이들의 말을 듣고, 틸틸이 깜짝 놀라 물었어요.
　"　　　　　　　㉡　　　　　　　"
　"그럼! 우리들은 늘 사람들 곁에 있어. 사람들이 그걸
모를 뿐이지."

다 틸틸과 미틸은 '엄마의 행복'에게 안겨 물었어요.
　"여기 파랑새가 있나요?"
　"여기는 행복이 넘쳐 나는 곳이라서 파랑새가 필요 없
단다."

06 (가)에 대한 설명으로 알맞지 <u>않은</u> 것은?

① 이 시의 말하는 이는 '나'로 시에 직접 드러나 있다.
② '별, 꽃'은 상징적 시어로 말하는 이가 되고 싶은 대
　상, 말하는 이가 갖고 싶은 대상을 의미한다.
③ '될 수 있을까.'라는 표현이 '갖고 싶다.'라는 단정적
　어조로 바뀌며 말하는 이의 소망을 드러내고 있다.
④ '세상일이 괴로워 쓸쓸히 밖으로 나서는 날에'는 말
　하는 이의 상황을 짐작하게 하는 구절이다.
⑤ 말하는 이가 '가슴에 사랑하는 별 하나'를 갖고 싶
　어 하는 이유는 별처럼 높은 이상을 추구하며 살고
　싶기 때문이다.

07 (가)~(다)를 읽고 난 후의 감상으로 알맞지 <u>않은</u> 것은?

① (가)를 읽고 힘들 때 함께 할 수 있는 가족이 있다는
　사실에 새삼 감사했어.
② (나)에서 틸틸과 미틸은 행복의 나라에서 현실의 불
　행을 더욱 실감했을 거야.
③ (나)를 읽어 보니 자신에게 없는 것 때문에 불평하기
　보다는 있는 것에 감사해야겠다는 생각을 하게 됐어.
④ (가)~(다)처럼 상징이 쓰인 글을 읽으니 구체적인
　사물이 의미하는 것이 무엇일지 생각해 보는 재미
　가 있었어.
⑤ (가)를 읽고 내 주변에 도움이 필요한 사람은 없는
　지 살펴보았어. 먼저 그들에게 다가가 따뜻한 위로
　를 건네야지.

08 (나), (다)에서 행복을 의미하는 구체적 대상으로 알맞은 것은?

① 아이들　　　② 파랑새　　　③ 봄의 행복
④ 행복의 나라　⑤ 엄마의 행복

09 ㉠과 같은 표현 방법이 쓰인 시구로 알맞은 것은?

① 보슬보슬 햇비　　　② 해님이 웃는다
③ 하늘 다리 놓였다.　④ 다 같이 춤을 추자
⑤ 동무들아 이리 오나

10 ㉡에 들어갈 틸틸의 말을 〈조건〉을 참고하여 서술하시오.

　┌─ **조건** ─────────────────────┐
　• 틸틸이 놀란 까닭이 드러나게 한 문장으로 쓸 것
　└─────────────────────────┘

[11~14] 다음 글을 읽고 물음에 답하시오.

가 마음중학교 누리집

제목	제△회 청소년 독후감 쓰기 대회 안내
내용	제△회 청소년 독후감 쓰기 대회에 관해 안내하오니 관심 있는 학생들의 참여를 바랍니다. 가. 제목: 제△회 청소년 독후감 쓰기 대회 나. 대상: 전국 초중고생 및 같은 연령대 청소년 다. 접수 기간: 20△△년 △월 △일(월)~20△△년 △월 △일 (일)
첨부 1	(붙임 1) 제△회 청소년 독후감 쓰기 대회 안내.hwp 미리 보기

나

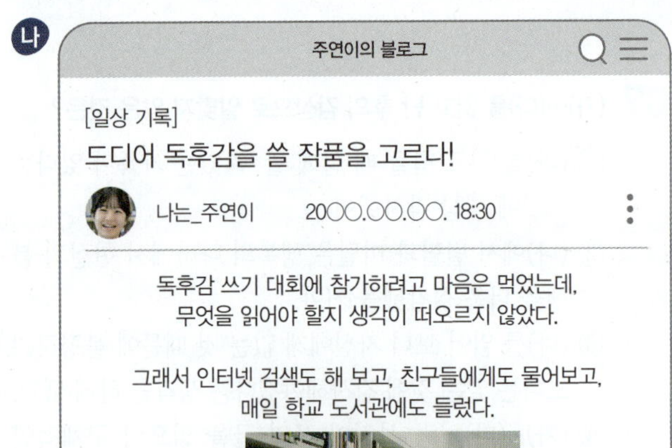

다

11 (가)~(다)의 매체에 대한 설명으로 알맞지 <u>않은</u> 것은?

① (가): 주로 공적 정보가 제시된다.

② (가): 학교 생활과 관련된 정보를 학생, 학부모와 공유하기 위한 목적으로 만들어진다.

③ (나): 글보다는 사진 위주의 정보가 주로 공유된다.

④ (다): 이용자 간의 소통이 활발하게 이루어진다.

⑤ (가)~(다): 상호 작용적 매체에 해당한다.

12 (가)~(다)의 매체에 게시할 정보로 알맞지 <u>않은</u> 것은?

① (가): 교과별 수행평가 계획안

② (나): 가족과 함께 다녀 온 유럽 여행 관련 정보

③ (다): 내가 가 본 맛집 관련 정보

④ (가), (나): 내가 좋아하는 국어 선생님 수업 영상

⑤ (나), (다): '독도를 지키자'는 내용의 캠페인 영상

13 (가)~(다)와 같은 매체를 이용할 때 점검해야 할 사항이 <u>아닌</u> 것은?

① 다른 사람의 권리를 침해하는 정보는 없는가?

② 공유하고자 하는 정보에 개인 정보가 포함되어 있는가?

③ 공유하려는 내용이 다른 사람에게 끼칠 영향을 생각해 보았는가?

④ 매체 이용자를 고려하여 공손하고 배려하는 태도로 언어 표현을 사용하였는가?

⑤ 공유하려는 정보에 사람들의 이목을 끌 만한 사진이나 문구가 포함되어 있는가?

서술형

14 〈보기〉는 (가)에 달린 댓글이다. 이 댓글이 적절하지 않은 까닭을 서술하시오.

┌ 보기 ─

 승아　나도 대회에 참가해야지!

└─

┌ 조건 ─

• 완결된 한 문장으로 쓸 것

└─

[15~19] 다음 글을 읽고 물음에 답하시오.

가 산업 혁명 이후 기술과 사회는 눈부시게 발전했지만, 지구의 건강은 눈에 띄게 나빠졌다. 이에 국제 사회는 기후 변화의 위기에 대비하고자 노력하였고, 이에 몇몇 국가에서는 식물의 종자를 보관하는 시드볼트를 설립하였다.

나 그렇다면 식물의 종자는 왜 보존해야 할까? 먼저, 종자를 활용하면 생태계의 균형을 유지할 수 있기 때문이다. 종자에는 식물의 유전 정보가 담겨 있으므로 식물의 종자를 확보해 놓으면 식물이 사라졌을 때 꺼내서 다시 생태계를 회복할 수 있다. 또 종자에는 미래 가치가 숨어 있다. 아직 어떠한 성분이 숨어 있을지 모르는 종자를 연구하여 새로운 약을 개발하는 등 다양하게 활용할 수 있다.

다 종자를 보관하는 시설에는 시드볼트 외에 종자를 저장하는 은행인 시드뱅크도 있다. 두 시설 모두 종자를 보관하는 시설이라는 점에서 비슷하지만, 그 기능에는 차이가 있다. 시드뱅크는 저온의 설비를 갖추어 종자를 예금처럼 저장하는 은행의 역할을 한다. 즉, 시드뱅크는 종자를 보관했다가 종자를 연구하거나 생태계를 복원해야 할 필요가 있을 때 자유롭게 꺼내어 쓸 수 있도록 운영하는 시설이다.

라 시드볼트는 전 세계 식물 유전 자원을 안전하게 보존하려고 만든 금고이다. 식물 생태계를 보존하려고 식물의 종자를 보관하기 때문에 시드뱅크와는 달리 정말 위급한 재난 상황이나 종자가 멸종한 것이 아니라면 보관한 종자를 밖으로 꺼낼 수 없다. 따라서 시드볼트는 강한 지진과 같은 재난 상황에서도 안전하게 종자를 보관할 수 있도록 깊은 지하에 자리 잡고 있으며, 관계자 외 출입 금지 구역으로 지정되어 있다.

15 승민이가 이 글을 다음과 같은 목적으로 읽고, 글을 쓴다면 승민이가 쓸 글의 유형으로 알맞은 것은?

> 읽기 목적: 친구들에게 식물 종자 보존의 중요성과 식물 종자 보존 기관에 관한 정보를 알리려고

① 수필　　　② 건의문　　　③ 연설문
④ 설명문　　　⑤ 논설문

16 이 글을 읽고 생각한 내용으로 알맞지 <u>않은</u> 것은?

① 영철: 기후 변화로 인해 식물이 사라질 수도 있겠어.
② 수현: 식물의 종자를 저장하는 까닭을 알게 되어 흥미로웠어.
③ 기영: 시드볼트를 설립해서 기후 위기에 대응한다고 하니 안심이 되네.
④ 명지: 시드볼트에 종자를 안전하게 저장하는 기술에 대해 더 자세히 알아보고 싶어.
⑤ 주영: 앞으로 시드볼트의 종자는 신약을 개발하거나 생태계에 대한 연구를 위해 계속 활용할 수 있겠다.

17 (다), (라)의 내용 전개 방식에 대한 설명으로 알맞은 것은?

① 기후 위기 문제를 제기하고, 그 원인과 해결 방안에 대해 탐구하였다.
② 종자를 보관하는 시설인 시드볼트와 시드뱅크를 비교·대조하였다.
③ 종자가 생태계에서 하는 역할을 다양한 종자의 예시를 통해 설명하였다.
④ 시드볼트와 시드뱅크에 저장되는 종자의 종류를 기준에 따라 구분하였다.
⑤ 기후 위기에 대한 해결책으로 시드볼트에 대한 전문가의 연구 결과를 인용하였다.

18 이 글을 요약할 때 고려할 점으로 알맞은 것은?

① 글쓴이의 주장과 근거를 중심으로 요약한다.
② '처음-중간-끝'의 구조를 고려해서 요약한다.
③ 인상 깊은 인물 또는 장면을 중심으로 요약한다.
④ 감동적인 부분이나 인상 깊은 문장 중심으로 요약한다.
⑤ 각 문단의 중심 문장을 골라 그대로 연결하여 요약한다.

19 (나)를 요약한 방법으로 알맞은 것은?

① 시간 순서에 따라 중심 내용을 요약한다.
② 중심 내용이 그대로 드러난 문장을 찾는다.
③ 반복되는 내용을 찾아 중심 내용으로 정리한다.
④ 문단의 첫 문장과 마지막 문장에서 중심 내용을 찾는다.
⑤ 중요한 내용을 바탕으로 하여 중심 내용이 담긴 문장을 만들어 쓴다.

[20~24] 다음 글을 읽고 물음에 답하시오.

가 예림: 우리나라 전통문화 가운데 어떤 걸 소개할까?

재우: 우리나라 탈춤이 유네스코 무형유산으로 등재되었다는 텔레비전 뉴스를 봤어. 탈춤을 알리는 글은 어때?

정윤: 좋아. 온라인 학교 신문 독자에게 세계에서 인정한 탈춤의 가치를 설명하면 보람 있을 거야.

민규: ㉠그래, 우리 여러 자료를 활용하여 정보를 전달하는 글을 써 보자.

나 탈춤은 일반적으로 탈을 쓰고 추는 춤을 말한다. 좁은 의미로는 황해도 지역에서 추던 가면극을 뜻하기도 하며, 탈놀이 또는 가면극이라고도 불린다. 탈춤은 지역마다 내용과 특색이 다양하게 발달하여 각기 다른 이름을 가지는데, 최근 우리의 탈과 탈춤을 전 세계에 알리려고 외국인을 위한 안내 책자를 만들기도 하였다. 대표적으로 서울특별시와 경기도 지역의 '산대놀이', 경상남도 서쪽의 '오광대', 경상남도 동쪽의 '야유(들놀음)', 경상북도 안동시의 '하회별신굿탈놀이' 등이 있다.

다 탈춤 공연은 주로 야외에서 이루어지므로 공터나 들판만 있으면 얼마든지 탈춤을 출 수 있어서 정식 무대가 따로 없다. 따라서 관객들이 탈춤에 능동적으로 참여하는 것이 가능하다. 또 탈춤은 여러 개의 '과장' 또는 '마당'이라고 불리는 독립된 여러 내용이 모여 하나의 공연을 구성한다는 특징도 있다. 첨부한 다음 영상에서 우리나라의 대표적 탈춤인 봉산 탈춤의 공연 모습을 확인해 보자.

라 첫째, 탈춤은 관객과 소통하며 완성되는 소통의 예술이라는 점이다. 관객들은 탈춤 공연에서 한바탕 흥을 즐기고 억눌렸던 감정을 풀어 삶에 활력을 찾았다. 둘째, 오늘날에 비추어 봤을 때도 의미 있는 주제를 다룬다는 점이다. 탈춤은 조선 후기 사회에서 문제가 되던 남녀평등, 신분제 등의 여러 부조리를 풍자하면서 사회의식을 발전시켰다. 마지막으로 탈춤은 지역마다 조금씩 다른 탈춤 문화를 가진다는 점에서 지역의 문화적 정체성을 강화하는 역할을 하여 그 가치를 인정받을 수 있었다. 탈춤에서는 가면이 필수이므로, 지역의 탈춤마다 제각기 다른 표정의 탈을 사용하여 그 수가 매우 많다.

20 (가)에서 글쓰기를 계획한 내용으로 알맞지 <u>않은</u> 것은?

① 글의 유형은 설명문이다.
② 글의 목적은 정보 전달이다.
③ 예상 독자는 온라인 학교 신문 독자이다.
④ 설명 대상은 유네스코 무형유산의 목록이다.
⑤ 글의 주제는 우리나라 탈춤의 특징과 가치이다.

21 (나)~(라)에서 알 수 있는 탈춤의 가치가 <u>아닌</u> 것은?

① 사회의 부조리를 풍자하여 사회의식을 발전시켰다.
② 탈춤은 관객과 소통하며 완성되는 소통의 예술이다.
③ 오늘날과 다른 조선 사회의 민중 의식을 알 수 있다.
④ 지역마다 서로 다른 탈춤 문화를 통해 지역의 문화적 정체성이 강화되었다.
⑤ 탈춤은 관객들의 억눌린 감정을 해소하고 삶에 활력을 주는 역할을 하였다.

22 (나)~(라)에서 고쳐 쓸 내용으로 알맞지 <u>않은</u> 것은?

① (나): '최근 우리의 ~ 안내 책자를 만들기도 하였다.'는 문단의 중심 내용과 관련이 없으므로 삭제한다.
② (나): 지역별 탈춤의 이름과 종류가 적힌 지도를 추가한다.
③ (다): 우리나라의 대표적 탈춤 봉산 탈춤의 공연 영상은 신문에 실제로 보여 줄 수 없으므로 삭제한다.
④ (라): '탈춤은 조선 후기 사회에서 문제가 되던 남녀평등~'에서 '남녀평등'을 '남녀 불평등'으로 고친다.
⑤ (라): 마지막 문장은 문단의 중심 내용과 관련이 없으므로 삭제한다.

23 (라)의 내용을 다음과 같이 요약하였을 때 빈칸에 들어갈 말로 알맞은 것은?

> 탈춤의 가치 - (1) 소통의 예술
>   (2) 사회의식의 발전
>   (3) (　　　　　)

① 지역별 탈춤
② 관객과의 소통
③ 사회 부조리 풍자
④ 지역 문화 정체성 형성
⑤ 오늘날에도 의미 있는 주제

서술형

24 ㉠의 까닭이 무엇일지 서술하시오.

> **조건**
> • 완결된 한 문장으로 쓸 것

셀프 성적 리포트

중간 모의평가

모의평가 채점 결과를 스스로 분석하여 자신의 우수한 부분과 부족한 부분을 파악하고 앞으로의 학습 계획을 세워 봅시다.

학습 정보

이름	학교	학년 반	평가 날짜
			년 월 일

빠른 채점

채점 칸에 정답을 맞혔으면 ○표, 틀렸으면 ✕표를 하세요.

문항	해당 단원	정답	채점	문항	해당 단원	정답	채점
01	1단원 (1) 길	②		16	2단원 (1) 요약하며 읽기	⑤	
02	1단원 (1) 길	⑤		17	2단원 (1) 요약하며 읽기	②	
03	1단원 (1) 길	③		18	2단원 (1) 요약하며 읽기	②	
04	1단원 (1) 길	⑤		19	2단원 (1) 요약하며 읽기	⑤	
05	통합 문항	③		20	2단원 (2) 정보를 전달하는 글 쓰기	④	
06	1단원 (2) 사랑하는 별 하나	⑤		21	2단원 (2) 정보를 전달하는 글 쓰기	③	
07	1단원 (2) 사랑하는 별 하나	②		22	2단원 (2) 정보를 전달하는 글 쓰기	③	
08	1단원 (2) 사랑하는 별 하나	②		23	통합 문항	④	
09	통합 문항	②		24	2단원 (2) 정보를 전달하는 글 쓰기	다양한 매체를 통해 정보를 수집하면 더 풍부하고 알찬 정보를 찾을 수 있기 때문이다.	
10	1단원 (2) 사랑하는 별 하나	우리 집에 행복이 그렇게 많단 말이야?					
11	1단원 (3) 매체로 소통하기	③					
12	1단원 (3) 매체로 소통하기	④					
13	1단원 (3) 매체로 소통하기	⑤					
14	1단원 (3) 매체로 소통하기	학교 누리집은 공적 정보를 공유하는 공간으로 이용자들을 배려하여 공손한 언어 표현을 사용해야 하기 때문이다.					
15	통합 문항	④					

채점 결과: 총 __________ 점

(배점: 문항당 4점, 통합 문항은 5점)

1단원 (1)	점	1단원 (2)	점
1단원 (3)	점	2단원 (1)	점
2단원 (2)	점	통합 문항	점

성적 분석

채점 결과를 아래 표에 표시하여 선으로 이으세요.

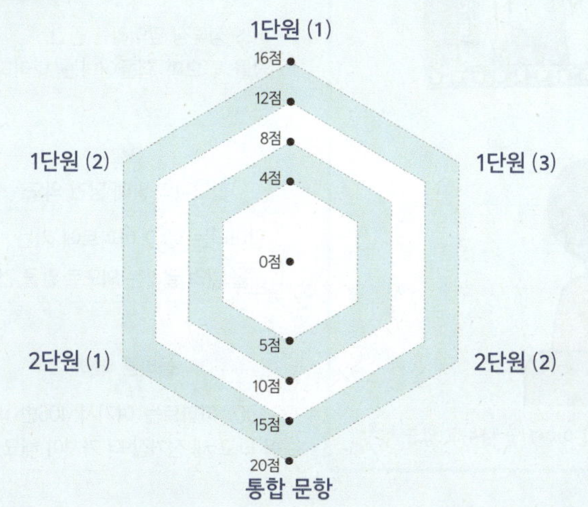

학습 진단

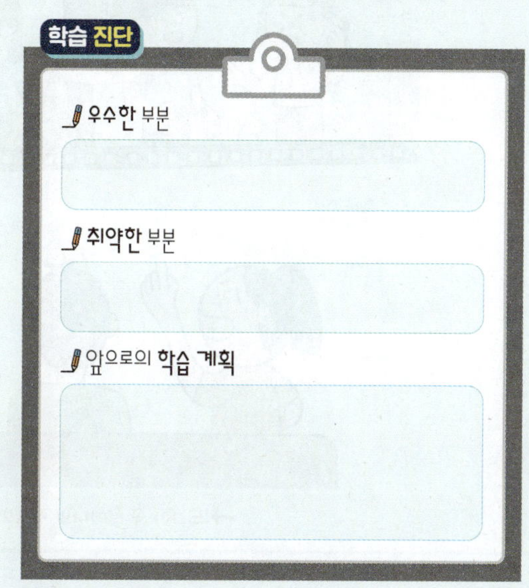

시험에 꼭 나오는

지문 알맹이 분석

(1) 추론하며 듣기

핵심 정리

추론하며 듣기의 뜻			담화에서 겉으로 드러나지 않는 숨겨진 내용을 미루어 짐작하며 듣는 것
추론하며 들을 때 고려할 점	상황 맥락		담화가 이루어지는 시간, 장소, 화자, 청자, 전달 내용, 주제 등
	화자가 사용한 표현	언어적 표현	화자가 담화에서 사용한 단어나 문장과 같이 실제로 언어로 표출된 표현
		준언어적 표현	화자의 목소리 크기나 말투, 속도와 같이 언어적 표현에 수반되는 표현
		비언어적 표현	화자의 동작이나 표정같이 말로 전하지 않지만 의사를 드러내는 표현
추론하며 듣기의 효과			• 화자가 담화에서 전하려는 내용을 온전히 이해할 수 있음. • 화자의 의도, 관점, 가치관 등을 파악하여 담화의 내용과 상황을 깊고 넓게 이해할 수 있음.

교재 92쪽

→ 정민이가 아빠의 말에 담긴 의도를 제대로 파악하지 못하고 대답한 상황

대화에서 화자의 의도 추론하기

• 텔레비전 소리가 큰 상황
• 아빠의 찡그린 표정
• '너무 크지 않니?'라는 언어적 표현

↓

아빠의 말에 담긴 의도

아빠는 텔레비전 소리가 너무 크니 [ ][ ]를 줄이라는 의도로 말하였음.

교재 93쪽

→ 드라마 속 할머니와 학생의 대화를 보고 이야기를 나누고 있는 상황

드라마 속 대화의 상황 맥락

화자와 청자	할머니와 학생
대화 내용	○○ 아파트에 가는 방법에 대한 [ ][ ] [ ]의 물음과 학생의 대답
시간, 장소	오후 4시, 버스 정류장 앞

화자의 의도를 추론하여 올바르게 대답하기

• 버스 정류장 앞이라는 공간
• 땀을 닦으며 힘들어하는 할머니의 표정

↓

할머니의 말에 담긴 의도

할머니는 ○○ 아파트에 가는 [ ] [ ]을 알려 달라는 의도로 말을 건넴.

↓

올바른 대답

○○ 아파트는 여기서 406번 버스를 타고 세 정거장 더 가셔야 해요.

교재 94~95쪽

영상 해설사: 빨간 도복을 입고.

시각 장애인 ○○○ 씨: 아!

영상 해설사: 머리에는 갓을 쓰고 있거든요.

시각 장애인 ○○○ 씨: 예.

기자: 사회 관계망 서비스(SNS)에 올릴 사진도 찍었습니다.

영상 해설사: 지금 찍으시면 될 것 같아요.

기자: 시각 장애인 ○○○ 씨의 고궁 나들이 길. 안내견 '피움이' 말고도 <u>기댈 수 있는 팔이 하나 더 생겼습니다.</u>
영상 해설사의 도움을 비유적으로 표현함.

시각 장애인 ○○○ 씨: 제가 잡고 갈까요. 해설자님?

기자: 눈 대신 귀로 보고 손으로 느낍니다. 올록볼록하게 만든 점자 배치도. 품계석도, 해치상도 직접 만져봅니다. 내내 곁에서 친절한 설명이 이어집니다.

영상 해설사: 그 아래는 이렇게 지지석이 있어서, 연꽃무늬로 되어 있어요.

기자: 근정전 지붕이 어떻게 생겼는지, 환갑이 넘어 <u>손으로 처음 봤습니다.</u>
손으로 만져 형상을 파악한 것을 의미함.

영상 해설사: 팔작지붕이고요.

시각 장애인 ○○○ 씨: 어, 이게 지붕이에요? 이렇게 돼 있어요?

기자: 서울 경복궁 등 4대 고궁에서는 이달부터 시각 장애인을 위한 영상 해설이 도입됐습니다.

시각 장애인 ○○○ 씨: 전에는 여러 번 왔어도 <u>'그냥 지나치는 길이다.'</u>밖에는
전에는 보이지 않아서 의미가 없었음.
몰랐거든요. <u>처음 와 본 거 같아요.</u>　→ 장애인을 위한 고궁 장면 해설 서비스 시행 현황
영상 해설을 들으며 제대로 고궁을 둘러볼 수 있었기 때문

교재 97쪽

　학생이나 어린이들의 삶에 교육자의 역할이 상당히 크다고 생각합니다. 교육의 목적은 직장 생활의 성공이 아니라 지성인을 만들어 내는 것입니다. 만일 교육자들이 모든 이에게 <u>'지금 네가 원하는 것이 무엇인가?'</u>라고 묻는다면
현실에 충실할 수 있는 질문
세상이 바뀔 수도 있을 것입니다. 커서 무엇이 되고 싶으냐는 질문에는 문제가 내재되어 있습니다. 청소년들이 오늘 할 수 있는 일을 폄하하는 것이죠. 어린이들에게 오늘 하고 싶은 일을 하려면 미래에 적당한 때가 오기를 기다려야 한다는 생각을 심어 주는 거예요. 왜 그래야 하는 거죠? 우리는 언제든 우리 자신에게 충실해야 합니다.
→ 청소년들이 미래가 아닌 현재에 충실해야 함.

뉴스의 주제와 특징

주제	장애인을 위한 고궁 장면 해설 서비스 시행 현황과 그 □□ 및 전망
특징	• 장애인을 위한 고궁 장면 해설 서비스의 현황과 전망 등에 관한 정보를 사실적으로 전달함. • 장애인과의 인터뷰, 비유 표현 등을 활용하여 뉴스의 전달 의도를 효과적으로 나타냄.

기자의 관점 파악하기

• 장면 해설 서비스가 시각 장애인에게 도움이 되는 모습을 직접 보여 줌.
• 영상 해설사의 도움을 '기댈 수 있는 □'에 비유함.
• 영상 해설사의 설명이 친절하다고 말함.

↓

장면 해설 서비스에 관한 기자의 관점

기자는 장면 해설 서비스에 관해 □□적 관점을 가지고 있음.

뉴스를 전달하는 기자의 의도

4대 궁의 장면 해설 서비스에 관한 □□를 제공하고 그 가치를 알리려는 의도로 이 뉴스를 전달함.

연설자의 가치관과 의도 추론하기

연설자의 가치관

청소년들에게 미래가 아닌 지금 원하는 것이 무엇인지 물으라는 내용을 통해 연설자는 □□에 충실해야 한다고 생각함을 알 수 있음.

↓

연설자의 의도

어린이의 삶이 현실에 충실해야 한다는 □□을 하려고 이 연설을 함.

필수 문제로
소단원 완전 정복

(1) 추론하며 듣기

[01~04] 다음을 보고 물음에 답하시오.

01 (가)~(라)에 대한 설명으로 알맞은 것은?

① (가)와 (나)에서 효진이는 같은 말을 했지만 표정과 자세, 상황 맥락이 다르므로 말에 담긴 의도도 다를 것이다.

② (다)에서 아빠는 정민이가 오해할 만한 준언어적 표현을 사용하였다.

③ (라)에서 학생의 당황한 표정을 통해 할머니가 말의 의도를 잘못 파악하였다는 것을 짐작할 수 있다.

④ (가)~(라)에서 밑줄 친 말은 하려는 말을 돌려서 표현한 것으로 원활한 대화를 방해하고 있다.

⑤ (가)~(라)를 통해 상대의 말에 담긴 의도를 추론할 때는 언어적 표현이 가장 중요하다는 것을 알 수 있다.

02 (다)의 정민이에게 해 줄 수 있는 말로 알맞은 것은?

① 대답할 때 어울리는 표정과 말투를 고려해야 해.

② 아빠의 질문에 좀 더 구체적으로 대답해야 하지 않을까?

③ 아빠는 설거지를 하느라 바쁘니 짧게 대답하는 게 좋겠어.

④ 아빠의 말에 담긴 의도를 추론하여 올바르게 대답해야 해.

⑤ 아빠가 한 말의 의도를 추측하지 말고 있는 그대로 이해하는 게 좋겠어.

03 (라)에 나타난 상황 맥락으로 알맞지 <u>않은</u> 것은?

① 시간은 오후 4시이다.

② 장소는 버스 정류장 앞이다.

③ 화자와 청자는 할머니와 학생이다.

④ 대화 주제는 처음 온 마을에 관한 것이다.

⑤ 대화 내용은 ○○ 아파트에 어떻게 가는지에 관한 물음과 대답이다.

04 ㉠의 말을 들은 할머니의 반응으로 알맞은 것은?

① 학생이 친절하게 대답해서 고맙다.

② 의도와 다른 대답을 들어서 당황스럽다.

③ 다음에는 질문을 더욱 친절하게 해야겠다.

④ 학생이 잘 모르는 것을 물어보아서 미안하다.

⑤ 학생과 문화적 맥락이 달라 서로 이해하기 어렵다.

[05~07] 다음 글을 읽고 물음에 답하시오.

㉮ 앵커: 성큼 다가온 가을 정취 느끼기에 고궁 방문만 한 게 없죠. 하지만 시각 장애인들은 아무래도 이렇게 고궁 나들이하기가 쉽지만은 않을 텐데요. 국가유산청이 경복궁 등 4대 궁에 '장면 해설 서비스'를 시작했습니다. 귀로 보고 손끝으로 느끼는 한 시각 장애인의 고궁 나들이. △△△ 기자가 함께 다녀왔습니다.

기자: 경복궁에 북소리가 울려 퍼지자.

시각 장애인 ○○○ 씨: 어, 깜짝이야.

영상 해설사: 교대식이 있어서 북이 울리고 있습니다.

기자: 영상 해설사의 설명이 시작됩니다. 보이지 않지만 마치 보는 것처럼 수문장 교대식 장면이 생생하게 펼쳐집니다.

영상 해설사: 빨간 도복을 입고.

시각 장애인 ○○○ 씨: 아!

영상 해설사: 머리에는 갓을 쓰고 있거든요.

시각 장애인 ○○○ 씨: 예.

기자: 사회 관계망 서비스(SNS)에 올릴 사진도 찍었습니다.

영상 해설사: 지금 찍으시면 될 것 같아요.

기자: 시각 장애인 ○○○ 씨의 고궁 나들이 길. 안내견 '피움이' 말고도 기댈 수 있는 팔이 하나 더 생겼습니다.

㉯ 다음번에 저 같은 어린이와 이야기를 나눌 기회가 되신다면 나중에 커서 무엇이 되고 싶으냐고 물어보는 대신 지금 그들이 원하는 것이 무엇인지 물어봐 주세요. 학생이나 어린이들의 삶에 교육자의 역할이 상당히 크다고 생각합니다. 교육의 목적은 직장 생활의 성공이 아니라 지성인을 만들어 내는 것입니다. 만일 교육자들이 모든 이에게 '지금 네가 원하는 것이 무엇인가?'라고 묻는다면 세상이 바뀔 수도 있을 것입니다. 커서 무엇이 되고 싶으냐는 질문에는 문제가 내재되어 있습니다. 청소년들이 오늘 할 수 있는 일을 폄하하는 것이죠. 어린이들에게 오늘 하고 싶은 일을 하려면 미래에 적당한 때가 오기를 기다려야 한다는 생각을 심어 주는 거예요. 왜 그래야 하는 거죠? 우리는 언제든 우리 자신에게 충실해야 합니다.

05 (가)에 대한 설명으로 알맞지 <u>않은</u> 것은?
① 기자가 뉴스의 의도를 직접적으로 설명했다.
② 앵커는 시청자의 흥미를 끌고 화제를 소개하였다.
③ 기자가 시각 장애인의 고궁 관람 장면에 대해 설명을 덧붙였다.
④ 시각 장애인이 장면 해설 서비스를 실제로 이용하는 모습을 보여 주었다.
⑤ 영상 해설사가 시각 장애인의 고궁 관람을 돕는 것을 기자는 '기댈 수 있는 팔'이라는 비유적 표현으로 나타냈다.

06 (가)의 기자에 대한 설명으로 알맞은 것은?
① 수어 해설 서비스가 안내견 '피움이'에 견줄 만큼 효과적이라는 시각을 비유적으로 표현했다.
② 북소리에 놀라는 시각 장애인의 모습을 통해 장면 해설 서비스는 장애인에 대한 배려가 부족하다는 것을 보여 주었다.
③ 영상 해설사의 설명으로 교대식 장면이 생생하게 펼쳐진다고 표현한 것으로 보아 기자는 장면 해설 서비스에 대해 긍정적인 관점을 가지고 있을 것이다.
④ 영상 해설사의 도움으로 시각 장애인이 고궁을 관람하는 모습을 보여 주어 시청자에게 영상 해설사에 대해 객관적인 정보를 전달하고자 했다.
⑤ 앵커의 '귀로 보고 손끝으로 느끼는'이라는 표현에서 시각 장애인이 일상적으로 사물을 인식하는 방식을 알려 줘 고궁을 관람하는 데 영상 해설사가 필요하다는 것을 강조하였다.

07 (나)에 나타난 연설자의 주장으로 알맞은 것은?
① 청소년들은 현재에 충실해야 한다.
② 현재를 위해 미래를 희생해야 한다.
③ 미래를 위해 현재를 희생해야 한다.
④ 기존의 질문을 답습해서는 안 된다.
⑤ 세상을 바꾸기 위한 노력이 필요하다.

지문 알맹이 분석

(2) 품사의 종류와 특성

핵심정리

품사의 분류 기준		형태		문장에서 쓰일 때 단어의 형태가 변하는가
		기능		문장에서 쓰일 때 단어가 어떤 기능을 하는가
		의미		문장에서 쓰일 때 단어가 어떤 의미를 나타내는가
품사의 종류와 특성	불변어	체언	명사	대상의 이름을 나타내는 단어
			대명사	대상의 이름을 대신 나타내는 단어
			수사	수량이나 순서를 나타내는 단어
		수식언	관형사	체언을 꾸며 주는 단어
			부사	주로 용언을 꾸며 주는 단어
		관계언	조사	단어들 사이의 문법적 관계를 나타내거나 특별한 뜻을 더해 주는 단어
		독립언	감탄사	놀람이나 느낌, 부름, 대답을 나타내는 단어
	가변어	용언	동사	대상의 움직임을 나타내는 단어
			형용사	대상의 상태나 성질을 나타내는 단어

교재 105~106쪽

명사, 대명사, 수사

→ 명사, 대명사, 수사를 묶어 '체언'이라고 함.

'명사'가 마을에 있는 종합 게시판에서 다음 단어 카드를 발견하였다.

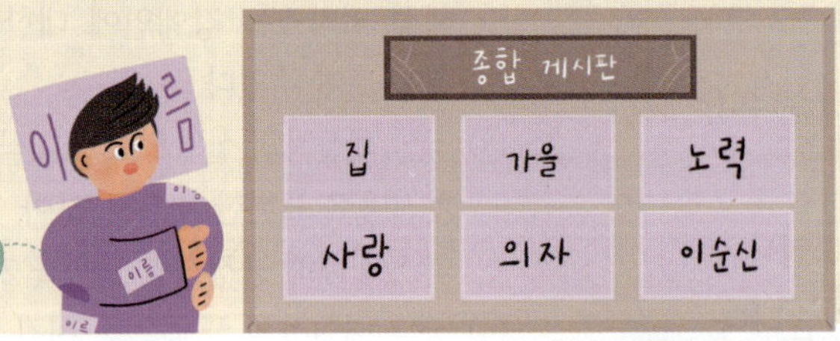

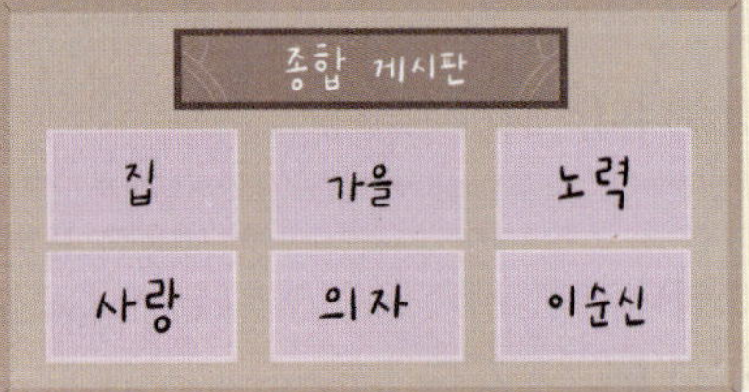

'대명사'가 아이들에게 이야기를 들려주고 있다.

'수사'가 개인 인터넷 방송에서 떡볶이 조리법을 설명하였다.

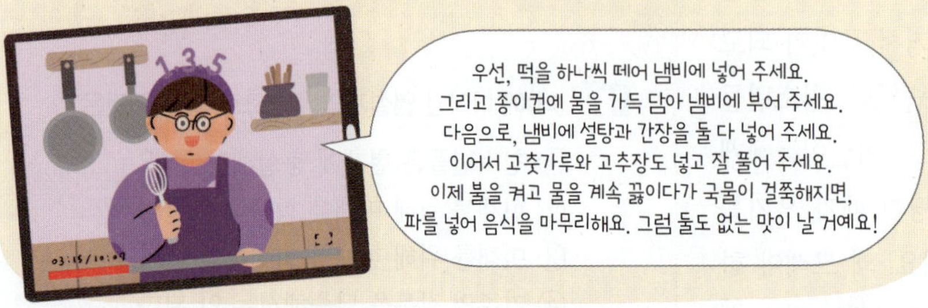

체언의 특징 파악하기

형태		형태가 변하지 않음.
기능		문장에서 [ ][ ], 목적어 등의 기능을 함.
의미	명사	대상의 이름을 나타냄.
	대명사	대상의 이름을 대신 나타냄.
	수사	[ ][ ]이나 순서를 나타냄.

'명사'의 게시판 단어 분류하기

구체적 대상의 이름을 나타내는 단어
집, 의자, 이순신

추상적 대상의 이름을 나타내는 단어
가을, 노력, [ ][ ]

'대명사'의 밑줄 친 단어 분류하기

사람의 이름을 대신하여 나타내는 단어	그
사물의 이름을 대신하여 나타내는 단어	이것
[ ][ ]의 이름을 대신하여 나타내는 단어	이곳, 거기

떡볶이 조리법에서 수사 찾기

사물의 수량을 나타내는 단어
하나씩, 둘 다, 둘도

동사, 형용사

교재 107쪽

→ 동사, 형용사를 묶어서 '용언'이라고 함.

'동사'와 '형용사'가 장난치다가 반 친구들이 선생님께 쓴 편지에 물을 쏟았다. 그래서 편지의 군데군데가 지워져 버렸다.

선생님, 말썽만 부려서 죄송해요. 앞으로는 선생님 말씀을 잘 들을게요. 그리고 더욱 열심히 공부할게요. 앞으로는 절대 아프지 마세요. 선생님께서 돌아오시면 저희가 함께 만든 과자를 선물로 드릴게요.
− 선생님이 그리운 △반 올림

→ 지워져 버린 내용

▶ 용언의 특징

형태	형태가 변함.	
기능	문장에서 주로 ☐ ☐☐로 쓰임.	
의미	동사	대상의 움직임을 나타냄. 예 들을게요, 공부할게요
	형용사	대상의 ☐☐나 성질을 나타냄. 예 죄송해요, 그리운

관형사, 부사

교재 109쪽

→ 관형사, 부사를 묶어서 '수식언'이라고 함.

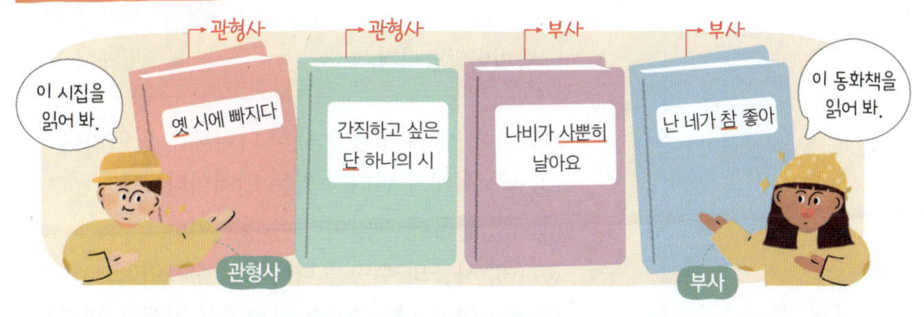

▶ 수식언의 특징

형태	형태가 변하지 않음.	
기능	문장에서 다른 말을 ☐☐ ☐☐ 기능을 함.	
의미	관형사	체언을 꾸며 줌.
	부사	주로 ☐☐을 꾸며 줌.

조사

교재 110쪽

→ 문장에 쓰인 단어들 사이의 문법적 관계를 나타내는 기능을 하므로 '관계언'이라고 함.

밑줄 친 말들처럼 홀로 쓰일 수 없고 반드시 앞말에 붙어서 쓰이는 단어를 조사라고 함.

어느 숲속에 토끼와 거북이가 살았어요.
그런데 토끼는 자신이 가장 빠르다고 잘난 척하였어요.
그런 토끼에게 거북이가 달리기 경주를 제안하였어요.
토끼는 자신만만한 표정을 지으며
거북이의 제안을 받아들였고……

▶ 관계언의 특징

형태	형태가 변하지 않음.	
기능	단어 사이의 ☐☐를 나타내는 기능을 함.	
의미	조사	주로 체언 뒤에 붙어서 단어들 사이의 문법적 ☐☐를 나타내거나 특별한 뜻을 더해 줌.

감탄사

교재 111쪽

→ 문장에서 다른 단어들과 관계를 맺지 않고 독립적으로 쓰이는 기능을 하므로 '독립언'이라고 함.

'감탄사'와 그의 이웃이 산책하다가 곰을 만났다.

▶ 독립언의 특징

형태	형태가 변하지 않음.	
기능	문장에서 ☐☐적으로 쓰임.	
의미	감탄사	놀람이나 느낌, 부름, ☐☐을 나타냄.

필수 문제로

소단원 완전 정복

(2) 품사의 종류와 특성

01 품사의 뜻으로 알맞은 것은?

① 띄어쓰기의 단위이다.
② 뜻을 갖고 있는 가장 작은 말의 단위이다.
③ 문장에서 홀로 자립하여 쓰일 수 있는 단위이다.
④ 공통된 성질을 가진 것끼리 묶은 단어의 갈래이다.
⑤ 문장에서 하는 역할을 기준으로 나눈 단어의 갈래이다.

02 다음 문장에서 밑줄 친 단어 중 활용하지 <u>않는</u> 것은?

① 풍경이 <u>좋다</u>.
② 중학생이 <u>된</u> 우리
③ 새 옷을 꺼내 <u>입었다</u>.
④ 어느덧 무더운 <u>여름이다</u>.
⑤ 단풍이 빨갛게 <u>물들었다</u>.

03 체언에 대한 설명으로 알맞은 것은?

① 다양한 형태로 활용한다.
② 명사, 대명사, 수사를 포함한다.
③ 단어들 사이의 관계를 나타낸다.
④ 주로 다른 말을 꾸며 주는 역할을 한다.
⑤ 문장에서 다른 단어들과 관계를 맺지 않고 독립적으로 쓰인다.

04 다음 ㉠, ㉡에 들어갈 말끼리 알맞게 묶인 것은?

구체적인 대상의 이름을 나타내는 단어	추상적인 대상의 이름을 나타내는 단어
㉠	㉡

	㉠	㉡
①	옷	땔감
②	집	가을
③	노력	사랑
④	의자	구름
⑤	마음	이순신

05 〈보기〉에 사용된 대명사의 개수로 알맞은 것은?

> **보기**
>
> 이것은 '체언 마을'을 상징하는 느티나무야. 이 나무를 누가 심었는지 알려 줄까? 느티나무가 있는 자리에는 원래 한 노인이 살았어. 그는 이곳에 집을 지었지. 그리고 집 옆에 정원을 만들어서 거기에 나무를 심고…….

① 1개 　　② 2개 　　③ 3개
④ 4개 　　⑤ 5개

06 다음 ㉠~㉤의 단어에 대한 설명으로 알맞지 <u>않은</u> 것은?

> ㉠이것은 ㉡그가 사물의 본래 특성을 ㉢찾고자 여러 방향에서 사물을 바라보고 그 모습을 모아서 ㉣하나의 장면에 담았기 때문입니다. ㉤이는 매우 독창적인 방법이었습니다.

① ㉠: 사물의 이름을 대신 나타내는 단어이다.
② ㉡: 형태가 변하지 않는 단어이다.
③ ㉢: 활용에 제약이 많은 용언이다.
④ ㉣: 사물의 수량을 나타내는 수사이다.
⑤ ㉤: 앞에 나온 '여러 방향에서 사물을 바라보고 그 모습을 모아서 하나의 장면에 담는 것'을 가리키는 대명사이다.

07 용언에 대한 설명으로 알맞은 것은?

① 다양한 형태로 활용한다.
② 명사, 대명사, 수사를 포함한다.
③ 단어들 사이의 관계를 나타낸다.
④ 주로 다른 말을 꾸며 주는 역할을 한다.
⑤ 문장에서 다른 단어들과 관계를 맺지 않고 독립적으로 쓰인다.

08 다음 ㉠~㉤ 중 나머지와 품사가 <u>다른</u> 하나는?

> 그이는 매일 아침 9시에 일터로 ㉠나와서 다시 저녁 9시가 되면 가운을 ㉡벗고 집으로 ㉢돌아간다. 일터에서의 그이는 다소 무뚝뚝하고 ㉣뻣뻣하다. 남하고 싱거운 소리를 ㉤나누는 일도 거의 없다.
>
> — 양귀자, 〈길모퉁이에서 만난 사람〉

① ㉠ 　②㉡ 　③㉢ 　④㉣ 　⑤㉤

09 다음 중 〈보기〉의 밑줄 친 단어와 같이 현재 형태로 활용하였을 때 어색한 것은?

> ─ 보기 ─
> 친구가 밥을 <u>먹다</u>. → 친구가 밥을 <u>먹는다</u>.

① 듣다
② 없다
③ 되다
④ 만나다
⑤ 나오다

10 다음 밑줄 친 말의 품사가 알맞게 쓰인 것은?

① 아기가 <u>활짝</u> 웃었다. → 부사
② <u>모든</u> 학생이 운동장으로 나왔다. → 대명사
③ 나는 발이 자라서 <u>새</u> 운동화를 샀다. → 명사
④ 그가 들려준 이야기는 <u>매우</u> 흥미로웠다. → 관형사
⑤ 친한 친구가 전학을 가서 <u>정말</u> 섭섭하였다. → 명사

11 다음 밑줄 친 말의 품사가 나머지와 <u>다른</u> 하나는?

① 바람이 <u>참</u> 시원하다.
② 쿠키 <u>한</u> 개를 받았다.
③ <u>이</u> 방은 햇볕이 잘 든다.
④ 나는 <u>새</u> 옷을 준비하였다.
⑤ 삼촌은 <u>옛</u> 사진을 보고 있었다.

🔴 서술형

12 〈보기〉에서 밑줄 친 단어의 품사와 문장에서 하는 기능을 〈조건〉에 맞게 서술하시오.

> ─ 보기 ─
> 저기에 <u>두</u> 사람이 있다.

> ─ 조건 ─
> • 완결된 한 문장으로 쓸 것

13 다음 ㉠~㉢에 대한 설명으로 알맞은 것은?

> ㉠ 거북이가 토끼를 달래 주었다.
> ㉡ 거북이가 토끼만 달래 주었다.
> ㉢ 거북이가 토끼도 달래 주었다.

① ㉠~㉢은 모두 같은 의미이다.
② ㉠과 ㉡, ㉢ 문장에서 주어가 다르다.
③ ㉠, ㉡과 ㉢ 문장에서 목적어가 다르다.
④ ㉡, ㉢의 밑줄 친 말에는 ㉠과 다른 의미가 더해졌다.
⑤ ㉡의 밑줄 친 말은 '더함', ㉢의 밑줄 친 말은 '한정'의 의미를 가진다.

14 〈보기〉의 밑줄 친 단어에 대한 설명으로 알맞은 것은?

> ─ 보기 ─
> 나는 너<u>에게</u> 맛있는 음식을 대접하고 싶어.

① 자립성이 있다.
② 대상을 나타낸다.
③ 용언을 꾸며 준다.
④ 체언을 꾸며 준다.
⑤ 다른 말과의 관계를 나타낸다.

15 〈보기〉의 설명에 해당하는 품사끼리 묶인 것은?

> ─ 보기 ─
> • 문장에서 주로 서술어 역할을 한다.
> • 사물의 성질이나 상태를 나타내는 용언이다.
> • 명령형이나 청유형으로 사용할 수 없다.

① 옛, 매우
② 이것, 학교
③ 젊다, 즐겁다
④ 먹다, 건강하다
⑤ 자다, 행복하다

16 〈보기〉의 밑줄 친 단어들에 대한 설명으로 알맞지 <u>않은</u> 것은?

> ─ 보기 ─
> <u>앗</u>! 곰이 나타났다! <u>이봐</u>, 얼른 도망 가!

① 단어 하나만으로 문장을 만들 수 있다.
② 다른 단어들과 관계를 맺지 않고 쓰인다.
③ 놀람, 부름, 대답 등을 나타내는 단어이다.
④ 생략하면 문장의 뜻 전체가 많이 달라진다.
⑤ 문장에서 쓰일 때 형태가 변하지 않는 불변어이다.

[01~03] 다음 글을 읽고 물음에 답하시오.

01 (가)~(다)를 보고 나눈 대화 내용으로 알맞은 것은?

① (가)의 효진이 말에는 당황스러움을 표현하려는 의도가 담겨 있어.
② (나)에서 아빠는 정민이의 상황을 고려하지 않고 말하였어.
③ (다)의 할머니는 자신의 의도를 숨긴 채 대화하고 있구나.
④ (가)~(다)를 통해 일상에서 대화할 때도 추론하며 들을 필요가 있다는 것을 알았어.
⑤ (가)~(다) 모두 상대방의 말에 담긴 의도를 잘 파악하여 대화가 원활하게 이루어지고 있어.

서술형

02 (가)와 비교하여 〈보기〉에서 효진이의 말에 담긴 의도가 무엇인지 〈조건〉에 맞게 서술하시오.

보기

조건
• (가)와 〈보기〉의 효진이에 말에 담긴 의도를 모두 포함하여 완결된 한 문장으로 쓸 것

03 (나)의 정민이에게 조언한 내용으로 알맞지 <u>않은</u> 것은?

① 대화하고 있는 상황을 함께 살펴야지.
② 아빠가 '너무'라는 표현을 사용한 까닭을 생각해 봐.
③ 말하는 사람의 표정을 잘 봐야지. 표정도 하나의 표현 방식이야.
④ 상대방의 말을 있는 그대로 받아들여야 대화할 때 오해가 생기지 않아.
⑤ 말하는 사람의 억양도 고려해 들어야 해. 준언어적 표현과 비언어적 표현도 살펴봐야 말에 담긴 의도를 추론할 수 있지.

[04~06] 다음 글을 읽고 물음에 답하시오.

가 앵커: 성큼 다가온 가을 정취 느끼기에 고궁 방문만한 게 없죠. 하지만 시각 장애인들은 아무래도 이렇게 고궁 나들이하기가 쉽지만은 않을 텐데요. 국가유산청이 경복궁 등 4대 궁에 '장면 해설 서비스'를 시작했습니다. 귀로 보고 손끝으로 느끼는 한 시각 장애인의 고궁 나들이. △△△ 기자가 함께 다녀왔습니다.

나 기자: 경복궁에 북소리가 울려 퍼지자.

시각 장애인 ○○○ 씨: 어, 깜짝이야.

영상 해설사: 교대식이 있어서 북이 울리고 있습니다.

기자: 영상 해설사의 설명이 시작됩니다. 보이지 않지만 마치 보는 것처럼 수문장 교대식 장면이 생생하게 펼쳐집니다.

영상 해설사: 빨간 도복을 입고.

시각 장애인 ○○○ 씨: 아!

영상 해설사: 머리에는 갓을 쓰고 있거든요.

다 시각 장애인 ○○○ 씨: 제가 잡고 갈까요. 해설자님?

기자: 눈 대신 귀로 보고 손으로 느낍니다. 올록볼록하게 만든 점자 배치도. 품계석도, 해치상도 직접 만져봅니다. 내내 곁에서 친절한 설명이 이어집니다.

영상 해설사: 그 아래는 이렇게 지지석이 있어서, 연꽃무늬로 되어 있어요.

기자: 근정전 지붕이 어떻게 생겼는지, 환갑이 넘어 손으로 처음 봤습니다.

라 기자: 청각 장애인들을 위한 스마트폰 수어 설명도 작년부터 활용돼 왔습니다. 농인들에게는 한글보다 먼저 배운 수어가 모국어 같기 때문입니다.

청각 장애인 □□□ 씨: 글자를 보고 100퍼센트 이해하는 것이 아니라, 이해하는 정도가 다 다르기 때문에 수어가 훨씬 도움이 됩니다.

기자: 귀로 보고, 눈으로 듣는 고궁. 아직 극히 일부에 그치고 있지만, 국가유산청은 장애인들이 즐길 수 있는 국가유산을 점점 더 늘려 갈 계획입니다.

04 이 뉴스에서 알 수 있는 내용이 <u>아닌</u> 것은?

① 영상 해설사가 하는 일
② 장면 해설 서비스의 전망
③ 장면 해설 서비스 주관 기관
④ 장면 해설 서비스에 대한 앵커의 의견
⑤ 장면 해설 서비스에 대한 장애인들의 생각

05 이 뉴스를 듣고 난 후의 반응으로 알맞지 <u>않은</u> 것은?

① 청각 장애인에게는 한글 자막보다 수어가 더 도움이 되는구나.
② 생김새를 손으로 처음 봤다는 건 더듬어 형태를 짐작했다는 말이겠지.
③ 인터뷰를 보니 앞으로도 장애인을 위한 다양한 서비스가 필요하겠어.
④ 스마트폰 수어 설명의 도움을 받으면 시각 장애인이 고궁을 관람하기 한결 수월하겠다.
⑤ 기자가 장면 해설 서비스에 대해 어떻게 생각하는지 추론해 보니 뉴스를 전달하는 의도도 알겠어.

06 기자의 관점과 의도를 파악한 것으로 알맞지 <u>않은</u> 것은?

① 실제 사용자의 인터뷰를 통해 장면 해설 서비스의 가치를 보여 주었다고 봐.
② 인터뷰 내용은 장면 해설 서비스가 장애인들에게 도움이 된다는 기자의 생각을 뒷받침해.
③ 시각 장애인이 영상 해설사의 도움으로 고궁을 관람하는 장면을 통해 영상 해설의 긍정적 효과를 보여 주었어.
④ 영상 해설사의 설명으로 교대식 장면이 생생하게 펼쳐진다고 표현한 데서 기자의 영상 해설에 대한 긍정적인 생각이 드러나.
⑤ 기자의 표현과 자료들을 봤을 때, 기자는 장면 해설 서비스가 부족하다는 문제를 지적해 지원을 늘려야 한다는 것을 말하고자 했어.

3
단원

[07~10] 다음 글을 읽고 물음에 답하시오.

가 우리는 행복한 삶과 성공적인 경력을 위해 많은 일을 하면서 정작 현재를 잊고 삽니다. 지금 바로 이 순간에 관한 생각은 하지 않는 거죠. 전에 봤던 ㉠<u>달라이 라마의 인터뷰</u>가 생각납니다. 질문하는 사람이 달라이 라마에게 "우주에서 가장 이상하고 특이하고 별난 게 무엇이라고 생각하시나요?"라고 묻자 그는 이렇게 대답했죠. "그건 사람입니다." 질문하는 사람이 경외에 가득 찬 목소리로 다시 물었어요. "어째서요?"

나 달라이 라마는 그 까닭을 다음과 같이 설명했습니다. 사람들은 돈을 벌기 위해 건강을 희생하고 나서 이번에는 건강을 회복하려고 돈을 희생합니다. 그리고 미래에 관해 불안해하고 초조해하면서 현재를 즐길 생각을 하지 않죠. 결과적으로 현재를 사는 것도 미래를 사는 것도 아닌 것이 됩니다. 사람들은 마치 절대 죽지 않을 것처럼 살면서 한 번도 진짜 사는 것답게 살아 보지 못하고 죽는 거예요.

다 다음번에 저 같은 어린이와 이야기를 나눌 기회가 되신다면 나중에 커서 무엇이 되고 싶으냐고 물어보는 대신 지금 그들이 원하는 것이 무엇인지 물어봐 주세요. 학생이나 어린이들의 삶에 교육자의 역할이 상당히 크다고 생각합니다. 교육의 목적은 직장 생활의 성공이 아니라 지성인을 만들어 내는 것입니다. 만일 교육자들이 모든 이에게 '지금 네가 원하는 것이 무엇인가?'라고 묻는다면 세상이 바뀔 수도 있을 것입니다.

라 커서 무엇이 되고 싶으냐는 질문에는 문제가 내재되어 있습니다. 청소년들이 오늘 할 수 있는 일을 폄하하는 것이죠. 어린이들에게 오늘 하고 싶은 일을 하려면 미래에 적당한 때가 오기를 기다려야 한다는 생각을 심어 주는 거예요. 왜 그래야 하는 거죠? 우리는 언제든 우리 자신에게 충실해야 합니다.

07 이 글과 같은 연설을 듣는 방법으로 알맞은 것은?

① 화자의 인적 사항을 추론하며 듣는다.
② 화자의 숨겨진 의도를 추론하며 듣는다.
③ 화제에 대해 화자와 의견을 교류하며 듣는다.
④ 담화의 맥락을 배제하고 언어적 표현을 따라가며 듣는다.
⑤ 화자와의 관계를 기반으로 화자의 발언에 말을 더하며 듣는다.

08 이 연설을 듣고 난 후의 반응으로 알맞지 않은 것은?

① 커서 무엇이 되고 싶으냐는 질문에 문제가 있다는 생각이 새로웠어.
② 유명인의 인터뷰 내용이 인용되니 연설자의 주장이 더 설득력 있게 들렸어.
③ 연설자는 청자를 고려하여 내용 구성을 잘한 것 같아. 흥미 있게 들었어.
④ 마지막에 반문을 한 후 주장을 말해 연설자가 주장하고 싶은 바가 무엇인지 잘 알 수 있었어.
⑤ 청소년의 역할을 강조해서 청자들이 문제 해결을 위해 깊이 고민해야 한다는 주장이 강하게 들렸어.

서술형

09 이 연설을 한 연설자의 의도를 추론하여 〈조건〉에 맞게 서술하시오.

> ┌ 조건 ┐
> • 완결된 한 문장으로 쓸 것

10 ㉠을 연설자가 제시한 까닭으로 알맞은 것은?

① 질문의 효과를 생생하게 직접 보여 주려고
② 직접 인터뷰한 내용을 제시하여 신뢰성을 높이려고
③ 유명인의 인터뷰를 통해 현재의 중요성을 말하려고
④ 반박할 수 없도록 권위 있는 사람의 말을 내세우려고
⑤ 연설 주제와 거리가 먼 이야기로 청중의 호기심을 자극하려고

11 〈보기〉에서 밑줄 친 단어를 품사의 분류 기준에 알맞게 구분한 것은?

> ─ 보기 ─
> 신발이 나에게 <u>무척</u> 크다.

	형태	기능	의미
①	가변어	용언	형용사
②	불변어	관계언	부사
③	불변어	수식언	부사
④	불변어	수식언	관형사
⑤	가변어	독립언	관형사

12 품사에 대한 설명으로 알맞지 <u>않은</u> 것은?

① 우리말은 의미상 9개의 품사가 있다.
② 공통된 성질을 가진 단어끼리 묶은 것이다.
③ 형태에 따라 단어를 5가지로 분류할 수 있다.
④ 형태, 기능, 의미를 기준으로 단어를 분류할 수 있다.
⑤ 기능에 따라 체언, 용언, 수식언, 관계언, 독립언으로 분류할 수 있다.

13 다음 밑줄 친 단어들에 대한 설명으로 알맞지 <u>않은</u> 것은?

> <u>이것</u>은 '체언 마을'을 상징하는 느티나무야. 이 나무를 누가 심었는지 알려 줄까? 느티나무가 있는 자리에는 원래 한 노인이 살았어. <u>그</u>는 <u>이곳</u>에 집을 지었지. 그리고 집 옆에 정원을 만들어서 <u>거기</u>에 나무를 심고…….

① '이것'은 '느티나무'를 가리키는 말이다.
② '그'는 '노인'을 가리키는 말이다.
③ '이곳'은 '이것'이 있는 장소를 가리킨다.
④ '거기'가 가리키는 것은 집 옆에 정원이다.
⑤ 이 단어들은 추상적으로 인식되는 대상에는 쓸 수 없다.

14 다음 문장에 사용된 관계언의 수가 나머지와 <u>다른</u> 하나는?

① 목마른 사람이 우물 판다.
② 핑계가 없는 무덤은 없다.
③ 자식은 부모를 보고 배운다.
④ 사람은 죽으면 이름을 남긴다.
⑤ 하늘이 무너져 솟아날 구멍이 없다.

15 다음 단어들의 공통점으로 알맞은 것은?

> • 아침을 <u>먹다</u>.
> • 구름 한 점 <u>없다</u>.
> • 나는 중학생<u>이다</u>.

① 동사이다.   ② 체언이다.
③ 용언이다.   ④ 형태가 변한다.
⑤ 활용하였을 때 어색해지기도 한다.

16 다음 문장에 쓰이지 <u>않은</u> 품사는?

> 이 고양이는 눈이 구슬처럼 동그랗고 애교가 무척 많다.

① 용언을 꾸며 주는 말
② 문법적 관계를 나타내는 말
③ 사람이나 사물의 이름을 나타내는 말
④ 사람이나 사물의 움직임을 나타내는 말
⑤ 사람이나 사물의 성질이나 상태를 나타내는 말

17 〈보기〉의 밑줄 친 단어에 대한 설명으로 알맞지 <u>않은</u> 것은?

> ─ 보기 ─
> 우리는 선생님이 <u>그리웠다</u>.

① 기본형은 '그립다'이다.
② 문장에 쓸 때 형태가 변한다.
③ 다른 말을 수식하는 기능을 한다.
④ '빠르다'와 같은 품사의 단어이다.
⑤ 형태를 바꾸었을 때 어색한 경우가 있다.

18 다음 밑줄 친 단어 중 문장에서의 기능이 나머지와 <u>다른</u> 하나는?

① <u>정원</u>에 장미꽃이 피었다.
② 강아지가 <u>말썽</u>을 피웠다.
③ 여러분을 <u>저희</u> 집에 초대합니다.
④ 친구의 생일에 줄 <u>선물</u>을 골랐다.
⑤ 아이에게 <u>그런</u> 사정이 있는 줄 전혀 몰랐다

19 다음 밑줄 친 단어들의 공통점으로 알맞은 것은?

> • 날씨가 <u>매우</u> 화창하다.
> • <u>모든</u> 음식이 맛있었다.

① 용언을 꾸며 주었다.
② 대상의 이름을 나타냈다.
③ 뒤에 오는 단어를 꾸며 주었다.
④ 문장에서 쓰일 때 형태가 변하였다.
⑤ 단어와 단어 사이의 관계를 나타내 주었다.

20 다음 중 밑줄 친 단어의 품사가 나머지와 <u>다른</u> 하나는?

① 찬밥<u>마저</u> 먹어야 했다.
② 할아버지<u>께서</u> 말씀하셨다.
③ 너<u>까지</u> 그렇게 대하면 안 돼.
④ 나<u>조차</u> 동생을 믿어주지 않았다.
⑤ 오늘은 깜빡하고 물통을 <u>못</u> 들고 나왔다.

21 다음 문장에 쓰인 조사에 대한 설명으로 알맞은 것은?

> 어느 숲속에 토끼와 거북이가 살았어요.

① 형태가 변하는 조사가 사용되었다.
② 조사를 앞말과 분리해서 쓰는 경우가 있다.
③ 조사 여러 개가 연달아 결합하여 사용되었다.
④ 앞말에 '한정·제한'하는 뜻을 더해 주는 조사가 사용되었다.
⑤ 단어들 사이에 문법적 관계를 나타내는 조사가 사용되었다.

22 다음 중 밑줄 친 말의 품사가 나머지와 <u>다른</u> 하나는?

① <u>얘</u>, 이 사과를 먹으렴.
② <u>야호</u>, 드디어 방학이다.
③ <u>아니</u>, 오랜만에 산에 오르니 상쾌해.
④ <u>민수야</u>, 약속 시간보다 늦어서 미안해.
⑤ <u>앗</u>! 지우개를 깜빡하고 가져오지 않았어.

23 다음 중 어색한 표현이 쓰인 문장은?

① 안나가 책을 읽는다.
② 올해에도 예쁘세요.
③ 시합에서 열심히 달리자.
④ 소정이는 매일 일기를 쓴다.
⑤ 대환이는 간식으로 뭘 먹었니?

24 다음 빈칸에 들어갈 말끼리 알맞게 묶인 것은?

> '옛부터 전해 내려온 우리 마을의 전설'에서 조사 '부터' 앞에는 (　　　)가 있어야 하는데 (　　　)인 '옛'이 있어서서 잘못된 표현이다.

① 명사 – 관형사　　② 부사 – 관형사
③ 수사 – 형용사　　④ 명사 – 대명사
⑤ 부사 – 대명사

25 다음과 같은 표현을 사용하기에 적절한 국어 자료는?

> 부사를 많이 사용하여 상황을 구체적이고 생생하게 나타낸다.

① 계약서　　　　② 보증서
③ 소설책　　　　④ 재난 문자
⑤ 제품 조립 설명서

26 〈보기〉에 쓰인 표현에 대한 설명으로 알맞은 것은?

> ─ 보기 ─
>
> ⚠ **안전 안내 문자**
>
> <u>안전</u> <u>안내</u>, 오늘 10시 폭염 예정. 낮 <u>동안</u> 외출 <u>자제</u>, 물놀이 안전 <u>유의</u> 바람.

① 용언을 꾸미는 말이 사용되었다.
② 명사 위주의 내용 전달이 이루어졌다.
③ 사물의 이름을 대신 가리키는 말이 사용되었다.
④ 음성 상징어를 사용하여 생동감 있게 표현하였다.
⑤ 다른 말과 상관없이 독립적으로 쓰는 말이 사용되었다.

# 만점 올리드

바른답·알찬풀이 35쪽

이렇게 풀어요

▶ 만점을 위해서는 같은 문제를 다시 틀리지 않도록 틀린 문제를 정확히 짚고 넘어가야 합니다.

▶ 아래 고난도 문제의 선지마다 ○✕ 표시를 하며 자신이 헷갈리는 부분이 무엇인지 명확히 확인하여 올바른 공부 습관을 길러 봅시다.

---

27 ★★★★☆ 고난도

다음 밑줄 친 '같이'의 품사가 〈보기〉와 같은 것은?

— 보기 —

너같이 생각하는 친구는 처음 봤어.

① 너랑 같이 가면 되는 거니? ○✕
② 결국 예상한 바와 같이 되었다. ○✕
③ 우리가 같이 하면 만들 수 있을 거야. ○✕
④ 소같이 일만 하더니 건강을 해친 거야. ○✕
⑤ 엄마랑 같이 가서 아이스크림 사 올래? ○✕

---

29 ★★★★★ 초고난도

다음 ㉠에 담긴 의도를 추론한 내용으로 알맞은 것은?

— 보기 —

"얘! 너 혼자만 일하니?"

"그럼 혼자 하지 떼루 하디?"

잔소리를 두루 늘어놓다가 남이 들을까 봐 손으로 입을 틀어막고는 그 속에서 깔깔댄다. 별로 우스울 것도 없는데 날씨가 풀리더니 이놈의 계집애가 미쳤나 하고 의심하였다.

더운 김이 홱 끼치는 굵은 감자 세 개가 손에 뿌듯이 쥐였다.

"㉠느 집엔 이거 없지? 너 봄 감자가 맛있단다."

– 김유정, 〈동백꽃〉

① '나'에게 감자가 있는지 확인하려는 의도이다. ○✕
② '나'에게 감자가 없는 것을 동정하는 의도이다. ○✕
③ '나'에게 감자를 주며 호감을 얻으려는 의도이다. ○✕
④ '나'에게 감자밖에 줄 수 없어 미안해하는 의도이다. ○✕
⑤ 감자의 특징과 생김새에 대해 알려 주려는 의도이다. ○✕

---

28 ★★★☆☆ 고난도

다음과 같은 연설을 듣는 방법으로 알맞지 <u>않은</u> 것은?

만일 교육자들이 모든 이에게 '지금 네가 원하는 것이 무엇인가?'라고 묻는다면 세상이 바뀔 수도 있을 것입니다. 커서 무엇이 되고 싶으냐는 질문에는 문제가 내재되어 있습니다. 청소년들이 오늘 할 수 있는 일을 폄하하는 것이죠. 어린이들에게 오늘 하고 싶은 일을 하려면 미래에 적당한 때가 오기를 기다려야 한다는 생각을 심어 주는 거예요. 왜 그래야 하는 거죠? 우리는 언제든 우리 자신에게 충실해야 합니다.

① 주제에 대한 연설자의 가치관을 추론한다. ○✕
② 연설자가 주장하는 것과 연설을 하는 의도를 살펴본다. ○✕
③ 연설에 사용된 표현을 통해 연설자의 관점을 추론한다. ○✕
④ 연설의 상황 맥락을 고려하여 연설자의 의도를 추론한다. ○✕
⑤ 연설자가 인터뷰한 대상을 통해 연설의 통일성을 점검한다. ○✕

3 단원

---

30 ★★★☆☆ 고난도

다음 중 잘못된 표현을 바르게 고친 것은?

① 모두 행복하세요.
→ 모두 행복합시다. ○✕
② 바다는 항상 푸르다.
→ 바다는 항상 푸른다. ○✕
③ 나부터 일찍 일어나야지.
→ 나 부터 일찍 일어나야지. ○✕
④ 나 만큼 너도 힘들었구나.
→ 나만큼 너도 힘들었구나. ○✕
⑤ 모든 인간은 소중한 존재이다.
→ 모든 인간은 소중한 존재 이다. ○✕

지문 알맹이 분석　(1) 옥수수 뺑소니

핵심 정리

갈래	단편 소설, 현대 소설	성격	개인적, 성찰적
제재	두 번의 교통사고	주제	눈앞의 이익에 휘둘리지 말고 진실한 마음으로 살아야 한다.
특징	\- 1인칭 주인공 시점으로, 두 번의 교통사고를 당한 '나'가 자신의 속마음을 솔직하게 전달하는 형식임. \- 시간의 흐름에 따른 인물의 심리 변화가 두드러짐.		

짜임	발단	'나'는 친구 재준이와 자전거 경주를 벌이다가 옥수수 트럭에 치일 뻔함.
	전개	골목에서 검은 승용차에 치였으나 검은 선글라스를 쓴 운전자는 '나'의 탓을 하면서 사라짐.
	위기	'나'가 자동차에 치였다는 사실을 안 부모님은 옥수수 아저씨를 뺑소니범으로 몰고 '나'를 입원시킴. (중략 부분)
	절정	병실에 허름한 모습으로 찾아와 사과를 하는 옥수수 아저씨에게 위독한 늦둥이 아기가 있다는 사실을 알게 됨.
	결말	옥수수 아저씨를 뺑소니범으로 몬 것을 후회하며 병실을 뛰쳐나감.

교재 128쪽

"학생! 괜찮아?"

쇠뚜껑 깨질 듯이 쨍쨍한 목소리가 멀리서 들려왔다. 어느새 아저씨가 차를
<u>놀람과 걱정이 담긴 매우 큰 목소리</u>
갓길에 세우고 이쪽으로 뛰어오고 있었다. 나는 상체를 일으켜 세웠다.

"일어나지 말고 누워 있어, 학생!"
<u>'나'가 걱정되어 누워 있으라고 함.</u>
창피해 죽겠는데 여기에 누워 있으라니. 나는 멀쩡하다는 것을 증명하기 위

해 일부러 벌떡 일어섰다. 풀숲에 굴러서 그런지 까진 곳 하나 없었다.

오십 미터를 넘게 뛰어온 아저씨가 헐떡이며 도착했다. 생각보다 덩치가 컸다.

"아픈 데 없니?" / "예." → 옥수수 아저씨가 트럭과 부딪칠 뻔한 '나'를 걱정함.

옥수수 아저씨의 행동과 성격 

옥수수 아저씨의 행동

- 큰 목소리로 '나'가 괜찮은지 물음.
- '나'를 살피기 위해 먼 거리를 헐떡이며 뛰어옴.
- '나'가 걱정되어서 누워 있으라고 함.

↓

'나'에 대해 진심으로 걱정하는 따뜻하고 ☐☐☐인 성격임.

교재 131~132쪽

정신을 차려 보니, 선글라스를 쓴 아저씨가 팔짱을 낀 채로 내 앞에 서 있었
<u>냉담한 태도</u>
다. 아, 여기 골목 삼거리였구나.

어제 사고 났는데 오늘 차에 또 치이다니! 나는 창피한 나머지 자리에서 벌떡

일어섰다. 하지만 어제와 달리 핑글핑글 머리가 어지럽고, 다리도 후들거렸다.

그래도 아프다고 말하긴 싫었다. / "아, 저, 괘, 괜찮아요!"
<u>자존심이 강하고 철이 없는 '나'의 성격</u>
"정말 괜찮아?" / "네, 네!"

선글라스 아저씨는 내 몸을 위아래로 훑어보았다. 까만 안경알 뒤로 무슨
<u>인정이 없는 태도</u>
생각을 하고 있는지 알 수가 없었다.

"안 괜찮은 것 같은데?" / "아니에요. 어제도 사고 났는데 멀쩡했어요."

"뭐? 자랑이다, 인마." / 아저씨가 피식 헛웃음을 내뱉었다.

"네가 잘못한 거 알지? 길을 갈 때는 항상 주변을 살피란 말이야."
→ 승용차와 사고가 나자 선글라스 아저씨가 '나'를 나무람.

두 번째 교통사고에 대한 '나'의 심리와 선글라스 아저씨의 태도 

두 번째 교통사고

머리가 어지럽고 다리가 후들거림.

↓

'나'는 아프다고 말하기 싫어서 괜찮은 척을 함.

선글라스 아저씨의 행동과 성격 

선글라스 아저씨의 행동

- '나'를 위아래로 훑어봄.
- '나'가 잘못했다며 야단을 침.

↓

다친 '나'를 걱정하기보다 자신의 책임을 회피하는 ☐☐☐인 성격임.

교재 134쪽

"저…… 나중에 알았는데요. 집에 와서 보니 핸드폰이 깨져 있었어요."

"뭐라고? 학생, 핸드폰 없다며?"

"그러니까, 친구 건데요. 제 가방에 있었어요. 어제 보셨죠? 저랑……."

"아아, 같이 자전거 탔던 친구?" / "네, 네에."

다시 정적이 흘렀다. 내 말을 듣고 지금 무슨 생각 중일까? 가슴이 마구 뛴다. 아저씨가 잠시 후에 한마디 했다.
거짓말이 들통날까봐 초조함.

"몸은 이상 없고?"
'나'를 걱정하는 마음
"네에. 살짝 까져서 쓰라리긴 한데, 이 정도는…… 하하."

으윽, 왠지 말투가 비굴하게 나갔다. 이러다 의심받는 건 아니겠지.
→ '나'는 옥수수 아저씨와의 사고로 핸드폰이 깨졌다고 거짓말을 함.

> **'나'와 옥수수 아저씨의 통화**

거짓말하는 '나'의 모습
• 심장이 마구 뜀.   • 말투가 비굴해짐.

↓

옥수수 아저씨에게 거짓말한 것이 들통날까 봐 '나'는 평상시와 다른 모습을 보임.

교재 136쪽

"사실, 학생이랑 사고 났을 때가 아기 상태 심각하대서 장사 접고 달려가던
옥수수 아저씨의 힘든 상황
참이었어. 그땐 너무 정신없어서 연락처만 남겼던 거야."

아저씨의 말에 아무런 대꾸도 할 수가 없었다. 갑자기 머리가 혼란스러웠다.
왠지 선글라스 아저씨가 이 광경을 봤다면 나를 실컷 비웃을 것 같았다.
미안함, 죄책감

"학생 이름이 현성이라고 했지?" / "네? 아, 네."

"현성아, 아빠한테 잘 좀 말해 줘. 아까 오면서 통화했는데, 나를 뺑소니로
고소하겠대. 내가 그래도 노력했잖니?"
→ '나'의 거짓말로 아저씨가 더 힘든 처지에 놓였음을 알게 됨.

> **'나'의 거짓말의 결과**

아빠가 옥수수 아저씨를 뺑소니범 취급하면서 고소하겠다고 으름장을 놓음.

↓

□□□□으로 몰린 옥수수 아저씨는 더 힘든 처지에 놓임.

↓

'나'는 옥수수 아저씨의 처지를 알고 미안함을 느낌.

4 단원

교재 137쪽

그건 나도 마찬가지였다. 나 역시 죽어 있었다. 그 대가로 백만 원을 받는 것
양심이 죽어 있는 상태
이었다. 한번 죽은 척하고 성능 좋은 컴퓨터와 멋진 스마트폰을 장만할 계획
이었다.

그런데 정말 죽을지도 모르는 사람이 생각났다. 옥수수 아저씨의 늦둥이 아
기였다. 산소 호흡기를 쓰고 힘겹게 숨 쉬는 그 녀석은 진짜였다. 내 손에 들린
옥수수 아저씨의 따뜻한 마음이 나타나는 소재
옥수수는 아직 따뜻했다.

나는 곧바로 자리에서 일어났다. 그리고 재빨리 평상복으로 갈아입었다.
밖으로 급하게 뛰어가다가 복도에서 옆자리 할아버지와 마주쳤다.

"학생, 어디 가는 겨?"

나는 들은 체도 하지 않고 계속 달려 병동 밖으로 뛰쳐나왔다.
→ 자신의 잘못을 뉘우치고 진실을 고백하려 함.

> **'나'의 손에 들린 옥수수**

따뜻한 옥수수는 옥수수 아저씨의 따뜻한 마음을 대변함.

↓

따뜻한 옥수수를 보며 '나'는 잃어버릴 뻔했던 □□, 인간성을 되살리게 됨.

> **'나'의 정신적 성숙**

이익을 위해 □□을 저버렸던 자신의 행동이 잘못되었음을 깨닫게 됨.

↓

자신의 행동을 □□하며 잘못을 바로잡으려 함.

필수 문제로
소단원 완전 정복

(1) 옥수수 뺑소니

[01~04] 다음 글을 읽고 물음에 답하시오.

가 "학생! 괜찮아?"

쇠뚜껑 깨질 듯이 쨍쨍한 목소리가 멀리서 들려왔다. 어느새 ㉠아저씨가 차를 갓길에 세우고 이쪽으로 뛰어오고 있었다. 나는 상체를 일으켜 세웠다.

"일어나지 말고 누워 있어, 학생!"

창피해 죽겠는데 여기에 누워 있으라니. 나는 멀쩡하다는 것을 증명하기 위해 일부러 벌떡 일어섰다. 풀숲에 굴러서 그런지 까진 곳 하나 없었다.

오십 미터를 넘게 뛰어온 아저씨가 헐떡이며 도착했다. 생각보다 덩치가 컸다.

"아픈 데 없니?" / "예."

"어지럽진 않고?" / "괜찮은데요."

질문을 뿌리치려고 반사적으로 짧은 대답이 튀어 나갔다. 재준이가 어느새 내 자전거를 옆에 세워 놓았다. 자전거도 별 이상은 없는 것 같았다.

"그래도 병원에 한번 가 봐야지."

"아, 진짜 괜찮다니까요."

"괜찮은지는 지금 모르는 거야. 내일 되면 아플 수도 있어."

나 어제 사고 났는데 오늘 차에 또 치이다니! 나는 창피한 나머지 자리에서 벌떡 일어섰다. 하지만 어제와 달리 핑글핑글 머리가 어지럽고, 다리도 후들거렸다.

그래도 아프다고 말하긴 싫었다.

"아, 저, 꽤, 괜찮아요!"

"정말 괜찮아? " / "네, 네!"

선글라스 아저씨는 내 몸을 위아래로 훑어보았다. 까만 안경알 뒤로 무슨 생각을 하고 있는지 알 수가 없었다.

"안 괜찮은 것 같은데?"

"아니에요. 어제도 사고 났는데 멀쩡했어요."

"뭐? 자랑이다, 인마."

아저씨가 피식 헛웃음을 내뱉었다.

"네가 잘못한 거 알지? 길을 갈 때는 항상 주변을 살피란 말이야."

"네."

여기까지 말한 ㉡아저씨가 갑자기 요리조리 주위를 살폈다. 왜 그러나 싶어 나도 주위를 둘러보니 아무도 없었다. 아저씨가 승용차에 급히 타면서 말했다.

"앞으로 조심해라!"

부우웅! / 선글라스 아저씨 차가 출발했다.

---

01 이 글을 읽는 방법으로 알맞은 것은?

① 사실과 의견을 구분하며 읽는다.
② 글쓴이의 경험과 정서에 공감하며 읽는다.
③ 주장과 근거를 논리적으로 정리하며 읽는다.
④ 갈등을 겪으며 등장인물이 성장하는 모습에 재미와 감동을 느끼며 읽는다.
⑤ 작품 속에 나온 시대적 배경을 파악하고 오늘날과 비교하며 비판적으로 읽는다.

02 이 글의 내용과 일치하지 <u>않는</u> 것은?

① '나'는 이틀 연속으로 사고를 당했다.
② '나'는 두 번째 사고에서 뺑소니를 당하였다.
③ '나'는 두 번의 사고에서 모두 괜찮다고 말하였다.
④ '나'는 자신의 잘못으로 두 번의 사고가 났다고 생각하였다.
⑤ '나'는 선글라스 아저씨가 자신을 보며 무슨 생각을 하는지 몰랐다.

03 ㉠의 인물에 대한 설명으로 알맞은 것은?

① '나'의 상태를 진심으로 걱정하고 있다.
② '나'의 상태를 확인한 후 잘못을 나무랐다.
③ '나'로 인해 사고가 일어났다고 생각하고 있다.
④ '나'의 사고가 자기와 무관하다고 생각하고 있다.
⑤ '나'의 퉁명스러운 대답을 이해하지 못하고 있다.

서술형

04 ㉡과 같은 행동을 한 까닭을 〈조건〉에 맞게 서술하시오.

조건
• 이어지는 인물의 행동을 참고하여 쓸 것
• 완결된 한 문장으로 쓸 것

[05~07] 다음 글을 읽고 물음에 답하시오.

가 "저…… 나중에 알았는데요. 집에 와서 보니 핸드폰이 깨져 있었어요."

"뭐라고? 학생, 핸드폰 없다며?"

"그러니까, 친구 건데요. 제 가방에 있었어요. 어제 보셨죠? 저랑……."

"아아, 같이 자전거 탔던 친구?" / "네, 네에."

다시 정적이 흘렀다. 내 말을 듣고 지금 무슨 생각 중일까? 가슴이 마구 뛴다. 아저씨가 잠시 후에 한마디 했다.

"몸은 이상 없고?"

"네에. 살짝 까져서 쓰라리긴 한데, 이 정도는…… 하하."

으윽, 왠지 말투가 비굴하게 나갔다. 이러다 의심받는 건 아니겠지.

"그래, 아저씨가 일 마치는 대로 들를게. 학생 주소가 어떻게 되지?"

나는 아저씨에게 고분고분 집 주소를 불러 주었다.

나 "사실, 학생이랑 사고 났을 때가 아기 상태 심각하대서 장사 접고 달려가던 참이었어. 그땐 너무 정신없어서 연락처만 남겼던 거야."

아저씨의 말에 아무런 대꾸도 할 수가 없었다. 갑자기 머리가 혼란스러웠다. 왠지 선글라스 아저씨가 이 광경을 봤다면 나를 실컷 비웃을 것 같았다.

"학생 이름이 현성이라고 했지?" / "네? 아, 네."

"현성아, 아빠한테 잘 좀 말해 줘. 아까 오면서 통화했는데, 나를 뺑소니로 고소하겠대. 내가 그래도 노력했잖니?"

"……네, 맞아요."

이 아저씨가 뺑소니라니. 아빠는 한술 더 뜨고 있었다. 서글프게 웃는 아저씨를 보니 내 마음이 아려 오기 시작했다.

다 정신이 번쩍 들었다. 주위를 한번 둘러보았다. 이 병실에는 아파서 들어온 환자만 있는 게 아니었다. 안 그러면 대학생 형이 저렇게 병실을 자주 비울 리가 없었다. 그런데 돌아와 환자복만 입으면 신기하게도 죽은 사람처럼 누워 있었다.

그건 나도 마찬가지였다. 나 역시 죽어 있었다. 그 대가로 백만 원을 받는 것이었다. 한번 죽은 척하고 성능 좋은 컴퓨터와 멋진 스마트폰을 장만할 계획이었다.

그런데 정말 죽을지도 모르는 사람이 생각났다. 옥수수 아저씨의 늦둥이 아기였다. 산소 호흡기를 쓰고 힘겹게 숨 쉬는 그 녀석은 진짜였다. 내 손에 들린 옥수수는 아직 따뜻했다.

---

05 옥수수 아저씨의 상황으로 알맞은 것은?

① 늦둥이 아기가 아프다.
② 뺑소니로 고소를 당했다.
③ '나'의 아빠와 통화를 하다 다투었다.
④ 옥수수 장사가 잘 되지 않아서 접었다.
⑤ 컴퓨터와 스마트폰을 '나'에게 물어 주었다.

06 (가)~(다)에 드러난 '나'의 심리 변화를 바르게 나열한 것은?

① 초조함 → 미안함 → 부끄러움
② 미안함 → 고마움 → 부끄러움
③ 초조함 → 미안함 → 당황스러움
④ 고마움 → 초조함 → 당황스러움
⑤ 고마움 → 미안함 → 당황스러움

07 이 글을 읽은 독자의 반응으로 가장 거리가 먼 것은?

① 자신도 어려우면서 '나'에게 정성을 다하는 아저씨를 보며 따뜻함을 느꼈어.
② '나'가 어른들의 삶의 방식을 이해하고 받아들이며 성장하는 모습이 참 보기 좋아.
③ '나'가 잘못된 선택을 했지만 그것이 잘못이라는 것을 깨닫는 과정에서 감동을 느꼈어.
④ 자신의 이익만 생각하며 다른 사람을 더 힘들게 하는 사람이 나쁘다는 생각이 들었어.
⑤ 자기 입장만 생각하는 사람보다 다른 사람에게 진심을 다하는 사람의 모습이 더 아름답게 보여.

시험에 꼭 나오는
지문 알맹이 분석

(2) 정서를 표현하는 글 쓰기 · 바른답·알찬풀이 37쪽

핵심 정리

정서를 표현하는 글	마음속의 생각이나 느낌, 감정 등을 표현하는 글		
정서를 표현하는 글 쓰기의 과정	경험 떠올리기	• 일상의 경험에서 의미 있는 글감 발견하기 • 발견한 경험에 가치를 부여하기	
	↓		
	경험과 정서 구체화하기	경험과 정서를 구체적으로 정리하기	
	↓		
	내용 조직하기	• 개요로 정리하기 • 주제를 고려하여 내용, 배열 순서 등 조절하기	
	↓		
	표현하기	과장이나 왜곡 없이 진솔하게 표현하기	

교재 152쪽

　내가 어렸을 때 아빠께서도 물고기를 키우신 적이 있었는데 그때는 시시하다고 생각했었던 물고기가, 이젠 내게 행복을 주는 존재가 되었다. 그래서 나는 이번 생일 선물로 부모님께 '나의 물고기'를 키우고 싶다고 부탁드렸고, 물고기를 좋아하시는 아빠 덕분에 <u>커다란 어항, 여러 가지 수초와 함께 물고기 맞을 준비를 했다.</u> / 모두 열한 마리였다. 노란색 꼬리지느러미가 귀여운 거피와 예쁜 귤색 거피, 무늬가 반짝거리는 푸른색 거피가 각각 세 마리씩이고, 하얀 저고리와 검정 치마를 입은 듯한 거피와 꼬리지느러미가 파란 새끼 거피까지 모두 보석처럼 아름다웠다.
나의 물고기에 대한 기대감과 설렘이 드러남.
→ 생일 선물로 나의 물고기를 받음.

▶ '나의 물고기'에 담긴 글쓴이의 심리

열한 마리의 물고기를 부모님께 생일 선물로 받음.
↓
'나의 물고기'라고 표현하며 물고기에 대한 애정과 □□□을 드러냄.

교재 152~153쪽

　그중에서도 나에게 특별한 물고기가 있었는데, 바로 귤색의 거피이다. 영롱한 귤색 지느러미가 참으로 고운 물고기였다. 살짝 노란빛이 도는 주황색의 꼬리지느러미는 물속에서 나비의 날개처럼 춤을 췄다.
'나'가 특별하게 생각한 물고기

　그런데 어느 날부터 수족관에서 기운차게 헤엄치던 그 물고기가 비실비실해졌다. 귤색의 지느러미가 힘없이 뒤집혀 물에 둥둥 떠 있어서 깜짝 놀라 지켜보면 갑자기 벌떡 정신을 차리고 일어나 헤엄쳐 돌아다녔다. 왜 그런지 정확히는 모르겠지만 어항 속 환경에 적응하지 못했던 것 같다. 그렇게 며칠을 반복하는 걸 보며 <u>나는 꽤 충격을 받았다. 그 모습이 안쓰러워 그냥 보내 줄까, 괜히 고생만 하는 건 아닐까 싶었지만 계속 살려는 의지로 버티는 녀석을 보고 마음을 몇 번이나 바꾸었다.</u> 그 물고기를 위해 내가 할 수 있는 것은 아무것도 없었다. 그저 옆에서 그 안타까운 모습을 지켜보며 응원할 수밖에.
아픈 물고기를 지켜보는 '나'의 마음
→ 특별하게 여기던 물고기가 아픈 모습을 보고 안타까워함.

▶ 글쓴이가 경험한 일과 정서

경험한 일
특별히 관심을 가지던 □□ 거피가 아픔.
↓
정서
• 놀라고 □□을 받음.
• 안쓰러워함.
• 아픈 물고기를 지켜보며 응원함.

필수 문제로

소단원 완전 정복

(2) 정서를 표현하는 글 쓰기 ✿ 바른답·알찬풀이 37쪽

[01~04] 다음 글을 읽고 물음에 답하시오.

가 내가 어렸을 때 아빠께서도 물고기를 키우신 적이 있었는데 그때는 시시하다고 생각했었던 물고기가, 이젠 내게 행복을 주는 존재가 되었다. 그래서 나는 이번 생일 선물로 부모님께 '나의 물고기'를 키우고 싶다고 부탁드렸고, 물고기를 좋아하시는 아빠 덕분에 커다란 어항, 여러 가지 수초와 함께 물고기 맞을 준비를 했다.

나 모두 열한 마리였다. 노란색 꼬리지느러미가 귀여운 거피와 예쁜 귤색 거피, 무늬가 반짝거리는 푸른색 거피가 각각 세 마리씩이고, 하얀 저고리와 검정 치마를 입은 듯한 거피와 꼬리지느러미가 파란 새끼 거피까지 모두 보석처럼 아름다웠다.

다 어느 날부터 수족관에서 기운차게 헤엄치던 그 물고기가 비실비실해졌다. 귤색의 지느러미가 힘없이 뒤집혀 물에 둥둥 떠 있어서 깜짝 놀라 지켜보면 갑자기 벌떡 정신을 차리고 일어나 헤엄쳐 돌아다녔다. 왜 그런지 정확히는 모르겠지만 어항 속 환경에 적응하지 못했던 것 같다. 그렇게 며칠을 반복하는 걸 보며 나는 꽤 충격을 받았다. 그 모습이 안쓰러워 그냥 보내 줄까, 괜히 고생만 하는 건 아닐까 싶었지만 계속 살려는 의지로 버티는 녀석을 보고 마음을 몇 번이나 바꾸었다.

라 결국 아빠께서는 다른 물고기를 위해 죽기 직전인 귤색 거피를 건져 내었다. 축 처져서 더는 몸부림도 치지 못하는 물고기를 보며 이상한 기분이 들었다. 무섭고 멍한 느낌이었다. 예전에도 몇 차례 물고기의 죽음을 본 터라 조금은 무뎌졌을 줄 알았다. 그렇지만 한 생명의 끝을 지켜보는 것은 생각보다 힘든 일이었다. 비록 작은 물고기라도 생명은 소중하니까.

마 힘이 빠진 채 가만히 있는 물고기를 보니 죄책감이 견디기 힘들 정도로 마음을 짓눌렀다. 허전한 마음에 멍한 채로 있다가 결국 울음이 터지고 말았다. '괜히 내게 와서 그렇게 아프게 떠났구나.' 하는 생각에 미안했다. 며칠 동안 그랬듯이 '조금만 시간이 지나면 다시 힘차게 헤엄칠 텐데.' 하며 오래 울었다. 해야 할 일도 잊고 밤하늘에 눈물을 섞다가 잠들어 눈이 퉁퉁 부어 버렸다.

01 이 글에 대한 설명으로 알맞은 것은?

① 글쓴이의 생각이나 느낌을 자유롭게 쓴 글이다.
② 글쓴이가 수집한 정보를 알기 쉽게 풀어 쓴 글이다.
③ 글쓴이가 상상한 내용을 개성적으로 표현한 글이다.
④ 글쓴이가 겪은 갈등을 공간의 이동에 따라 서술한 글이다.
⑤ 글쓴이의 개인적 체험을 바탕으로 사회를 비판하는 글이다.

02 이 글에 대한 설명으로 알맞지 <u>않은</u> 것은?

① 시간의 흐름대로 글을 전개하고 있다.
② 생명의 소중함을 깨닫는 내용으로 전개하고 있다.
③ 키우던 물고기가 죽었을 때의 슬픔을 다루고 있다.
④ 물고기와 관련된 가족과의 추억을 회상하고 있다.
⑤ 물고기와 관련된 경험을 바탕으로 내용을 전개하고 있다.

03 (가)~(마)에 나타난 정서로 알맞지 <u>않은</u> 것은?

① (가): 기대감
② (나): 행복감
③ (다): 놀람과 안타까움
④ (라): 원망
⑤ (마): 슬픔

04 이 글을 쓴 후 글쓴이의 소감으로 알맞지 <u>않은</u> 것은?

① 글을 쓰며 스스로 성장하고 치유되는 기분이 들었다.
② 떠난 물고기에 대한 미안함을 글로 남길 수 있어 좋았다.
③ 경험을 글로 쓰니 감정을 솔직하게 글에 드러낼 수 있었다.
④ 글을 읽는 독자를 고려하여 겪은 일에 상상력을 더해 쓰니 재미있었다.
⑤ 그동안 물고기를 떠난 보낸 슬픔에서 벗어나지 못하고 있었는데 글로 쓰니 감정이 정리되었다.

[01~03] 다음 글을 읽고 물음에 답하시오.

가 오십 미터를 넘게 뛰어온 아저씨가 헐떡이며 도착했다. 생각보다 덩치가 컸다.

"아픈 데 없니?" / "예."

"어지럽진 않고?" / "괜찮은데요."

질문을 뿌리치려고 반사적으로 짧은 대답이 튀어 나갔다. 재준이가 어느새 내 자전거를 옆에 세워 놓았다. 자전거도 별 이상은 없는 것 같았다.

"그래도 병원에 한번 가 봐야지."

"아, 진짜 괜찮다니까요."

"괜찮은지는 지금 모르는 거야. 내일 되면 아플 수도 있어."

큰 덩치와 달리 순한 인상을 가진 아저씨가 머리를 긁적였다. 그러고는 품에서 휴대 전화를 꺼냈다. 딱 봐도 옛날 폴더 폰인데 도금이 벗겨져 무지 낡아 보였다.

㉠"학생, 핸드폰 번호 좀 불러 줘."

나 "아, 저, 괘, 괜찮아요!"

"정말 괜찮아? " / "네, 네!"

선글라스 아저씨는 내 몸을 위아래로 훑어보았다. 까만 안경알 뒤로 무슨 생각을 하고 있는지 알 수가 없었다.

"안 괜찮은 것 같은데?"

"아니에요. 어제도 사고 났는데 멀쩡했어요."

"뭐? 자랑이다, 인마."

아저씨가 피식 헛웃음을 내뱉었다.

"네가 잘못한 거 알지? 길을 갈 때는 항상 주변을 살피란 말이야." / "네."

여기까지 말한 아저씨가 갑자기 요리조리 주위를 살폈다. 왜 그러나 싶어 나도 주위를 둘러보니 아무도 없었다. 아저씨가 승용차에 급히 타면서 말했다.

"앞으로 조심해라!"

다 나는 어둑어둑해진 골목길을 휘휘 둘러보며 떨어진 스마트폰이 어디 있는지 살폈다. 저기 있네! 생각보다 금방 찾았다.

그런데……. / 망했다. 재준이의 스마트폰 액정에 대각선으로 금이 쫙 가 버렸다. 이제 어떡하지? 이거 수리비

장난 아닐 텐데. 이번 주 정말 재수 옴 붙었다.

집에 와서 옷을 벗어 보니 역시나 옆구리가 넓게 까져 피가 묻어 나왔다. 그런데 살갗보다도 마음이 쓰라려 죽겠다. 이거 아빠한테 얘기하면 맞아 죽을 거다.

선글라스 아저씨도 진짜 황당하다. 왜 나한테만 그러지? 자기도 조심하지 않았잖아! 괜찮은 척했다고 그냥 가면 어떡해? 생각하면 할수록 짜증 났다.

---

01 이와 같은 글을 감상할 때 유의할 점으로 가장 알맞은 것은?

① 작품에 반영된 작가의 삶을 긍정적으로 수용해야 한다.

② 작품 속 인물의 삶을 통해 정서적 경험을 확대해야 한다.

③ 글 속에 담긴 정보를 얻으며 지적인 성장을 추구해야 한다.

④ 사건 전개에 나타난 사실적 요소를 명확하게 파악해야 한다.

⑤ 함축적 언어와 개성 있는 표현 방식을 중심으로 작품의 가치를 평가해야 한다.

02 이 글의 인물들에 대한 설명으로 알맞지 **않은** 것은?

① (가)의 아저씨는 사고에 대해 책임을 지려고 하였다.

② (가)의 아저씨는 비슷한 의미의 말을 반복적으로 하였다.

③ (나)의 아저씨는 '나'를 걱정하기보다 사고 책임을 지지 않을 궁리를 하였다.

④ (나)에서 '나'는 자신의 잘못으로 사고가 나서 아픈 데도 괜찮다고 대답하였다.

⑤ (가)와 (나)의 두 아저씨는 '사고'에 대해 서로 다른 태도를 보이고 있다.

서술형

03 ㉠과 같이 말한 이유를 〈조건〉에 맞게 서술하시오.

┌─ **조건** ─────────────────────
• 완결된 한 문장으로 쓸 것
└─────────────────────────────

[04~07] 다음 글을 읽고 물음에 답하시오.

가 🌼 **중략 부분 줄거리**

'나'가 자동차에 치였다는 사실을 알게 된 부모님은 때마침 집에 방문한 옥수수 아저씨를 뺑소니범으로 취급하며 화를 내고, '나'를 병원에 입원시킨다. '나'는 병실 사람들에게 합의금을 받을 수 있다는 이야기를 들은 뒤, 재준이의 스마트폰 수리비도 물어 주고 새 컴퓨터와 스마트폰을 살 수 있다는 희망에 부푼다.

나 "늦둥이 아기가 있는데, 많이 아파."

"아…… 아기요? 어디가 아픈데요? "

"천식. 응급실 자주 가는데, 이번엔 심각한가 봐. 방금 중환자실로 옮겼대."

"……."

"사실, 학생이랑 사고 났을 때가 아기 상태 심각하대서 장사 접고 달려가던 참이었어. 그땐 너무 정신없어서 연락처만 남겼던 거야."

아저씨의 말에 아무런 대꾸도 할 수가 없었다. 갑자기 머리가 혼란스러웠다. 왠지 [㉠]이/가 이 광경을 봤다면 나를 실컷 비웃을 것 같았다.

다 아저씨가 주머니를 주섬주섬 뒤지고는 무언가를 꺼내어 내게 내밀었다.

"급하게 오느라 음료수도 못 사 왔네. 나중에 맛있는 거라도 사 먹어."

만 원짜리 지폐였다. 그것도 땀에 절어 쭈글쭈글 시든 배춧잎이었다.

"아, 아니에요. 괜찮아요!" / "괜찮긴, 어서 받아."

아저씨가 뿌리치는 내 손을 꼭 붙잡고는 손바닥에 만 원을 쥐여 주었다. 나는 잡힌 손을 어색하게 바라보았다.

그런데 이상했다. 아저씨가 그 상태로 한참 동안 내 손을 놓아 주질 않는다.

"우리 아들 도원이가 이렇게 건강하게만 자라 주면 소원이 없겠는데……."

이 말을 하고 나서야 꼭 잡았던 손을 놓아 주었다. 평소라면 짜증 냈을 텐데, 시름이 깊이 잠긴 목소리 때문에 그럴 수가 없었다. ㉡<u>내 손엔 아직 아저씨의 따뜻한 기운이 남아 있었다.</u>

04 이 글에 대한 설명으로 알맞은 것은?

① 서술자는 모든 인물의 내면을 정확하게 전달하고 있다.

② 시간의 흐름에 따라 사건을 순차적으로 전개하고 있다.

③ 글쓴이는 작품을 통해 메시지를 직접적으로 전달하고 있다.

④ 비현실적인 배경을 설정하여 독자의 관심을 유도하고 있다.

⑤ 공간의 이동에 따른 주인공의 심리적 변화가 드러나 있다.

05 (가)~(다)에 대한 설명으로 알맞지 <u>않은</u> 것은?

① (가)에서는 인물들 간의 갈등이 나타난다.

② (가)에서는 철이 없는 '나'의 모습이 드러난다.

③ (나), (다)에서는 '나'의 내적 갈등이 나타난다.

④ (나), (다)에서는 잘못된 상황을 바로 잡으려는 '나'의 노력이 나타난다.

⑤ (나), (다)에서 옥수수 아저씨의 병문안으로 '나'의 마음이 달라지고 있다.

06 ㉠에 들어갈 인물로 알맞은 것은?

① 재준이 　　　② 부모님

③ 늦둥이 아기 　④ 옥수수 아저씨

⑤ 선글라스 아저씨

07 ㉡에 대한 설명으로 알맞은 것은?

① 옥수수 아저씨의 소원이 이루어진 모습이다.

② 옥수수 아저씨의 땀과 열정이 '나'에게 전달되는 모습이다.

③ '나'가 옥수수 아저씨의 따뜻한 마음을 깊이 느끼는 모습이다.

④ 옥수수 아저씨의 따뜻한 마음이 '나'의 짜증과 억울함을 녹인 모습이다.

⑤ 온기가 남아 있는 옥수수를 보며 아저씨의 어려운 형편을 떠올리는 모습이다.

4
단원

[08~11] 다음 글을 읽고 물음에 답하시오.

가 정신이 번쩍 들었다. 주위를 한번 둘러보았다. 이 병실에는 아파서 들어온 환자만 있는 게 아니었다. 안 그러면 대학생 형이 저렇게 병실을 자주 비울 리가 없었다. 그런데 돌아와 환자복만 입으면 신기하게도 죽은 사람처럼 누워 있었다.

그건 나도 마찬가지였다. 나 역시 죽어 있었다. 그 대가로 백만 원을 받는 것이었다. 한번 죽은 척하고 성능 좋은 컴퓨터와 멋진 스마트폰을 장만할 계획이었다.

그런데 정말 죽을지도 모르는 사람이 생각났다. 옥수수 아저씨의 늦둥이 아기였다. 산소 호흡기를 쓰고 힘겹게 숨 쉬는 그 녀석은 진짜였다. 내 손에 들린 옥수수는 아직 따뜻했다.

나는 곧바로 자리에서 일어났다. 그리고 재빨리 평상복으로 갈아입었다. / 밖으로 급하게 뛰어가다가 복도에서 옆자리 할아버지와 마주쳤다.

"학생, 어디 가는 겨?"

나는 들은 체도 하지 않고 계속 달려 병동 밖으로 뛰쳐나왔다.

옥수수 아저씨, 선글라스 아저씨, 부모님, 재준이가 번갈아 떠올랐다. 미쳐버릴 것같이 숨이 가빴다. 누구든 먼저 마주치면 이 기분을 다 쏟아 낼 것이다.

나 S# 91

여전히 일어나지 못하는 만복이의 눈에 자신의 벗겨진 신발과 피로 붉게 물든 양말이 보인다. 그때 점차 어디선가 들려오기 시작하는 비행기 소리에 이어 머리 위로 웬 그림자가 만복이를 덮으며 지나가자 고개를 들어 하늘을 올려다보는 만복. 비행기 한 대가 고요하게 날아가고 있다. 비행기 소리만이 점점 뚜렷하게 들려온다.

㉠만복(내레이션): 비행기, 몇 번째더라? 소원 빌 게 있었는데……. 아! 근데 나 왜 이렇게 빨리 달렸던 걸까? 어쩌면 그냥, 조금 느려도 괜찮지 않을까?

그때 정적을 깨며 다가온 진행 요원.

진행 요원: 저기요, 저기요! 계속 뛸 거예요, 말 거예요?

만복, 멍하니 진행 요원을 쳐다보다가 이내 편안한 표정으로.

만복: 아니요, 그만할래요.

---

08 (가)와 (나) 같은 글이 공통적으로 지니는 특성으로 알맞은 것은?

① 장면 단위로 내용이 전개된다.
② 갈등을 중심으로 사건이 전개된다.
③ 인물의 대사를 통해 주제를 표현한다.
④ 서술자가 개입하여 이야기를 이끌어 간다.
⑤ 등장인물의 동작을 나타내는 지문이 있다.

09 (가)에 등장하는 인물에 대한 설명으로 알맞지 <u>않은</u> 것은?

① 병실에는 아프지 않은 가짜 환자들이 있다.
② 옥수수 아저씨의 늦둥이 아기는 매우 아프다.
③ 대학생 형은 아프지 않아서 병실을 자주 비운다.
④ '나'는 양심을 저버리고 컴퓨터와 스마트폰을 장만할 계획이었다.
⑤ 옆자리 할아버지의 말을 들은 체도 하지 않는 '나'는 철이 없고 자존심이 강하다.

10 (나)에 나타난 인물의 성장으로 알맞은 것은?

① 만복이는 새로운 목표와 꿈을 찾았다.
② 만복이는 경기에 충실해야 함을 깨달았다.
③ 만복이는 잘하는 일보다 하고 싶은 일을 선택하였다.
④ 만복이는 지나친 경쟁에서 벗어나 자기만의 여유로움을 찾았다.
⑤ 만복이는 비행기를 보며 소원을 빌던 어린 시절의 순수함을 되찾았다.

11 ㉠의 효과로 알맞은 것은?

① 인물의 내면을 직접 나타낼 수 있다.
② 작품의 주제를 자세하게 설명할 수 있다.
③ 공간적 배경을 자세하게 묘사할 수 있다.
④ 해설자가 개입하여 배경을 설명해 줄 수 있다.
⑤ 작가가 전하고 싶은 메시지를 직접 전달할 수 있다.

[12~15] 다음 글을 읽고 물음에 답하시오.

가 우리 집에는 꽤 오랜 시간 함께 지내 온 사랑스러운 물고기가 한 마리 있다. 동생이 학교에서 받아 온 지느러미가 예쁜 열대어이다. 그저 '동생의 물고기'라고만 생각했던 작은 물고기 한 마리가 점점 내 생활에 스며들었다. 밥을 챙겨 주면서 가만히 들여다보는 것만으로 친구들과의 관계에 관한 고민을 잊게 하고, 학업에 지쳐 있을 때에도 작은 위로가 되었다.

나 내가 어렸을 때 아빠께서도 물고기를 키우신 적이 있었는데 그때는 시시하다고 생각했었던 물고기가, 이젠 내게 행복을 주는 존재가 되었다. 그래서 나는 이번 생일 선물로 부모님께 '나의 물고기'를 키우고 싶다고 부탁드렸고, 물고기를 좋아하시는 아빠 덕분에 커다란 어항, 여러 가지 수초와 함께 물고기 맞을 준비를 했다.

다 물고기를 데려온 첫날, 나는 신나서 어항 앞에 앉아 꼬박 2시간 동안 사진을 찍었다. 물속에서 꼬물거리는 물고기들을 바라보고 있자면 나도 모르게 빠져 들어 시간 가는 줄 몰랐다. 한 마리 한 마리 관찰하고 의미 있는 이름도 지으며 모두를 아껴 주었다.

그중에서도 나에게 특별한 물고기가 있었는데, 바로 귤색의 거피이다. 영롱한 귤색 지느러미가 참으로 고운 물고기였다. 살짝 노란빛이 도는 주황색의 꼬리지느러미는 물속에서 나비의 날개처럼 춤을 췄다.

라 어느 날부터 수족관에서 기운차게 헤엄치던 그 물고기가 비실비실해졌다. 귤색의 지느러미가 힘없이 뒤집혀 물에 둥둥 떠 있어서 깜짝 놀라 지켜보면 갑자기 벌떡 정신을 차리고 일어나 헤엄쳐 돌아다녔다. 왜 그런지 정확히는 모르겠지만 어항 속 환경에 적응하지 못했던 것 같다. 그렇게 며칠을 반복하는 걸 보며 나는 꽤 충격을 받았다. 그 모습이 안쓰러워 그냥 보내 줄까, 괜히 고생만 하는 건 아닐까 싶었지만 계속 살려는 의지로 버티는 녀석을 보고 마음을 몇 번이나 바꾸었다. 그 물고기를 위해 내가 할 수 있는 것은 아무것도 없었다. 그저 옆에서 그 안타까운 모습을 지켜보며 응원할 수밖에.

12 이와 같은 글을 쓰는 목적으로 가장 거리가 <u>먼</u> 것은?

① 자신의 경험을 돌아보며 깨달음을 얻기 위해
② 자신의 삶에 대해 성찰하고 더 성장하기 위해서
③ 자신이 느꼈던 여러 감정에 대한 심리적 치유를 위해서
④ 자신의 꿈과 미래를 설계하며 능동적으로 추진하기 위해서
⑤ 자신의 직접적 체험을 독자와 공유하고 공감을 얻기 위해서

13 이 글에 대한 독자의 반응으로 가장 알맞은 것은?

① 글쓴이는 물고기와 관련하여 신기한 경험을 했군.
② 물고기로 인한 글쓴이의 성격의 변화가 나타나는군.
③ 글쓴이가 물고기에 관하여 상상한 내용을 덧붙이고 있군.
④ 글쓴이는 물고기에 대한 구체적 지식을 알려 주고 싶었군.
⑤ 글쓴이는 물고기와 관련된 다양한 정서를 잘 드러내고 있군.

14 이 글에서 글쓴이가 물고기를 키우며 한 생각으로 알맞은 것은?

① 병든 물고기를 판 사람이 미웠어.
② 다른 물고기도 죽을까 봐 초조했어.
③ 아빠가 물고기를 살려 주지 않아서 서운했어.
④ 죽은 물고기를 어떻게 처리할지 혼란스러웠어.
⑤ 아픈 물고기를 지켜보기만 했던 게 너무 미안했어.

서술형

15 다음은 글쓴이가 글을 쓰기 전에 경험과 정서를 구체화한 내용이다. ㉠에 들어갈 내용을 〈조건〉에 맞게 서술하시오.

구체적인 일	그때 든 감정
동생이 학교에서 물고기를 받아 옴.	고민을 잊을 만큼 행복했어.
부모님께 생일 선물로 물고기를 받음.	㉠

┌ 조건 ┐
• 글쓴이가 말하듯이 서술할 것
• 완결된 한 문장으로 서술할 것

[16~19] 다음 글을 읽고 물음에 답하시오.

가 결국 아빠께서는 다른 물고기를 위해 죽기 직전인 귤색 거피를 건져 내었다. 축 처져서 더는 몸부림도 치지 못하는 물고기를 보며 이상한 기분이 들었다. 무섭고 멍한 느낌이었다. 예전에도 몇 차례 물고기의 죽음을 본 터라 조금은 무뎌졌을 줄 알았다. 그렇지만 한 생명의 끝을 지켜보는 것은 생각보다 힘든 일이었다. 비록 작은 물고기라도 생명은 소중하니까.

힘이 빠진 채 가만히 있는 물고기를 보니 죄책감이 견디기 힘들 정도로 마음을 짓눌렀다. 허전한 마음에 멍한 채로 있다가 결국 울음이 터지고 말았다. '괜히 내게 와서 그렇게 아프게 떠났구나.' 하는 생각에 미안했다. 며칠 동안 그랬듯이 '조금만 시간이 지나면 다시 힘차게 헤엄칠 텐데.' 하며 오래 울었다. 해야 할 일도 잊고 밤하늘에 눈물을 섞다가 잠들어 눈이 퉁퉁 부어 버렸다.

그다음 날은 내가 좋아하는 연예인의 생일 카페에 가기로 한 날이었다. 오랜 시간 이날만을 기다렸는데 퉁퉁 부은 얼굴이 어떻게 해도 가려지지 않아서 그날 찍은 사진에는 전날 밤의 충격이 고스란히 담겼다.

사진 속 얼굴을 볼 때마다 "자꾸 생각하면 좋은 곳으로 못 간다는데……."라고 언젠가 만화책에서 봤던 말을 중얼거리며 아픔을 닦았던 나를 회상하겠지.

오랜 시간이 지나도 거피는 내 마음속에서 잊히지 않을 것 같다.

"안녕, 나의 물고기. 오래오래 기억할게."

나 내게 왔다 떠나간 물고기들에게 미안해서 꼭 글로 남겨 주고 싶었다. 내 경험을 글로 쓰니 솔직한 감정이 글에 드러나서 좋았다. 그동안 물고기를 떠나보낸 후 느꼈던 슬픈 감정을 마음에 눌러 담기만 해서 더욱 아팠던 것 같다. 이번에 글로 써 보니 감정이 정리되었고, 스스로 〔 ㉠ 〕하고 〔 ㉡ 〕되는 기분이 들었다.

16 (가), (나)에 대한 설명으로 알맞지 <u>않은</u> 것은?

① (가)는 경험과 그에 대한 정서가 표현된 글이다.
② (가)에서 글쓴이는 자신의 감정을 진솔하게 표현하였다.
③ (가)는 비유와 상징을 사용하여 경험을 생생하게 표현하였다.
④ (가)를 읽은 독자는 글쓴이에게 공감하며 감동과 즐거움을 얻을 수 있다.
⑤ (나)는 (가)를 쓰고 난 후 글쓴이가 느낀 소감이다.

17 (가)와 같은 글을 쓸 때 '내용 조직하기' 단계에서 생각할 내용으로 알맞은 것은?

① 어떤 경험을 글로 써 볼까?
② 어떤 유형으로 표현해 볼까?
③ '처음-중간-끝'을 어떻게 구성할까?
④ 경험에서 느끼거나 깨달은 점이 무엇인가?
⑤ 구체적으로 무슨 일이 있었고, 그때 어떤 감정이 들었지?

18 (나)를 참고할 때, (가)를 쓴 까닭으로 알맞은 것은?

① 자신의 일상을 기록해 두려고
② 남은 물고기들을 잘 키우기 위해서
③ 물고기가 아팠던 까닭을 밝히기 위해서
④ 떠나간 물고기들에게 미안한 마음을 글로 남겨 주려고
⑤ 슬픈 감정을 스스로 절제하고 아픈 기억을 잊기 위해서

19 ㉠, ㉡에 들어갈 알맞은 말끼리 묶인 것은?

	㉠	㉡
①	반성	용서
②	성숙	숙고
③	성장	치유
④	절제	성숙
⑤	회고	화해

---

20 ★★★☆☆ 고난도

다음은 〈옥수수 뺑소니〉를 쓴 작가의 말이다. 이를 참고하여 제목의 의미를 알맞게 파악한 것은?

> '뺑소니'라는 게 교통사고에만 해당하는 말은 아니더군요. 그래서 생각해 봤습니다. 삶의 수많은 선택 가운데 나는 뺑소니치지 않았나. 인생의 운전자인 여러분은 어떤가요?

① 자신의 인생에 대해 스스로 선택하며 주도적으로 살아가야 한다는 것을 나타낸 제목이야. ○×
② 자신이 책임을 져야 할 상황을 모면하거나 회피하는 이기적인 선택은 옳지 않다는 말이로군. ○×
③ 교통사고와 같은 갑작스러운 일을 당하지 않으려면 올바른 선택을 해야 하는 걸 강조하고 있어. ○×
④ 인생은 다른 사람들과의 관계 속에서 만들어지므로 좋은 사람을 만나기 위해 노력해야 한다는 거지. ○×
⑤ 자신의 인생이 다른 사람에 의해 피해를 입지 않으려면 수많은 선택의 순간 자신을 중심으로 판단하라는 의미야. ○×

---

21 ★★★★★ 초고난도

다음은 〈옥수수 뺑소니〉의 줄거리 일부이다. ㉠에게 작가가 해 줄 말로 가장 알맞은 것은?

> '나'가 자동차에 치였다는 사실을 알게 된 부모님은 때마침 집에 방문한 옥수수 아저씨를 뺑소니범으로 취급하며 화를 내고, '나'를 병원에 입원시킨다. ㉠'나'는 병실 사람들에게 합의금을 받을 수 있다는 이야기를 들은 뒤, 재준이의 스마트폰 수리비도 물어 주고 새 컴퓨터와 스마트폰을 살 수 있다는 희망에 부푼다.

① 도둑이 제 발 저리는 상황이로군. ○×
② 부모님과 결자해지(結者解之)해야 해. ○×
③ 남을 탓하다니 적반하장(賊反荷杖)이로군. ○×
④ 잘못한 줄도 모르다니 후안무치(厚顏無恥)야. ○×
⑤ 더 큰 이득이 있다는 걸 몰랐으니 쥐구멍이라도 찾고 싶지? ○×

---

22 ★★★☆☆ 고난도

경험을 바탕으로 정서를 구체화하는 글 쓰기 과정 중 '내용 조직하기' 단계에서 생각할 내용으로 알맞지 <u>않은</u> 것은?

① 제목은 경험이 잘 드러나도록 지어야겠어. ○×
② 내가 경험한 일들 중 글로 쓸 의미가 있는 것이 무엇일까? ○×
③ 글의 끝부분에는 경험으로 깨달은 점을 써서 마무리해야겠어. ○×
④ 경험과 정서를 구체화한 내용을 바탕으로 하여 개요를 써야지. ○×
⑤ 경험한 일을 더욱 생생하게 보여 주도록 추가할 내용이 있을까? ○×

---

23 ★★★☆☆ 고난도

다음 글을 읽은 독자의 생각으로 가장 알맞은 것은?

> 어느 날부터 수족관에서 기운차게 헤엄치던 그 물고기가 비실비실해졌다. 굴색의 지느러미가 힘없이 뒤집혀 물에 둥둥 떠 있어서 깜짝 놀라 지켜보면 갑자기 벌떡 정신을 차리고 일어나 헤엄쳐 돌아다녔다. 왜 그런지 정확히는 모르겠지만 어항 속 환경에 적응하지 못했던 것 같다. 그렇게 며칠을 반복하는 걸 보며 나는 꽤 충격을 받았다.

① 과장하여 써서 거부감이 들었어. ○×
② 글쓴이의 정서를 파악하기 어려워. ○×
③ 물고기를 자유롭게 풀어 주어야 해. ○×
④ 동물을 키울 때는 전문 지식이 필요해. ○×
⑤ 나도 키우는 강아지가 아파서 공감이 돼. ○×

4 단원

[01~06] 다음 글을 읽고 물음에 답하시오.

나 기자: 시각 장애인 ○○○ 씨의 고궁 나들이 길. 안내견 '피움이' 말고도 기댈 수 있는 팔이 ㉮하나 더 생겼습니다.

시각 장애인 ○○○ 씨: 제가 잡고 갈까요. 해설자님?

기자: 눈 대신 귀로 보고 손으로 느낍니다. 올록볼록하게 만든 점자 배치도. 품계석도, 해치상도 직접 만져봅니다. 내내 곁에서 친절한 설명이 이어집니다.

영상 해설사: 그 아래는 이렇게 지지석이 있어서, 연꽃무늬로 되어 있어요.

다 시각 장애인 ○○○ 씨: 전에는 여러 번 왔어도 '그냥 지나치는 길이다.'밖에는 몰랐거든요. 처음 와 본 거 같아요.

기자: 청각 장애인들을 위한 스마트폰 수어 설명도 작년부터 활용돼 왔습니다. 농인들에게는 한글보다 먼저 배운 수어가 모국어 같기 때문입니다.

청각 장애인 □□□ 씨: 글자를 보고 100퍼센트 이해하는 것이 아니라, 이해하는 정도가 다 다르기 때문에 수어가 훨씬 도움이 됩니다.

기자: 귀로 보고, 눈으로 듣는 고궁. 아직 극히 일부에 그치고 있지만, 국가유산청은 장애인들이 즐길 수 있는 국가유산을 점점 더 늘려 갈 계획입니다.

라 다음번에 저 같은 어린이와 이야기를 나눌 기회가 되신다면 ㉡나중에 커서 무엇이 되고 싶으냐고 물어보는 대신 지금 그들이 원하는 것이 무엇인지 물어봐 주세요. 학생이나 어린이들의 삶에 교육자의 역할이 상당히 크다고 생각합니다. 교육의 목적은 직장 생활의 성공이 아니라 지성인을 만들어 내는 것입니다. 만일 교육자들이 모든 이에게 '지금 네가 원하는 것이 무엇인가?'라고 묻는다

면 세상이 바뀔 수도 있을 것입니다. 커서 무엇이 되고 싶으냐는 질문에는 문제가 내재되어 있습니다. ㉯청소년들이 오늘 할 수 있는 일을 폄하하는 것이죠. 어린이들에게 오늘 하고 싶은 일을 하려면 미래에 적당한 때가 오기를 기다려야 한다는 생각을 심어 주는 거예요. 왜 그래야 하는 거죠? 우리는 언제든 우리 자신에게 충실해야 합니다.

01 (가)~(라)의 담화를 듣는 방법으로 알맞은 것은?

① 상황 맥락을 고려하여 추론하며 듣는다.
② 주장에 대한 근거가 믿을 만한지 판단하며 듣는다.
③ (가)에서는 청자의 숨겨진 관점을 파악하며 듣는다.
④ (나)와 (다)에서는 담화가 이루어지는 시간을 주의 깊게 살피며 듣는다.
⑤ (라)에서는 화자의 의도를 파악하기 위해 담화 참여자들의 친밀도를 고려하며 듣는다.

02 (나)와 (다)에 대한 설명으로 알맞지 <u>않은</u> 것은?

① 인터뷰를 통해 기자의 관점을 추론할 수 있다.
② 영상 해설사가 무슨 일을 하는지 파악할 수 있다.
③ 기자는 영상 해설 서비스에 긍정적인 관점을 가지고 있다.
④ 시각 장애인을 위한 서비스의 전망이 밝지 않음을 알 수 있다.
⑤ 청각 장애인이 도움을 받을 수 있는 서비스가 있음을 알 수 있다.

03 ㉠에 들어갈 대답으로 가장 알맞은 것은?

① 네, 새 텔레비전이라 좋아요.
② 네. 텔레비전 소리를 작게 줄일게요.
③ 네. 텔레비전 소리가 잘 들려서 좋아요.
④ 아니요, 리모컨이 고장 나서 소리 조절 안 돼요.
⑤ 네, 아빠. 새로 나온 제품이라 소리가 잘 들려요.

04 ㉡의 질문에 대한 (다) 연설자의 생각을 〈조건〉에 맞게 서술하시오.

조건
• (다) 연설자의 주장을 고려하여 쓸 것
• 완결된 한 문장으로 쓸 것

05 ㉮의 품사로 알맞은 것은?

① 수사　　　② 부사　　　③ 관형사
④ 형용사　　⑤ 대명사

06 ㉯에 쓰인 단어의 품사를 분석한 것으로 알맞지 <u>않은</u> 것은?

<u>청소년들이</u> 오늘 할 수 있는 일을 <u>폄하하는</u> 것이죠.
　①　　②　③　　　　　　　　　④　　　⑤
　명사　조사 명사　　　　　　　동사　 형용사

07 〈보기〉의 밑줄 친 단어들의 공통점으로 알맞지 <u>않은</u> 것은?

— 보기 —
비록 작은 <u>물고기</u>라도 <u>생명</u>은 소중하니까.

① 형태가 바뀌지 않는다.
② 문장에서 주로 몸체 역할을 한다.
③ 대상의 이름을 나타내는 단어이다.
④ 구체적인 대상을 나타내는 단어이다.
⑤ 문장에서 주로 주어나 목적어로 기능한다.

08 밑줄 친 수식언의 성격이 나머지와 <u>다른</u> 하나는?

① 머리가 <u>매우</u> 아프다.
② 나는 <u>모든</u> 빵을 좋아한다.
③ 기분이 <u>무척</u> 좋은 아침이야.
④ 놀이터는 여기에서 <u>너무</u> 멀다.
⑤ 그건 <u>전혀</u> 예상하지 못한 문제이다.

09 〈보기〉의 밑줄 친 단어에 대한 설명으로 알맞지 <u>않은</u> 것은?

— 보기 —
<u>그</u> 사람은 무슨 <u>생각</u>을 <u>하는지</u> <u>전혀</u> 알 수가 <u>없다</u>.

① ‘전혀’는 용언을 수식하는 단어이다.
② ‘생각’은 추상적인 대상을 가리키는 명사이다.
③ 대상의 상태나 성질을 나타내는 단어는 ‘하는지’이다.
④ ‘하는지’와 ‘없다’의 공통점은 형태가 변한다는 것이다.
⑤ 다른 말을 꾸며 주는 기능을 하는 단어는 ‘그’와 ‘전혀’이다.

10 동사에 대한 설명으로 알맞은 것은?

① 문장에서 주로 주어의 기능을 하며 독립적으로 쓰인다.
② 단어에 ‘-ㄴ/는’을 결합하면 문장을 현재형으로 만들 수 있다.
③ 형태 변화를 하지 않는 불변어이지만 예외적으로 형태가 변하는 단어가 있다.
④ 기본형의 단어를 활용하면 문장의 다른 성분과 관계 없이 쓰이기도 한다.
⑤ 문장에서 다른 단어와 결합해서 사용하며, 결합하는 단어에 특별한 의미를 더해주기도 한다.

11 다음 중 품사가 나머지와 <u>다른</u> 하나는?

입주민 여러분, 주차 관련하여 ①<u>공지합니다</u>. 어린이들이 많이 ②<u>드나들기</u> 때문에 놀이터 근처에 ③<u>주차하지</u> 말아 주십시오. ④<u>번거로우시겠지만</u> 지하 주차장에 주차를 ⑤<u>부탁드립니다</u>.

12 밑줄 친 단어에 대한 설명으로 알맞지 <u>않은</u> 것은?

— 보기 —
<u>딱</u>! / “<u>야</u>! <u>너</u> 잡히기만 해봐!”

① ‘야’는 감탄사이다.
② ‘너’는 대명사이다.
③ ‘야’는 생략해도 대화가 가능하다.
④ ‘딱’은 부딪치는 소리를 나타내는 말로 부사이다.
⑤ ‘딱’은 놀람을 나타내는 단어로 독립적으로 쓰인다.

[13~16] 다음 글을 읽고 물음에 답하시오.

가 "네가 잘못한 거 알지? 길을 갈 때는 항상 주변을 살
피란 말이야." / "네."

여기까지 말한 아저씨가 갑자기 요리조리 주위를 살폈
다. 왜 그러나 싶어 나도 주위를 둘러보니 아무도 없었다.
아저씨가 승용차에 급히 타면서 말했다.

"앞으로 조심해라!" / 부우웅!

선글라스 아저씨 차가 출발했다. 뭔가 좀 이상했다. 중
요한 게 빠진 것 같은데 그게 뭐였더라? 아, 연락처!

나 집에 와서 옷을 벗어 보니 역시나 옆구리가 넓게 까
져 피가 묻어 나왔다. 그런데 살갗보다도 마음이 쓰라려
죽겠다. 이거 아빠한테 얘기하면 맞아 죽을 거다.

선글라스 아저씨도 진짜 황당하다. 왜 나한테만 그러
지? 자기도 조심하지 않았잖아! 괜찮은 척했다고 그냥
가면 어떡해? 생각하면 할수록 짜증 났다.

깨진 스마트폰과 얄미운 선글라스 아저씨가 번갈아 ⓐ<u>내
마음을 후벼 팠다.</u> 그럴수록 힘이 빠졌다.

다 다시 깨진 스마트폰을 바라보았다. 누군가에게 보상
받지 못하면 내가 물어 줘야 한다. 이 사실을 떠올리자
망설임이 줄어들었다. 나는 집 전화로 옥수수 아저씨의
번호를 하나씩 누르기 시작했다. 손가락이 미미하게 떨
렸다.

뚜루루루 뚜루루루.

신호가 가는 동안 나는 연거푸 심호흡을 했다.

"여보세요." / "아…… 아저씨, 전데요."

라 아저씨는 탄식이 섞인 한숨을 뱉었다.

"늦둥이 아기가 있는데, 많이 아파."

"아…… 아기요? 어디가 아픈데요?"

"천식. 응급실 자주 가는데, 이번엔 심각한가 봐. 방금
중환자실로 옮겼대." / "……."

"사실, 학생이랑 사고 났을 때가 아기 상태 심각하대서
장사 접고 달려가던 참이었어. 그땐 너무 정신없어서
연락처만 남겼던 거야."

아저씨의 말에 아무런 대꾸도 할 수가 없었다. ⓑ<u>갑자
기 머리가 혼란스러웠다.</u>

마 정신이 번쩍 들었다. 주위를 한번 둘러보았다. 이 병
실에는 아파서 들어온 환자만 있는 게 아니었다. 안 그러
면 대학생 형이 저렇게 병실을 자주 비울 리가 없었다.
그런데 돌아와 환자복만 입으면 신기하게도 죽은 사람처
럼 누워 있었다.

그건 나도 마찬가지였다. 나 역시 죽어 있었다. 그 대가
로 백만 원을 받는 것이었다. 한번 죽은 척하고 성능 좋
은 컴퓨터와 멋진 스마트폰을 장만할 계획이었다.

---

13 이 글에 대한 설명으로 알맞지 <u>않은</u> 것은?

① 사회의 부정적 모습이 반영되어 있다.
② 사건이 시간의 흐름에 따라 전개되고 있다.
③ 주인공의 정신적 성장의 과정이 드러나 있다.
④ 작가의 사실적 경험을 진솔하게 표현하고 있다.
⑤ 대조적인 인물을 등장시켜 주제를 부각하고 있다.

14 이 글의 내용과 일치하지 <u>않는</u> 것은?

① 선글라스 아저씨는 사고를 내고도 연락처를 주지
않았다.
② '나'는 스마트폰 수리비를 옥수수 아저씨에게 받아
내려 했다.
③ 대학생 형은 합의금을 받으려 가짜 환자 행세를 하
며 입원해 있었다.
④ '나'의 아빠는 이익을 얻는 것보다 양심을 지켜야
한다고 생각하는 인물이다.
⑤ 옥수수 아저씨는 '나'에게 난 사고에 대해 자신의
책임이 있다고 생각하고 있다.

15 ⓐ에서 표현하는 '나'의 심리로 알맞은 것은?

① 억울함.　　② 미안함.　　③ 창피함.
④ 공포감　　⑤ 긴장감

16 ⓑ에서 알 수 있는 '나'의 갈등을 〈조건〉에 맞게 서술하시오.

　조건
• 완결된 한 문장으로 쓸 것

[17~20] 다음 글을 읽고 물음에 답하시오.

(가) 아저씨의 인기척이 완전히 사라진 뒤에, 검은 봉지를 열어 보았다. 안에 옥수수와 계란빵이 가득 들어 있었다. 그중에서 가장 먹음직스러워 보이는 옥수수를 꺼내 들었다. 손에 쥐어 보니 뜨끈뜨끈했다. 내 손바닥을 꼬옥 잡아 줬던 아저씨의 손과 느낌이 비슷했다.

옥수수를 한 입 베어 먹어 보았다. 차지고 쫄깃쫄깃한 옥수수 알갱이가 입 안에서 돌아다녔다. 달콤하고 고소했다.

문득 아저씨의 허름했던 뒷모습이 떠올랐다. 그러자 아저씨가 생계를 꾸려 나가는 모습이 자연스럽게 그려졌다.

오늘도 나가서 열심히 옥수수를 팔겠지. 늦둥이 병원비 마련하느라 자기는 옷이나 신발도 못 샀을 거다. 당연히 스마트폰은 꿈도 못 꾸고.

또 다른 내 손엔 만 원짜리 한 장이 들려 있었다. 꼬깃꼬깃 볼품없는 지폐였다. 아저씨가 옥수수 몇 개를 팔아야 이걸 버는 걸까? 오늘도 여기저기 수습하느라 하나도 못 판 건 아닐까? 점점 입 안의 옥수수 감촉이 불편해졌다.

(나) 내가 어렸을 때 아빠께서도 물고기를 키우신 적이 있었는데 그때는 시시하다고 생각했었던 물고기가, 이젠 내게 행복을 주는 존재가 되었다. ⎡ ㉠ ⎤ 나는 이번 생일 선물로 부모님께 '나의 물고기'를 키우고 싶다고 부탁드렸고, 물고기를 좋아하시는 아빠 덕분에 커다란 어항, 여러 가지 수초와 함께 물고기 맞을 준비를 했다.

(다) 모두 열한 마리였다. 노란색 꼬리지느러미가 귀여운 거피와 예쁜 귤색 거피, 무늬가 반짝거리는 푸른색 거피가 각각 세 마리씩이고, 하얀 저고리와 검정 치마를 입은 듯한 거피와 꼬리지느러미가 파란 새끼 거피까지 모두 보석처럼 아름다웠다.

(라) 물고기를 데려온 첫날, 나는 신나서 어항 앞에 앉아 꼬박 2시간 동안 사진을 찍었다. 물속에서 꼬물거리는 물고기들을 바라보고 있자면 나도 모르게 빠져 들어 시간 가는 줄 몰랐다. 한 마리 한 마리 관찰하고 의미 있는 이름도 지으며 모두를 아껴 주었다.

(마) 어느 날부터 수족관에서 기운차게 헤엄치던 그 물고기가 비실비실해졌다. 귤색의 지느러미가 힘없이 뒤집혀 물에 둥둥 떠 있어서 깜짝 놀라 지켜보면 갑자기 벌떡 정신을 차리고 일어나 헤엄쳐 돌아다녔다. 왜 그런지 정확히는 모르겠지만 어항 속 환경에 적응하지 못했던 것 같다.

---

17 (가)~(마)에 나타난 '나'의 감정으로 알맞지 <u>않은</u> 것은?

① (가): 죄책감   ② (나): 기대감
③ (다): 소속감   ④ (라): 신남.
⑤ (마): 놀람

18 (가)의 상황을 바르게 이해한 사람은?

① 예율: '나'가 옥수수 감촉이 불편하다고 느낀 것은 '나'의 심리가 변했기 때문이야.
② 승우: '나'에게 준 옥수수와 계란빵으로 아저씨의 여유로운 형편을 알 수 있어.
③ 민수: '나'는 아저씨의 생활을 그려 본 후 힘들게 사는 아저씨가 어리석다고 생각했어.
④ 가을: 외양이나 지폐를 묘사한 걸 보면 아저씨에 대한 '나'의 불쾌한 마음을 알 수 있어.
⑤ 신비: 옥수수 아저씨가 '나'에게 지폐를 주고 간 것은 자신의 삶이 고단함을 보여 주기 위해서야.

19 (나)~(마)의 공통점으로 알맞은 것은?

① 허구적인 사건이 전개된다.
② 고백적인 말투가 나타난다.
③ 상상 속의 소재가 나타난다.
④ 비판적인 주제를 담고 있다.
⑤ 비현실적인 배경이 나타난다.

20 ㉠에 들어갈 이어 주는 말로 가장 알맞은 것은?

① 그리고   ② 그러면   ③ 그런데
④ 그래서   ⑤ 그러나

셀프 성적 리포트

기말 모의평가

모의평가 채점 결과를 스스로 분석하여 자신의 우수한 부분과 부족한 부분을 파악하고 앞으로의 학습 계획을 세워 봅시다.

학습 정보

이름	학교	학년 반	평가 날짜
			년 월 일

빠른 채점

채점 칸에 정답을 맞혔으면 ○표, 틀렸으면 ✕표를 하세요.

문항	해당 단원	정답	채점
01	3단원 (1) 추론하며 듣기	①	
02	3단원 (1) 추론하며 듣기	④	
03	3단원 (1) 추론하며 듣기	②	
04	3단원 (1) 추론하며 듣기	어린이가 현재에 충실하지 못하게 하는 질문이다.	
05	통합 문항	①	
06	통합 문항	⑤	
07	통합 문항	④	
08	3단원 (2) 품사의 종류와 특성	②	
09	3단원 (2) 품사의 종류와 특성	③	
10	3단원 (2) 품사의 종류와 특성	②	
11	3단원 (2) 품사의 종류와 특성	④	
12	통합 문항	⑤	
13	4단원 (1) 옥수수 뻥튀기	④	
14	4단원 (1) 옥수수 뻥튀기	④	
15	4단원 (1) 옥수수 뻥튀기	①	

문항	해당 단원	정답	채점
16	4단원 (1) 옥수수 뻥튀기	옥수수 아저씨에게 스마트폰 수리비를 받아 내려 했으나 아저씨의 처지를 알고 미안한 마음이 들어 갈등하였다.	
17	4단원 (2) 정서를 표현하는 글 쓰기	③	
18	4단원 (2) 정서를 표현하는 글 쓰기	①	
19	4단원 (2) 정서를 표현하는 글 쓰기	②	
20	4단원 (2) 정서를 표현하는 글 쓰기	④	

채점 결과: 총 ___________________ 점 (배점: 문항당 5점)

3단원 (1)	점	3단원 (2)	점
4단원 (1)	점	4단원 (2)	점
통합 문항	점		

성적 분석

채점 결과를 아래 표에 표시하여 선으로 이으세요.

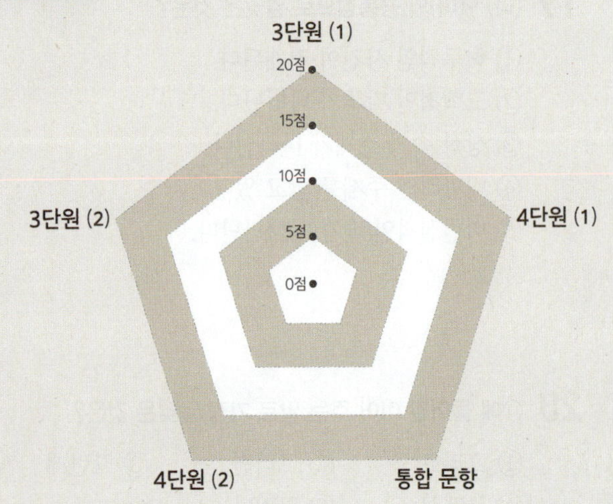

학습 진단

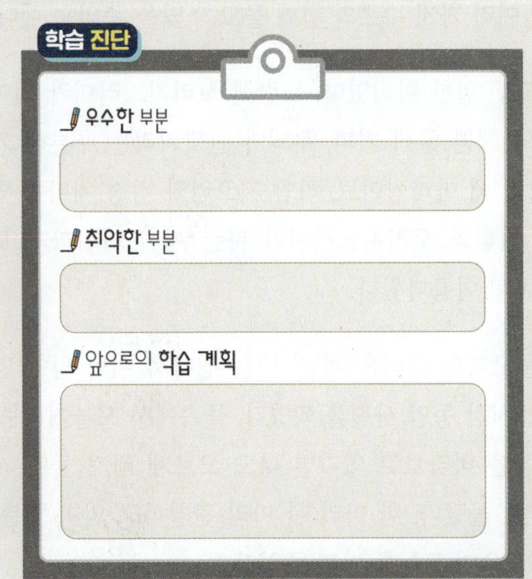

국어 독해·문법·어휘 훈련서

수능 국어 자신감을 깨우는 단계별 훈련서

깨독
- **독해** 0_준비편, 1_기본편, 2_실력편, 3_수능편
- **문법** 1_기본편, 2_수능편
- **어휘** 1_종합편, 2_수능편

영어 문법·독해 훈련서

중학교 영어의 핵심 문법과 독해 스킬 공략으로
내신·서술형·수능까지 완성하는 단계별 훈련서

READING BITE
- **독해** PREP
  Grade 1, Grade 2, Grade 3

GRAMMAR BITE
- **문법** PREP
  Grade 1, Grade 2, Grade 3

내신 필수 기본서

자세하고 쉬운 설명으로 개념을 이해하고,
특별한 비법으로 시험에 대비하는 필수 기본서

엔짱 [2022 개정]
- **사회** ①-1, ①-2, ②-1, ②-2
- **역사** ①-1, ①-2, ②-1, ②-2
- **과학** 1-1, 1-2, 2-1, 2-2

올리드 [2022 개정]
- **국어** (신유식) 1-1, 1-2, 2-1, 2-2
  (민병곤) 1-1, 1-2, 2-1, 2-2
- **영어** 1-1, 1-2, 2-1, 2-2

[2015 개정]
- **국어** 3-1, 3-2
- **영어** 3-1, 3-2
- **수학** 3(상), 3(하)
- **사회** ②-1, ②-2
- **역사** ②-1, ②-2
- **과학** 3-1, 3-2

수학 개념·유형 훈련서

빠르게 반복하며 수학 실력을 제대로 완성하는
단계별 내신 완성 훈련서

개념 리:피트 [2022 개정]
- **수학** 1-1, 1-2, 2-1, 2-2, 3-1, 3-2

유형 리:피트 [2022 개정]
- **수학** 1-1, 1-2, 2-1, 2-2, 3-1, 3-2

개념쑤다 [2015 개정]
- **수학** 3(상), 3(하)

올리드 유형완성 [2015 개정]
- **수학** 3(상), 3(하)

바른답·알찬풀이

Study Point

1. 알찬 해설
문제 해결 노하우를 담은 자세한 풀이로 문제의 핵심
을 파악할 수 있습니다.

2. 오답 풀이
꼼꼼한 오답 풀이로 헷갈리는 부분을 짚어 함정을 피
하는 전략을 배울 수 있습니다.

3. 고난도 문제 완전 정복
선지의 내용과 문제 풀이 과정을 자세히 분석하여 고
난도 문제를 완벽하게 정복할 수 있습니다.

올리드 100점 전략

1 본문 알짜 핵심과 학습 활동 포인트로 **교과서 꽉 잡기**

2 기본 - 응용 - 서술형의 반복·심화 학습으로 **문제 싹 잡기** ● 교과서학습편

3 핵심 정리부터 기출 문제까지 빠르고 정확하게 **시험 확 잡기** ● 시험대비편

4 문제 해결 노하우를 담은 자세한 풀이로 **오답 꼭 잡기** ● 바른답·알찬풀이

바른답·알찬풀이

중등

국어

1-1

중학교에서 알아야 할 **핵심 용어**

1 ① **2** ④ **3** ③ **4** ③ **5** ① **6** ② **7** ③ **8** (1) ㉢ (2) ㉡ (3) ㉠ **9** ② **10** ④ **11** ③ **12** ①

1 운문은 운율이 드러나는 글을 가리키므로 시가 운문에 해당한다.

2 〈보기〉는 설명하는 글인 설명문에 해당하는 설명이다.

3 듣는 이에게 같이 할 것을 요청 또는 권유하는 문장을 청유문이라고 한다.

4 ③은 명령문이고, ① 청유문, ② 감탄문, ④ 평서문, ⑤ 의문문이다.

5 〈보기〉는 음운에 해당하는 설명이다.

6 '아침에', '돌개바람이', '거세게', '불었다'로 4개의 어절로 이루어져 있다.

7 〈보기〉의 '그래서'는 앞문장과 뒷문장을 이어 주는 접속어이다.

8 ㉠은 '주제'의 뜻이고, ㉡은 '문체'의 뜻, ㉢은 '구성'의 뜻이다.

9 평화와 같은 추상적인 개념을 비둘기라는 구체적 동물로 나타내었으므로 빈칸에는 '상징적'이 알맞다.

10 자기의 견해나 관점을 바탕으로 쓰는 논설문은 주관적인 성격을 지닌다.

11 일상적인 대화에서 사용하는 말을 '구어'라고 한다. 반대로 문장에서만 쓰는 말은 '문어'라고 한다.

12 〈보기〉는 '관점'에 대한 설명이다.

기본 개념을 세우는 **갈래 학습**

01 시

1 (1) × (2) ○ **2** 심상 **3** ⑤ **4** ③ **5** ② **6** ③ **7** 미각적 **8** ④

1 (1) 시는 정보를 전달하는 것이 목적이 아니라 정서를 표현하는 글이다.

2 심상은 어떤 대상과 관련하여 떠올리는 마음속의 모습이나 느낌이다.

3 시조 등 몇몇 경우를 제외하면 일반적으로 시를 쓸 때 특별히 지켜야 할 구성 방식이 있는 것은 아니다.

4 시적 화자는 글쓴이 자신일 수도 있지만 대부분 글쓴이가 창조해 낸 허구적 인물이다.

5 이 작품은 시조로 4음보로 이루어진 정형시이다. 또한 임에 대한 그리움이라는 개인적인 정서를 노래했다는 점에서 서정시에 해당한다.

6 시의 운율이 표면에 뚜렷하게 드러나는 것은 외형률만의 특징이다.

7 미역의 맛을 나타내었으므로 미각적 심상이 사용되었다.

8 '밥 짓는 냄새'라는 후각적 심상을 사용하였다. ① 청각적 심상, ② 공감각적 심상, ③ 시각적 심상, ⑤ 촉각적 심상이 나타난다.

02 소설

1 ③ **2** (1) ㉠ (2) ㉢ (3) ㉡ **3** 문체 **4** 내적 갈등 **5** ② **6** ③ **7** 3인칭 관찰자 시점 **8** ④

1 운율은 시의 특징이다.

2 ㉠은 소설의 허구성, ㉡은 서사성, ㉢은 산문성과 관련된 설명이다.

3 글에 나타난 글쓴이의 개성적인 글투나 표현을 문체라고 한다.

4 인물의 마음속에서 일어나는 갈등이므로 '내적 갈등'에 해당한다.

5 '홍길동'은 소설의 주인공으로서 주동 인물, 주요 인물에 해당한다.

6 소설이 전개되면서 성격이 변하는 인물을 입체적 인물이라고 한다.

7 서술자가 이야기 밖에 있으므로 3인칭이고, 이야기를 관찰하여 전달하므로 관찰자 시점이다.

8 〈보기〉에서는 소설 밖에 있는 서술자가 소녀의 행동에 대해 관찰한 바를 이야기하고 있다.

03 수필

1 수필은 글쓴이가 자신의 체험과 생각을 직접 쓴 글로, 글쓴이가 아닌 다른 인물을 내세우지 않는다.

2 건의문은 주장하는 글로 수필이 아니다.

3 수필은 누구나 쉽게 쓸 수 있다는 특성을 가지고 있다.

4 소설은 있음 직한 일을 상상하여 꾸며 쓴 글이고, 수필은 이와 달리 글쓴이의 경험을 바탕으로 쓴 글이다.

04 희곡

맛보기 문제   15쪽

1 (1) ○ (2) ○ **2** (1) ㉢ (2) ㉡ (3) ㉠ **3** 방백 **4** ②

1 희곡은 현재 진행형의 문학이자, 대사의 문학이다.

2 ㉠은 음향 효과를 지시하는 무대 지시문, ㉡은 행동 지시문, ㉢은 대사이다.

3 방백은 상대역에게는 들리지 않는 것으로 약속하고 관객만 들리게 하는 말이다.

4 시나리오는 스크린을 통해 상연된다.

05 설명문

맛보기 문제   16쪽

1 ③ **2** 처음 / 머리말 **3** ④ **4** (1) × (2) ○

1 설명문을 쓸 때는 조사를 통해 수집한 정확한 자료를 바탕으로 한다.

2 설명문의 처음 부분에는 읽는 이의 관심을 유도하며 글을 쓰게 된 동기를 제시한다.

3 〈보기〉는 끝부분으로 앞에서 살펴보았던 내용을 정리하고 글쓴이의 당부를 제시하고 있다.

4 설명문은 글쓴이의 주장을 펼치는 글이 아니므로 (1)은 알맞지 않다.

06 논설문

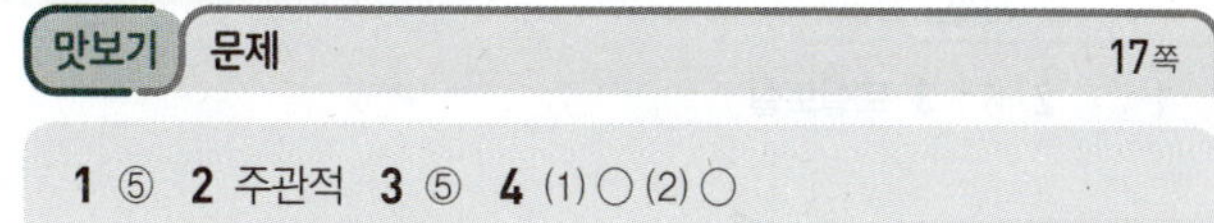

1 논설문은 자신의 의견을 뚜렷하게 제시하여 다른 사람들을 설득하는 글이다.

2 〈보기〉에는 논설문의 주관적인 특성이 설명되어 있다.

3 결론은 본론에서 주장한 내용을 정리하는 부분이다.

4 논설문은 글의 내용을 사실과 의견으로 구분하여 글쓴이의 의도를 파악하고 글쓴이의 주장이 타당한지, 실현 가능한지 검토하며 읽어야 한다.

1 표현과 소통의 즐거움

(1) 길

개념 확인 문제   20쪽

1 (1) ○ (2) × **2** 마음 **3** 운율 **4** ⑤

1 비유에서 원관념과 보조 관념은 유사성을 지닌다.

2 '마음은 ~ 구름'으로, 마음이 원관념, 구름이 보조 관념인 은유가 사용되었다.

3 운율은 규칙적인 반복으로 형성되는 말의 가락이다.

4 ⑤는 비유를 사용하였을 때의 효과이다.

핵심 콕콕   21쪽

길, 세계, 알

문제로 확인   21쪽

1 ○ **2** × **3** 토실토실

이해와 탐구   22~24쪽

1 (1) 길, 마을, 집, 사람, 마을 (2) 과일, 한 **2** (1) 뻗어 나 (2) 비슷한 **3** (1) 마을, 포도알, 직유, 과일, 하나, 은유 (2) 비유, 비유 **4** (1) 리듬감, 토실토실 (2) 반복

문제해결과 적용   25쪽

1 (1) 밝게 (3) 음성 상징어, 두 (4) 햇비

개념 콕콕

P. 24   분위기, 음악

학습 활동 응용 >>>   22~25쪽

1 ④ **2** ④ **3** ④ **4** ③ **5** ② **6** ③ **7** ⑤ **8** ③ **9** ①, ③ **10** ② **11** ⑤ **12** ③ **13** ④ **14** ②, ④ **15** ⑤ **16** ⑤

01 이 시에서 사람들이 마을을 서둘러 떠난다는 내용은 없다. 길, 집들, 마을의 모습, 포도송이, 포도알 등과 관련된 모습을 떠올릴 수 있다.

02 1연 1행에서 '길은 포도 덩굴'이라는 비유 표현을 썼다.

03 시를 통하여 시인이 말하고자 하는 것이 시의 주제이다.

04 '길'과 '포도 덩굴'은 여러 방향으로 뻗어 나 있는 성질이 닮아 빗대어 표현했다.

05 제시된 시구는 '같은'을 사용한 직유법이 쓰였다.

06 〈보기〉에는 은유법이 쓰였다.

07 서로 이어져 더 큰 하나가 되고 있다는 점이 비슷하기 때문에 이 시에서는 '세계'를 '한 덩이 과일'로 비유하였다.

08 시의 음악성은 운율을 통해 드러난다.

09 이 시는 같거나 비슷한 소리가 반복되어 소리 내어 읽으면 운율, 리듬감이 느껴진다.

10 이 시에서는 같거나 비슷한 소리와 단어를 반복하고, 음성 상징어를 사용하여 운율을 형성하고 있다.

11 표현하고자 하는 대상을 다른 대상에 빗대어 표현하는 것은 비유에 대한 설명이다.

12 이 시는 운율이 느껴지는 시로, 읽을 때 노래 부르는 듯한 느낌이 들 수 있다.

13 이 시는 햇빛 쨍쨍한 날에 잠깐 내리는 햇비를 소재로 한 밝고 산뜻한 분위기가 느껴지는 시이다.

14 이 시구에서는 '햇비'를 '아씨'에 빗댄 직유 표현과 '보슬보슬'이라는 음성 상징어를 사용하였다.

15 제시된 시구에는 은유법이 사용되었다. ⑤에서도 '겨울'을 '무지개'에 빗댄 은유법을 사용하였다.

오답풀이 ① '별빛이 입을 맞추어 가고'는 사람이 아닌 것을 사람인 것처럼 표현하는 의인법이 쓰였다.

② '해야 솟아라, 해야 솟아라'는 동일한 말이 반복되는 반복법이 쓰였다.

③ '나는 찬밥처럼 구석에 앉아'는 이어 주는 말인 '처럼'으로 원관념 '나'를 보조 관념 '찬밥'에 빗대어 표현하는 직유법이 쓰였다.

④ '빗소리 같은 발소리 들려온다'는 이어 주는 말인 '같은'으로 원관념 '발소리'를 보조 관념 '빗소리'로 빗대어 표현하는 직유법이 쓰였다.

16 동일한 글자 수를 반복하여 운율을 형성할 수 있지만 이 시에서는 사용되지 않았다. 이 시는 각 행의 글자 수가 동일하지 않다.

26쪽

1 길 **2** 직유법 **3** 과일 **4** 음성 상징어 **5** 주제

소단원 다잡기 27~29쪽

1 ③ **2** ③, ④ **3** ㉠ 포도 덩굴, ㉡ 포도송이, ㉢ 포도알 **4** ④
5 시인은 한 덩어리로 뭉쳐 서로 화합하는 세계가 되기를 바란다.
6 ③ **7** ⑤ **8** 길과 포도 덩굴은 여러 방향으로 뻗어 나 있는 점
이 비슷하기 때문이다. **9** ③ **10** ⑤ **11** ① **12** ① **13** ③
14 ⑤ **15** ② **16** ②

01 (가)는 리듬감이 느껴지게 쓴 시이고, (나)는 리듬감이 잘 느껴지지 않는 줄글이다.

02 〈보기〉의 밑줄 친 부분에는 직유법과 의인법이 사용되었다.

03 '길'은 은유를 써서 '포도 덩굴'로 표현하였고, '마을'과 '집'은 직유를 써서 '포도송이'와 '포도알'로 표현하였다.

04 '토실토실'은 음성 상징어로 시의 운율을 형성하여 준다.

05 이 시의 마지막 연을 통하여 시인은 한 덩어리로 뭉쳐 화합하는 세계를 표현하였다.

06 (가)와 (나)는 모두 자연물을 소재로 썼으며, (가)에는 말하는 이가 직접 드러나 있지 않다. (나)에는 햇비(여우비)가 내리고 즐겁게 뛰어 노는 아이들의 모습이 잘 나타나 있다.

07 이 시에서는 '토실토실'이란 음성 상징어를 사용하여 대상의 모습을 구체적으로 표현하여 장면을 생생하게 느낄 수 있다.

08 비유는 두 대상의 공통점을 바탕으로 한다는 특성이 있다.

09 '무엇은 무엇이다.' 형식으로 원관념과 보조 관념을 빗대는 은유법이 사용되었다.

10 이 시의 말하는 이는 '나'이며, '나'는 비를 맞으며 즐거워하는 아이이다.

11 1연에서 햇비가 아씨처럼 내린다고 표현하였다.

12 웃는 것은 사람이 하는 행동으로, 사람이 아닌 해님을 사람처럼 웃는다고 표현한 부분에서 의인법이 쓰였다.

13 음악성을 드러내는 것은 운율의 효과이다.

14 (나)는 한 행을 두 마디씩 끊어 읽을 수 있지만 일정한 글자 수가 반복되지는 않았다.

15 이 시에서 대조적인 시어는 나타나지 않았다. 동일하거나 유사한 문장과 청유형 어미의 반복을 통하여 운율을 형성하고 주제를 강조하였다.

16 ㉢에서는 '처럼'이라는 말을 사용한 직유법이 사용되었다. ②에도 '같이'를 사용한 직유 표현이 쓰였다.

(2) 사랑하는 별 하나

30쪽

1 (1) ○ (2) × (3) ○ **2** ⑤ **3** ⑤ **4** 구체적

1 상징은 비유와 달리 원관념 없이 보조 관념만 겉으로 드러난다.

2 ①, ③, ④는 관습적 상징이고, ②는 원형적 상징의 예이다.

3 상징은 작품을 다양하고 깊이 있게 감상할 수 있게 만든다.

4 상징은 표현하려는 대상은 숨긴 채 이를 표현하기 위한 구체적 대상만 겉으로 드러낸다.

31쪽

쓸쓸, 위로

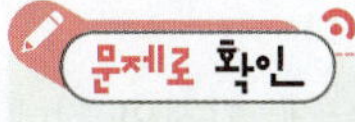

31쪽

1 ○ **2** ○ **3** 들꽃, 별

이해와 탐구 32~33쪽

1 (1) 외롭고 (2) 별, 하나 (3) 소망 **2** (2) 따뜻 **3** (1) 그대로, 깊이, 인상적

문제해결과 적용 35쪽

1 (1) 꿈, 행복, 집 (2) 파랑새 (3) 상징

개념 콕콕

P. 33 구체적, 다양
P. 35 행복

학습 활동 응용 >>> 32~35쪽

1 ② **2** ④ **3** ④ **4** 별, 꽃 **5** ① **6** ③ **7** 작가, 독자
8 ③ **9** ⑤ **10** 파랑새 **11** ① **12** ㉣, ㉡, ㉠, ㉢, ㉤ **13** ⑤
14 ①, ③

01 말하는 이는 외롭고 쓸쓸하고 여러 가지로 힘든 상황에 처해 있다. '가슴에 화안히 안기어'는 말하는 이가 되고 싶은 대상과 관련이 있다.

02 세상일이 괴로워 밖으로 나서는 것은 '나'가 처한 상황으로, 소망하는 것과는 거리가 멀다.

03 '그런 사람'은 '외로워 쳐다보면 눈 마주쳐 마음 비춰 주는' 존재로, '나'의 외롭고 힘든 마음을 위로해 주는 사람을 의미한다.

04 이 시에서 '나'의 외롭고 힘든 마음을 위로해 줄 수 있는 따뜻하고 순수한 존재를 상징하는 것은 '별'과 '꽃'이다.

05 이 시는 상징을 사용하여 주제를 형상화하고 있다.

06 상징을 사용하면 시어의 의미가 다양하게 해석되어 작품을 깊이 있게 감상할 수 있다.

07 상징을 사용하였을 때의 효과를 작가와 독자의 입장에서 각각 생각해 볼 수 있다.

08 틸틸과 미틸은 자신의 집에서 파랑새를 찾는다.

09 틸틸은 행복은 멀리 있다고만 생각했는데, 자신의 집에 사는 행복들이 많다는 말을 듣고 놀란 것이다.

10 이 글의 중심 소재인 '파랑새'는 행복을 상징한다.

11 작가는 그토록 찾아 헤매던 파랑새가 집 안에 있었다는 것을 통해 행복은 멀리 있는 것이 아니라 우리 가까이에 있다는 것을 말해 주고 싶었을 것이다.

12 남매가 파랑새를 찾으며 겪는 일들을 정리해 본다.

13 이 글에서 '파랑새'는 집에 있는 파랑새처럼 우리 곁에 있으나 쉽게 알아차리지 못하는 행복을 의미한다.

14 이 글의 작가는 행복을 파랑새로 표현하여 독창적인 상징을 사용하였다.

1등 친구의 만점 노트 36쪽

1 위로 **2** 쓸쓸 **3** 갖고 **4** 운율 **5** 외로움

소단원 다잡기 37~39쪽

1 ② **2** ② **3** ④ **4** ③ **5** ⑤ **6** 외롭고 쓸쓸한 '나'를 위로해 줄 수 있는 존재이다. **7** ① **8** ④ **9** ④ **10** 파랑새는 우리 가까이에 있으니까. **11** ② **12** ① **13** ③ **14** ④

01 공연을 하기 위해 쓰는 글은 희곡, 시나리오 등이다.

02 '별'과 '꽃'은 외로울 때 위로해 주는 존재를 상징한다.

03 '나'는 외롭고 쓸쓸한 상황에 처해 있고, 그런 상황을 위로해 줄 사람을 간절히 기다리고 있다. 또한 자신도 힘든 사람들을 위로해 주는 사람이 되고 싶어 한다.

04 이 시는 상징을 써서 주제를 형상화하고 있다. 시인은 말하려는 바를 직접 제시하지 않고 상징을 사용하여 주제를 인상적으로 제시하였다.

05 ㉤은 시간적 배경이 아니라 말하는 이의 마음이 밤처럼 어둡다는 것을 나타내는 표현이다.

06 이 시의 말하는 이는 현재 외롭고 쓸쓸하여 자신을 위로해 줄 수 있는 존재를 간절히 찾고 있다. 그런 대상을 이 시에서는 '사랑하는 별 하나'로 표현하였다.

07 이 글은 동화로 작가가 현실에서 있을 수 있는 이야기를 상상력을 동원하여 꾸며 쓴 글이다. ②, ⑤는 수필에 대한 설명이다.

08 행복의 나라는 이미 행복으로 가득했기 때문에 파랑새가 필요 없었다.

09 이 글에서 '파랑새'는 행복을 상징한다.

10 틸틸은 행복은 결코 먼 곳에 있지 않고 우리 가까이에 있다는 사실을 깨달았기 때문에 파랑새를 또 찾을 수 있다고 말하고 있다.

11 (가)와 (나)에 공통으로 쓰인 표현 방법은 문학적 상징으로, 작가의 독창적인 상징이 활용되었다.
오답풀이 ① 추상적 개념을 구체적으로 나타내는 상징이 쓰였다.
③ (나)는 줄글이므로 운율이 드러나지 않는다.
④ 시나리오 등에 해당되는 설명이다.
⑤ (나)에는 '파랑새'라는 색채어가 사용되었으나 이를 통해 글의 분위기가 환기되고 있지는 않다.

12 (가)의 '나'는 외롭고 쓸쓸하며 힘든 상황에 처해 있다.

13 틸틸과 미틸이 행복의 나라를 여행하였다는 내용은 (나)의 앞에 일어난 사건으로 (나)에는 나타나 있지 않다.

14 행복을 상징하는 '파랑새'가 자신의 집 새장에 있었다는 것을 통해 작가는 행복은 우리 가까이에 있다는 것을 전하고자 하였다.

(3) 매체로 소통하기

개념 확인 문제

40쪽

1 (1) ○ (2) × **2** ①, ④ **3** 상호 작용적 **4** ②

1 매체 이용자는 매체 생산자와 수용자를 아울러 가리킨다.

2 책, 신문, 라디오, 텔레비전 등은 주로 일방향으로 소통이 이루어지는 매체이다.

3 주로 온라인상에서 매체를 사용하여 소통할 때, 매체 이용자들 간의 상호 작용이 일어나는 매체는 상호 작용적 매체이다.

4 상호 작용적 매체는 매체 이용자들 간의 상호 작용이 능동적으로 일어나기 때문에 매체 생산자와 수용자를 엄격히 구분하기 어렵다.

1 (1) 일방향, 쌍방향, 쌍방향 (2) 활발 **2** 능동 **3** (1) 정보 (2) 공적 (3) 사적 (4) 반말 **4** (1) 전달 (2) 개방적 (3) 적극적 (4) 개인 정보
5 (1) 사회 (2) 거짓 (3) 책임감

개념콕콕

P. 42 방송, 쌍방향
P. 43 정보
P. 44 목적
P. 46 개인

학습 활동 응용 >>>

41~47쪽

1 매체 **2** ⑤ **3** ① **4** ④ **5** ④ **6** ④ **7** ③, ⑤ **8** ②
9 상호 작용적 **10** ④, ⑤ **11** (1) × (2) ○ **12** ①, ④ **13** ②,
④ **14** ⑤ **15** ③ **16** 소통 맥락 **17** ⑤ **18** ①, ③ **19** ①
20 ⑤ **21** ①, ② **22** ③ **23** ⑤ **24** ② **25** ⑤ **26** ③
27 초상권

01 매체란 정보를 전달하는 수단 혹은 경로로 정보를 담은 그릇이라고 할 수 있다.

02 이동 통신 기술의 발달로 가장 늦게 등장한 것은 스마트폰이다.

03 ②, ③은 책, 신문 등에 해당하는 설명이고, ④, ⑤는 컴퓨터, 스마트폰 등과 관련 있는 설명이다.

04 이동 통신 기술의 발달로 매체 이용자들은 시공간의 제약 없이 쌍방향 소통을 할 수 있게 되었다.

05 매체의 발달로 일방향이었던 소통 방식이 쌍방향으로 발전하였다. 이를 통해 매체 이용자들은 더욱 활발하게 의사소통을 하게 되었다.

06 컴퓨터와 인터넷의 발명은 여러 사람이 온라인상에서 쌍방향으로 상호 작용 하며 정보와 의견을 주고받을 수 있게 하였다.

07 이동 통신 기술의 발달로 생겨난 스마트폰, 태블릿 같은 매체를 활용하면 온라인상에서 언제 어디서나 소통할 수 있다.

08 '상호 작용적 매체'는 주로 온라인상에서 상호 작용이 일어나는 매체로, 매체 이용자들이 능동적으로 참여하여 소통할 수 있다.

오답풀이 ① 상호 작용적 매체는 온라인상에서 정보나 의견을 공유하는 매체이므로, 이 매체 이용자들은 주로 온라인상에서 만나 소통할 것이다. ③ 상호 작용적 매체에서는 매체나 매체 자료를 만드는 매체 생산자와 이를 받아들이고 수용하는 매체 수용자 사이의 경계가 허물어지고 있다. ④ 상호 작용적 매체는 온라인상에서 상호 작용 할 수 있는 매체이므로, 정보를 대량으로 전달하기가 쉽고 매체 이용자 간의 관계 형성도 활발하다. ⑤ 상호 작용적 매체를 이용하는 매체 생산자는 제한 없이 누구나 될 수 있어 정확한 자료를 얻기 어려울 수 있다.

09 학교 누리집은 상호 작용적 매체의 한 종류이다.

10 학교 누리집에서 학교와 관련된 정보를 주고받기에 알맞지 않은 사람들은 ④와 ⑤이다.

11 주연이네 학교 누리집에는 학교생활에 관한 공적 정보들이 나타나 있다.

12 주연이네 학교 누리집에 올라온 게시물은 조회 수를 확인할 수 있고, 게시물에 필요한 파일을 첨부할 수도 있다.

13 학교 누리집은 공적 정보를 게시하는 공간이다. ②, ④는 사적 정보로 학교 누리집에 게시하기에 적절하지 않다.

14 승아는 학교 누리집에서 친구들 사이에서나 쓸 만한 반말을 사용하며 공손하지 못한 태도를 보이고 있다.

15 학교 누리집과 같이 공적 정보를 주고받는 상호 작용적 매체에서 소통할 때는 공손한 언어 표현을 사용해야 한다.

16 제시된 글은 상호 작용적 매체의 소통 맥락의 뜻과 특성을 설명한 것이다.

17 어떤 계기로 독후감 대회에 참가하게 되었는지는 드러나 있지 않다.

18 주연이는 자신의 생각과 느낌을 표현하고 자신의 소식을 친구들과 나누기 위해 블로그에 글을 올렸다.

19 개인 블로그는 개인의 생각, 의견 등 사적인 정보를 주로 다루는 공간이다.

20 제시된 글에서는 해시태그(#)의 뜻과 특성을 설명하였다.

21 ③은 매체 생산자의 소통 방식이고 ④, ⑤는 잘못된 소통 방식이다.

22 블로그의 댓글은 블로그가 대표적인 쌍방향 소통 방식의 매체임을 나타낸다.

23 ⑤에는 주연이의 개인 정보가 담겨 있어 개인 블로그에 올리기에 적절하지 않다.

24 닉네임은 온라인상에서 실명 대신 사용하는 이름으로 개인 정보에 해당되지 않는다.

25 은호가 《어린 왕자》를 읽고 사회 관계망 서비스에 게시물을 올리자 다른 친구들이 '좋아요'를 누르고 재게시하였다. 그 후 '#어린_왕자' 해시태그가 화제가 되어 《어린 왕자》가 ○○문고 인기 도서로 선정되었다.

26 자신이 공유하려는 정보에 책임감을 갖고 초상권, 저작권 등을 침해하지는 않았는지 등을 살피는 자세가 필요하다.

27 초상은 사진, 그림 따위에 나타낸 사람의 얼굴이나 모습을 가리키는 말로, 초상권은 자신의 초상에 관하여 가지는 권리를 말한다.

1등 친구의 만점 노트 48쪽

1 인쇄 **2** 쌍방향 **3** 공적 **4** 사적 **5** 영향

기초가 튼튼해지는 소단원 다잡기 49~51쪽

1 ⑤ **2** (1) (가), (나) (2) (다), (라) **3** ① **4** ③ **5** 언제 어디서나 편하게 소통할 수 있기 때문이에요. **6** ⑤ **7** ② **8** ① **9** 주연이의 개인 정보가 나타나 있기 때문이다. **10** ② **11** ① **12** ① **13** ④

---

01 책, 신문은 인쇄 매체이고, 라디오와 텔레비전은 일방향 소통 방식을 취하는 방송 매체이다. 이동 통신 기술의 발달로 스마트폰, 태블릿 등과 같은 이동 통신 기기가 등장하게 되었으며, 매체의 소통 방식은 일방향에서 쌍방향으로 발전하였다.

02 (가)~(라)를 통해 일방향 소통에서 쌍방향 소통으로의 소통 방식이 변화하고 있음을 알 수 있다.

03 책, 신문은 인쇄 매체이고 라디오, 텔레비전은 방송 매체이다.

04 여행 책자에서 정보를 얻은 것은 온라인상에서 쌍방향으로 상호 작용 한 것과 거리가 멀다.

05 이동 통신 기기의 등장으로 언제 어디서나 편하게 소통할 수 있게 되면서 온라인상에서 상호 작용이 더욱 활발해졌다.

06 학교 누리집과 개인 블로그는 온라인상에서 정보나 의견을 공유하며 쌍방향 소통이 가능한 매체이다. 누리집이 공적 정보를 주로 다루는 데 비해 개인 블로그는 주로 사적 정보를 공유하는 개방적인 공간이다.

07 주연이 한 질문에 글의 작성자가 답을 단 댓글도 나타나 있다.

08 (나)에서는 게시물의 중간에 학교 도서관의 사진을 삽입하였다.

09 이용자들 간에 쌍방향 상호 작용이 활발한 상호 작용적 매체에서는 개인 정보가 자신의 의도와는 상관없이 악용될 수 있기에 이에 대한 주의가 필요하다.

10 ②는 은호가 게시물을 올리기 전에 일어난 일이다.

11 은호는 《어린 왕자》의 한 구절을 올리며 작가와 책 이름을 써서 출처를 표시하였다.

12 사회 관계망 서비스는 공적 정보와 사적 정보 모두 올릴 수 있는 개방된 공간이다.

13 전자 사전은 사전의 내용을 종이가 아닌 보조 기억 장치에 담은 것으로, 매체 이용자들은 전자 사전을 통하여 정보를 얻을 뿐 상호 작용 하기는 어렵다.

대단원

문제　52~57쪽

1 ②　**2** ⑤　**3** ④　**4** ⑤　**5** ③　**6** ④　**7** 아이들이 밝고 희망찬 모습으로 자라나기를 바란다.　**8** ④　**9** ⑤　**10** ③　**11** ②　**12** ⑤　**13** ⑤　**14** ②　**15** ⑤　**16** ②　**17** ③　**18** ④　**19** 이 글에서 '파랑새'는 행복을 상징한다.　**20** ③　**21** ④　**22** ④　**23** ④　**24** ①　**25** ⑤　**26** ⓒ은 개인 정보이기 때문에 공유하기에 적절하지 않다.

01 시는 시인의 경험을 바탕으로 창작되기도 하지만 그렇다고 객관적인 정보 전달을 특성으로 하는 것은 아니다.

02 ①은 설명문, ②는 소설이나 희곡, ③은 논설문, ④는 수필을 읽는 방법이다.

03 (가)에는 말하는 이가 드러나 있지 않지만, (나)에는 '나'로 드러나 있다. (가)의 말하는 이는 포도 덩굴처럼 뻗어 나가는 길을 보며 사람들이 서로 교류하며 세계가 성장하고 있음을 노래하고 있다. (나)에는 햇비를 맞으며 동무들과 즐겁게 놀고 싶은 말하는 이의 심정이 드러나 있지만, 하늘 다리를 건너고 싶은 심정은 나타나 있지 않다.

04 (가)와 (나)에는 공통적으로 비유법이 쓰였다. ⑤는 상징에 대한 설명이다.

05 (가)는 'ㅇ, ㄹ'음의 반복, '포도'의 반복, '토실토실'이라는 음성 상징어를 사용하여 운율을 형성한다. (나)는 '해님이 웃는다', '웃는다', '-게'의 반복, '보슬보슬', '알롱알롱'과 같은 음성 상징어의 반복, 한 행을 둘로 끊어 읽기 등으로 운율을 형성한다.

06 길은 포도 덩굴에, 마을은 포도송이에, 집은 포도알에, 세계는 한 덩이 과일에 빗대어 표현하였다.

07 시인은 비를 맞으며 무지개 아래에서 함께 노래하고 춤추는 아이들을 통해 건강하게 자라날 미래 세대에 대한 기대와 소망을 표현하고 있다.

08 '아씨'는 실제 아씨가 아니라 '햇비'를 빗대어 표현한 보조 관념이다.

09 〈보기〉는 의인법에 대한 예시이다. ㉠과 ㉢에는 은유법, ㉡과 ㉣에는 직유법이 쓰였다. ㉤에 해가 사람처럼 웃는다고 표현한 의인법이 쓰였다.

10 '알롱알롱'이라는 음성 상징어가 사용되었다.

11 이 시는 '별'과 '꽃'을 통해 주제를 상징적으로 드러낸 시이다. 상징은 추상적 개념은 드러나지 않고 이를 표현하려고 사용한 구체적 대상만 드러나는 표현법이다.

12 이 시는 살아가면서 외롭고 쓸쓸할 때 자신을 위로해 줄 수 있는 사람에 대한 소망을 드러내고 있다.

13 이 시에서는 '될 수 있을까'와 같이 비슷한 구절이 반복되었다.

14 이 시에서 '별'과 '꽃'은 외롭고 힘든 마음을 가진 사람들을 따뜻하게 위로하고 그들에게 희망이 되는 순수한 존재이다.

15 이 시의 말하는 이는 외롭거나 쓸쓸한 사람이 있으면 기꺼이 다가가 함께 그들의 아픔에 공감하고 위로해 줄 수 있는 그런 사람이 되고 싶어 하고, 또 그런 사람을 갖고 싶어 한다.

16 제시된 글은 동화이다. ①은 설명문, ③은 수필, ④는 전기문, ⑤는 논설문을 읽는 방법이다.

17 틸틸과 미틸이 꿈에서 찾아간 행복의 나라는 행복이 가득하기에 행복을 상징하는 파랑새는 필요하지 않았고, 틸틸과 미틸이 만난 사람은 '엄마의 행복'이라 불리는 부인이었다.

18 파랑새를 찾기 위해 멀리 여행을 떠난 틸틸과 미틸은 결국 자신의 집에서 파랑새를 찾는다. 이는 행복은 멀리 있는 것이 아니라 아주 가까이에 있다는 것을 의미한다.

19 이 글에서 파랑새는 우리 주변에 있는 행복을 상징한다.

20 (나), (다)에는 일방향 소통이 나타나고, (가), (라)에는 쌍방향 소통이 나타난다.

21 사람들이 직접 정보를 만들어서 서로 공유할 수 있게 된 것은 (가)의 컴퓨터와 인터넷의 등장으로 일어난 소통 방식의 변화이다.

> **오답풀이** ① (가)에서 컴퓨터와 인터넷의 발명은 소통 방식에 큰 변화를 가져왔는데, 그 이유는 여러 사람이 온라인상에서 쌍방향으로 상호 작용 하며 정보와 의견을 주고받을 수 있게 되었기 때문이라고 하였다.
> ② (나)에서 전기·전자 기술의 발달로 라디오, 텔레비전과 같은 방송 매체가 등장하였다고 하였다.
> ③ (다)에서 금속 활자의 발명으로 대량 인쇄가 가능해졌고, 책, 신문 등이 나타났다고 하였다.
> ⑤ (가)~(라)는 모두 기술의 발달로 인해 소통 방식이 변화하게 되는 양상에 대해 설명하고 있다.

22 사람들은 책, 신문과 같은 인쇄 매체와 전기·전자 기술의 발달로 등장한 라디오, 텔레비전과 같은 방송 매체에서 일방향으로 정보를 받아들이다가, 컴퓨터와 인터넷의 발명으로 쌍방향으로 상호 작용 할 수 있게 되었고, 스마트폰과 태블릿 등의 등장으로 그 상호 작용을 더욱 활발하게 할 수 있게 되었다.

23 과학 기술의 발달로 다양한 매체가 생겨났지만 인쇄 매체와 대중 매체의 가치가 사라진 것은 아니다.

24 〈보기〉는 학교 누리집에 대한 설명으로 (가)가 이에 해당한다.

25 매체의 특성상 (가)와 같은 학교 누리집에는 공적 정보가 주로 공유되고, (나), (다)와 같은 개인 블로그나 사회 관계망 서비스에서는 학교 누리집에 비해 개인의 생각이나 의견, 관점 등이 비교적 자유롭게 공유된다.

26 ㉢은 주연이의 개인 정보로, 개인 블로그에 공유하였을 때 그것을 악용하는 경우가 생길 수 있어 주의해야 한다.

---

2 간추리고 쓰고

(1) 요약하며 읽기

개념 확인 문제   60쪽

> **1** ②   **2** ②   **3** 목적, 요약문

1 〈보기〉에서는 불필요한 내용들을 삭제하여 하나의 문장으로 요약하였다.

2 〈보기〉는 원인과 결과의 관계를 중심으로 설명하고 있다.

3 글을 효과적으로 요약하기 위해서는 읽기 목적을 세워야 하며 요약하기의 마지막 단계에서 요약문을 쓸 수 있다.

이해와 탐구   62~66쪽

> P. 62   시드볼트, 미래 가치, 시드뱅크
> P. 63   시드볼트, 작물, 야생, 시드볼트, 식물 정보, 시드볼트, 보존
> **2** 시드뱅크, 시드볼트, 위기   **3** 6, 수분, 블랙 박스   **4** (1) 멸종, 생태계, 국가, 개인 (2) 멸종, 원인, 국가, 개인 (3) 목적, 구조, 연결

문제해결과 적용   67쪽

> 형벌, 재산, 상거래

개념 콕콕

> P. 67   학습 목표, 체계, 중요, 구조도

학습 활동 응용 >>>   61~67쪽

> **1** ③   **2** ④   **3** ⑤   **4** ⑤   **5** ②   **6** ③   **7** ④   **8** ①   **9** ④
> **10** ④   **11** ④   **12** ⑤   **13** ①, ②   **14** ⑤   **15** ⑤   **16** ⑤
> **17** ③   **18** ⑤   **19** 구조   **20** ㄱ, ㄷ, ㄹ   **21** ⑤   **22** ③
> **23** ②   **24** ⑤   **25** ②, ⑤   **26** ③   **27** ②, ③

01 에스키모로 알려진 이누이트 원주민들은 북극에 살고 있다.

02 마지막 문단에서 두꺼운 얼음층은 '지구 기록을 담은 냉동 창고의 역할'을 한다고 하였다.

03 은지는 정보를 전달하는 글이기 때문에 글의 구조에 따라 '처음-중간-끝'으로 정리하였다.

04 은지는 중간 부분에서 남극과 북극의 기후 차이를 대조하여 정리하였다.

05 승민이는 글을 읽고 관련 정보를 친구들에게 알리려는 읽기 목적을 가지고 있다.

06 시드볼트는 우리나라와 노르웨이 두 곳이 있고, 시드뱅크는 전 세계적으로 1,700여 개가 있다.
> **오답풀이** ① 2문단에서 '종자에는 식물의 유전 정보가 담겨 있으므로 식물의 종자를 확보해 놓으면 식물이 사라졌을 때 꺼내서 다시 생태계를 회복할 수 있다.'라고 하였다.
> ② 1문단에서 '시드볼트는 식물의 종자를 영구적으로 보관할 수 있는 저장 시설이다.'라고 하였다.
> ④ 4문단에서 시드볼트는 '위급한 재난 상황이나 종자가 멸종한 것이 아니라면 보관한 종자를 밖으로 꺼낼 수 없다.'라고 하였다.
> ⑤ 5문단에서 '백두대간글로벌시드볼트는 식물의 다양성을 보존하려고 주로 야생 식물의 종자를 저장한다.'라고 하였다.

07 이 글의 3문단과 4문단에서는 시드뱅크와 시드볼트를 비교·대조하며 내용을 전개하고 있다.

08 중심 내용을 정리할 때 덜 중요하거나 반복되는 내용은 삭제하며 정리한다.

09 5문단에서는 노르웨이 시드볼트와 우리나라 시드볼트를 비교·대조하여 설명하였다.

10 시드볼트는 생태계 위기 상황에서 식물 자원을 복구하기 위해 작물 종자와 야생 식물 종자를 보관하고 있다.

11 시드볼트는 종자를 안전하게 보관할 수 있도록 깊은 지하에 자리 잡고 있으며 관계자 외 출입 금지 구역으로 지정되어 있다.

12 ㉠은 시드뱅크에 대한 설명이 중심 내용이고, 나머지는 시드볼트에 대한 설명이다.

13 승민이는 읽기 목적과 글의 구조를 고려하여 요약문을 완성하였다.

14 ⑤는 요약문에서는 다루지 않아서 친구가 질문한 내용이기도 하다.

15 시드볼트에 종자를 보관할 때는 '①, ③-②-④-⑤' 순의 과정을 거친다.

16 수지는 사라져 가는 곤충이 무엇이 있는지 알아보고, 그 문제를 어떻게 해결할 수 있을지 알아보기 위해 글을 읽었다.

17 꿀벌의 멸종을 막기 위한 개인의 노력은 결론 부분에 나타나 있다.

18 3문단에 꿀벌이 사라지는 원인으로 기후 변화, 서식지 감소, 살충제 살포, 지구 온난화가 제시되어 있다.

19 '서론-본론-결론'의 구조를 고려하여 요약하였다.

20 요약문을 쓸 때에는 문단별 중심 내용을 그대로 가져다 쓰는 것이 아니라 자연스럽게 이어지게 써야 한다.

21 단원명과 학습 목표를 통해서 공법과 사법의 특징과 차이에 대하여 학습한다는 것을 예측할 수 있다.

22 교과서에서는 학습 목표 달성을 위해 체제와 디자인, 서체 등 부가적인 기능을 활용한다. ㉠과 ㉡은 중요한 내용으로, 진한 글자로 표시한 것이다.

23 공법은 국가 공동체와 관련 있는 영역을 규율하는 법이다. 개인의 재산권을 다루는 법은 사법이다.

24 사회적 약자를 보호하기 위해 국가가 개인 간의 관계에 개입하는 중간적인 성격의 법을 사회법이라고 한다.

25 민법은 가족생활을 유지하고 개인의 재산권을 보호하는 역할을 한다.

26 ①, ②, ④, ⑤는 공법에 속하고, ③은 사법에 속한다.

27 ㉠에서 정리한 내용을 살펴보면 핵심 단어 위주로 구조도를 그려 정리하였음을 알 수 있다.

1등 친구의 만점 노트   68쪽

1 남극   **2** 기록   **3** 종자   **4** 시드뱅크   **5** 시드볼트   **6** 종자
7 선택   **8** 재구성

소단원 다잡기   69~71쪽

1 ③   **2** ③   **3** 바다라서 비교적 따뜻하다.   **4** ③   **5** 시드뱅크는 종자를 보관하는 시설로 보관한 종자를 자유롭게 꺼내어 쓸 수 있다.
6 ③   **7** ①   **8** ④   **9** ③   **10** ④   **11** ⑤

01 이 글은 정보를 전달하는 글에 해당한다.

02 남극의 8월 말은 한겨울로, 기온이 영하 70℃ 가까이 내려간다.

03 남극은 대륙이라서 북극보다 훨씬 춥지만 북극은 남극과 달리 바다라서 비교적 따뜻하다고 하였다.

04 (다)는 남극과 북극의 차이점을 대조하고 있기 때문에 앞의 내용과 상반되는 내용을 연결하는 '그러나'가 적절하다.

05 (가)는 시드뱅크에 대해 설명하였다.

06 시드볼트는 '블랙 박스'라는 상자에 종자를 밀봉하여 영하 20℃의 보관소에 저장한다.

07 가장 먼저 이물질을 제거하고 종자를 선별한다.

08 '밀봉하다'의 뜻은 '단단히 붙여 꼭 봉하다.'이다.

09 (가)에서는 꿀벌 멸종 문제의 해결책으로 국가 차원의 대책을 제시하고 있다.

10 꿀벌이 사라지는 것을 막기 위해 유엔 회원국은 5월 20일을 '세계 꿀벌의 날'로 지정하였다.

11 흥미로운 내용보다는 학습을 위한 목적을 고려하여 중요한 내용 중심으로 구조도를 그려 정리한다.

(2) 정보를 전달하는 글 쓰기

개념 확인 문제 72쪽

1 (1) × (2) ○ **2** ④ **3** ⑤ **4** 내용 조직하기

1 어떤 지식이나 대상에 관한 정보를 독자에게 알려 주기 위하여 풀어 쓴 글을 설명문이라고 한다. 논설문은 자기의 생각이나 주장을 체계적으로 밝혀 쓴 글이다.

2 자료의 출처는 자료를 수집하면서 정리할 내용이다.

3 정보를 선별할 때에 비슷한 자료가 여러 개 있다면 더 정확하고 상세한 것을 선택하거나, 통합하여 활용할 수 있다.

4 '계획하기-내용 생성하기-내용 조직하기-표현하기 및 고쳐쓰기' 중 내용 조직하기에 대한 설명이다.

이해와 탐구 73~78쪽

계획하기
1 탈춤, 가치, 학교 신문 **2** 다양한

내용 생성하기 ① 정보 수집
1 뜻, 신문

내용 생성하기 ② 정보 선별
1 주제, 출처, ㉡, ㉣, 선택, 통합

표현하기 및 고쳐쓰기
1 중심, 출처, 4 **2** 선별, 윤리

개념 쏙쏙

P. 74 정확

학습 활동 응용 >>> 73~78쪽

1 ② **2** ⑤ **3** ④, ⑤ **4** ① **5** ④ **6** ④ **7** ③ **8** ③, ⑤
9 ④ **10** ② **11** ③ **12** ③, ⑤ **13** ③, ⑤ **14** ④ **15** ④
16 ② **17** ⑤ **18** ③, ⑤ **19** ⑤ **20** ③ **21** ⑤ **22** 남녀 불평등 **23** 생성, 표현 **24** ④

01 글의 주제는 우리나라 탈춤의 특징과 가치이다.

02 부정확한 표현인지 검토하는 것은 글을 쓰고 고쳐 쓰는 단계에서 고려할 점이다.

03 ②, ③은 설득하는 글을 쓸 때 생각할 내용이므로 적절하지 않다.

04 건의문은 설득하는 글의 유형이다.

05 민규는 신문 기사에서 최근에 있었던 탈춤 공연이나 축제 소식을 찾았다.

06 탈춤에 쓰이는 탈의 종류에 대한 정보는 수집하지 않았다.

07 동아리 친구들은 학교 누리집에 글을 올릴 예정이다. 온라인상에 올리는 글은 글과 함께 사진이나 영상 등을 함께 보여 줄 수 있다.

08 한 가지 매체에서만 정보를 수집하면 편중된 정보만을 얻게 되거나 정보의 양이나 정확성이 부족할 수 있다.

09 (가)에는 글과 함께 지도 그림이 제시되어 있다.

10 ②는 (사)와 관련 있는 내용으로 탈춤의 가치와는 거리가 멀다.

11 탈춤의 생생한 모습을 시각적으로 보여 주는 자료는 (마)의 사진과 (바)의 영상이다.

12 ①은 내용 조직하기 단계에서, ②는 계획하기 단계에서, ④는 표현하기 및 고쳐쓰기 단계에서 할 일이다.

13 정보를 선별할 때 예상 독자를 고려해야 하는 것은 맞지만, 독자들이 알고 있는 내용을 선별할 필요는 없다. ⑤는 내용 조직하기에서 점검할 내용이다.

14 (라)의 사회 관계망 서비스 자료는 출처가 표기되지 않아 신뢰성이 떨어진다.

15 문단 안의 각 문장이 중심 내용을 뒷받침하도록 쓰는 것은 표현하기 단계에서 생각할 내용이다.

16 '1-(3) 탈춤의 공연 비용'은 '우리나라 탈춤의 특징과 가치'라는 글의 주제와 어울리지 않으므로 삭제한다.

17 독자들이 이해하기 쉽도록 '초미의 관심사였다.'는 '뜨거운 관심을 받았다.'로 고쳐 써야 한다.

18 2문단에서 탈춤을 부르는 다른 이름들을 알 수 있다.

19 관객들도 탈춤에 능동적으로 참여할 수 있다.
오답풀이 ① 3문단에서 탈을 쓴 연기자가 우스꽝스러운 행동과 대사로 연기를 펼치면 악기로 음악을 연주하는 6~10명의 사람들이 이들을 따른다고 하였다.
② 3문단에서 탈춤은 여러 개의 '과장' 또는 '마당'이라고 불리는 독립된 여러 내용이 모여 하나의 공연을 구성한다고 하였다.
③ 3문단에서 탈춤 공연은 주로 야외에서 이루어지므로 공터나 들판만 있으면 얼마든지 탈춤을 출 수 있어서 정식 무대가 따로 없다고 하였다.
④ 2문단에서 탈춤은 지역마다 내용과 특색이 다양하게 발달하여 각기 다른 이름을 가진다고 하였다.

20 글을 고쳐 쓸 때에는 독자가 이해하기 쉽게 표현해야 한다.

21 ⑤는 4문단의 주요 내용인 탈춤의 가치와는 거리가 먼 문장이므로 삭제해야 한다.

22 '남녀평등'은 문맥에 맞지 않게 잘못 쓰인 표현이다.

23 정보를 전달하는 글을 쓰는 과정은 '계획하기-내용 생성하기-내용 조직하기-표현하기 및 고쳐쓰기'이다.

24 무조건 수준 높은 전문 용어를 활용하기보다는 예상 독자의 수준에 맞는 용어를 활용하여야 한다.

1등 친구의 만점노트 79쪽

1 정보 **2** 소개 **3** 계획 **4** 선별 **5** 개요

소단원 다잡기 80~81쪽

1 ④ **2** ⑤ **3** ①, ④ **4** ③ **5** (1) 탈춤의 뜻과 종류 (2) 최근 우리의 탈과 탈춤을 전 세계에 알리려고 외국인을 위한 안내 책자를 만들기도 하였다. **6** ③

---

01 민규의 말을 통해 정보를 전달하는 글을 쓸 것임을 알 수 있다.

02 탈춤의 가치를 설명하기 위해 탈춤의 뜻과 종류와 같은 기본적인 정보를 제공할 필요가 있다.

03 문단의 중심 내용과 관련 있는 문장인지, 문맥에 맞는 어휘인지 점검하고 고쳐 쓴다.

04 (다)에서 탈춤 공연은 여러 개의 '과장' 또는 '마당'이라고 불리는 독립된 여러 내용이 모여 하나의 공연을 구성한다는 특징이 있다고 하였다.

05 (나)의 중심 내용을 요약하여 쓰고, 그 내용과 관련 없는 부분을 찾아 쓴다.

06 예상 독자의 수준을 고려하여 더 쉬운 표현으로 고쳐 썼다.

대단원 문제 82~87쪽

1 ③ **2** ⑤ **3** ④ **4** 시드볼트에 보관한 종자는 위급하지 않으면 꺼낼 수 없다. **5** ⑤ **6** ① **7** ㉣-㉮-㉯-㉰ **8** ⑤ **9** ④ **10** ⑤ **11** ③ **12** ④ **13** ④ **14** ① **15** ⑤ **16** 시드뱅크는 종자를 보관했다가 종자의 연구나 생태계를 복원해야 할 때 자유롭게 꺼내어 쓸 수 있도록 한다. **17** ③ **18** ② **19** ③ **20** ⑤ **21** ④ **22** ① **23** ⑤ **24** 한 가지 매체에서만 정보를 수집하면 그 매체의 특성에 따라 편중된 정보를 얻게 될 수도 있으므로 다양한 매체를 통해 더 풍부하고 정확한 정보를 수집해야 한다.

---

01 시드볼트에 저장된 종자는 정말 위급한 재난 상황이나 종자가 멸종한 상황에서만 꺼낼 수 있고, 시드뱅크에 저장된 종자는 종자의 연구나 생태계의 복원을 위해 자유롭게 꺼내어 쓸 수 있다.

02 〈보기〉에서는 (가)의 두 번째 문장을 선택하여 요약하였다.

03 ① 분석, ② 분류, ③ 예시, ④ 대조, ⑤ 정의의 방법이 사용되었다.

04 (라)는 중심 내용이 그대로 드러난 문장이 없으므로 중요한 내용을 종합하여 요약하여야 한다.

05 ①~④는 노르웨이 시드볼트에서 저장하는 작물 종자이다.

06 ①은 노르웨이 시드볼트에 대한 설명이다.

07 (나)에 드러난 시드볼트에 종자를 보관하는 과정에 맞게 기호를 나열해 본다.

08 시드볼트의 역할은 (가), (다)에서 알 수 있다.

09 이 글의 중심 내용은 꿀벌이 멸종에 처한 원인과 해결 방안이다.

10 결론인 (마)에서는 꿀벌의 멸종을 막기 위해 개인적 노력이 무엇인지 밝히고 있다.

11 지구 온난화의 영향으로 꽃이 피어 있는 기간은 짧아졌고 꿀벌이 꿀을 모을 수 있는 기간도 짧아졌다.

12 농약 및 살충제 사용 금지는 유럽 등에서 실시한 국가적 차원의 노력이다.

13 북극보다 남극이 상대적으로 춥다.

14 ㉠은 인과의 방식으로 내용이 전개되고 있다.
> **오답풀이** ② '뇌는 중추 신경 계통 가운데 머리뼈 안에 있는 부분이다.'는 정의의 내용 전개 방식이 사용된 문장이다.
> ③ '동물은 척추의 유무에 따라 척추동물과 무척추동물로 나뉜다.'는 분류의 내용 전개 방식이 사용된 문장이다.
> ④ '떡볶이에는 고춧가루, 떡, 물엿, 마늘, 대파, 간장 등이 들어 간다.'는 분석의 내용 전개 방식이 사용된 문장이다.
> ⑤ '우리 조상들은 설날에 윷놀이, 연날리기 등 다양한 놀이를 즐겼다.'는 예시의 내용 전개 방식이 사용된 문장이다.

15 (가)에서는 남극과 북극의 지역적 특징의 차이를, (나)에서는 시드볼트와 시드뱅크의 차이를 이야기하고 있다.

16 (나)의 세 번째, 네 번째 문장에서 시드뱅크의 역할에 대해 설명하였다.

17 이 글은 정보를 전달하는 글이다.

18 선거에서 투표하는 행위는 개인과 국가와의 관계에서 일어나는 일이므로, 공법에서 규율한다.

19 상법은 상거래 활동을 규율하는 법으로 사법에 속한다.

20 이 글은 교과서 글로, 중요 내용을 확인하고 요약하며 읽는 것이 적절하다. 시간의 흐름에 따라 전개되는 사건의 흐름을 파악하는 것은 역사 교과서나, 소설 등의 글을 읽을 때 적합하다.

21 대상에 대한 평가와 근거가 드러나는 글은 비평문에 해당하며, 이 글은 설명문이다.

22 예상 독자가 학생이므로 이해하기 쉽게 고치는 것이 좋다.
> **오답풀이** ② ㉡은 문단의 중심 내용과 관련 없는 내용으로 삭제해야 한다.
> ③ ㉢은 지역마다 다른 탈춤의 이름으로 중심 내용과 관련 있으므로 삭제할 필요가 없다.
> ④ 글이 실리는 매체가 지면이라는 내용은 나타나 있지 않다.
> ⑤ 글을 읽는 예상 독자가 성인이라는 내용은 나타나 있지 않다.

23 탈춤은 탈을 쓴 연기자와 6~10명의 악기 연주자가 함께 공연한다.

24 다양한 매체에서 정보를 수집하면 알차고 풍부하게 내용을 생성할 수 있다.

교과서 학습편

3 **능동적인 언어생활**

(1) 추론하며 듣기

개념 확인 문제   90쪽

1 (1) × (2) ○ (3) ○ **2** ③ **3** ② **4** ②, ⑤

1 추론하며 듣기는 담화에서 겉으로 드러나지 않는 숨겨진 내용을 미루어 짐작하며 듣는 것을 말한다.

2 상황 맥락은 담화가 이루어지는 시간, 장소, 화자, 청자, 전달 내용, 주제 등이다.

3 화자의 동작이나 표정같이 말로 전하지 않지만 의사를 드러내는 표현을 비언어적 표현이라고 한다.

4 추론하며 들으면 화자가 담화에서 전하려는 내용을 온전히 이해하고 담화의 내용과 상황을 깊고 넓게 이해할 수 있다.

이해와 탐구   91~96쪽

1 (1) 학교, 집 (2) 놀라운, 칭찬, 야단 (3) 상황 맥락 **2** (1) 소리, 너무 (2) 의도 **3** 언어, 준언어, 비언어 **4** (1) 학생, 대답 (2) 표정 **5** (1) 시각 장애인, 생생, 청각 장애인, 국가유산 (2) 가치 (3) 안내견, 영상 해설사 (4) 긍정적, 정보, 가치 **6** 깊이

문제 해결과 적용   98쪽

1 (1) 현재, 지금 (2) 현실 (3) 교육자, 주장

개념 콕콕

P. 91   상황 맥락
P. 95   장면 해설, 인터뷰
P. 97   현재, 인터뷰

학습 활동 응용 >>>   91~98쪽

1 ③ **2** ② **3** ① **4** ④ **5** ② **6** ②, ⑤ **7** ① **8** ④ **9** ①
10 ①, ② **11** ⑤ **12** ⑤ **13** ④ **14** ⑤ **15** ④ **16** ⑤
17 ② **18** ⑤ **19** ③ **20** 스마트폰 수어 설명 **21** ④ **22** ①
23 ② **24** ③ **25** ③ **26** ⑤ **27** ① **28** ② **29** ④ **30** ②
31 ④

01 (가)와 (나)에서 효진이의 언어적 표현 자체는 동일하다.

02 효진이의 말은 (가)에서는 그림을 잘 그린 친구를 칭찬하려는 의도이고, (나)에서는 수첩에 낙서한 동생을 야단치려는 의도이다.

03 대화하는 상황과 말을 듣는 사람 등 상황 맥락이 다르기 때문에 같은 말이라도 의미가 다르게 해석된다.

04 대화 상황을 고려하면 말에 담긴 의도를 파악할 수 있다.

05 아빠의 말에는 텔레비전 소리가 너무 크니 소리를 줄이라는 의도가 담겨 있다.

06 이외에 텔레비전 소리가 큰 상황을 보고도 아빠의 말에 담긴 의도를 추론할 수 있다.

07 아빠 말의 의도는 텔레비전 소리가 너무 크니 줄이라는 것이므로 소리를 줄이겠다는 대답이 적절하다.

08 일상 대화에서도 의도가 겉으로 드러나지 않는 경우가 많기 때문에 상대의 말에 담긴 의도나 의미를 추론하며 들을 필요가 있다.

09 장면 4에서 할머니는 이 동네가 처음이라고 말하는 것을 확인할 수 있다.

　오답 풀이 ② 할머니와 학생은 모르는 사이이다.
　③ 장면 4에서 학생은 할머니에게 ○○ 아파트에 가는 법을 안다고 대답하였다.
　④ 할머니와 학생은 서로 대화를 나누고 있다.
　⑤ 학생은 할머니의 말을 듣고 대답하였다.

10 버스 정류장 앞에서 ○○ 아파트에 가는 방법에 대해 묻고 답하는 할머니와 학생의 대화이다.

11 학생은 할머니의 말을 ○○ 아파트에 가는 방법을 아느냐는 사실 확인의 의미로 오해했기 때문에 "네, 알아요."라고 답하였을 것이다.

12 할머니는 ○○ 아파트에 가는 방법을 알려 달라는 의도로 물었는데 학생이 이러한 의도를 파악하지 못하고 가는 방법을 안다고만 답을 했기 때문에 할머니가 당황한 것이다.

13 버스 도착에 대한 알림은 만화 속 드라마에 제시되지 않았다.

14 이외에도 "여기서 쭉 걸어가시면 나와요."와 같이 ○○ 아파트에 가는 방법을 알려 주는 것이 알맞은 대답이다.

15 뉴스에서는 장애인을 위한 고궁 장면 해설 서비스의 시행 현황과 그 전망을 다루고 있다.

16 일반 시민들의 인터뷰가 아니라 실제 고궁 장면 해설 서비스를 이용하는 장애인의 인터뷰를 활용하였다.

17 영상 해설사는 시각 장애인에게 고궁의 행사나 건물, 물건 등을 설명하고 안내하는 역할을 한다.

18 전에 여러 번 왔다는 말에서 실제로 처음 온 것이 아니고, 영상 해설 서비스 덕분에 처음으로 고궁을 제대로 관람할 수 있었다는 의미임을 알 수 있다.

19 기자의 마지막 말을 통해 장애인을 위한 서비스를 늘리려는 국가유산청의 계획을 알 수 있다.

20 청각 장애인을 위한 스마트폰 수어 설명이 시각 장애인을 위한 영상 해설과 유사한 역할을 하는 고궁 안내 서비스이다.

21 실제 장면 해설 서비스를 체험해 본 장애인의 인터뷰이므로 서비스의 효과와 가치를 보여 주기에 적절하다.

22 기자는 장면 해설 서비스에 대해 긍정적인 관점을 가지고 있다.

23 시각 장애인 ○○○ 씨의 사회 관계망 서비스는 제시되지 않았고, 주제와 관련성도 낮다.

24 청소년들이 현재에 충실하게 살지 못하는 문제 상황을 먼저 제시하고 청자인 교육자들에게 청소년들이 현재에 충실할 수 있도록 이끌어 줄 것을 제안하였다.

25 연설자는 나중에 무엇이 되고 싶으냐는 질문이 청소년들이 오늘 할 수 있는 일을 폄하한다고 하였다.

26 화자는 ㉠이 오늘 하고 싶은 일을 하려면 미래에 적당한 때가 오기를 기다려야 한다는 생각을 심어 주는 질문이라고 문제 제기하였다.

27 연설자는 교육자들에게 청소년들이 지금 원하는 것이 무엇인지를 물으라고 하였다.

28 연설자는 현재에 충실한 삶을 살 것을 이야기하고 있다.

29 연설자가 어린이라는 것은 현재에 대한 연설자의 가치관을 추론하는 데 유용한 근거가 아니다.

30 연설의 화자는 어린이, 연설의 청자는 교육자인 어른들이다.

31 연설자의 의도는 청자인 교육자들에게 청소년이 현실에 충실하도록 이끌어 주어야 한다고 주장하는 것이다.

01 (다)에서 아빠는 궁금한 점을 물은 것이 아니라 텔레비전 소리를 줄이라는 의도로 말하였다.

02 담화에서 화자의 의도를 파악하기 위해서는 대화 상황, 언어적·비언어적·준언어적 표현 등을 살펴야 한다. (가)~(라)에는 반복되는 표현이 나타나지 않는다.

03 텔레비전 소리를 줄이라는 아빠의 의도에 맞게 대답을 써야 한다.

04 학생은 ○○ 아파트에 가는 방법을 알려 달라는 할머니의 의도를 잘못 파악하여 부적절하게 대답하였으므로 ㉡의 대답을 들은 할머니는 당황해할 것이다.

05 시각 장애인이 영상 해설을 귀로 보고, 청각 장애인이 스마트폰 수어 설명을 눈으로 듣는다고 인상적으로 표현하였다.

06 실제 영상 해설과 스마트폰 수어 설명을 사용해 본 장애인들의 인터뷰를 넣어 두 서비스의 효과와 가치를 보여 주었다.

07 (나)의 연설자는 현재에 충실하게 사는 것을 중요하게 생각하고 있다.

08 (나)의 화자는 현재를 사는 것을 중시하므로 지금 현재에 대한 질문을 하라고 할 것이다.

(2) 품사의 종류와 특징

개념 확인 문제

1 품사, 성질 **2** (1) × (2) ○ **3** ① **4** ④

1 품사는 공통된 성질을 가진 것끼리 묶은 단어의 갈래를 말한다.

2 품사는 단어의 갈래로 문장에서 쓰일 때 형태가 변하는 것과 변하지 않는 것이 있다.

3 '이다'는 조사이지만 예외적으로 활용한다.

4 동사는 가변어로 문장 안에서 다양한 형태로 바꾸어 쓸 수 있다.

이해와 탐구

품사의 분류 기준
1 (1) 형태, 읽다 **2** (1) 꾸며 주는, 서술 (2) 서술 **3** (1) 이름, 움직임 (2) 이름, 둘, 성질

품사의 종류와 특성
명사, 대명사, 수사
1 (1) 명사 **2** (1) 노인 (2) 거기, 대명사 **3** (1) 수사 **4** (1) 하나

동사, 형용사
1 (2) 성질, 동사, 형용사 **2** (1) 기본형 **3** 동사, 형용사

관형사, 부사
1 (1) 관형사, 부사, 체언 **2** (1) 자세

조사
1 (1) 앞말 (3) 추가 **2** 문법

감탄사
1 (1) 이봐, 감탄사 **2** 생략

문제해결과 적용

1 (1) 관형사, 형용사 **2** 명사, 명료

개념콕콕

P. 105	불변어, 관계언, 부사
P. 107	명사, 대명사, 수사
P. 108	서술
P. 109	수식언
P. 110	체언
P. 111	독립적

학습 활동 응용 >>>

1 형태, 기능, 의미 **2** ④ **3** ① **4** ② **5** ⑤ **6** ⑤ **7** ③
8 ②, ③ **9** 수식언, 부사 **10** ⑤ **11** 과연, 모든 **12** ①, ④ **13** ④ **14** ⑤ **15** ④ **16** ④ **17** ⑤ **18** ③ **19** ②
20 ①, ③ **21** ② **22** ② **23** ④ **24** ④ **25** ② **26** ⑩, ⑭ **27** ① **28** ①, ③ **29** 체언, 관계, 뜻 **30** ③ **31** ④
32 ② **33** ③ **34** ② **35** ② **36** ④ **37** ② **38** 건강하자
39 ④ **40** ①

01 품사 분류의 기준은 형태, 기능, 의미이다.

02 '크다'는 '크니', '크구나' 등으로 형태가 변하는 형용사이다.

03 '헌'은 뒤에 오는 다른 단어를 꾸며 주는 기능을 하는 수식언이다. 나머지는 모두 주어를 서술하는 기능을 하는 용언이다.
오답풀이 ② '앉다'는 동사로 문장에서 서술하는 기능을 한다.
③ '가깝다'는 형용사로 문장에서 서술하는 기능을 한다.
④ '정리했다'의 기본형은 '정리하다'로 동사이며, 문장에서 서술하는 기능을 한다.
⑤ 이 문장에서 '크다'는 형용사로 쓰여 서술하는 기능을 한다.

04 '내린다'는 문장에서 서술어의 기능을 하는 동사이다.

05 주어인 '나비'의 동작을 서술하는 것은 '난다'이다.

06 ①~④는 문장에서 사람이나 사물의 이름을 나타내는 명사이고 ⑤는 용언을 꾸며 주는 부사이다.

07 '찾았다'는 대상의 움직임을 나타내는 동사이다.

08 '화분'과 '흙'은 대상의 이름을 나타내는 명사이다. ①은 형용사, ④는 부사, ⑤는 동사이다.

09 '너무'는 용언을 꾸며 주는 단어로 기능상 수식언, 의미상 부사에 속한다.

10 ⑤는 대명사에 대한 설명이다.

11 '과연'은 부사이고, '모든'은 관형사이다.

12 ②, ③, ⑤는 추상적인 대상의 이름을 나타내는 단어이고, 나머지는 구체적인 대상의 이름을 나타내는 단어이다.

13 '이곳'은 장소의 이름을 대신하여 나타내는 단어로 느티나무가 있는 자리를 가리키는 말이다.

14 '그럼'은 '그러면'의 줄임말로 부사이다.

15 '여기'는 장소를 대신 가리키는 대명사이다.

16 '둘 다'에서 '둘'이 수사이고, '다'는 부사이다.

17 '둘째'는 두 번째 순서를 나타내는 수사이다.

18 '여러'는 '수효가 한둘이 아니고 많은'이라는 뜻의 관형사이자 수식언에 해당한다.

19 체언에는 명사, 대명사, 수사가 속하며 이들은 문장에서 형태가 변하지 않는 불변어이다.
> **오답풀이** ① 조사는 주로 체언 뒤에 붙어서 쓰인다.
③ 체언은 문장에서 몸체 기능을 한다. 서술하는 기능을 하는 것은 용언이다.
④ 문장에서 혼자 쓸 수 없고 다른 말과 붙어서 쓰이는 것은 조사이다.
⑤ 체언은 문장에서 몸체 기능을 한다. '(나) 밥 먹었어.'와 같이 생략하여 쓸 수도 있다.

20 ②는 대명사, ④는 체언, ⑤는 수식언에 대한 설명이다.

21 '그립다'는 동사가 아니라 대상의 상태를 나타내는 형용사이다.

22 형용사는 문장에서 쓰일 때 형태가 변화하고 이를 활용이라고 한다.

23 기본형은 어간에 어미 '-다'를 붙인 것이다. '돌아간다'의 기본형은 '돌아가다'이다.

24 동사는 '-자'를 붙여 청유형을 만들 수 있지만 형용사는 어색하여 제약이 있다.

25 관형사 '단'은 바로 뒤에 오는 수사 '하나'를 꾸민다.

26 ㅁ, ㅂ은 체언을 꾸며 주는 단어이고, 나머지는 용언을 꾸며 주는 부사이다.

27 부사는 주로 용언을 꾸미지만 다른 부사나 문장 전체를 꾸미기도 한다. 부사는 관형사와 달리 문장에서 위치도 비교적 자유롭다.

28 수식언을 사용하면 뒤에 오는 말의 의미를 구체적이고 자세하게 표현할 수 있다.

29 문장에서 조사의 위치와 역할에 대한 설명이다.

30 모든 조사는 앞말에 붙어 문장에서 사용된다. ②는 서술격 조사 '이다'가 문장에서 형태가 변하므로 알맞지 않다.

31 '도'는 단어에 특별한 뜻을 더해 주는 조사로, 무언가를 추가한다는 뜻을 더해 준다.

32 ㄱ, ㄷ, ㄹ, ㅁ은 모두 조사이고, ㄴ은 형용사 '있다'가 활용할 때 결합하는 어미이다.

33 '이봐'는 듣는 이를 부를 때 쓰는 말이다. '동생아'는 '동생'에 '아'라는 호격 조사가 결합한 말로, 감탄사가 아니다.

34 감탄사는 독립적으로 쓰이는 기능을 하므로 문장 전체에 특별한 의미를 더하지 않는다.

35 '어이'는 조금 떨어져 있는 사람을 부를 때 하는 말로, 감탄사이다.

36 관형사와 부사는 공통적으로 다른 말을 꾸미는 말이므로 기능상 수식언으로 분류할 수 있다.

37 '옛'은 관형사이므로 조사와 결합하지 않는다. 따라서 명사 '예'로 바꾸어 '예부터'로 고쳐 써야 한다.

38 '건강하다'는 형용사이므로 청유형으로 활용하면 어색하다.

39 수식언 없이 명사 위주로 명확하고 분명하게 전달하고자 하는 바를 표현하였다.

40 구체적이고 생생한 묘사는 정보를 전달하는 글보다는 동화책에 어울린다.

1등 친구의 만점 노트   **113쪽**

1 이름 **2** 체언 **3** 독립 **4** 이다 **5** 움직임

집중연습하기   **114쪽**

01 (1) 명사 (2) 대명사 (3) 부사 (4) 수사 (5) 동사 (6) 관형사 (7) 부사 (8) 형용사 (9) 명사 (10) 감탄사 (11) 형용사 (12) 부사 (13) 동사 (14) 명사 (15) 관형사 (16) 조사 (17) 부사 (18) 부사 (19) 대명사 (20) 명사 (21) 감탄사 (22) 관형사 (23) 형용사 (24) 명사 (25) 형용사 (26) 대명사 (27) 명사 (28) 부사 (29) 명사 (30) 동사 (31) 명사 (32) 형용사 (33) 부사 (34) 감탄사 (35) 형용사 (36) 동사 (37) 부사 (38) 동사 (39) 수사 (40) 명사

02 (1) 형용사 (2) 수사 (3) 관형사 (4) 대명사 (5) 동사 (6) 부사 (7) 감탄사 (8) 명사 (9) 조사

03 (1) 동생, 물, 너무, 우리, 음식, 어머나, 헌, 무척 (2) 읽다, 맵다, 울다, 크다, 앉다, 가깝다, 찾다

04 (1) 진아, 국, 물 (2) 너무 (3) 마셨다 (4) 짜서 (5) 는, 이, 을

05 ㄱ 명사 ㄴ 명사 ㄷ 대명사 ㄹ 수사

06 (1) 되다, 나오다 (2) 무뚝뚝하다 (3) 헌 (4) 쭉, 열심히

소단원 다잡기

115~117쪽

1 ④ 2 ③ 3 ⑤ 4 ② 5 ④ 6 ① 7 여러 방향에서 사물을 바라보고 그 모습을 모아서 하나의 장면에 담은 것 8 ③ 9 ④ 10 ⑤ 11 ④ 12 ② 13 ① 14 ④ 15 ④ 16 수식언은 뒤에 오는 말의 의미를 자세하고 구체적으로 표현해 주는 효과가 있다. 17 ④ 18 ④ 19 ⑤ 20 ③ 21 ①

01 우리말의 단어는 형태, 기능, 의미의 세 가지 기준에 따라 분류된다.

02 '어느'는 다른 말을 꾸며 주는 역할을 하는 수식언이고, 나머지는 모두 체언으로 문장에서 몸체의 역할을 한다.

03 ⑤는 수식언인 부사이고, 나머지는 모두 체언이며 ①~③은 명사, ④는 수사이다.

04 ①, ③, ④, ⑤도 수사이나 사물의 수량을 나타내는 단어이다.

05 '특성'은 구체적인 형태가 없고 추상적인 의미를 나타내는 명사이다.

06 ㉮는 관형사이다. ②, ③, ⑤는 대명사이고, ④는 명사이다.

07 ㉯는 대명사이므로, ㉯가 가리키는 것은 바로 앞 문장에서 찾을 수 있다.

08 〈보기〉에서 설명하는 단어는 동사이다. ①, ②, ④는 명사이고 ⑤는 형용사이다.

09 '듣다'는 동사로 다양하게 활용할 수 있는 가변어이다. 청유형으로 쓰는 것이 어색한 것은 형용사이다.

10 ⑤는 형용사이고, 나머지는 모두 대상의 움직임을 나타내는 단어인 동사이다.

11 '싱겁다'는 형용사로 청유형으로 쓰면 어색하다.

12 현재형은 '나눈다'로 써야 하며, '나눴다'는 과거형이다.

13 '옛'은 뒤에 오는 명사 '시'를 꾸며 주는 관형사이고, 나머지는 모두 용언을 꾸며 주는 부사이다.

14 밑줄 친 '세'는 '사람'을 꾸며 주는 기능을 하는 관형사이다.

15 ㉠, ㉡, ㉢은 뒤의 용언을 꾸미는 부사이고, ㉣, ㉤은 뒤의 체언을 꾸미는 관형사이다.

16 수식언은 주로 다른 단어를 꾸며 주는 기능을 하며 꾸밈을 받는 말의 의미를 풍부하게 해 준다.

17 '과연'은 문장 전체를 꾸며 주는 부사이다.

18 '만'은 무언가를 제한·한정한다는 뜻을 더해 주는 조사이다.

19 '이다'는 체언 뒤에 붙어 서술어의 기능을 한다.

20 문장 전체를 꾸며 주는 단어는 부사이다.

21 이 안전 안내 문자는 주로 명사를 써서 내용을 명료하게 전달하였다.

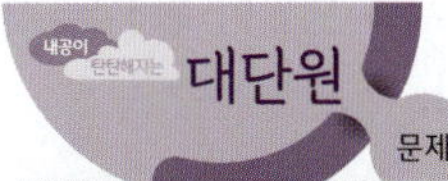

대단원 문제

118~123쪽

1 ④ 2 ⑤ 3 ① 4 화자가 전달하려는 내용을 온전히 이해할 수 있다. 5 ④ 6 ④ 7 ⑤ 8 ③ 9 ③ 10 ④ 11 ① 12 지금 네가 원하는 것이 무엇인가? 13 ① 14 ② 15 ④ 16 ④ 17 ③ 18 ① 19 ① 20 ① 21 ② 22 ③ 23 ④ 24 ⑤ 25 ③ 26 ③ 27 ① 28 ⑤ 29 ⑤ 30 ③ 31 ① 32 '예쁘다'는 형용사이므로 '예쁘자'와 같이 청유형으로 쓰면 어색하다. 33 ⑤ 34 ④

01 (가)와 (나)에서 발화의 의도가 달라진 것은 상황 맥락이 다르기 때문이다. 문화적 맥락이 효진이의 말에 담긴 의도를 달라지게 한 것은 아니다.

02 텔레비전 소리가 큰 상황, 아빠의 찡그린 표정, '너무 크지 않니?'라는 언어적 표현 등으로 아빠는 텔레비전 소리가 크니 줄여 달라는 의도로 말한 것임을 추론할 수 있다. 아빠의 텔레비전 프로그램 취향은 이 담화와 상관이 없다.

03 (라)의 상황 맥락과 할머니의 말, 준언어적·비언어적 표현으로 봤을 때, 할머니는 ○○ 아파트에 가는 방법을 묻고 있으므로 ㉡에서 학생은 ○○ 아파트에 가는 방법을 대답해야 한다.

04 (가)~(라)는 모두 상황 맥락과 언어적 표현, 비언어적·준언어적 표현을 종합적으로 추론하며 들어야 화자의 의도를 오해 없이 온전히 이해할 수 있다는 것을 보여 주는 상황이다.

05 뉴스에서 다룰 화제를 안내한 것은 앵커이다.

06 영상 해설은 시각 장애인이 고궁의 여러 모습과 상황을 생생하게 느낄 수 있게 도와 주는 효과가 있다.

07 실제 사용자의 인터뷰를 넣어 장면 해설 서비스의 효과와 가치를 생생하게 보여 주는 효과가 있다.

08 시각 장애인이 고궁을 관람할 때 장면 해설 서비스가 안내견과 같이 기댈 수 있는 팔이 되어 준다고 비유적으로 표현하였다.

09 (나)에서 연설자는 지금 원하는 것이 무엇인지 묻는 교육자의 질문이 세상을 바꿀 수 있을 것이라고 말하였다.

10 달라이 라마의 인터뷰는 구체적인 수치나 통계 자료와 같은 객관적 자료가 아니다.

11 청자의 태도를 분석하는 것은 연설자의 의도를 추론할 수 있는 방법이 아니다.

12 연설자는 어린이와 이야기할 때 지금 그들이 원하는 것이 무엇인지 물어봐 달라고 하였다.

13 관계언인 조사는 문장에서 홀로 쓰이지 못하고 주로 체언 뒤에 붙어 쓰인다.

14 체언은 주로 주어, 목적어 등으로 쓰여 문장에서 몸체의 기능을 한다.

15 나머지 '집, 의자, 이순신'은 구체적 대상의 이름을 나타내는 단어이다.

16 〈보기〉의 '이곳'은 대명사인데, '이'는 대명사가 아니라 뒤에 오는 체언 '그림'을 꾸며 주는 관형사이다.

17 '한'은 '노인'을 꾸며 주는 관형사이고, '하나'는 수사이다.

18 '여기'는 대명사이며, 형태가 바뀌지 않는 불변어이다.

19 〈보기〉는 형용사에 대한 설명이다. ㉠을 제외한 나머지는 모두 동사이다.

20 용언은 문장에서 주어를 서술하는 기능을 한다.
오답풀이 ② 문장에서 독립적으로 쓰이는 것은 독립언이다.
③ 문장에서 다른 단어를 꾸며 주는 기능을 하는 것은 수식언이다.
④ 문장에서 주어, 목적어 등 몸체의 기능을 하는 것은 체언이다.
⑤ 단어들 사이의 문법적 관계를 나타내는 기능을 하는 것은 관계언이다.

21 '모든'은 '빵'을 수식하는 관형사이고, 나머지 '무척', '매우', '전혀', '너무'는 부사이다.

22 〈보기〉의 '세'는 '사람'을 꾸며 주는 관형사이다.

23 밑줄 친 단어는 순서대로 관형사와 부사로, 다른 단어를 꾸며 문장의 의미를 자세하게 만들어 준다.

24 〈보기〉에서 '역시'는 문장 전체를 꾸며 주는 부사이다.

25 관계언은 홀로 쓰일 수 없고, 다른 단어에 붙어서 쓰인다.

26 '도'는 단어에 무언가를 '추가한다'는 뜻을 더해 주는 조사이다.

27 '란'은 '~라고 하는'을 줄여 쓴 말로 조사가 아니다.

28 감탄사는 놀람이나 느낌, 부름, 대답을 나타내는 단어이다.

29 문장에서 다른 단어들과 관계 맺지 않고 독립적으로 쓰이는 단어를 감탄사라고 한다. '어떡해'는 '어떻게 해'의 준말로, 감탄사가 아니다.

30 감탄사는 문장에서 다른 단어와 관계를 맺지 않고 독립적으로 쓰이므로, 생략되어도 문장의 의미는 통할 수 있다.

31 '옛부터'에는 활용하는 단어가 사용되지 않았다.

32 〈보기〉의 문장은 형용사를 청유형으로 활용하여 어색한 문장이다.

33 대명사를 쓸 때는 앞에 가리키는 대상이 구체적으로 제시되어야 한다.

34 관형사와 부사와 같은 수식언을 사용하면 내용을 구체적이고 생생하게 표현할 수 있다.

4 성장의 시간

(1) 옥수수 뺑소니

개념 확인 문제   126쪽

1 깨달음 **2** (1) × (2) ○ (3) ○ **3** ⑤ **4** ④

1 인간의 성장을 다룬 작품에서는 인물의 여러 어려움과 고민, 깨달음을 다루고 있다.

2 작품 읽기는 인물의 삶에 대한 간접 경험이므로 직접적 경험을 확대하기는 어렵다.

3 ⑤는 내적 갈등에 대한 설명이다.

4 소설의 구성 단계 중 갈등이 최고조에 이르고 해결의 실마리가 제시되는 것은 '절정'이다.
  오답 풀이 ① '발단'은 인물과 배경이 소개되고 사건의 실마리가 제시되는 단계이다.
  ② '전개'는 갈등이 시작되며 사건이 전개되는 단계이다.
  ③ '위기'는 갈등이 심화되며 위기감이 조성되는 단계이다.
  ⑤ '결말'은 갈등이 해소되고 사건이 마무리되는 단계이다.

핵심 콕콕 & 문제로 확인   127~137쪽

1 ⑤ **2** ② **3** ④ **4** ⑤ **5** ⑤ **6** ② **7** ④ **8** 옥수수 아저씨 **9** 부모님 **10** ② **11** ② **12** ② **13** ④ **14** ⑤ **15** 연락처 **16** ③ **17** 손가락 **18** ① **19** 뺑소니범 **20** ⑤ **21** ①, ④ **22** ② **23** 선글라스 아저씨 **24** ⑤ **25** ① **26** ② **27** ③

1 이 글은 주인공인 '나'가 자신이 겪은 일과 그때의 감정을 솔직하게 서술하고 있다.
  오답 풀이 ① 1인칭 관찰자 시점에 대한 설명이다.
  ② 소설은 허구적인 이야기로 실제 일어난 사건을 객관적으로 전달하는 글이 아니다.
  ③ 3인칭 시점에 대한 설명이다.
  ④ 1인칭 관찰자 시점에 대한 설명이다.

2 경주에서 이기려고 기어를 변속한 것은 재준이다.

3 '나'는 그동안 고물 자전거로 재준이와 자전거 경주를 하면서 실력으로 이겨서 기죽지 않고 자존심을 지킬 수 있었다.

4 넘어졌을 때 무리하게 몸을 움직이면 더 큰 부상으로 이어지는 경우가 있기 때문에 아저씨는 '나'에게 누워 있으라고 말한 것이다.

5 요즘 잘 사용하지 않는 구형 폴더 폰을 쓰는 것이 신기한 일이라고 생각했기 때문이다.

6 재준이는 아저씨가 '나'를 걱정하며 한 행동들을 근거로 그가 나쁜 사람은 아니라고 생각했을 것이다.

7 '나'가 학교에서 컴퓨터와 인터넷 요금을 지원받는 것으로 보아 가정 형편이 어렵다는 것을 알 수 있다.
  오답 풀이 ① (다)에서 '나'는 모처럼 이기고 있는 이때 전화를 받았다고 하였다.
  ② (다)에서 '나'는 학교에서 받은 컴퓨터지만 웬만한 게임은 다 돌아간다고 하였다.
  ③ '나'는 옥수수 아저씨에게 부모님이 일할 때 전화를 못 받으신다고 거짓말을 하였다.
  ⑤ 컴퓨터를 창고에 치워 버렸던 일도 있었지만, 현재 '나'는 집에서 컴퓨터를 하고 있다.

8 '나'는 게임을 하느라 전화 받기가 싫은데 엄마의 전화를 받지 않았다가는 컴퓨터를 못하게 될까 봐 전화를 받았다.

9 '나'가 다칠 뻔한 사실을 알리고 아프다면 치료를 받게 하려고 옥수수 아저씨가 통화하고 싶어한 상대는 '나'의 부모님이다.

10 ㉠은 재준이가 매우 소중하게 여기는 스마트폰을 비유적으로 가리킨다.

11 '나'는 스마트폰 게임을 하며 골목을 걷다가 검은 자동차에 치이는 사고를 당했다.

12 교통사고를 당한 '나'를 팔짱을 낀 채 내려다보는 행동을 통해 선글라스 아저씨는 비인간적 성격임을 알 수 있다.

13 '나'는 철이 없지만 자존심이 강한 성격으로 아프다고 말하기 싫어서 괜찮은 척을 하였다.

14 선글라스 아저씨가 요리조리 주변을 살핀 것은 사고를 목격한 사람이 있는지 확인하기 위해서이다.

15 '나'는 뒤늦게 선글라스 아저씨의 연락처를 받지 않은 것을 알고 차 번호라도 외우려고 했지만 이미 사리진 후였다.

16 ㉠의 뒤에 아빠에게 혼날까 봐 걱정하는 모습이 제시된 것을 통해 살갗보다 마음이 쓰라린 까닭은 부모님께 혼날 것이 더 걱정이 되었기 때문임을 알 수 있다.

17 '나'는 옥수수 아저씨에게 거짓말을 할 생각에 긴장되어 손가락이 떨렸다.

18 '나'는 옥수수 아저씨에게 거짓말을 하면서 의심을 받을까 봐 겁이 나서 가슴이 마구 뛰었다.

19 '나'의 거짓말로 옥수수 아저씨가 뺑소니범으로 몰렸기 때문에 '나'는 마음이 불편하다고 느꼈다.

20 '나'는 거짓말을 하고 죄책감을 느끼고 있었으면서도 옥수수 아저씨가 사과를 하자 거짓말을 들키지 않았다는 안도감을 느꼈다.

21 에어컨을 틀었는데 문을 안 닫는 행동을 통해 ①, ④를 짐작할 수 있다.
> **오답풀이** ② 담배와 링거를 들고 어슬렁어슬렁 나갔다는 설명으로 보아 할아버지가 진짜로 아파서 입원한 환자라는 설명은 알맞지 않다.
> ③ 중환자실에서 산소 호흡기를 끼고 있는 것은 옥수수 아저씨의 아기이다.
> ⑤ 옥수수 아저씨의 통화 내용을 궁금해하는 것은 '나'이다.

22 커다란 덩치는 옥수수 아저씨의 외모를 드러낸 부분으로 형편을 알 수 있는 소재는 아니다.

23 '나'는 책임감 있는 옥수수 아저씨와 대조되는 선글라스 아저씨를 떠올렸다.

24 땀에 절어 쭈글쭈글 시든 배춧잎 같은 만 원짜리 지폐를 통해 옥수수 아저씨의 힘겨운 현실을 떠올릴 수 있다.

25 '나'는 뜨끈뜨끈한 옥수수를 손에 쥐어 본 후 옥수수처럼 따뜻한 아저씨의 손을 떠올렸다.

26 ㉢은 정직하지 못한 일로 양심이 죽어 있는 상태를 의미한다.

27 '나'는 진실을 밝히기 위해 옥수수 아저씨에게 달려간 것으로 볼 수 있다.

지문 콕콕

P. 129	트럭
P. 134	선글라스, 책임감
P. 136	아기, 미안함
P. 137	후회, 성장

이해와 탐구

138~140쪽

1 ❶ 자전거, ❷ 전화, ❸ 승용차, ❹ 스마트폰, ❺ 거짓말, ❻ 합의금, ❽ 옥수수 트럭 **2** (1) 덤터기, 당황, 거짓말, 잘못 (2) 거짓말 **3** (1) 책임 (2) 책임

문제해결과 적용

142쪽

1 (1) 불안함, 멀미

개념 콕콕

P. 139	희망, 부끄러워

학습 활동 응용 >>>

138~142쪽

1 ② **2** ⑤ **3** ❽ **4** ⑤ **5** ① **6** ④ **7** ④ **8** ③ **9** ②, ④ **10** ⑤ **11** ④ **12** 진실 **13** ⑤ **14** ④ **15** ③ **16** ⑤ **17** ⑤ **18** ④ **19** ③ **20** ③

01 ②-⑤-①-③-④ 순으로 사건이 일어났다.

02 이 글에는 '나'가 내적 갈등을 겪으면서 변화하고 성장하는 모습이 나타나 있다.

03 〈보기〉는 소설의 구성 단계 중에서 결말에 대한 설명이다. 이 글에서는 ❽이 결말에 해당하는 장면이다.

04 선글라스 아저씨는 비인간적이고 무책임한 인물이며, 옥수수 아저씨는 따뜻하고 책임감이 있는 인물로 서로 대조적이다.

05 '나'가 옥수수 아저씨에게 전화를 하려고 했을 때 거짓말을 해야 하는 것 때문에 침을 꿀꺽 삼키며 긴장하는 모습이 나타났다.

06 옥수수를 들고 병문안을 온 옥수수 아저씨의 따뜻한 마음씨를 느낀 '나'는 미안한 마음이 들었다.

07 살점을 뜯었다는 강렬한 표현을 통해 '나'가 강하게 후회하고 있음을 나타내었다.

08 거짓말을 한 후 마음이 불편했던 '나'는 잘못을 고백한 후에 후련한 마음이 들었을 것이다.

09 이 글은 성장 소설로 다른 사람에게 거짓말을 하여 양심을 속여서는 안 된다는 '나'의 깨달음과 성장이 나타나 있다.

10 두 번째 교통사고는 '나'의 잘못만은 아니라 선글라스 아저씨가 앞을 제대로 보지 않아서 생긴 사고이기도 하기 때문에 치료비와 스마트폰 수리비를 요구할 수 있다.

11 이 글에서 작가는 잘못에 책임을 지지 않고 '뺑소니' 치는 행동을 하는 사람을 비판적으로 보고 있다.

12 이 작품의 작가는 눈앞의 이익에 휘둘리지 말고 진실된 마음으로 살아가야 한다는 주제 의식을 전하고자 하였다.

13 작가가 경험한 일을 교훈이 드러나게 쓴 글은 수필이다.

14 만복이는 평소 꿈이 없고 무기력한 학교 생활을 해 왔던 아이이다.

15 대회에서 넘어진 만복이는 하늘에 날아가는 비행기를 보며 그동안 너무 빨리 달리기만 한 자신을 돌아본다.

16 만복이는 대회에서 넘어진 후 드러누워 버리며 오히려 편안함을 느꼈다.

17 'S# 98'에서 소순이의 내레이션으로 만복이의 상황을 직접적으로 알 수 있다.

18 ④가 'S# 98'에 나타난 마지막 장면이다.

19 만복이가 성장하여 자신만의 삶의 방식을 찾게 된 모습이 나타나 있다.

20 이 글은 인물의 성장을 다룬 작품으로 독자들은 이러한 작품을 읽으며 자신의 삶을 성찰할 수 있다.

1등 친구의 만점 노트 　　143쪽

1 나　**2** 옥수수　**3** 따뜻　**4** 책임감

소단원 다잡기 　144~147쪽

1 ①　**2** ⑤　**3** ④　**4** ①　**5** ⑤　**6** ②　**7** ④　**8** 깨진 스마트폰 수리비를 옥수수 아저씨한테 보상받아야겠다.　**9** ②　**10** ①, ④　**11** ⑤　**12** ⑤　**13** ⑤　**14** ②　**15** ①　**16** 자기만의 방식으로 살아야 한다.

01 문학은 언어의 아름다움과 예술적 구조를 통해 독자에게 정서적 감동과 삶의 교훈을 준다.
　오답풀이 ② 소설은 허구의 이야기로 실제 현실의 모습을 정확하게 파악할 수 있는 글은 아니다.
　③ 문학 작품을 읽으며 세계를 바라보는 다양한 시각을 정립할 수 있다.
　④ 소설은 꾸며 쓴 이야기로 작가의 삶의 모습이 구체적으로 드러나지 않는다.
　⑤ 문학 작품을 통해 삶에 대해 깊고 넓게 이해할 수 있다.

02 '나'는 자전거 경주를 하다가 트럭과 부딪칠 뻔했지만 실제로 부딪친 것도 아니며, 크게 상처를 입지 않았기에 트럭 아저씨 때문에 사고가 났다고 생각하거나 원망하고 있지 않다.

03 아저씨는 '나'가 사고로 다친 것은 아닌지 걱정하면서 교통사고를 낸 자신의 책임을 다하려고 애쓰고 있다.

04 '나'는 형편이 어려워 핸드폰을 살 수 없는 상황이며, 이런 자신의 상황에 대해 민감하게 반응하고 있다.

05 이 글의 서술자는 작품 속에 있는 주인공인 '나'이며 자신에게 일어난 사건들을 솔직하게 이야기한다.
　오답풀이 ① 이 글의 서술자는 작품 안에서 서술하고 있다.
　② 서술자는 글의 주인공으로 사건 전개에 주된 역할을 하고 있다.
　③ 이 글의 서술자는 자신의 이야기를 주관적으로 이야기하고 있다.
　④ 주어진 글에서는 인과 관계가 아닌 시간의 흐름에 따라 사건이 전개되고 있다.

06 (가)에서 '나'는 또 사고를 당했다는 것을 창피해 하다가 (다)에서 집에 돌아온 후 사고로 스마트폰이 깨졌는데 선글라스 아저씨가 그냥 가는 바람에 손해를 보게 되어 억울한 마음이 든다.

07 '나'는 어제도 사고를 당했는데, 오늘도 사고를 당한 것이 창피하기도 했고, 자신이 그 정도 사고로 아파하는 아이가 아니라는 것을 보여 주고 싶어 아프다고 말하지 않았다.

08 '나'는 정작 사고를 낸 선글라스 아저씨의 연락처를 받지 못했기에 대신 옥수수 아저씨의 연락처를 떠올리고 그에게 누명을 씌워 보상을 받으려 한다.

09 '나'는 아저씨가 아픈 아기 때문에 몹시 힘든 상황임을 알게 되고, 자신이 거짓말을 하는 바람에 아저씨를 더 힘들게 만들었음을 깨닫게 된다. 이후 자신을 돌아보며 잘못을 반성하고 양심을 되찾는 성장의 경험을 하게 된다.
　오답풀이 ① 새로운 사건이 나타나지는 않았다.
　③ 옥수수 아저씨는 따뜻하고 인간적인 성격의 인물로 성격이 변화하는 것은 나타나지 않았다.
　④ 옥수수 아저씨의 처지를 알고 나서 '나'는 거짓말을 하여 병원에 입원해 있는 상황이 불편해졌다.
　⑤ 이 글에서 부정적인 모습으로 등장하는 인물은 선글라스 아저씨이나 (가)에서 그 모습을 알게 되었다는 내용은 나타나지 않았다.

10 선글라스 아저씨는 무책임하고 계산적이며 이기적인 인물로 등장한다. '나'는 옥수수 아저씨에게 누명을 씌우는 일이 잘못임을 알면서도 합의금 백만 원을 받아 컴퓨터와 스마트폰을 새로 장만하겠다는 이기적인 생각을 했었다.

11 (나)에서 '나'는 자신이 잘못을 저질렀음을 알고 죄책감과 부끄러움을 느낀다. ㉡은 그런 '나'의 심리를 표현하는 부분이므로 '불편해졌다'가 들어가는 것이 적절하다.

12 이 글은 작가의 허구적 상상력을 바탕으로 쓴 소설로, 실제 인물의 경험을 쓴 것이 아니다.

13 (가)는 소설, (나)는 시나리오로 작가의 허구적 상상을 토대로 사건을 전개하는 글이다. (가)와 (나)는 모두 한 장면이며, 인물의 내적 갈등이 드러난다. (가)는 작품의 서술자를 통해 (나)는 인물의 대사와 행동을 통해 사건을 전개하며 모두 현실적 공간이 배경이다.

14 '나'는 아저씨께 거짓으로 누명을 씌우고 있는 상황에서 양심에 가책을 느끼면서도 혹시 들킬까 봐 불안하고 초조한 상태이다. 아저씨는 자기 때문에 '나'가 많이 다친 건 아닌지 걱정하고 있다.

15 ㉠은 선글라스 아저씨와의 사고로 생긴 것이며, 선글라스 아저씨가 그냥 가 버렸기에 '나'가 고스란히 수리비를 물어 주게 되었다. '나'는 비싼 수리비를 혼자 감당할 수 없어서 옥수수 아저씨에게 전화를 하여 거짓말을 하게 된다. 이로 보아 '나'는 자기 입장만 생각하는 이기적인 면이 있는 인물이다.

16 (나)에서 만복이는 자신의 상황을 고려하지 않고 너무 빠르게 달리는 바람에 발에 큰 상처를 입는다. 이를 통해 남들을 쫓아가지 말고 자신의 속도에 맞추어 가야 더 행복할 수 있음을 깨닫는다.

(2) 정서를 표현하는 글 쓰기

개념 확인 문제　　　　　　　　　　148쪽

1 ㉢－㉡－㉠－㉣　**2** ①　**3** ④　**4** ④

1 정서를 표현하는 글을 쓸 때에는 먼저 경험을 떠올리고 경험과 정서를 구체적으로 정리하여 내용을 조직한 후 글로 표현해야 한다.

2 경험을 바탕으로 정서를 표현하는 글의 끝부분에는 자신의 경험에서 깨달은 점을 정리한다.

3 개인의 경험은 사적인 정보이기 때문에 경험과 그 경험에서 느낀 점이나 생각을 표현한 글로 공적인 정보를 공유하는 효과는 얻기 어렵다.

4 '허구'는 사실처럼 꾸며서 쓰는 것을 의미한다. 경험을 바탕으로 정서를 표현하는 글을 쓸 때에는 자신의 경험을 꾸며서 쓰지 않도록 해야 한다.

이해와 탐구　　　　　　　　149~153쪽

경험 떠올리기
1 물고기

경험과 정서 구체화하기
1 감정, 공감

내용 조직하기
물고기　**1** 주제, 추가

표현하기
1 성찰, 감동

개념 콕콕

P. 149　공감
P. 150　순서, 어떻게
P. 151　경험, 깨달은

학습 활동 응용　>>>　　　　149~153쪽

1 ⑤　**2** ⑤　**3** ②　**4** ①　**5** ③, ⑤　**6** ③　**7** ①　**8** ③　**9** 죄책감과 슬픔을 느낌.　**10** ③　**11** ⑤　**12** ②　**13** ②　**14** ⑤　**15** 물고기　**16** ⑤　**17** ③　**18** ⑤

01 다영이는 한 학기 동안 경험한 일을 떠올리며 글감을 정하였다.

02 다영이네 반에서는 한 학기를 돌아보며 중학생이 되어 겪은 일 가운데 가장 기억에 남는 경험을 담은 글을 써서 학급 문집을 만들기로 하였다. 학급 문집의 목적에 알맞은 글은 ⑤이다.

03 다영이는 키우던 물고기가 죽었을 때 슬픔과 안타까움을 느꼈고 그 마음을 글로 표현하여 물고기를 오래 기억하고 싶어한다.

04 다영이는 집에서 기르던 물고기가 죽었던 경험을 글감으로 선택하여, 그 경험과 관련된 일과 감정을 시간 순서대로 정리하였다.

05 다영이는 구체적인 경험 내용과 그때 든 감정, 경험에서 느끼거나 깨달은 점을 정리하였다.

06 다영이는 예상 독자인 친구들이 공감할 수 있도록 진솔한 표현을 쓰고자 하였다.

07 다영이는 경험을 표현하는 글의 유형으로 수필을 선택하였는데 수필은 형식이 자유로운 글이다.
　오답풀이 ② 음악성이 느껴지는 글은 시와 같은 운문이다.
　③ 함축적인 표현은 주로 시에서 나타난다.
　④ 희곡과 같은 글은 연극 공연을 목적으로 쓴다.
　⑤ 갈등을 중심으로 사건이 진행되는 글은 소설, 희곡 등이 있다.

08 다영이는 물고기를 떠나보낸 자신의 경험이 잘 드러나도록 제목을 바꾸었다.

09 개요의 끝에서 거피가 떠난 후 죄책감과 슬픔을 느꼈다고 하였다.

10 ③은 글을 쓰고 나서 생각할 내용이다.

11 ⑤는 글의 내용을 조직하기 전인 '경험과 정서 구체화하기' 단계에서 한 일이다.

12 이 글은 다영이가 직접 경험한 일과 그때의 감정을 진솔하게 쓴 수필이다.
　오답풀이 ① 이 글은 정서를 표현하는 글로 독자의 생각 변화를 유도하는 설득하는 글과 다르다.
　③ 주장을 논리적으로 드러내는 글로는 논설문 등이 있다.
　④ 정보 전달을 목적으로 하는 글로는 안내문, 설명문 등이 있다.
　⑤ 이 글은 글쓴이가 경험한 일을 바탕으로 쓴 것이다.

13 다영이는 물고기에게 전하고 싶은 자신의 마음을 드러내기 위해 물고기에게 인사를 건네는 제목을 지었다.

14 ⑤에서는 거피가 옷을 입은 듯하다며 재미있고 개성 있게 표현하였다.

15 어렸을 때 다영이는 물고기가 시시하다고 생각하였으나 이제는 물고기가 행복을 주는 존재가 되었다고 하였다.

16 물고기가 죽고 나서 다영이가 느낀 슬픈 감정을 표현한 부분을 찾아본다. ①은 물고기가 아플 때 감정이 드러난 부분이다.
　오답풀이 ① 3에 나온 내용으로 물고기가 아픈 것을 발견하고 느낀 감정이다.
　② 감정이 나타난 부분이 아니다.
　③, ④ 물고기가 떠나기 전에 한 생각이다.

17 다영이는 물고기와의 추억을 글로 쓰고 물고기가 떠난 후에 느낀 슬픔을 표현하였다.

18 ⑤는 다영이의 글을 읽은 독자들이 할 수 있는 생각이다.

1등 친구의 만점 노트　154쪽

1 경험　**2** 구체화　**3** 개요　**4** 진술　**5** 위로　**6** 슬픔　**7** 자아

소단원 다잡기　155~157쪽

1 ⑤　**2** ②　**3** ④　**4** 글의 주제와 관련 없는 내용이기 때문이다.　**5** ④　**6** ②　**7** ②　**8** 살려는 의지로 버티는 귤색의 거피를 지켜보며 응원하겠다.　**9** ③　**10** ⑤　**11** ②　**12** ④

01 (가)의 과정 전에는 '경험 떠올리기'의 과정을 거쳐야 한다. 경험 떠올리기에서 할 일을 알맞게 설명한 것은 ⑤이다.
　오답풀이 ① 글의 유형을 정하는 것은 '경험과 정서 구체화하기'에서 할 수 있는 일이고, 글의 제목을 정하는 것은 '내용 조직하기'에서 할 수 있는 일이다.
　② '내용 조직하기'에서 할 일로 (가)의 과정 후에 할 일이다.
　③, ④ '경험과 정서 구체화하기'에서 할 수 있는 일이다.

02 글쓴이는 기르던 물고기의 죽음을 통해 생명의 소중함을 깨달았고, 이를 글로 표현하여 자신의 정서에 독자가 공감하도록 글을 썼다. 경험과 정서를 표현하는 글을 쓸 때에는 사실 그대로 진술하게 표현해야 한다.

03 (나)는 글을 쓰기 위한 개요를 작성한 것으로 '내용 조직하기' 과정에서 할 일이다.

04 ㉡은 물고기와 관련된 자신의 경험을 드러내는 데 효과가 없는 내용이다. 글의 통일성을 해치는 내용이므로 삭제해야 한다.

05 정서를 표현하는 글을 마무리할 때는 경험에 대한 깨달음이 들어가는 것이 가장 자연스럽다.

06 경험을 바탕으로 정서를 표현하는 글을 쓸 때에는 독자와의 공감을 위하여 진솔하게 표현해야 하며, 과장이나 왜곡 없이 있는 그대로를 보여 주어야 한다.

07 '나'는 자기만의 물고기를 기르게 되면서 물고기를 잘 기르기 위한 준비를 하는데, 이는 물고기에 대한 애정과 책임감이 있기 때문이다.

08 글쓴이는 굴색 거피의 상태를 보고 고통을 오래 겪게 두지 말고 보내야 할지, 좀 더 지켜보아야 할지 여러 번 생각을 바꾸어 가며 갈등하였다.

09 '불길하다'는 '운수 따위가 좋지 않다. 또는 일이 예사롭지 않다.'는 의미로 '나'가 느낀 감정과 거리가 멀다.

10 글쓴이는 떠난 물고기에게 인사를 건네는 방식으로 글을 마무리하며 인상적으로 표현하였다.

11 글쓴이는 물고기의 죽음을 통해 슬픔과 안타까움을 느끼면서 독자도 공감하길 바랄 것이다.

12 글쓴이가 자신의 정서를 진솔하게 드러내어 글로 쓰는 행위는 감정의 정리를 통한 심리적 성장과 치유의 효과가 있다.

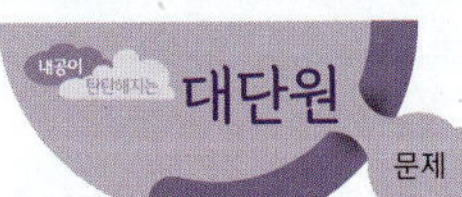

대단원 문제　　　　　　158~163쪽

1 ⑤　**2** ⑤　**3** ③　**4** ①　**5** ②　**6** ①　**7** ⑤　**8** 좀 미안하긴 하지만 옥수수 아저씨에게 스마트폰 수리비를 요구해야겠다.　**9** ⑤　**10** ⑤　**11** ①　**12** ②　**13** ④　**14** 물고기와 이별한 경험이 잘 나타난다.　**15** ⑤　**16** ③　**17** ⑤　**18** ④　**19** ①　**20** ③　**21** ④　**22** ④　**23** 만복이가 생각한 내용을 내레이션으로 표현하면 인물의 속마음을 제시할 수 있다.　**24** ④

01 이 글은 작가의 상상을 바탕으로 쓴 소설이지만, 있을 법한 현실 세계의 모습을 문학적으로 형상화한 것이다.
　오답풀이 ① 이 글은 소설로 체험을 직접 드러내는 것이 아니라 상상력을 동원하여 가공한 이야기한다.
　② 이 글은 소설로 현실에 있을 법한 이야기를 다루었다.
　③ 언어의 아름다움을 음악적으로 표현하는 글로는 시, 시조 등의 운문이 있다.
　④ 이 글에서 과거를 회상하는 장면은 나타나지 않았다.

02 이 글에서 '나'는 하굣길에 친구에게 장난을 걸며 자전거를 타다가 사고로 넘어졌지만 창피한 마음에 벌떡 일어섰고 자신이 약하지 않다는 것을 보여 주기 위해 괜찮다고 대답하며 자존심을 세우는 모습을 보인다.

03 트럭의 경적 소리를 직접 제시하여 독자가 작품 속 상황을 감각적으로 생생하게 느낄 수 있게 하였다.

04 '나'가 넘어진 것을 본 아저씨는 '나'가 다치지는 않았는지 걱정하는 마음에 오십 미터를 넘게 숨을 헐떡이며 뛰어서 온 것이다.

05 이 글은 작품 속 주인공인 '나'가 서술자로서 자신의 이야기를 전달하고 있다.

06 '나'가 깨진 스마트폰 수리비를 걱정하면서 선글라스 아저씨에 대한 원망과 억울한 마음을 드러내며 내적 갈등을 겪고 있다.

07 이 글에서 선글라스 아저씨는 무책임하고 이기적인 인물이며, 작가는 이런 삶에 대해 부정적으로 그려내고 있다. 반대로 옥수수 아저씨는 어렵게 살면서도 순박하고 따뜻한 마음을 지닌 인물로 그려내고 있다.

08 '나'는 핸드폰 파손이 옥수수 아저씨와 무관하다는 것을 알고 있지만 어쩔 수 없이 그에게라도 수리비를 받아야겠다고 생각하며 전화를 하고 있다.

09 '나'는 자신의 거짓말로 인해 옥수수 아저씨가 뺑소니범이 되어 곤란한 상황에 처했음을 깨닫고 반성하며 성장하게 되었다.

10 (다)에서는 보험료나 합의금 등을 노리고 입원해 있는 사람들의 모습을 표현하고 있다.

11 '나'는 자신의 잘못을 인식하고 있었기에 양심의 가책을 느꼈고, 스스로 잘못을 고백하고 용서를 구하려는 결심으로 옥수수 아저씨에게 가고 있으므로 이후에는 후련함을 느낄 것이다.

12 '나'는 양심을 저버리고 무고한 옥수수 아저씨를 뺑소니범으로 만든 자신의 상태를 죽어 있었다고 표현하였다.

13 (가)는 글을 쓰기 전에 작성한 개요로 글쓰기 과정 중 내용 조직하기에 해당한다.

 ① 글을 쓰는 목적은 '경험 떠올리기'에서 할 수 있는 일이고, 글의 유형을 정하는 것은 '경험과 정서 구체화하기'에서 할 수 있는 일이다.
② 표현을 진솔하게 다듬는 것은 '표현하기'에서 할 수 있는 일이다.
③ '경험과 정서 구체화하기'에서 할 수 있는 일이다.
⑤ '경험 떠올리기'에서 할 수 있는 일이다.

14 '물고기'라는 제목에 비해 '안녕, 나의 물고기'라는 제목은 '안녕'이라는 말에서 드러나는 이별이나 죽음, '나의 물고기'라는 말에서 물고기에 대한 애정이나 슬픔 등을 강조할 수 있다.

15 물고기를 떠나 보낸 경험과 관련이 없는 것은 ⑩이므로 삭제해야 한다.

16 (나)는 이 글의 처음 부분이고, (다), (라)는 '나'가 물고기를 키우게 된 상황에 대한 이 글의 중간 부분이다.

17 경험을 바탕으로 정서를 표현하는 글을 쓸 때에는 글쓴이가 가치 있게 생각하는 경험과 정서를 구체적이고 진솔하게 표현해야 한다. 독자는 이러한 글을 읽고 글쓴이의 경험과 정서에 공감하며 깨달음을 얻을 수 있다.

18 이 글은 글쓴이가 경험한 일을 시간의 흐름에 따라 전개하였다.

19 (가)에는 귤색의 거피에 대한 '나'의 애정이 나타나며 거피의 꼬리지느러미의 모습을 나비의 날개에 비유하였다.

20 나머지는 모두 '나'가 특별히 아꼈던 귤색 거피를 가리키고, ㉢은 그 외의 물고기를 가리킨다.

21 (가)는 소설, (나)는 시나리오, (다)는 수필이다. 시나리오는 서술자가 이야기를 전달하지 않으며, 인물의 대사와 행동으로 이야기가 전개된다.

22 (가)는 소설이므로 ㉠은 작가의 상상력으로 만들어 낸 허구적 인물이며, (다)는 수필이므로 ㉡은 현실 속 인물인 글쓴이 자신이다.

23 만복이가 실제로 말한 내용은 대사로 표현하고, 만복이가 생각한 내용은 내레이션으로 표현하였다.

24 (다)에서 만복이는 빨리 달렸던 이유에 대해 의문을 가지며 조금 느려도 괜찮을 것이라 생각하고 뛰기를 그만 두기로 결심하고 있었으므로 편안한 표정이 어울린다.

1　표현과 소통의 즐거움

(1) 길

시험에 꼭 나오는 **지문 알맹이 분석**　　4쪽

사용된 표현 방법 ① – 은유법　포도 덩굴, 세계
사용된 표현 방법 ② – 직유법　포도송이, 포도알

필수 문제로 **소단원 완전 정복**　　5쪽

1 ⑤　**2** ②　**3** ③　**4** ④

01 (가), (나)에는 공통적으로 비유법이 사용되었다. 비유는 원관념과 보조 관념 사이에 유사성이 있다. ①, ②, ④는 상징, ③은 역설에 대한 설명이다.

02 ㉠과 ㉡에는 은유법이 쓰였다. 이러한 형식으로 두 대상을 연결한 것은 ②이다. ①은 풍유법, ③, ④는 사람이 아닌 대상을 마치 사람인 것처럼 표현한 의인법, ⑤는 '미소'를 '햇살'에 빗댄 직유법이 쓰였다.

03 '아씨'는 '햇비'를 빗대어 표현한 대상이다. '옥수숫대'는 무럭무럭 자라나는 아이들의 모습을 빗대어 표현한 말이다.

04 각 행의 종결 어미는 모두 다르다.

(2) 사랑하는 별 하나

시험에 꼭 나오는 **지문 알맹이 분석**　　6쪽

말하는 이의 상황과 소망　위로
이 시에 쓰인 상징과 그 효과　순수, 인상

필수 문제로 **소단원 완전 정복**　　7쪽

1 ③　**2** ①　**3** ②　**4** ④

01 말하는 이는 외롭고 쓸쓸한 상황에 처해 있기에 따뜻하게 다가와 위로해 줄 수 있는 그런 사람을 간절히 기다리

고 있다. ③은 말하는 이가 되고 싶고, 갖고 싶은 대상과 관련이 있는 구절이다.

02 '별과 같은 사람'은 2연의 '하얀 들꽃', 3연의 '사랑하는 별 하나'와 같은 의미의 시구로 말하는 이가 외로움에 처해 있을 때 눈을 마주쳐 주고, 마음을 비추어 주는 따뜻한 사람을 의미한다.

03 이 글은 행복은 멀리 있는 것이 아니라 우리 가까이에 있다는 주제를 담고 있다. 그런 의미에서 틸틸과 미틸이 찾아 헤매던 '파랑새'는 행복을 상징한다.

04 행복은 멀리 있는 것이 아니라 가까이에 있다는 것을 깨달은 틸틸은 파랑새가 날아갔다고 우는 여자아이를 위로해 주었을 것이다. ④는 이러한 틸틸의 깨달음과는 상관이 없는 말이다.

(3) 매체로 소통하기

시험에 꼭 나오는 **지문 알맹이 분석**　　8쪽

매체의 변화에 따른 소통 방식의 변화　인쇄, 일, 방송, 일, 인터넷, 쌍, 이동 통신, 쌍

필수 문제로 **소단원 완전 정복**　　9쪽

1 ⑤　**2** ①　**3** ④　**4** ④

01 (가), (나)에서 설명하는 매체는 일방향으로 정보를 전달하고, (다), (라)의 매체는 온라인상에서 쌍방향으로 소통할 수 있는 매체이다.

02 학교 누리집은 사적 정보보다는 학교 생활과 관련된 공적 정보가 주로 게시된다.

03 주연이는 독후감 쓰기 대회를 앞두고 읽을 책을 고르기 위해 어떻게 했는지, 마음에 드는 책을 찾아 얼마나 기뻤는지 등 개인의 일상과 생각을 사람들과 공유하기 위해 블로그에 글을 썼다.

04 컴퓨터와 인터넷의 등장으로 생겨난 다양한 상호 소통적 매체(누리집, 블로그, 사회 관계망 서비스 등)는 기존 매체들의 일방향 소통 방식을 쌍방향 소통 방식으로 바꾸어 놓았다.

1 ②　**2** ⑤　**3** ③　**4** ④　**5** ①　**6** ③　**7** ③　**8** 외롭고 쓸쓸한 상황에 처해 있다.　**9** ②　**10** ③　**11** ①　**12** ③　**13** ③　**14** ④　**15** ②　**16** ④　**17** ①　**18** 이동 통신 기기의 등장으로 온라인상에서 더욱 활발하게 소통하게 되었다.　**19** ⑤　**20** ②　**21** ②　**22** 개인 정보가 공유되면 악용될 수 있으므로 유의해야 한다.　**23** ④　**24** ③　**25** ⑤　**26** ③　**27** ⑤　**28** ④

01 서술자는 소설에서 작가를 대신해 이야기를 전개해 나가는 인물이다.

02 (가), (나) 모두 같거나 비슷한 소리나 단어를 반복하여 운율을 형성하였다.

03 (가)에 주로 쓰인 비유는 표현하고자 하는 대상(원관념)을 다른 대상(보조 관념)에 빗대어 표현한 것으로, 원관념과 보조 관념 사이에는 유사성이 존재한다. (가)에는 직유법, 은유법 등이 사용되었으나 의인법은 보이지 않는다. 시의 음악성은 비유가 아니라 운율과 관련 있다.

04 (가)의 시인은 서로 도우며 살아가는 세상을 바랐다.

05 집과 포도알은 모여 있다는 점이 유사하여 마을을 이룬 집들을 포도알에 빗댄 직유 표현이 쓰였다.

06 이 시는 질문을 통한 소망의 간접적 제시에서 단정적 어조를 사용한 직접적인 제시로 점층적인 시상 전개를 보여 준다.

07 이 시에는 상징과 비유가 함께 사용되었다. '별'과 '꽃'은 외로울 때 위로해 줄 수 있는 존재라는 상징적 의미를 담고 있고, '별과 같은 사람'에는 직유법이 쓰였다.

08 '세상일에 괴로워 쓸쓸히 밖으로 나서는 날에', '마음 어두운 밤 깊을수록' 등의 표현을 통해 말하는 이가 외롭고 쓸쓸한 상황에 처해 있음을 알 수 있다.

09 시들지 않는 별에 대한 내용은 (나)에 나타나지 않았다.

10 (나)의 말하는 이는 외롭고 힘든 때에 위로를 주는 사람이 되고 싶다고 하였다.

11 〈보기〉의 밑줄 친 부분에는 직유법이 쓰였고, ①에도 '같은'이 쓰여 직유법이 나타났다.

12 '갈봄'은 가을과 봄을 시적 허용으로 부드럽게 표현한 것이고 '화안히'도 '환히'의 시적 허용이다.

13 서술자는 소설에서 작가를 대신해 이야기를 전개해 나가는 인물로 이 글에서 서술자는 작품 밖에서 인물들의 내면까지 모두 서술하고 있다.

14 (나)는 틸틸과 미틸이 꿈속에서 겪은 일이 나온 부분으로, '행복의 나라'는 꿈속의 장소이다.

15 이 글에서 '파랑새'는 행복을 상징한다. 틸틸은 그동안 가까이 있던 행복을 모르고 있다가 발견하여 깜짝 놀란 것이다.

16 파랑새의 상징적 의미를 알고 알맞게 반응한 것은 ④이다.

17 종이가 없던 옛날에도 사람들은 점토판이나 파피루스 등을 활용하여 문자 생활을 하였다.

18 이동 통신 기술의 발달로 스마트폰, 태블릿과 같은 이동 통신 기기가 등장하였고 사람들은 언제 어디서나 온라인상에서 활발하게 소통할 수 있게 되었다.

19 대회에 대한 안내는 여러 사람에게 알리기 위한 것으로 저작권을 침해한 경우로 보기 어렵다.

20 (가)는 개인 블로그, (나)는 사회 관계망 서비스로 모두 상호 작용적 매체에 해당한다.

21 (가)와 (나)는 많은 사람이 볼 수 있는 상호 작용적 매체로, 사적인 정보라 하더라도 많은 사람에게 영향을 미칠 수 있으므로 책임감 있게 이용해야 한다.

22 온라인상에서 글을 올릴 때에는 '#달빛동_마음중학교_1학년_3반_김주연'과 같은 개인 정보를 공유하지 않도록 유의해야 한다.

23 게시물에 해시태그를 남기는 것은 매체 생산자인 은호가 할 수 있는 것으로, 은호의 게시물이 본 사람들이 소통한 방식은 아니다.

24 해시태그에 대한 설명으로 해시태그를 사용한 부분은 ⓒ이다.

고난도 문제로 **만점** 올리드　　15쪽

25 사군자(四君子)인 '매화, 난초, 국화, 대나무'는 우리 조상들이 가까이 두고 본받고 싶었던 선비 정신을 상징하는 사물들이다.

오답풀이 ① 비유와 상징은 모두 대상을 간접적으로 드러내어 문학적으로 형상화하는 표현 방법이다.

② 비유에서 표현하고자 하는 대상을 원관념, 빗댄 대상을 보조 관념이라고 한다.

③ 상징과 달리 비유의 경우 원관념과 보조 관념 사이에 유사
성이 존재한다.

④ '물'을 정화와 재생, 생명력, '태양'을 희망, 에너지, 열정이
라고 여기는 것은 인류의 잠재의식 속에 오랫동안 공통적
으로 내재해 있는 상징인 원형적 상징이다.

26 〈보기〉와 ③은 의인법이 사용되었다.

오답풀이 ① '나는 나룻배 / 당신은 행인'은 '무엇은 무엇이다.'
형식의 은유법이 사용되었다.

② '내 누님같이 생긴 꽃이여'는 원관념 '꽃'과 보조 관념 '누
님'을 이어 주는 말 '같이'를 사용해 빗대어 표현한 직유법
이 사용되었다.

④ '어둠은 새를 낳고, 돌을 / 낳고, 꽃을 낳는다.'는 무생물을
생물처럼 표현한 활유법이 사용되었다.

⑤ '내를 건너서 숲으로 / 고개를 넘어서 마을로'는 유사한 문
장 구조를 반복하는 대구법이 사용되었다.

27 문법적으로는 맞지 않더라도 시적 허용이 된 시어를
쓰면 시의 분위기를 형성하고 운율감을 만들 수 있
다.

오답풀이 ① '갈봄'은 '가을과 봄'을 의미한다.

② '화안히'는 '환히'를 의도적으로 늘여 운율을 형성한 시적
허용이다.

③ '화안히'는 늘여 쓴 말이지만, '갈봄'은 줄여 쓴 말이다.

④ '갈봄'과 '화안히'는 문법적 표기에는 어긋나지만 시적 효
과를 얻기 위해 의도적으로 늘여 쓴 시적 허용일 뿐, 오늘
날의 표기 규범이 바뀐 것은 아니다.

28 사회 관계망 서비스는 이용자 간의 활발한 쌍방향적
상호 작용이 일어난다.

오답풀이 ① 사회 관계망 서비스에는 재공유나 재전송 기능이
있어, 수용자는 자신의 사회 관계망 서비스에 생산자의 게
시물을 다시 올릴 수 있다.

② 사회 관계망 서비스는 다수에 대해 정보의 전달과 공유,
친교, 개인의 정서 표현 등 다양한 목적으로 사용할 수 있
는 온라인 공간이다.

③ 학교 누리집은 공적 성격이 강하지만, 사회 관계망 서비스
는 이에 비해 개인의 사적 정보를 비교적 자유롭게 공유할
수 있는 매체이다.

⑤ 사회 관계망 서비스는 게시물이 자유롭게 공유되거나 계
속 재생산될 수 있으므로, 게시물의 내용이 다른 사람이나
사회에 영향을 미치는 경우도 있다.

2 간추리고 쓰고

(1) 요약하며 읽기

시험에 꼭 나오는 지문 알맹이 분석　16~17쪽

시드볼트의 설립　종자
식물의 종자를 보존해야 하는 이유　유전
내용 전개 방식: 비교·대조　보관
4문단의 내용 전개 방식: 대조　재난, 지하
전 세계의 시드볼트 현황　야생
끝부분의 내용　시드볼트
요약할 때 고려할 점　비교, 대조

필수 문제로 소단원 완전 정복　18~19쪽

1 ②　**2** ③　**3** ②　**4** ④　**5** 몇 년 전부터 전 세계적으로 꿀벌이 멸종 위기에 처했다는 소식이 들리고 있다　**6** ④　**7** ②

01 (가)와 (나)에서는 남극과 북극의 공통점과 차이점을 밝
히는 비교·대조의 방식으로 내용을 전개하고 있다.

02 (다)의 중심 내용은 시드볼트가 설립되었다는 것이다.

03 개요는 글을 쓰기 전 내용을 조직하기 위해 작성하는 것
으로 글을 요약할 때 작성하는 것이 아니다.

04 많은 비가 내리면 기온이 갑자기 내려가서 꿀벌이 쉽게
죽을 수 있다.

05 빈칸에는 (가)의 첫 번째 문단의 내용을 요약한 문장이
들어가야 한다.

06 (나)의 내용을 시각적인 구조도로 요약할 수는 있지만
(나)에 시각적인 구조도가 들어가 있지는 않다.

07 인과는 현상의 원인과 결과를 밝히는 설명 방식이다. ㉠
은 꿀벌이 사라지는 현상(결과)과 원인을 제시한다.

(2) 정보를 전달하는 글 쓰기

1문단에서 고쳐 쓸 내용   수준
2문단에서 고쳐 쓸 내용   삭제
4문단에서 고쳐 쓸 내용   남녀 불평등, 삭제
5문단에서 고쳐 쓸 내용   주제

1 ②   **2** ③   **3** ④   **4** ④

01 (가)는 봉산 탈춤의 공연 진행 방식을 소개한 글로 탈춤을 설명하는 글에 어울리지만 출처가 명확하지 않아 글에 활용하지 않는 것이 적절하다.

02 (라)에서 지역마다 조금씩 다른 탈춤 문화를 통해 지역의 문화적 정체성이 강화된다고 하였다.

03 자료의 출처가 공신력이 있는지 검토하는 것은 내용 생성하기 단계에서 할 일이다.

04 (라)의 중심 내용은 탈춤의 가치로, ㉠은 문단의 중심 내용을 뒷받침하지 못하므로 삭제하는 것이 좋다.

1 ③   **2** ③   **3** 기후 차이를 보면, 남극은 대륙이므로 북극보다 훨씬 춥고 원주민이 없다   **4** ④   **5** ③   **6** ②   **7** ④   **8** ⑤   **9** ③   **10** ③   **11** ①   **12** ②   **13** ④   **14** ⑤   **15** ④   **16** ㉢은 글의 주제와 관련성이 적으므로 삭제해야 한다.   **17** ②   **18** ②   **19** '남녀평등'은 문맥에 맞지 않기 때문에 '남녀 불평등'으로 고쳐 써야 한다.   **20** ②   **21** ②   **22** ⑤   **23** ⑤   **24** ③

01 장면들을 연결해 줄거리를 정리하는 것은 이야기 글을 요약할 때 적절한 방법이다.

02 (가)에서는 남극과 북극의 지역적 특징과 기후를, (나)에서는 시드볼트와 시드뱅크를 비교·대조하고 있다.

03 이 글은 남극과 북극의 지역적 특징과 이에 따른 기후를 비교·대조하고 있다. 남극의 지형적 특징, 이에 따른 기

후의 특징, 원주민 거주 여부 등 북극과의 차이점을 설명하는 문장이 들어가는 것이 적절하다.

04 문단의 중심 내용이 분명하게 드러난 문장은 ㉣이다.

05 '블랙 박스'는 저장한 종자를 함부로 볼 수 없도록 특수하게 제작되었다.

06 (가)는 종자를 보관하는 과정을 순서대로 설명하고 있다.

07 (가)에는 중심 내용이 그대로 드러난 문장이 없으므로 중요한 내용을 바탕으로 중심 문장을 새롭게 만들어 요약해야 한다.

08 ①~④는 (나)에 이미 드러난 내용이다.

09 제시된 글은 사회 교과서의 일부로 법의 분류에 대해 설명하는 글이므로, 주장과 근거는 드러나지 않는다.

10 행정법은 국가 생활과 관련된 공법이다.

11 〈보기〉와 같은 '구분·분류'의 설명 방식이 쓰인 것은 ㉠이다.

12 ㉮에는 '국가 생활과 관련된 공법'에 대응하는 형태의 '개인 생활'이 들어가야 하고, ㉯에는 민법과 상법을 포괄하는 '사법'이 들어가야 한다.

13 비슷한 정보를 담고 있는 자료가 여러 개 있다면 더 정확하고 상세한 것을 선택하거나, 각각의 자료에서 사용할 정보를 골라 통합하여 활용해야 한다.

14 ⑤는 (나)에 나타나지 않은 내용이다. 정보를 수집할 때는 출처가 분명하고 믿을 만한지 주의하여 수집하여야 한다.

15 글을 온라인 학교 신문에 게시하기로 하였으므로 사진, 영상 자료 등 다양한 형식의 자료를 골고루 활용하는 것이 바람직하다.

16 ㉠~㉤ 중 글의 목적과 주제에 맞지 않는 부분이 있는지 찾아본다.

17 탈을 쓴 연기자가 연기를 펼치고 악기로 음악을 연주하는 6~10명의 사람들이 있다고 하였다.

18 탈춤은 오늘날에도 의미 있는 주제를 다루고 있다.

19 (라)에서 정확하지 않거나 잘못 쓰인 표현이 있는지 살펴본다.

20 ㉡ 외국인을 위한 안내 책자는 (나) 문단의 중심 내용인 탈춤의 뜻과 종류와 관련이 없다.

고난도 문제로
만점 올리드　　　　　　　　　　　27쪽

21 〈보기〉의 두 번째 문장에 중심 내용이 그대로 드러나므로 이 문장을 선택하는 방법으로 요약할 수 있다.

> **오답풀이** ① 〈보기〉는 두 번째 문장에서 문단의 중심 내용이 직접적으로 드러나 있으므로, 주요 내용을 바탕으로 요약문을 새로 쓸 필요가 없다.
> ③ 요약의 규칙 중, 여러 문장을 통합하여 중심 문장을 만드는 재구성에 대한 설명이다.
> ④ 이 글은 설명하는 글이므로, 글쓴이의 주장과 근거가 드러나지 않는다.
> ⑤ 요약의 규칙 중, 구체적인 개념을 나타내는 단어를 묶어 주는 말로 표현하는 일반화에 대한 설명이다.

22 주제를 뒷받침하는지, 독자가 이해하기 쉬운 내용인지 분석하여 정보를 선별하는 작업은 내용 생성하기 단계에서 수행한다. 표현하기 및 고쳐쓰기 단계에서는 개요를 토대로 글을 쓰고 고쳐 쓴다.

> **오답풀이** ① 정보를 전달하는 글을 쓰는 계획하기 단계에서는 글의 목적, 설명 대상, 글의 주제, 예상 독자, 글의 유형 등을 미리 정한다.
> ② 정보를 전달하는 글을 쓰는 내용 생성하기 단계에서는 다양한 매체를 통해 설명 대상 및 주제와 관련 있는 정보를 수집한다.
> ③ 정보를 전달하는 글을 쓰는 내용 생성하기 단계에서 모은 정보 중 비슷한 정보가 여러 개 있는 경우에는 더 정확하고 상세한 것을 선택하거나 통합하여 사용한다.
> ④ 정보를 전달하는 글을 쓰는 내용 조직하기 단계에서는 선별한 정보를 바탕으로 개요를 작성하고, 개요가 주제와 연결되는지 점검한다.

23 '국어 수업 시간에 윤동주의 시를 공부했다.'를 선택하고 나머지 문장을 삭제하여 요약할 수 있다. 나머지는 재구성을 적용한다.

> **오답풀이** ① 중심 내용은 '꿀벌이 사라지는 원인'으로, 중심 문장이 직접 드러나지 않기 때문에 재구성해야 한다.
> ② 중심 내용은 '식물 종자를 보존하는 이유'로, 중심 문장이 직접 드러나지 않기 때문에 재구성해야 한다.
> ③ 중심 내용은 '수업 준비'로, 중심 문장이 직접 드러나지 않기 때문에 재구성해야 한다.
> ④ 중심 내용은 '이별한 후 솔이의 상황'으로, 중심 문장이 직접 드러나지 않기 때문에 재구성해야 한다.

24 〈보기〉의 내용은 탈춤의 가치라는 주제와는 관련이 없다. 내용 생성하기 단계에서는 주제를 뒷받침하는지, 출처가 분명하고 믿을 만한지, 독자가 이해하기 쉬운 내용인지 분석하여 조사한 자료를 선별하여 글에 반영한다.

> **오답풀이** ① 〈보기〉는 박물관의 탈춤 공연에 대한 것으로, '탈춤의 가치'라는 글의 주제와는 관련이 없어 자료로 활용하기 어렵다. 따라서 예상 독자인 학생의 관심을 끌도록 글의 처음에 활용하기에 적절하지 않다.
> ② '탈춤의 가치'라는 글의 주제와는 관련이 없어 자료로 활용하기 어렵다. 다만 이 자료는 신문 기사이므로 공신력 있는 기관의 자료라고 할 수 있다.
> ④ '탈춤의 가치'라는 글의 주제와는 관련이 없어 자료로 활용하기 어렵다. 다만 예상 독자인 학생들이 읽기에 어려운 내용은 〈보기〉에 없으므로, 독자의 수준에 맞지 않는다는 설명은 적절하지 않다.
> ⑤ 〈보기〉는 탈춤 공연의 어린이 체험에 대한 것이므로, 전통문화 동아리에서 다루기에 적절한 내용이 아니다.

1 ② **2** ⑤ **3** ③ **4** ⑤ **5** ③ **6** ⑤ **7** ② **8** ② **9** ②
10 우리 집에 행복이 그렇게 많단 말이야? **11** ③ **12** ④
13 ⑤ **14** 학교 누리집은 공적 정보를 공유하는 공간으로 이용자들을 배려하여 공손한 언어 표현을 사용해야 하기 때문이다.
15 ④ **16** ⑤ **17** ② **18** ② **19** ⑤ **20** ④ **21** ② **22** ③
23 ④ **24** 다양한 매체를 통해 정보를 수집하면 더 풍부하고 정확한 정보를 찾을 수 있기 때문이다.

01 (가), (나)에 공통으로 쓰인 표현법은 직유법, 은유법이다. 의인법은 (나)의 시에서만 쓰였다.

02 ① (가)에는 포도 농사를 지어 본 말하는 이의 경험이 드러나 있지 않다. ② (가)에 공감각적 심상은 나타나지 않았다. ③ (나)에 계절의 변화는 나타나지 않았다. ④ (나)의 말하는 이는 햇비를 맞으며 즐거워하는 아이이다.

03 '포도알이 늘 때마다 / 포도송이는 커 가고'는 집이 늘어날 때마다 마을이 커지는 모습을 나타낸다.

04 이 시에서는 같거나 비슷한 소리, 단어, 구절, 문장 구조의 반복, 음보의 반복, 음성 상징어의 사용으로 운율을 형성한다. 같은 음절의 단어가 사용되었다고 운율이 느껴지는 것은 아니다.

05 〈보기〉에는 '같은'을 사용하여 대상을 직접 빗대는 직유법이 나타난다.

06 말하는 이는 괴롭고 힘든 상황에 처한 '나'를 위로해 줄 별 하나를 갖고 싶어 한다.

07 틸틸과 미틸은 행복의 나라에서 자신의 집에 행복이 많다는 것을 깨닫게 된다.

08 추상적 개념을 구체적 대상으로 나타내는 것을 상징이라한다. (다)에서 '파랑새'가 행복을 상징하는 구체적 대상으로 등장하였다.

09 사람이 아닌 것을 사람처럼 표현한 시구를 찾는다. 들꽃과 해님은 사람이 아닌데 사람처럼 웃는다고 표현하였다.

10 틸틸은 자신의 집에 사는 행복들이 많은 것을 보고 놀라 말하였다.

11 블로그는 글과 사진 모두 공유되는 매체이다.

12 학교 누리집은 공적 정보가 주로 공유되는 공간이므로 자신이 좋아하는 선생님들의 수업 영상을 올리는 것은 적절하지 않다. 개인 블로그에 올리는 것도 선생님의 허락을 받아야 한다.

13 공유하려는 정보에 사람들의 이목을 끄는 사진이나 문구를 포함시켜야 하는 것은 아니다.

14 승아는 공적 정보를 올리는 학교 누리집에 친구와 대화하듯 반말을 사용하여 댓글을 썼다.

15 정보를 전달하는 글의 유형으로는 설명문, 보고문, 안내문, 기사문 등이 있다.

16 시드볼트의 종자는 위급한 재난 상황에서만 꺼내 쓰는 것이 목적이며, 신약 개발이나 생태계 연구는 시드뱅크의 종자를 꺼내 활용할 수 있다.

17 (다), (라)에서 종자를 보관하는 시설 시드볼트와 시드뱅크를 비교·대조하고 있다.

18 이 글은 설명하는 글이므로 글의 구조를 고려해서 요약한다.

19 (나)는 중심 내용이 그대로 드러난 문장이 없으므로 중요한 내용을 바탕으로 중심 내용이 담긴 문장을 만들어 요약할 수 있다.

20 설명 대상은 우리나라의 탈춤이다.

21 오늘날에 비추어 볼 때도 의미 있는 사회의 부조리에 대한 민중 의식이 드러나 있다.

22 온라인 학교 신문에 올릴 글이므로 공연 영상을 함께 보여 줄 수 있다.

23 (라)는 탈춤의 가치를 설명한 문단으로 마지막으로 제시한 내용이 빈칸에 들어가야 한다.

24 여러 자료를 활용하여 글을 쓰면 독자에게 도움을 줄 수 있는 다양한 정보를 수집할 수 있고, 이를 바탕으로 내용이 알차고 풍부한 글을 쓸 수 있다.

3 능동적인 언어생활

(1) 추론하며 듣기

시험에 꼭 나오는 **지문 알맹이 분석**   34~35쪽

대화에서 화자의 의도 추론하기   소리
드라마 속 대화의 상황 맥락   할머니
화자의 의도를 추론하여 올바르게 대답하기   방법
뉴스의 주제와 특징   효과
기자의 관점 파악하기   팔, 긍정
뉴스를 전달하는 기자의 의도   정보
연설자의 가치관과 의도 추론하기   현재, 주장

필수 문제로 **소단원 완전 정복**   36~37쪽

1 ① **2** ④ **3** ④ **4** ② **5** ① **6** ③ **7** ①

01 (가)의 밑줄 친 말은 언어적으로는 같지만, 효진이의 표정과 자세, 상황 맥락이 달라 다른 의도로 쓰이고 있음을 추론할 수 있다.

02 아빠는 텔레비전 소리를 줄이라는 의미로 말하였는데 정민이는 아빠의 말에 담긴 의도를 추론하지 못해 적절하지 않은 대답을 하였다.

03 대화 주제는 ○○ 아파트에 가는 방법이다.

04 할머니는 ○○ 아파트에 가는 방법을 물어보았는데 학생은 알고 있는지 여부만 대답하여 당황스러울 것이다.

05 뉴스의 내용을 통해 의도를 추론하여 파악해야 한다. (가)의 뉴스에서는 뉴스 기자의 설명에 의해 의도가 직접적으로 드러나 있지 않다.

06 (가)의 기자가 '생생하다'라는 단어를 사용한 것으로 볼 때 기자는 4대 궁에서 제공하는 장면 해설 서비스에 관해 긍정적 관점을 가지고 있음을 추론할 수 있다.

07 (나)의 연설자는 청소년들이 현재에 충실해야 하고 미래를 위해 현재를 희생해서는 안 된다는 주장을 하고 있다. 청자인 교육자들(어른들)에게 청소년들이 현재에 충실할 수 있도록 이끌어 달라고 하였다.

(2) 품사의 종류와 특성

시험에 꼭 나오는 **지문 알맹이 분석**   38~39쪽

체언의 특징 파악하기   주어, 수량
'명사'의 게시판 단어 분류하기   사랑
'대명사'의 밑줄 친 단어 분류하기   장소
용언의 특징   서술어, 상태
수식언의 특징   꾸며 주는, 용언
관계언의 특징   관계, 관계
독립언의 특징   독립, 대답

필수 문제로 **소단원 완전 정복**   40~41쪽

1 ④ **2** ③ **3** ② **4** ② **5** ④ **6** ③ **7** ① **8** ④ **9** ②
10 ① **11** ① **12** '두'는 뒤에 오는 명사 '사람'을 꾸며 주는 기능을 하는 관형사이다. **13** ④ **14** ⑤ **15** ③ **16** ④

01 품사는 형태, 기능, 의미를 기준으로 공통된 성질을 가진 것끼리 묶은 단어의 갈래이다.

02 '새'는 체언인 명사 '옷'을 꾸며 주는 단어로, 수식언인 관형사이며 불변어이다.

03 체언은 형태가 변하지 않는 불변어이며 명사, 대명사, 수사를 포함한다.

04 ㉠과 ㉡에 들어갈 단어의 품사는 모두 명사이다. ㉠에는 직접 보거나 만질 수 있는 구체적 대상을 가리키는 말인 '옷, 집, 의자, 땔감, 구름, 이순신'이 들어가야 하고, ㉡에는 직접 보거나 만질 수 없는 추상적 대상을 가리키는 말인 '노력, 마음, 가을, 사랑'이 들어가야 한다.

05 〈보기〉에 사용된 대명사는 '이것', '그', '이곳', '거기'이다.

06 '찾다'는 동사이며 다양하게 활용할 수 있다. 활용에 제약이 있는 용언은 형용사이다.

07 용언은 다양한 형태로 활용할 수 있으며, 동사와 형용사를 포함한다.

08 나머지는 모두 동사이고 ㉣만 형용사이다.

09 〈보기〉와 같은 현재 형태로의 활용은 동사는 가능하나 형용사는 어색하다. '없다'는 형용사로 〈보기〉와 같은 방법으로 현재 형태를 만드는 것은 어색하다.

10 '모든, 새'는 관형사이고, '매우, 정말'은 부사이다.

11 '참'은 '시원하다'를 수식하는 부사이고, 나머지는 모두 뒤에 나오는 명사를 수식하는 관형사이다.

12 '두'는 수를 나타내지만 뒤의 체언을 꾸며 주는 기능을 하므로 수사가 아닌 관형사이다.

13 ⓛ은 한정, ⓒ은 더함의 의미를 더하는 보조사 '만'과 '도'가 각각 쓰여 ⓐ과 다른 의미가 더해졌다.

14 밑줄 친 말은 모두 '조사'로 다른 말과의 관계를 나타내는 기능을 한다.

15 〈보기〉에서 설명하고 있는 품사는 형용사며, '젊다, 즐겁다'가 해당한다.

16 밑줄 친 단어들은 감탄사이다. 감탄사는 문장에서 다른 단어와 관계를 맺지 않고 독립적으로 쓰이므로 생략해도 문장의 뜻이 달라지지 않는다.

---

1 ④　**2** (가)의 효진이의 말에는 친구가 그린 그림에 대해 칭찬하는 의도가 담겨 있고, 〈보기〉의 효진이의 말에는 동생이 낙서한 행동에 대한 꾸짖는 의도가 담겨 있다.　**3** ④　**4** ④　**5** ④　**6** ⑤　**7** ②　**8** ⑤　**9** 연설자는 어린이의 삶이 현재에 충실할 수 있도록 교육자들이 이끌어 주어야 한다는 주장을 하려고 이 연설을 하였다.　**10** ③　**11** ③　**12** ③　**13** ⑤　**14** ①　**15** ④　**16** ④　**17** ③　**18** ⑤　**19** ④　**20** ⑤　**21** ④　**22** ④　**23** ②　**24** ①　**25** ③　**26** ②　**27** ④　**28** ⑤　**29** ③　**30** ④

01 일상에서 대화할 때 말의 의미를 제대로 이해하려면 그 의미를 여러 맥락을 고려하여 추론하며 들어야 한다.

02 같은 말이라도 상황 맥락에 따라 다른 의도를 가지고 있다.

03 말하는 의도를 파악하기 위해서는 언어적 표현을 그대로 이해하기보다 상황, 비언어적 표현과 준언어적 표현을 종합적으로 고려해야 한다.

04 앵커는 처음에 시청자의 흥미를 끌며 말문을 열고 앞으로 다룰 대상을 소개했을 뿐, 장면 해설 서비스에 대해 의견을 제시하지 않았다.

05 스마트폰 수어 설명은 청각 장애인을 위한 서비스이다.

06 기자의 의도는 장면 해설 서비스에 대한 정보를 제공하고 그 가치를 알리는 것이다.

07 연설과 같은 담화는 상황 맥락과 화자의 언어적 표현을 종합적으로 고려하여 화자의 숨겨진 가치관, 의도 등을 추론하며 들어야 내용을 넓고 깊게 이해할 수 있다.

08 연설자는 교육자의 역할이 중요하다고 하며 질문할 내용을 제안하였다.

09 언어적 표현과 상황 맥락을 바탕으로 연설자가 주장하는 내용이 무엇인지 생각해 본다.

10 달라이 라마의 인터뷰를 통하여 현재에 충실해야 한다는 주장을 뒷받침하고 있다.

11 '무척'은 형태가 변하지 않는 불변어, 다른 말을 꾸미는 기능을 하는 수식언, 용언을 주로 수식하는 부사이다.

12 형태에 따라 가변어와 불변어 2가지로 분류할 수 있다.

13 단어들은 대명사인데, 대명사는 구체 명사와 추상 명사 모두를 대신해서 쓸 수 있다.

14 '① 이 ② 가, 은 ③ 은, 를 ④ 은, 을 ⑤ 이, 이'가 관계언으로 쓰였다.

15 '먹다'는 동사, '없다'는 형용사, '이다'는 서술격 조사이다. 동사, 형용사, 서술격 조사의 공통점은 형태가 변한다는 것이다.

16 ④는 동사에 대한 설명이며, 주어진 문장에 서술어는 형용사인 '동그랗고, 많다'만 쓰였다.

17 '그리웠다'는 형용사 '그립다'가 형태 변화를 한 것이다. 형용사는 문장에서 주어를 서술하는 역할을 한다. 문장에 쓸 때 활용을 하지만 명령형, 청유형으로 바꾸어 쓰면 어색하다.

18 '정원', '말썽', '선물'은 명사, '저희'는 대명사, '그런'은 관형사이다. 명사, 대명사, 수사는 몸체의 역할을 하는 체언이고, 관형사는 문장에서 다른 말을 꾸며 주는 역할을 하는 수식언이다.

19 '매우'는 뒤에 오는 '화창하다'를 꾸며 주었고, '모든'은 뒤에 오는 '음식'을 꾸며 주었다.

20 '못'은 부사이고, 나머지는 모두 조사이다.

21 '에, 와, 가' 이 조사들은 단어들 사이에 문법적 관계를 나타내는 조사이다.

22 '민수야'는 명사와 조사가 결합된 형태이고, 나머지는 모두 감탄사이다.

23 '예쁘다'는 형용사이기 때문에 명령형으로 쓰면 어색하다.

24 관형사의 뒤에는 조사가 결합할 수 없는데 관형사 '옛'에 조사 '부터'가 결합되어 잘못 쓰였다.

25 부사를 많이 사용하여 생생한 묘사가 필요한 것은 소설 책이다. 나머지는 간결하고 정확하게 표현해야 하는 국어 자료이다.

26 〈보기〉는 명사 위주로 간결하고 신속하게 내용을 전달한 안전 안내 문자이다.

고난도 문제로
만점 올리드　　　　　　　　47쪽

27 〈보기〉와 ④의 '같이'는 앞말에 붙어 '앞말이 보이는 전형적인 어떤 특징처럼'의 뜻을 나타내는 조사이다.
오답풀이 ①, ②, ③, ⑤에 쓰인 '같이'는 '둘 이상의 사람이나 사물이 함께', '어떤 상황이나 행동 따위와 다름이 없이'의 뜻을 가진 부사이다.

28 제시된 연설에 인터뷰한 내용이 들어가지 않았고 인터뷰한 대상을 통해 연설의 통일성을 점검하는 것은 적절하지 않다.
오답풀이 ① 연설자는 현재에 충실해야 한다는 가치관을 가지고 있음을 추론할 수 있다.
② 연설자는 현재에 충실할 수 있도록 교육자(어른)들이 이끌어 주어야 한다는 주장을 펼치려고 이 연설을 하였다.
③, ④ 연설을 들을 때는 연설에 사용된 표현, 상황 맥락 등을 고려하여 연설자의 관점과 의도를 추론할 수 있다.

29 ㉠은 상대가 '나'에게 호감을 가진 상황에서 감자를 주며 하는 말이다. 이 말에 담긴 의도를 추론하기 위해서는 상대가 나를 좋아한다는 상황 맥락이 고려되어야 한다.
오답풀이 ① '나'에게 감자가 있는지 확인하려는 의도는 없다.
② '나'에게 감자가 없는 것을 동정하는 의도가 담겨 있지 않다.
④ 감자를 뿌듯이 쥔 것을 통해 '나'에게 미안함을 느끼지 않음을 알 수 있다.
⑤ 감자의 특징과 생김새를 알려 주는 내용은 나타나지 않았다.

30 ④에 '만큼'은 조사이므로 체언 뒤에 붙여 써야 한다.
오답풀이 ① '행복하다'는 형용사로 명령형으로 활용하면 어색하다.
② '푸르다'는 형용사로 현재형으로 활용하면 어색하다.
③, ⑤ 조사 '부터', '이다'는 앞말에 붙여 써야 한다.

---

4 성장의 시간

(1) 옥수수 뺑소니

시험에 꼭 나오는 **지문 알맹이 분석**　　　48~49쪽

옥수수 아저씨의 행동과 성격	인간적
선글라스 아저씨의 행동과 성격	이기적
'나'의 거짓말의 결과	뺑소니범
'나'의 손에 들린 옥수수	양심
'나'의 정신적 성숙	양심, 반성

필수 문제로 **소단원 완전 정복**　　　50~51쪽

1 ④　**2** ④　**3** ①　**4** 사고의 목격자가 없으면 책임을 지지 않고 달아나기 위해서이다.　**5** ①　**6** ①　**7** ②

01 이 글은 갈등을 바탕으로 사건이 전개되며 인물이 성장하는 모습을 담은 성장 소설이다.

02 '나'는 연달아 두 번의 사고를 당했지만 책임이 자신에게 있다고 생각한 내용은 나타나지 않았다.

03 옥수수 아저씨는 자신의 트럭에 부딪힐 뻔하여 넘어진 '나'를 보고 먼 거리를 달려와서 '나'가 괜찮은지를 여러 번 확인하였다.

04 목격자가 없다는 것을 확인하고 급히 떠난 선글라스 아저씨의 행동으로 볼 때 ㉡과 같이 행동한 까닭은 사고의 책임을 지지 않고 도망가기 위해서이다.

05 옥수수 아저씨는 늦둥이 아기가 아픈 상황에 놓여 있다.

06 (가)에서 '나'는 자신의 거짓말이 들통날까 봐 불안하고 초조한 마음으로 통화하고 있다. (나)에서는 아저씨의 상황을 알게 되면서 자신이 아저씨를 더 힘들게 만들었음을 알게 되어 미안함을 느꼈고, (다)에서는 아저씨의 따뜻한 마음을 느끼면서 자신이 한 행동에 대해 반성하고 있다.

07 이 글은 자신의 이익만 추구하느라 무책임한 행동을 한 인물이 잘못을 깨닫고 양심을 회복하는 과정을 다루고 있다. 독자는 글을 읽으며 인물의 정신적 성숙의 과정에 대해 공감하고 감동을 받을 수 있다.

(2) 정서를 표현하는 글 쓰기

'나의 물고기'에 담긴 글쓴이의 심리　책임감
글쓴이가 경험한 일과 정서　굴색, 충격

1 ①　**2** ④　**3** ④　**4** ④

01 이 글은 글쓴이가 체험한 사실을 바탕으로 그때그때 느꼈던 정서나 깨달음을 자유롭게 서술한 수필이다.

02 이 글에 가족들이 등장하지만 부수적인 역할을 하고 있을 뿐 가족과의 추억이 소중함을 강조하는 내용이 아니다.

03 (라)는 죽은 거피를 보며 힘든 마음이 나타나 있다.

04 이 글은 겪은 일을 진솔하게 표현한 수필로 상상력을 더하여 꾸며 낸 이야기가 아니다.

1 ②　**2** ④　**3** (가)의 아저씨는 '나'가 괜찮은지 이후에도 확인하기 위해서 핸드폰 번호를 물어본 것이다.　**4** ②　**5** ④　**6** ⑤　**7** ③　**8** ②　**9** ⑤　**10** ④　**11** ①　**12** ④　**13** ⑤　**14** ⑤　**15** 물고기를 보는 것이 무척 신났어.　**16** ③　**17** ③　**18** ④　**19** ③　**20** ②　**21** ④　**22** ②　**23** ⑤

01 소설은 현실에 있음직한 허구적 사건을 다루는 글로, 독자는 작품을 감상하며 정서적 경험을 내면화하도록 노력해야 한다.

02 (나)에서 '나'가 괜찮은 척한 것은 약해 보이기 싫은 자존심 때문이었다.

03 (가)에서 아저씨는 '나'가 지금은 괜찮다고 말하지만 교통사고 후유증이 나타날 수도 있어 나중에라도 연락을 하기 위해 연락처를 물었다.

04 이 글은 '나'가 겪은 교통사고와 그 뒷이야기를 시간 순서에 따라 전개하고 있다.

05 (나), (다)는 '나'의 내적 갈등이 나타난 부분이지만 잘못을 바로 잡으려는 모습은 나타나지 않았다.

06 '나'가 양심의 가책을 느끼는 것을 비웃을 인물로는 무책임하고 이기적인 선글라스 아저씨가 적절하다.

07 ㉡은 옥수수 아저씨의 따뜻하고 인간적인 마음이 '나'의 손에 '따뜻함'으로 전해져 마음 깊이 느끼는 모습이다.

08 (가)는 소설이며, (나)는 시나리오이다. ④는 소설, ①, ③, ⑤는 시나리오의 특성이다.

09 '나'가 뛰어나가며 할아버지의 말을 들은 체도 하지 않은 것은 자신의 잘못을 바로잡으려고 급하게 달려나가고 있기 때문이며 철이 없고 자존심이 강한 것과는 거리가 멀다.

10 만복이는 자리에 누워 '어쩌면 그냥, 조금 느려도 괜찮지 않을까?'라고 말하며 무조건적인 경쟁보다는 자기만의 삶의 방식이나 속도대로 사는 삶이 중요함을 깨닫게 된다.

11 ㉠에서는 만복이의 속마음을 내레이션을 통해 직접 보여 주고 있다.

12 이 글은 자신의 경험을 바탕으로 정서를 표현하는 수필로, 경험과 정서를 구체화하여 진솔하게 표현함으로써 독자의 공감을 유도한다.

13 (가)~(다)에서는 물고기로 인한 설렘과 기대감, 행복감과 만족감 등의 긍정적 정서를 드러내고 있으며, (라)에서는 슬픔과 죄책감, 미안함 등의 부정적 정서를 진술하게 표현하고 있다.

14 글쓴이는 굴색 물고기가 죽어가는 과정을 지켜보면서 안쓰러움과 안타까움, 미안함과 슬픔 등의 다양한 감정을 느끼고 있다.

15 (다)에서 글쓴이는 부모님께서 사 주신 물고기를 보며 신이 났다.

16 (가)는 경험과 정서를 생생하게 표현하였으나 비유나 상징이 사용되지는 않았다.

17 경험을 바탕으로 정서를 표현하는 글을 쓸 때에는 '경험 떠올리기 - 경험과 정서 구체화하기 - 내용 조직하기 - 표현하기'의 과정을 거친다. ①은 경험 떠올리기 단계, ②, ④, ⑤는 경험과 정서를 구체화하는 단계에서 할 생각이다.

18 (가)를 쓴 까닭은 (나)의 첫 번째 문장에 나타나 있다.

19 글쓴이는 경험을 바탕으로 정서를 표현하는 글을 쓰며 성장하고 치유되는 기분을 느꼈을 것이다.

고난도 문제로
만점 **올리드**   59쪽

20 이 글의 제목에서 '뺑소니'는 무책임한 삶의 모습을 함축적으로 표현한 것이다.

오답풀이 ① 주도적으로 인생을 선택하며 살아가는 것과는 거리가 멀다.
③ '나'가 사고를 당한 것은 '나'의 선택과는 관련이 없다.
④ 좋은 사람을 만나기 위해 노력해야 한다는 의도는 드러나지 않았다.
⑤ 작가는 오히려 자신만을 중심으로 하는 선택에 비판적인 입장을 취할 것이다.

21 이 장면에서 '나'는 거짓 환자가 되어 입원해 있으면서 합의금을 받을 생각에 즐거워하고 있다. '후안무치(厚顔無恥)'는 자신의 잘못을 제대로 모르는 뻔뻔함을 나타내는 말이다.

오답풀이 ① '도둑이 제 발 저리다'는 지은 죄가 있으면 자연히 마음이 조마조마하여짐을 비유적으로 이르는 말이다.
② '결자해지'는 자기가 저지른 일은 자기가 해결해야 함을 이르는 말이다.
③ '적반하장'은 잘못한 사람이 아무 잘못도 없는 사람을 나무람을 이르는 말이다.
⑤ '쥐구멍을 찾다'는 부끄럽거나 난처하여 어디에라도 숨고 싶어 함을 표현하는 말이다.

22 ②는 '경험 떠올리기' 단계에서 생각할 내용이다.

오답풀이 내용 조직하기 단계에서는 개요를 작성하며 글의 단계별로 어떤 내용을 어떤 순서로 쓸지 정하고, 자신의 경험이나 중심 생각이 잘 드러나는 제목을 정한다. 개요를 작성한 후에는 주제와 관련 없는 내용은 삭제하고 더 필요한 내용은 추가한다.

23 경험을 바탕으로 정서를 표현하는 글을 읽은 독자들은 글쓴이의 경험에 공감하며 감동과 재미를 느낄 수 있다.

오답풀이 ① '나'는 자신의 경험을 과장하여 표현하지 않았다.
② '나'의 경험과 그때 느낀 감정이 나타나 있다.
③, ④ 물고기를 자유롭게 풀어 주어야 한다거나 동물을 키울 때 전문 지식이 필요하다는 감상은 이 글의 내용과 어울리지 않는다.

기말 **모의평가**   60~63쪽

1 ① **2** ④ **3** ② **4** 어린이가 현재에 충실하지 못하게 하는 질문이다. **5** ① **6** ⑤ **7** ④ **8** ② **9** ③ **10** ② **11** ④ **12** ⑤ **13** ④ **14** ④ **15** ① **16** 옥수수 아저씨에게 스마트폰 수리비를 받아 내려 했으나 아저씨의 처지를 알고 미안한 마음이 들어 갈등하였다. **17** ③ **18** ① **19** ② **20** ④

01 (가)~(라)의 담화 모두 제대로 이해하기 위해서는 담화의 상황 맥락을 고려하여 내용과 화자의 의도 등을 추론하며 들어야 한다.

02 (나)의 끝부분에서 국가유산청이 장애인을 위한 서비스를 늘려 갈 것이라는 전망을 밝히고 있다.

03 텔레비전 소리가 큰 상황과 아빠의 찡그린 표정, '너무 크지 않니?'라는 표현을 통해 아빠는 텔레비전 소리가 너무 크니 소리를 줄이라는 의도로 말한 것임을 알 수 있다.

04 연설자는 나중에 무엇이 되고 싶은지를 묻지 말고 지금 무엇을 하고 싶은지를 물으라고 했다. 이를 통해 연설자는 미래를 위해 현재를 희생하지 말고 현실을 충실하게 살아야 한다는 주장을 펴고 있음을 알 수 있다.

05 '하나'는 사물의 수량을 나타내는 단어인 수사이다.

06 '이죠'는 기본형이 '이다'인 서술격 조사이다.

07 '물고기'는 구체적인 대상을 나타내는 명사이지만, '생명'은 추상적인 대상을 나타내는 명사이다.

08 '모든'은 체언을 수식하는 관형사이고, 나머지는 모두 용언을 수식하는 부사이다.

09 '하는지'는 '하다'의 활용형으로, 대상의 움직임을 나타내는 동사이다. 대상의 상태나 성질을 나타내는 형용사는 '없다'이다.

10 ②는 동사의 활용에 대한 설명이다.

11 ④만 형용사이고 나머지는 모두 동사이다.

12 '딱'은 단단한 물건이 부러지거나 서로 부딪치는 소리나 모양을 나타낸 부사로 수식언이다.

13 이 글은 작가의 상상을 바탕으로 쓴 소설로, 작가의 사실적 경험이 있더라도 상상력을 동원하여 만들어 낸 사건이며, 허구성이 강한 글이다.

14 '나'의 아빠가 이익보다 양심을 지켜야 한다고 생각하는 인물이라는 내용은 나타나지 않았다.

15 스마트폰이 깨져 수리비가 필요한데, 정작 사고를 낸 당사자인 선글라스 아저씨는 책임을 지지도 연락처를 남기지도 않고 가 버려 '나'가 수리비를 물어내야 하는 상황이다. 따라서 '나'는 억울하고 아저씨를 원망하는 마음을 가졌을 것이다.

16 '나'는 옥수수 아저씨에게 거짓말로 스마트폰 수리비를 받아 내려고 했는데 아저씨의 힘든 처지를 알고 양심의 가책을 느꼈다.

17 (다)에서 '나'는 물고기들을 보며 행복감을 느꼈을 것이다.

18 (가)에서 '나'는 아저씨가 주신 옥수수를 맛있게 먹다가 아저씨의 고단한 삶을 떠올리면서 옥수수의 감촉이 불편해진다. 이는 아저씨를 더 힘들게 만든 자신을 돌아보게 되면서 마음이 불편해졌음을 의미한다.

19 (나)~(마)는 글쓴이 자신이 직접 경험한 일을 진솔하게 표현한 수필이며, 경험과 느낌을 고백하는 문체로 쓰였다.

20 (나)의 '나'는 물고기에 대한 애정이 커졌기 때문에 자신의 물고기를 키우고 싶은 마음이 생겼고 그 결과 부모님께 물고기를 키우고 싶다고 부탁한 것이다. 앞의 내용이 원인이 되어 뒤의 결과에 해당하는 내용이 이어지고 있으므로 ㉠에 들어갈 이어 주는 말은 '그래서'가 알맞다.

www.mirae-n.com

학습하다가 이해되지 않는 부분이나 정오표 등의 궁금한 사항이 있나요?
미래엔 홈페이지에서 해결해 드립니다.

교재 내용 문의
나의 교재 문의 | 자주하는 질문 | 기타 문의

교재 정답 및 정오표
정답과 해설 | 정오표

교재 학습 자료
MP3

Contact Mirae-N
www.mirae-n.com
(우)06532 서울시 서초구 신반포로 321
1800-8890

학교 시험에서 잘 써먹을 수 있는
개념 정리와 필수 유형으로 정리했다!

꼼꼼한 개념 학습

꼭 알아야 할 교과서 핵심 개념을 필수 탐구와 자료로 꼼꼼하게 익히자!

기출 적응 훈련

꼭 출제되는 문제 유형을 단계별 문제를 풀며 완벽하게 적응하자!

반복 실전 훈련

다양한 문제 유형으로 반복하며 실전에 자신 있게 다가가자!

미래엔이 PICK한 개념과 유형으로 실력 PEAK에 도달하세요.

고등학교 내신과 수능을 다 잡는
필수 개념 기본서

사회	통합사회1, 통합사회2, 한국사1, 한국사2
과학	통합과학1, 통합과학2, 물리학, 화학, 생명과학, 지구과학

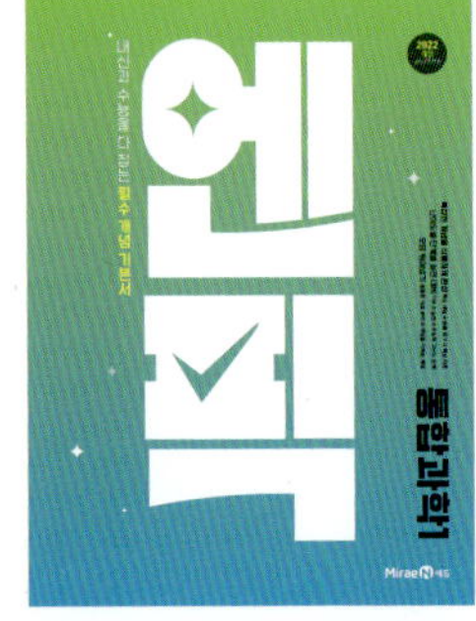

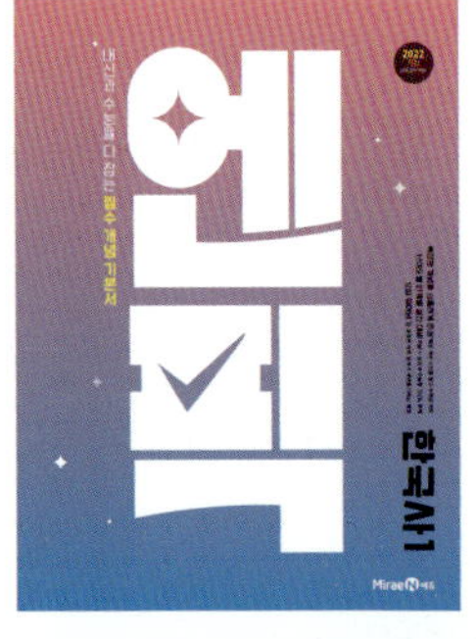